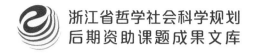

浙江省哲学社会科学规划
后期资助课题成果文库

清中叶
扬州曲家群体研究

A Study of Yangzhou Dramatists
in Mid-Qing Dynasty

相晓燕　著

ZHEJIANG UNIVERSITY PRESS
浙江大学出版社

目　录

绪 论

扬州,又名维扬、邗城、广陵、江都、芜城等,地处南北走向的京杭大运河与东西走向的长江之交汇点上,占襟带淮泗、控引江南之地理优势,素有"楚尾吴头""江淮名邑"之誉。自古以来,扬州就是东南的一个文化重镇,生动活泼的文化创造与传播、绵延不息的文化承续与延递,造就了令人神往的扬州。"天下三分明月夜,二分无赖是扬州""烟花三月下扬州""腰缠十万贯,骑鹤下扬州","扬州"成为文人骚客笔下温柔富贵乡的代名词。明清时期扬州区域文化更是随大一统帝国的强盛而达到鼎盛。

清中叶扬州盐业经济畸形繁荣,吸引了各色人等纷至沓来。复杂多样的城市人口构成,赋予扬州文化前所未有的包容性、多元性,扬州由此成为封建文化发达的地区之一。盐商贾而好儒,当道主持风雅,来自全国各地的文化精英在此雅集吟咏,流连忘返。以乾隆二十二年(1757)两淮盐运使卢见曾发起并主持的虹桥雅集为例,卢见曾赋《虹桥修禊》诗四章,和修禊韵者竟达七千余人,编次得诗三百余卷,可谓声势浩大。当时江浙一带的知名诗人、学者、画家,如厉鹗、全祖望、惠栋、戴震、王昶、金农、郑燮、高凤翰、沈大成等,被网罗殆尽。而以"扬州二马"等徽商为代表的亦商亦文群体,更是辟山馆为蔽雷霆威权之风雨茅庐,于温馨友爱的氛围里凝聚相濡以沫的情谊,从而庇护了一批以江、浙文化精英为核心之文士,俾使安其惊魂,展其才学,敞其心扉,抒其积郁,构架起险恶时世罕见的独具文学历史意义之景观。①因此,在文狱酷烈、风波迭起的特定历史年代,偏处东南一隅的扬州呈现出自由、宽松的文化生态。"扬州八怪"的产生、扬州学派的崛起,均与此有密切的关联。而在戏曲界,这时期也出现了一个曲家群体,笔者将之命名为"扬州曲家群"。

"拾翠几群从茂苑,千金一唱在扬州"②,清中叶扬州的戏曲活动进入了高度繁荣的时期。扬州崇文尚艺的社会传统与及时行乐的都市风气,促成

---

① 严迪昌:《往事惊心叫断鸿——扬州马氏小玲珑山馆与雍、乾之际广陵文学集群》,《文学遗产》2002年第4期。

② (清)金埴:《不下带编》卷七,中华书局1982年版,第125页。

了"苏班名戏在维扬"①、"扬州曲部魁江南"②、"扬州乐府聚风华"③等梨园名班云集、名优荟萃的现象。清高宗六次南巡均驻跸扬州,掀起了演剧的高潮。扬州兼容并包的文化个性,催生了花雅两种艺术之花竞相绽放。天时地利人和,诸种条件相结合,使得扬州后来者居上,取代昆曲的老家——苏州,一举成为南方的戏曲活动中心。繁盛的戏曲演出活动,召唤着剧作家、戏曲评论家的出现。乾隆四十五年(1780)底扬州词曲删改局的设立,客观上聚集了大批熟谙曲律的行家里手。因此,一个有着较高理论素养的戏曲家群体——扬州曲家群便形成了。

相对于文学史上的诗人社团、文人集团,曲家群体是一个较为宽泛的概念。正如谭坤所说:"在一定历史时期内,由于地缘、血缘、学缘等关系结合在一起的曲家,他们相互切磋,共同探讨戏曲创作,从事戏曲研究,具有大致相近的曲学主张和创作追求,并不一定要提出一个口号和主张来相标榜,这样一群曲家聚合在一起就构成了一个曲家群体。"④由于扬州郡城的开放性与包容性,笔者所探讨的扬州曲家群,不仅包括籍贯是扬州的曲家,也包括寓居在扬州并创作了传奇、撰写了戏曲理论著述的外地籍曲家。清中叶扬州府下辖二州六县:高邮、泰州二州与江都、甘泉、仪征、兴化、宝应、东台六县。因此,笔者探讨的扬州曲家群,在地域范围上即指这二州六县。作为群体,曲家成员之间应存在一定的交往联系,没有交游的则予以排除。如安徽歙县籍传奇作家方成培,虽寓居扬州十载⑤,并在扬州改编上演了传世之作《雷峰塔》,但无资料表明其与扬州曲家有交往迹象,因而没有计入。以此为标准,笔者认为扬州曲家主要包括卢见曾、李本宣、金兆燕、朱夰、蒋士铨、黄文旸、沈起凤、江周、程枚、仲振奎、李斗、凌廷堪、仲振履、焦循等 14 人。他们流传下来的传奇有 15 种,杂剧 1 种,戏曲论著 6 部。事实上,他们的著述远不止此数,笔者考察的仅限于在扬州一地的创作。⑥ 如蒋士铨剧作现存

---

① (清)林苏门:《续扬州竹枝词》,载雷梦水等编《中华竹枝词》(二),北京古籍出版社 1997 年版,第 1349 页。

② (清)赵翼:《坑死人歌为郝郎作》,载《瓯北集》卷三十,李光颖、曹光甫标点,上海古籍出版社 2007 年版,第 669 页。

③ (清)赵翼:《计五官歌》,载《瓯北集》卷三十八,李光颖、曹光甫标点,上海古籍出版社 2007 年版,第 904 页。

④ 谭坤:《晚明越中曲家群体研究》,上海三联书店 2005 年版,第 42 页。

⑤ 汪效倚:《方成培的生年(补白)》,载中国艺术研究院戏曲研究所、《戏曲研究》编辑部编《戏曲研究》(第 23 辑),文化艺术出版社 1987 年版。

⑥ 据现有文献资料统计,扬州曲家一共创作了 53 种戏曲作品,其中全本存世的有 31 种,另 22 种已经佚失。

16 种,拟收入其寓扬时所制传奇 3 种,杂剧 1 种。

　　扬州曲家群体是清中叶戏曲格局发生剧烈变动时的一个剧作家群体。这个群体近年来已引起学界关注,但多偏重于对单个曲家的家世生平、戏曲作品及其理论成就的探讨。较早关注扬州曲家的是陆萼庭,20 世纪 90 年代中期,他在《清代戏曲家丛考》①一书中考述了金兆燕、沈起凤、凌廷堪、李斗、仲振奎等曲家的生平行迹,诸文用力殊深,发前人所未发,颇有创获,为扬州曲家的生平行实、戏曲作品和戏曲理论等研究奠定了基础。进入 21 世纪以来,扬州曲家及其作品日益进入学界研究视域,涌现了一批颇富创见的论文。与此同时,一批硕士、博士学位论文将其视为研究对象,就广度与深度而言,在前辈学者取得的成果基础上均有较大的突破。

　　学界对扬州曲家及其戏曲作品的研究主要集中在金兆燕、仲振奎、卢见曾、沈起凤、蒋士铨等人身上。

　　金兆燕及其戏曲研究。金兆燕存世传奇两种:《旗亭记》与《婴儿幻》。围绕《旗亭记》的作者问题,主要有三种观点:第一种认为是卢见曾作,以黄文旸《曲海目》、焦循《曲考》、王国维《曲录》、卢前《明清戏曲史》等为代表;第二种认为其真实作者是金兆燕,卢见曾有攘夺之嫌,如严敦易②的《关于〈旗亭记〉的作者》与《金兆燕的〈旗亭记〉》两文,邹琳的《金兆燕〈旗亭记〉与乾隆时期扬州文学的职业化》③;第三种观点则认为金兆燕原作,卢见曾润色,如《古典戏曲存目汇考》《中国曲学大辞典》《明清传奇叙录》皆主此说。笔者的《〈旗亭记〉作者考辨》④结合诸种史实记载及对《旗亭记》凡例、眉批的解读,认为卢见曾自始至终参与了《旗亭记》的创作,并不存在攘夺之举。这就涉及对金兆燕入卢见曾幕府的客观评价问题。他如许隽超的《金兆燕卒年补考》⑤,明光的《金兆燕与两淮盐官、盐商关系述论》⑥,分别对金兆燕的卒年及其与两淮盐官、盐商的交游关系作了考论。硕士论文如顾春勇的《金兆燕研究》⑦、曹冰青的《金兆燕及其戏曲研究》⑧,博士论文如李胜利的《金兆燕

①　陆萼庭:《清代戏曲家丛考》,学林出版社 1995 年版。

②　严敦易的《关于〈旗亭记〉的作者》与《金兆燕的〈旗亭记〉》两文,皆收入其《元明清戏曲论集》(中州书画社 1982 年版)。

③　邹琳:《金兆燕〈旗亭记〉与乾隆时期扬州文学的职业化》,《东岳论丛》2018 年第 4 期。

④　相晓燕:《〈旗亭记〉作者考辨》,《西南交通大学学报(社科版)》2012 年第 1 期。

⑤　许隽超:《金兆燕卒年补考》,《戏曲艺术》2007 年第 2 期。

⑥　明光:《金兆燕与两淮盐官、盐商关系述论》,载赵昌智主编《扬州文化研究论丛》(第 5 辑),广陵书社 2010 年版。

⑦　顾春勇:《金兆燕研究》,扬州大学硕士学位论文,2013 年。

⑧　曹冰青:《金兆燕及其戏曲研究》,南京师范大学硕士学位论文,2013 年。

研究》①,皆综合考察了金兆燕的家世生平、宦游、思想性格及其诗、词、曲、骈文的成就。关于传奇《婴儿幻》的研究,则仅在上述三篇硕博士论文中有所涉及。这些研究成果说明金兆燕及其戏曲的研究价值已经被人们重视,但显然仍有深入研究的空间。金兆燕大半生困顿场屋,长期入幕佐文,其诗、词、曲、骈文享有盛誉,与乾隆时期文坛名流、盐官盐商、戏曲名伶等都有广泛交往。作为清中叶科举道路上艰辛跋涉、成功跻身仕途的贫寒士子的一个个例,金兆燕及其人生观、价值观、戏曲观都值得深入探讨,还可以结合清中叶时期的政治、经济、文化以及社会风尚、科举制度等开展。

仲振奎及其戏曲研究。仲振奎存世传奇两种:《红楼梦传奇》与《怜春阁》。较早关注仲振奎及其创作的当数严敦易的《仲云涧的〈红楼梦〉与〈怜春阁〉》②一文,早在 20 世纪 80 年代初期严敦易就对仲振奎的生平事迹及其存世的两种曲情况进行了考察。此后论文大多探讨《红楼梦传奇》的改编情况和艺术成就,且不乏创见。关于其改编来源,学界主要有两种说法:一是合前后《红楼梦》说,如杨飞的《仲振奎及其〈红楼梦传奇〉》③、刘爽的《论〈红楼梦传奇〉对〈红楼梦〉的误读》④,两文都认为《红楼梦传奇》受外在的改编困境和仲振奎本人的思想局限性制约,造成了其对袭人、王熙凤人物形象的歪曲塑造,对小说思想内涵的误读。二是《后红楼梦》说,如张云的《合传前后梦 曲文演传奇——仲振奎〈红梦楼传奇〉对〈后红楼梦〉的改编》⑤,考察了《红楼梦传奇》的立意构思、人物设置、情节安排和故事框架等后,认为它自《后红楼梦》改编而成。其他论文,或探讨仲振奎家世、交游及《红楼梦传奇》的改编情况和艺术成就,如钱成的硕士论文《仲振奎及其"红楼第一戏"研究》⑥;或将仲振奎与陈钟麟的同名传奇作对比,如杨昇的《清代两种〈红楼梦传奇〉比较论》⑦;或探讨曲牌的设置情况,如胡淳艳的《仲振奎〈红楼梦传奇〉上卷曲谱略论》⑧。仲振奎雅擅诗文,尤以制曲名世。若从其存世的《云涧诗钞》《绿云红雨山房文钞》《绿云红雨山房文钞外集》,及其族人诗集《茗叟诗草》《追暇集》《仲氏女史遗草》《辟尘轩诗钞》《仲遗銮遗诗》等入手,

① 李胜利:《金兆燕研究》,福建师范大学博士学位论文,2013 年。
② 严敦易:《仲云涧的〈红楼梦〉与〈怜春阁〉》,载《元明清戏曲论集》,中州书画社 1982 年版。
③ 杨飞:《仲振奎及其〈红楼梦传奇〉》,《四川戏剧》2006 年第 2 期。
④ 刘爽:《论〈红楼梦传奇〉对〈红楼梦〉的误读》,《大庆师范学院学报》2013 年第 4 期。
⑤ 张云:《合传前后梦 曲文演传奇——仲振奎〈红楼梦传奇〉对〈后红楼梦〉的改编》,《中国矿业大学学报(社科版)》2012 年第 3 期。
⑥ 钱成:《仲振奎及其"红楼第一戏"研究》,扬州大学硕士学位论文,2007 年。
⑦ 杨昇:《清代两种〈红楼梦传奇〉比较论》,《明清小说研究》2010 年第 4 期。
⑧ 胡淳艳:《仲振奎〈红楼梦传奇〉上卷曲谱略论》,《红楼梦学刊》2015 年第 3 期。

结合同时代人的诗文集、笔记、日记类著作,无疑可深化学界对其生平、身世、思想、交游等的认识。《红楼梦传奇》的改编来源、艺术成就,及与其他红楼戏曲改编本的异同都有深入探讨的空间。《怜春阁》作为仲振奎具有自传性质的一部传奇,其研究价值尚未引起关注,目前未见单篇论文。这些将是今后仲振奎及其戏曲研究的重点。此外,关于其弟仲振履的戏曲研究尚属空白,也有待开展。

卢见曾研究。随着当前学术研究的细致深入,卢见曾的文学地位日益凸显,其诗歌成就、诗学思想及居扬期间的文学活动受到了学界的关注。21世纪初,挂于其名下的"雅雨堂两种曲"的作者问题开始进入研究者的视野。陆萼庭的《读〈曲海总目提要〉札记》①指出《玉尺楼》存在两种不同的版本,一为《曲海总目提要》卷二十四收录的同名剧目,另一则为"雅雨堂两种曲"之一,后者之真实作者为朱夰,之所以系于卢见曾名下,显然与卢见曾刊刻时不标注作者、有意模糊处理有关。这一论述,首次厘清了《玉尺楼》流传过程中的不同版本及相关作者问题,具有重要的戏曲史意义。李传江②的《卢见曾幕府戏曲创作及观评考论》《卢见曾幕府交游及戏曲创作考》两文,简略考察了卢见曾幕府的交游、戏曲创作及评论情况。硕士论文如胡晓云的《卢见曾年谱》③、鲍开恺的《扬州卢见曾幕府戏曲活动研究》④、俞映红的《卢见曾在扬时期的文学活动》⑤、程璇的《卢见曾幕府及其戏曲活动研究》⑥,主要研讨了卢见曾的生平家世、幕府中的交游情况、戏曲创作及评论现象。但上述成果对卢见曾戏曲研究的深度和广度把握不够。作为清中叶六大知名幕府之一,卢见曾幕府的戏曲创作、评论现象研究具有重要的价值意义,值得从文化史、戏曲史、幕府制度史等角度深入探讨。

沈起凤戏曲研究。作为小说、戏曲兼擅的作家,沈起凤的小说成就无疑更受学界瞩目,不少论文围绕其文言短篇小说《谐铎》展开。与之形成鲜明对照的是,关于其戏曲的论文不多,与沈起凤戏曲大家的身份不相吻合。郭英德的《"才人福分从来少"——沈起凤〈才人福〉传奇的审美趣味》⑦、林叶

① 陆萼庭:《读〈曲海总目提要〉札记》,《文学遗产》2003 年第 1 期。
② 李传江:《卢见曾幕府戏曲创作及观评考论》,《华夏文化》2017 年第 1 期;《卢见曾幕府交游及戏曲创作考》,《长江论坛》2017 年第 1 期。
③ 胡晓云:《卢见曾年谱》,兰州大学硕士学位论文,2006 年。
④ 鲍开恺:《扬州卢见曾幕府戏曲活动研究》,南京师范大学硕士学位论文,2007 年。
⑤ 俞映红:《卢见曾在扬时期的文学活动》,浙江师范大学硕士学位论文,2007 年。
⑥ 程璇:《卢见曾幕府及其戏曲活动研究》,济南大学硕士学位论文,2013 年。
⑦ 郭英德:《"才人福分从来少"——沈起凤〈才人福〉传奇的审美趣味》,《名作欣赏》1988 年第 4 期。

青的《也只愿天下才人多将福分拥——论沈起凤的〈红心词客四种〉》①、王永健的《沈起凤》②、陈方的《沈起凤的戏曲创作》③、才志华的《关于沈起凤生平的两个问题》④等文分别对沈起凤的生平及戏曲创作成就作了论述。戴云、戴霞的《清代戏曲家沈起凤和他的剧作〈云龙会〉》⑤则探讨了《云龙会》的思想内容、艺术特色及演出情况。金文的硕士论文《沈起凤戏曲小说研究》⑥，综合研究沈起凤的《沈氏传奇四种》、小说《谐铎》的思想内容与艺术成就。上述成果基本立足于对沈起凤及其五种曲成就的考察，还有些问题可以进一步深入探讨。比如，乾隆年间沈起凤的戏曲风靡大江南北，据传有50余种，存世作品却仅5种，造成这一存佚现象的原因何在？沈起凤在传奇创作中汲取花部戏元素，口头上却极仇视花部戏，为何会流露出言不由衷的矛盾心理？此外，如何解释其戏曲中的化俗入雅现象、科白的通俗化问题？等等。

作为乾隆年间最负盛名的曲家，在扬州曲家中蒋士铨无疑最受学界关注。早在20世纪80年代，蒋士铨及其戏曲研究就形成了热点。熊澄宇的《蒋士铨剧作研究》⑦、上饶师专中文系历代作家研究室编辑的《蒋士铨研究资料集》⑧、张玉奇主编的《蒋士铨研究论文集》⑨是该时期涌现的重要成果。此后，蒋士铨戏曲研究热方兴未艾，一系列学术论文纷纷涌现。考察蒋士铨的生平行实及交游情况的论文，有林叶青的《蒋士铨生平行事考述》⑩、杜桂萍的《论蒋士铨与乾嘉时期戏曲家的交往》⑪等。探讨《临川梦》的论文，如郭英德的《蒋士铨〈临川梦〉传奇漫议》⑫，通过对《临川梦》进行文本解读的方式，赋予其新的历史意义。欧阳江琳的《试论〈临川梦〉的"角色登场"——

① 林叶青：《也只愿天下才人多将福分拥——论沈起凤的〈红心词客四种〉》，载《清中叶戏曲家散论》，江苏古籍出版社2002年版。

② 王永健：《沈起凤》，载胡世厚、邓绍基主编《中国古代戏曲家评传》，中州古籍出版社1992年版。

③ 陈方：《沈起凤的戏曲创作》，《中山大学研究生学刊（社科版）》2001年第1期。

④ 才志华：《关于沈起凤生平的两个问题》，《呼伦贝尔学院学报》2005年第6期。

⑤ 戴云、戴霞：《清代戏曲家沈起凤和他的剧作〈云龙会〉》，《文学遗产》2010年第4期。

⑥ 金文：《沈起凤戏曲小说研究》，南京师范大学硕士学位论文，2008年。

⑦ 熊澄宇：《蒋士铨剧作研究》，中国戏剧出版社1988年版。

⑧ 上饶师专中文系历代作家研究室：《蒋士铨研究资料集》，江西人民出版社1985年版。

⑨ 张玉奇：《蒋士铨研究论文集》，江西人民出版社1989年版。

⑩ 林叶青：《蒋士铨生平行事考述》，《艺术百家》2001年第3期。

⑪ 杜桂萍：《论蒋士铨与乾嘉时期戏曲家的交往》，《社会科学辑刊》2011年第6期。

⑫ 郭英德：《蒋士铨〈临川梦〉传奇漫议》，《名作欣赏》1987年第3期。

兼与〈六个寻找剧作家的角色〉之比较》①，比较《临川梦》与意大利戏剧家皮兰德娄的《六个寻找剧作家的角色》后，认为《临川梦》中"角色登场"不具备成熟的形态，它反映了传统戏剧观念蜕变的艰难和滞重。蒋星煜的《〈临川梦〉与汤显祖》②、上官涛的《为情而戏——汤显祖与蒋士铨》③、杜桂萍的《从"临川四梦"到〈临川梦〉——汤显祖与蒋士铨的精神映照和戏曲追求》④等文，则知人论世，就剧中主人公与历史上真实的汤显祖相比较，探究蒋士铨创作的心理隐秘。探讨《四弦秋》的思想内涵和艺术底蕴的论文，有李碧华与王萍的《浅析琵琶女形象的两次变化——从〈青衫泪〉〈四弦秋〉中看琵琶女》⑤、笔者的《骚情史笔　杂剧杰构——〈四弦秋〉解读》⑥等。综合考察蒋士铨戏曲创作的论文，有从文化心理学的角度切入的，如林叶青的《蒋士铨及其戏曲创作》⑦；有从花雅之争的角度切入的，如上官涛的《引俗入雅——试论蒋士铨花雅时期的戏曲创作》⑧，及其与李忠新合撰的《崇雅归正——试论蒋士铨的戏曲创作》⑨。他如阳贻禄的《昆坛衰运之殿军　案头戏文之滥觞——简论蒋士铨戏曲的写作艺术》⑩，杜桂萍的《序跋题词与蒋士铨的戏曲创作》⑪，无不丰富、深化了蒋士铨戏曲研究。

　　21世纪后涌现了一批硕博士论文：上官涛的《蒋士铨戏曲略论》⑫、施红梅的《蒋士铨戏曲探析》⑬、王春晓的《蒋士铨中年书院时期剧作研究》⑭、姜春青的《唐英与蒋士铨戏曲之比较研究》⑮、陈日峰的《汤显祖与蒋士铨戏曲

①　欧阳江琳：《试论〈临川梦〉的"角色登场"——兼与〈六个寻找剧作家的角色〉之比较》，《江西师范大学学报(哲社版)》2000年第1期。

②　蒋星煜：《〈临川梦〉与汤显祖》，载《中国戏曲史探微》，齐鲁书社1985年版。

③　上官涛：《为情而戏——汤显祖与蒋士铨》，《闽江学院学报》2003年第4期。

④　杜桂萍：《从"临川四梦"到〈临川梦〉——汤显祖与蒋士铨的精神映照和戏曲追求》，《文学遗产》2016年第4期。

⑤　李碧华、王萍：《浅析琵琶女形象的两次变化——从〈青衫泪〉〈四弦秋〉中看琵琶女》，《新疆教育学院学报》2006年第3期。

⑥　相晓燕：《骚情史笔　杂剧杰构——〈四弦秋〉解读》，《云南艺术学院学报》2015年第3期。

⑦　该文收入其《清中叶戏曲家散论》(江苏古籍出版社2002年版)一书中。

⑧　上官涛：《引俗入雅——试论蒋士铨花雅时期的戏曲创作》，《艺术百家》2003年第1期。

⑨　上官涛、李忠新：《崇雅归正——试论蒋士铨的戏曲创作》，《艺术百家》2004年第1期。

⑩　阳贻禄：《昆坛衰运之殿军　案头戏文之滥觞——简论蒋士铨戏曲的写作艺术》，《南昌大学学报(社科版)》2002年第4期。

⑪　杜桂萍：《序跋题词与蒋士铨的戏曲创作》，《文艺理论研究》2011年第6期。

⑫　上官涛：《蒋士铨戏曲略论》，华南师范大学硕士学位论文，2002年。

⑬　施红梅：《蒋士铨戏曲探析》，苏州大学硕士学位论文，2006年。

⑭　王春晓：《蒋士铨中年书院时期剧作研究》，首都师范大学硕士学位论文，2008年。

⑮　姜春青：《唐英与蒋士铨戏曲之比较研究》，山东大学硕士学位论文，2008年。

比较研究》①、张冠的《蒋士铨戏曲用韵研究》②、张梁的《蒋士铨杂剧艺术形式研究》③。就广度与深度而言,它们极大地推动了蒋士铨戏曲研究的深入。尤其值得一提的是徐国华的《蒋士铨研究》④,该书对蒋士铨进行了综合考察,涉及蒋氏生平与家世,戏曲创作,诗、词、古文创作与骈文评点等,诗词文曲,互释互证,在方法上颇有创见。该书系在其博士论文基础上修改而成,是目前较为全面研究蒋士铨的一部专著。

学界对扬州曲家的戏曲理论研究主要集中在凌廷堪、焦循、李斗、黄文旸等人身上。

凌廷堪的曲学研究。作为扬州学派的重要人物之一,凌廷堪的礼学研究一直颇受学界关注,相形之下,对其曲学的研究显得较为寂寥。叶长海的《中国戏剧学史稿》⑤、赵山林的《中国戏剧学通论》⑥、李昌集的《中国古代曲学史》⑦、俞为民、孙蓉蓉的《中国古代戏曲理论史通论》⑧等为数不多的几部曲学史,都有少量篇幅探讨凌廷堪的曲学理论。单篇论文如朱秋华的《认取昆仑万里流——凌廷堪和他的〈论曲绝句〉》⑨、谢婧的硕士论文《凌廷堪的〈论曲绝句〉》⑩,皆以凌廷堪的《论曲绝句三十二首》为主要考察对象。他如骆兵的《论凌廷堪的戏曲理论》⑪、俞为民的《凌廷堪对曲律的考证及其曲论》⑫、徐海梅的《论清代曲家凌廷堪的戏曲思想》⑬等文,则还结合凌廷堪的《燕乐考原》《梅边吹笛谱》,对其戏曲理论作了较全面系统的阐述。此外,围绕凌廷堪的经学家身份展开探讨的论文,如张晓兰的《论清中叶经学家凌廷堪的戏曲观——兼论清代乐学、礼学与曲学之互渗》⑭,探讨了凌廷堪的乐学、礼学与曲学之互渗现象。笔者的《论凌廷堪曲学思想中的复古倾向——

① 陈日峰:《汤显祖与蒋士铨戏曲比较研究》,东华理工大学硕士学位论文,2014年。
② 张冠:《蒋士铨戏曲用韵研究》,广西师范大学硕士学位论文,2016年。
③ 张梁:《蒋士铨杂剧艺术形式研究》,广西师范大学硕士学位论文,2017年。
④ 徐国华:《蒋士铨研究》,上海古籍出版社2010年版。
⑤ 叶长海:《中国戏剧学史稿》,中国戏剧出版社2005年版。
⑥ 赵山林:《中国戏剧学通论》,安徽教育出版社1995年版。
⑦ 李昌集:《中国古代曲学史》,华东师范大学出版社1997年版。
⑧ 俞为民、孙蓉蓉:《中国古代戏曲理论史通论》,中华书局2016年版。
⑨ 朱秋华:《认取昆仑万里流——凌廷堪和他的〈论曲绝句〉》,《艺术百家》1993年第2期。
⑩ 谢婧:《凌廷堪的〈论曲绝句〉》,集美大学硕士学位论文,2014年。
⑪ 骆兵:《论凌廷堪的戏曲理论》,《艺术百家》2007年第3期。
⑫ 俞为民:《凌廷堪对曲律的考证及其曲论》,《戏曲艺术》2013年第4期。
⑬ 徐海梅:《论清代曲家凌廷堪的戏曲思想》,《齐鲁学刊》2016年第4期。
⑭ 张晓兰:《论清中叶经学家凌廷堪的戏曲观——兼论清代乐学、礼学与曲学之互渗》,《殷都学刊》2014年第2期。

以《与程时斋论曲书》为中心的考察》①，则认为受其"以礼代理"的学术思想影响，凌廷堪的戏曲史观中蕴含着强烈的复古倾向，具体表现为他主张要以元曲为典范，挽救清中叶传奇创作之下滑颓势。从学术对戏曲的影响这一视角入手，凌廷堪的曲学研究无疑还有深入研究的空间。

焦循的曲学研究。经学家焦循的曲学成就主要体现在《曲考》《剧说》《花部农谭》《易余曲录》等论著上。《曲考》研究，集中在其存佚和作者问题上。20世纪80年代初，刘致中的《〈曲考〉即〈剧说〉考》②首倡《曲考》是焦循《剧说》的初稿本之说，在学术界引起了争议。刘孔伏在《〈曲考〉非〈剧说〉辨析》③中提出《曲考》并非焦循的著作，与《剧说》无涉。杜海军的《〈曲考〉不是〈剧说〉》④、王伟康的《焦循〈曲考〉初探》⑤则认为《曲考》是焦循的一部独立的戏曲目录学和考据学专著，为其撰写《剧说》作准备。目前《曲考》一书仍扑朔迷离，有待新材料的发现。

《剧说》研究。《剧说》系辑录前人166种论曲、论剧之语而成，但其中颇多焦循个人阐发，蕴含着其戏曲观，因此其戏曲史、文化史意义不容低估。专门作理论探讨的论文仅寥寥数篇，如王伟康的《论〈剧说〉》⑥、刘学亮的硕士论文《焦循〈剧说〉研究》⑦等，主要探讨焦循蕴含于其中的戏曲观及理论成就。因此，若从戏曲史、文化史角度入手，《剧说》研究显然还可以深入开展。

《花部农谭》研究。《花部农谭》是研究清中叶花部戏的一部戏曲理论著述，焦循在其中表现出的真知灼见，赢得了现代学者的一致赞赏。齐森华的《〈花部农谭〉浅识》⑧，王伟康⑨的《焦循与〈花部农谭〉》《焦循与地方戏曲》，充分肯定了焦循在《花部农谭》中体现出来的独特见识和爱好，并对其艺术理论作了细致的探讨。毛品璋的《也谈焦循及其〈花部农谭〉》⑩认为焦循是以经学家的身份治曲，因而受其思维方式制约，并贯穿于他的整个戏剧观和曲论之

① 相晓燕：《论凌廷堪曲学思想中的复古倾向——以〈与程时斋论曲书〉为中心的考察》，载《中华戏曲》编辑部编《中华戏曲》（48辑），文化艺术出版社2014年版。
② 刘致中：《〈曲考〉即〈剧说〉考》，《文学遗产》1981年第4期。
③ 刘孔伏：《〈曲考〉非〈剧说〉辨析》，《云南民族学院学报》1989年第2期。
④ 杜海军：《〈曲考〉不是〈剧说〉》，《殷都学刊》2001年第4期。
⑤ 王伟康：《焦循〈曲考〉初探》，载赵昌智主编《扬州文化研究论丛》（第16辑），广陵书社2016年版。
⑥ 王伟康：《论〈剧说〉》，《扬州大学学报》1997年第6期。
⑦ 刘学亮：《焦循〈剧说〉研究》，兰州大学硕士学位论文，2011年。
⑧ 齐森华：《〈花部农谭〉浅识》，载《曲论探胜》，华东师范大学出版社1985年版。
⑨ 王伟康：《焦循与〈花部农谭〉》，《扬州师院学报（社科版）》1994年第6期；《焦循与地方戏曲》，《艺术百家》2005年第2期。
⑩ 毛品璋：《也谈焦循及其〈花部农谭〉》，《艺术百家》1988年第2期。

中,因此体现出一定的矛盾和局限性,但这并不妨碍后人对《花部农谭》的评价。应该说,《花部农谭》中所蕴含的戏曲理论及其戏曲史意义已经受到学界瞩目。

综合探讨焦循的戏曲观及其理论成就的文章有:刘致中的《焦循的戏曲理论》①、王星琦的《焦循及其剧论》②、陶启君的《焦循戏剧发展观略说》③、汤振海的《焦循及其戏曲著述》④、蒋星煜的《从〈易余籥录〉探讨焦循的戏曲理论》⑤、王星荣的《〈清风亭〉故事源流与焦循戏剧观》⑥、马丽敏的《清代中后期经学家的戏曲观——以焦循与俞樾为中心》⑦、王伟康⑧的系列论文《继承与超越——王国维戏剧研究接受焦循深广影响管窥》《论焦循对王国维戏剧研究的影响》《焦循戏剧观初探》《读焦循〈易余籥录〉曲论札记》《焦循与李斗戏剧观同异略说》,以及硕士论文如曹金生的《焦循及其戏剧思想初探》⑨、裴雪莱的《焦循戏曲理论研究》⑩。这些论文或分析焦循如何从中国文化发展的宏观角度肯定戏曲的应有地位及把握规律特征,探讨其戏曲发展观;或论述焦循与后代学者俞樾、王国维戏剧观的不同,及对其曲学研究所产生的深刻影响。张晓兰的《论焦循学术观、文学观与戏曲观的同构性》⑪,视野较为宏通,认为焦循作为一代通儒,其学术观、文学观和戏曲观闪烁着思想的光芒,而且三者体现了一定的互融性与同构性。从经学家身份切入,无疑可进一步深化焦循的曲学研究。

此外,范春义的《焦循戏剧学研究》⑫是较全面地研究焦循戏剧学理论的一部专著。该书考察了焦循的家世、经历与戏曲交游情况,《剧说》的版本与成书过程,其资料来源、内容及文献价值;探讨了《花部农谭》的成书过程、

① 刘致中:《焦循的戏曲理论》,《文学遗产》1980 年第 3 期。
② 王星琦:《焦循及其剧论》,《剧艺百家》1986 年第 4 期。
③ 陶启君:《焦循戏剧发展观略说》,《四川戏剧》1989 年第 6 期。
④ 汤振海:《焦循及其戏曲著述》,《苏州大学学报》1994 年第 3 期。
⑤ 蒋星煜:《从〈易余籥录〉探讨焦循的戏曲理论》,载《中国戏曲史探微》,齐鲁书社 1985 年版。
⑥ 王星荣:《〈清风亭〉故事源流与焦循戏剧观》,中国艺术研究院戏曲研究所、《戏曲研究》编辑部编《戏曲研究》(83 辑),文化艺术出版社 2011 年版。
⑦ 马丽敏:《清代中后期经学家的戏曲观——以焦循与俞樾为中心》,《北方论丛》2010 年第 1 期。
⑧ 王伟康:《继承与超越——王国维戏剧研究接受焦循深广影响管窥》,《南京广播电视大学学报》1999 年第 4 期;《论焦循对王国维戏剧研究的影响》,《扬州大学学报(社科版)》2005 年第 6 期;《焦循戏剧观初探》,载赵昌智主编《扬州文化研究论丛》(第 1 辑),广陵书社 2008 年版;《读焦循〈易余籥录〉曲论札记》,载赵昌智主编《扬州文化研究论丛》(第 3 辑),广陵书社 2009 年版;《焦循与李斗戏剧观同异略说》,载赵昌智主编《扬州文化研究论丛》(第 13 辑),广陵书社 2014 年版。
⑨ 曹金生:《焦循及其戏剧思想初探》,兰州大学硕士学位论文,2008 年。
⑩ 裴雪莱:《焦循戏曲理论研究》,广西民族大学硕士学位论文,2011 年。
⑪ 张晓兰:《论焦循学术观、文学观与戏曲观的同构性》,《戏剧》2014 年第 2 期。
⑫ 范春义:《焦循戏剧学研究》,凤凰出版社 2012 年版。

传播及其价值、所涉及的艺人情况,焦循的戏剧定位、戏剧功能观、历史剧改编思想和"一代有一代之所胜"说,及相关的戏剧文化现象。

李斗及其《扬州画舫录》研究。20 世纪末以来,《扬州画舫录》的文献价值引起了学界的关注。1997 年至 2018 年,与之相关的论文有 19 篇,涉及小说、戏曲、清曲、餐饮、地名、园林、诗词楹联等多方面内容。史梅的《〈扬州画舫录〉版本初探》①追溯了《扬州画舫录》诸版本的演变轨迹,对其异同情况进行了梳理,为深入研究该著夯实了基础。王伟康的《康乾盛世扬州文明的实录——〈扬州画舫录〉研究》②,介绍了清康熙至乾隆年间扬州的经济贸易、文化等情况,并对《扬州画舫录》的特色、序跋、题词、版本等进行了研究。《扬州画舫录》卷五"新城北录下"中记载的花雅两部竞胜的情形,及各地方剧种的发展演变情况,无疑是学界考察李斗曲学的重心。

近年来,李斗的戏曲创作也逐渐引起了学界的重视。乾嘉之际,李斗的戏曲作品曾风靡大江南北,然存世仅传奇两种:《奇酸记》与《岁星记》。目前相关研究主要集中在《奇酸记》上。陈维昭的《李斗〈奇酸记〉与清代中后期的戏曲流变》认为《奇酸记》传奇脱胎于张竹坡的"苦孝说",其真正意图是把《金瓶梅》的情色故事搬上舞台,警惩意旨反倒成了一种叙事策略。剧中"二十四解"和"一十八滚"两出,以独特的歌舞形式处理原小说中的感性描写。风格化的处理将原小说中的感性故事和观众的审美接受拉开了适当的距离。该剧的创作与魏长生的戏曲表演有着密切的关联,对嘉道时期的戏曲、曲艺领域的审美思潮有着深远的影响。③ 俞丹玲的《从小说到传奇——〈奇酸记〉研究》④通过对版本、文本、艺术手法等三方面的对比,考察了《奇酸记》从小说到传奇之间的改编情形。明光的《李斗戏曲创作与理论》⑤对李斗的戏曲创作略有论述,但侧重对《扬州画舫录》戏曲实录的内容与价值及其戏曲理论的探讨。李在超的《论〈奇酸记〉的批评话语与主体意识》⑥认为防风馆客以文本细读的方式评点《奇酸记》,阐释了作品的主旨,考订了音律的得失,探讨了戏曲的改编与舞台呈现的问题,体现出鲜明的主体意识,是一种理性化的戏曲批评,因此对探讨清代中期的戏曲批评及戏曲理论建构具有一定的范本意义。《岁星记》研究,则未见涉及。客观而言,李斗两种曲

---

① 史梅:《〈扬州画舫录〉版本初探》,《南京大学学报》2001 年第 5 期。

② 王伟康:《康乾盛世扬州文明的实录——〈扬州画舫录〉研究》,中国文联出版社 2005 年版。

③ 陈维昭:《李斗〈奇酸记〉与清代中后期的戏曲流变》,《暨南学报(哲社版)》2013 年第 3 期。

④ 俞丹玲:《从小说到传奇——〈奇酸记〉研究》,《文化艺术研究》2014 年第 3 期。

⑤ 明光:《李斗戏曲创作与理论》,《扬州职业大学学报》2003 年第 3 期。

⑥ 李在超:《论〈奇酸记〉的批评话语与主体意识》,《西南石油大学学报(社科版)》2017 年第 3 期。

的艺术成就并不高,但其戏曲史、文化史意义值得深入挖掘。

此外,李斗其人其事的相关论文有:孙书磊的《〈扬州画舫录〉作者李斗早年行实系年考》①、《〈扬州画舫录〉作者李斗的行旅活动与文学创作》②,吴庭宏的硕士论文《李斗艺术交游研究——以〈永报堂诗集〉为基础》③,分别以《永报堂诗集》为基础,或考察李斗的早年行实、行旅活动与文学创作,或考察其艺术交游情况。李斗博学多才,行旅颇丰,与乾嘉时期的达官显宦、学者、诗人、画家、盐商、艺人多有交游,因此若借助史籍、地方志、家谱及同时代人诗文集、笔记、日记类著述,其生平行实可勾勒得更清晰。总之,若结合对李斗的诗词文创作,《奇酸记》《岁星记》两种曲的思想内容、艺术特色及其文化史意义的探讨,李斗在戏曲史、文学史上的地位能得到更准确的评价。

近年来,黄文旸及其《曲海目》引起了学界的关注。关注黄文旸的生平行实、交游,如笔者④的系列论文《清代戏曲目录学家黄文旸生平事迹考》《黄文旸生平行实考述》《黄文旸交游考述》《黄文旸年谱》,及王章涛的《扬州学派边缘人物与扬州学派研究——黄文旸对阮元、焦循、凌廷堪的影响》⑤。董少塾的硕士论文《黄文旸研究》⑥则考察了黄文旸的生平和交游情况,探讨了其诗歌的思想内容与艺术特色。这些论文为黄文旸曲学研究的深入开展作了基础性工作。上述研究皆从黄氏《扫垢山房诗钞》入手,今后若借助史籍、地方志、家谱及同时代人诗文集、笔记、日记类著述,可深化学界对黄文旸其人其事的认识。

以上论文多侧重于曲家个案研究,有的以曲家生平和著述情况的介绍为主,还处于客观描述阶段,对扬州曲家群体之间的交往情况尚未给予足够的关注。此外,20、21 世纪之交出版的几部戏曲史对蒋士铨、李斗、焦循等扬州曲家均有篇幅不多的描述,如廖奔、刘彦君的《中国戏曲发展史》⑦、郭

---

① 孙书磊:《〈扬州画舫录〉作者李斗早年行实系年考》,《南大戏剧论丛》2013 年第 2 期。
② 孙书磊:《〈扬州画舫录〉作者李斗的行旅活动与文学创作》,《南京师范大学文学院学报》2013 年第 1 期。
③ 吴庭宏:《李斗艺术交游研究——以〈永报堂诗集〉为基础》,扬州大学硕士学位论文,2015 年。
④ 相晓燕:《清代戏曲目录学家黄文旸生平事迹考》,《文化艺术研究》2011 年第 4 期;《黄文旸生平行实考述》,《西南交通大学学报(社科版)》2014 年第 5 期;《黄文旸交游考述》,载《中华戏曲》编辑部编《中华戏曲》(第 50 辑),文化艺术出版社 2015 年版;《黄文旸年谱》,《常熟理工学院学报》2017 年第 1 期。
⑤ 王章涛:《扬州学派边缘人物与扬州学派研究——黄文旸对阮元、焦循、凌廷堪的影响》,载赵昌智主编《扬州文化研究论丛》(第 1 辑),广陵书社 2008 年版。
⑥ 董少塾:《黄文旸研究》,扬州大学硕士学位论文,2014 年。
⑦ 廖奔、刘彦君:《中国戏曲发展史》,山西教育出版社 2000 年版。

英德的《明清传奇史》①、吴新雷主编的《中国昆曲艺术》②、颜全毅的《清代京剧文学史》③等。较全面地论述了清中叶扬州曲家的戏曲创作及其理论成就的要数《江苏戏曲志·扬州卷》④，但也较简略，更未将之视为曲家群体。对扬州曲家较关注的当数明光和戴健这两位扬州学者，明光的《扬州戏剧文化史论》⑤、戴健的《清初至中叶扬州娱乐文化与文学》⑥均有不少篇幅涉及，尤其是后者专列一章"扬州文人群落与戏曲编创"，将清初至清中叶的戏曲家划分成：（一）以孔尚任为中心的文人群落；（二）以盐政、盐商为中心的文人群落；（三）凌廷堪周围的曲家；（四）仲振奎兄弟交往的曲家。虽然尚处于客观勾勒描绘的阶段，但其思想核心为本书的写作提供了学术支持。

　　总体而言，扬州曲家研究已经引起学界关注，并取得了一定的成绩，但在整体把握上显然有所欠缺。关注清中叶扬州戏曲，并在综合性研究上取得较大突破的当数杨飞的博士论文《乾嘉时期扬州剧坛研究》。该文以乾嘉时期扬州盐商对戏曲的影响为切入点，对扬州剧坛史实进行了较为全面细致的梳理，但同时提出"由于扬州剧坛本身所表现出的不确定性、不稳定性、阶段性的特征，故而它在一定时期的突出发展更多地体现在演出活动的兴盛。至于剧坛繁荣的另一个标志——创作，则显得比较薄弱。因此本文'剧坛'以演出活动为主要论述对象，与此相关的声腔、剧目、演员以及对这些艺术活动进行批评总结的戏曲理论是论述重点，而创作则相对论述简略"⑦。该文认为清中叶作为南方戏曲演出中心的扬州并未产生特别有影响的剧作家、剧作，并只简略提及扬州籍曲家代表仲振奎和李斗的戏曲创作。

　　综上所述，目前的研究成果大多或注重于个别曲家、作品，或虽作宏观整体研究，但对扬州曲家及其艺术成就总体评价不高。如《乾嘉时期扬州剧坛研究》一文，笔者以为该说颇有可商榷之处。虽然就总体成就而言，扬州曲家没有创作出如前代"南洪北孔"那样的皇皇巨作，但是他们的戏曲作品在乾嘉时期的曲坛广为传唱，不少甚至获得了轰动性的社会效应。蒋士铨与沈起凤、李斗等人的戏曲作品风靡大江南北，掀起了传奇没落期的最后一个高潮。仲振奎的《红楼梦传奇》谱曲得风气之先，因此"吴越纸贵，时无不

---

①　郭英德：《明清传奇史》，江苏古籍出版社1999年版。

②　吴新雷：《中国昆曲艺术》，江苏教育出版社2004年版。

③　颜全毅：《清代京剧文学史》，北京出版社2005年版。

④　《江苏戏曲志》编辑委员会：《江苏戏曲志·扬州卷》，江苏文艺出版社1997年版。

⑤　明光：《扬州戏剧文化史论》，社会科学文献出版社2008年版。

⑥　戴健：《清初至中叶扬州娱乐文化与文学》，社会科学文献出版社2008年版。

⑦　杨飞：《乾嘉时期扬州剧坛研究》，华东师范大学博士学位论文，2007年。

知有红豆村樵者"①。在传奇创作趋向滑坡的历史时期,他们的创作为趋于低迷的清中叶曲坛注入了新的活力。

扬州曲家群是一个具有深厚理论素养的曲家群体,其戏曲理论开一代之风气。焦循的《剧说》《花部农谭》,李斗的《扬州画舫录》与黄文旸的《曲海目》等,至今仍是戏曲史研究的重要文献。扬州曲家群体在中国戏曲史上应占一席之地,因此,颇具研究价值。

笔者将研究视野定格在清中叶的扬州曲家这一群体,是基于以下三个方面的考虑:1.清中叶是中国戏曲史上发生花雅之争的激烈变革时期;2.扬州是当时南方的戏曲活动中心,考察这一地区曲家的活动情形,无疑具有典型性,可以窥一知万;3.如前所述,戏曲史研究者们历来瞩目于李斗《扬州画舫录》卷五记载的花雅两部的演出活动,对曲家多偏重于个体探讨,以"扬州曲家群体"名之,并进行整体研究,目前尚属空白。笔者以为,扬州曲家群体是清中叶戏曲家的一个缩影,汇聚了当时最优秀的曲家,把他们视作一个整体加以研究,有助于我们考察曲家在戏曲界一次天翻地覆的审美趣味巨变前表现出来的真实姿态,有助于我们把握曲家在花雅争胜这一历史过程中隐蔽的创作心态,有助于推动花雅之争戏曲史研究的进一步深入,有助于更加科学、准确地阐明清代戏曲史的发展和演变轨迹。联系戏曲艺术不景气的现实,本书可以为当今及未来的戏曲发展走向提供理论思考。

笔者以扬州曲家群体为研究对象,力求站在整个中国戏曲发展史的高度,结合清中叶扬州一地的社会经济状况及曲坛审美风尚、乾嘉学术思潮的影响,联系传奇、杂剧的嬗变来对其进行观照与考察。通过对这一群体错综复杂的关系的剖析,考察其自身的演变过程,对其创作特色及理论特征加以归纳总结,进行整体性的研究,作深层次的思考。基于此,笔者将在尽可能充分地占有史料的基础上,对扬州曲家与扬州地域文化的关系,进行较为全面、深入的研究。这包括:对扬州曲家生平与群体交游的考述;对群体形成与活动开展的原因、状况与意义的探讨;对扬州曲家与两淮盐官、盐商、扬州书院山长、"扬州八怪"、扬州学派成员之间的文化互动及其影响的剖析;对扬州曲家的戏曲作品的思想主旨、艺术特色、演出状况,及其戏曲理论成就的评价;关于扬州曲家对花部戏曲态度的考察。从而以点带面,对有清中叶花雅之争中扬州曲家的整体风貌及文化心理发展脉络有一个准确的把握。

---

① (清)汤贻汾:《〈云涧诗钞〉序》,载仲振奎《云涧诗钞》卷首,清嘉庆十六年(1811)兴宁官署刻本,泰州市图书馆藏。

第一章　清中叶扬州曲家群体结聚的
　　　　地域文化背景

第一节　清中叶扬州的社会风尚

清中叶,因盐业、河防与漕运成为国家经济命脉的重要支柱,扬州财赋雄厚,绾毂南北。盐课居全国赋税之半,两淮盐课又居天下之半。① 经过数十年的恢复发展,明清易代鼎革之际城市经济遭受重创的扬州很快崛起,至乾隆朝达到巅峰。19 世纪初,它成为世界第三大城市。②

扬州是两淮盐务机构的驻地,淮盐销售极畅,获利甚丰,吸引了全国各地的商人麇集于此。盐商的奢侈性消费,是尽人皆知的事实。"江都多富商大贾,民以末作依之","商人习为侈靡,其技巧役之贫民,藉以糊口者甚众"③。伴随其周围的,有奴仆、食客、私枭、工役、盐丁、匠人等,形成了庞大的市民阶层,其中外来人口占了大部分。大量的移民远离土地生产,从事纯粹的消费行业,这使得扬州成为一个高度开放包容的消费性城市。据《扬州风土记略》记载,扬州各县人民,大抵有业者占十之七,无业者占十之三,"而业鹾务、金融者,作时少而息时多。是以耽于安逸,形近晏安"④。高宗六次南巡均驻跸扬州,盐商为迎銮供奉,大兴土木,修建行宫,构筑园林,扬州的城市面貌发生了急剧的变化。与此同时,扬州又是南来北往的士子和官员的必驻都会。因此扬州城繁华富庶,自由开放,是致仕告归的达官显宦和经商发迹的盐商心目中的安乐窝,时人有说法:"扬州好,侨寓半官场,购买园

---

① 铁保《〈(乾隆)两淮盐法志〉序》云:"盐课居赋税之半,两淮盐课又居天下之半,其有关于国课民生者,与农桑等。"(清)王安定等纂:《重修两淮盐法志》卷一百三十八"职官门·名宦传下",载《续修四库全书》史部 845,上海古籍出版社 2002 年版,第 430 页。李发元《盐院题名碑记》云:"两淮岁课当天下租庸之半。损益盈虚,动关国计。"(清)王安定等纂:《重修两淮盐法志》卷一百五十九"杂记门·艺文七碑记",载《续修四库全书》史部 845,上海古籍出版社 2002 年版,第 720 页。

② 黄俶成:《十八世纪两淮盐业与扬州学人》,《盐业史研究》2001 年第 1 期。

③ (清)徐成敟等修、陈浩恩等纂:《〈(光绪)增修甘泉县志〉》卷首,清光绪十一年(1885)刻本。

④ 徐谦芳:《扬州风土记略》,载张智主编《中国风土志丛刊》(28),广陵书社 2003 年版,第 14 页。

亭宾亦主,经营盐典仕而商,富贵不还乡。"①

两淮盐业的畸形繁荣,带动了其他行业的发达。扬州城内商肆林立,交易频繁,涌现出众多的特色街区。如多子街(即缎子街)两畔皆缎铺,翠花街(也名新盛街)以珠翠首饰铺集中而得名,皮市街以专售皮货为特色,彩衣街荟萃了制作服饰的多种衣局。苏唱街是伶人聚集的地方,梨园总局就设在老郎堂内,凡风习规例全仿苏州梨园传统。此外,扬州的酒肆茶馆及饮食业亦很发达。盐商"家庖"以厨艺精湛而闻名,"满汉全席"流行之极,"惟富室盐商及官场为多"②。青楼文化历史悠久,唐时因杜牧的"十年一觉扬州梦,赢得青楼薄幸名"诗句而天下皆知,"扬州瘦马"成为一种社会性行业。浴室、面馆、茶社及书场、戏园等应运而生。

"文人寄迹,半于海内"③,清初扬州已是士大夫必游的五大都会之一。④康熙年间诗坛名流王士禛主持的两次红桥⑤修禊,其文采风流令后人追慕和怀想不已。乾隆二十二年(1757),在其弟子、两淮盐运使卢见曾倡导下,虹桥雅集成了一次全民狂欢式的诗人大聚会,体现出政通人和的盛世气象。不到百年,王士禛和他的遗民诗人朋友们诗中蕴含的对易代鼎革的沧桑喟叹已荡然无存。卢见曾倡导的这次虹桥雅集空前绝后,极大地加强了官方、盐商和士子之间的文化交流。此后,"扬州文宴,盛于江南",虹桥雅集、平山堂宴集、行庵雅集、邗园雅集、小玲珑山馆宴集等层出不穷,只是主角变成了一批亦儒亦商、崇文尚艺的风雅盐商。两淮盐运使和扬州太守礼贤下士,盐商贾而好儒,天下文人慕名而来。据阮元《淮海英灵集》记载,全国来扬的学者有780多人。可以说,扬州是官员、盐商、士人聚会的一方乐土,他们一起考校经史,唱酬诗词,品赏戏曲。官、士、商渗透,相得益彰⑥,扬州形成了良

---

① (清)惺庵居士:《望江南百调》(不分卷),载《扬州丛刻》(6),民国年间扬州陈恒和书林刻本。

② (清)平步青:《霞外捃屑》卷三"辛夷垞蕞言"之"杀戒"条,上海古籍出版社1982年版,第179页。

③ (清)孔尚任:《广陵听雨诗序》,载《湖海集》卷八,徐振贵主编《孔尚任全集辑校注评》,齐鲁书社2004年版,第1124页。

④ (清)孔尚任:《郭匡山广陵赠言序》,载《湖海集》卷九,徐振贵主编《孔尚任全集辑校注评》,齐鲁书社2004年版,第1156页。

⑤ 红桥,明崇祯年间始建于保障湖(今扬州瘦西湖)水口,桥边围以红栏,故得名。清乾隆元年(1736),郎中黄履昂改建石桥。乾隆十五年(1750)后,经两淮盐商吉庆、普福、高恒等多次重建,桥上建过桥亭,"红"改作"虹"。《扬州览胜录》对此有记载。虹桥为扬州北郊二十四景第一丽观。

⑥ 薛寿《读〈画舫录〉书后》云:"吾乡素称沃壤。国朝以来,翠华六幸。江淮繁富,为天下冠。士有负宏才硕学者,不远千里百里,往来于其间。巨商大族,每以宾客争至为宠荣,兼有师儒之爱才,提倡风雅,以故人文汇萃,甲于他郡。"(清)薛寿:《学诂斋文集》卷下,载《广雅书局丛书》(37),光绪十五年(1889)广雅书局刻本。

好的文化生态。

由于人口构成的多元,扬州文化呈现出开放性和包容性。盐商喜好追求"新""奇""异"的行为开时代风气之先,对全社会产生了重大的影响。商人嗜金逐利的天性与挥之不去的读书崇儒情结,推动了清中叶扬州经济的繁荣、文化的昌盛,并使之达到了一个难以企及的高峰。盐商或崇文尚艺,或附庸风雅,客观上促成了扬州文艺市场的繁荣:古玩字画的鉴赏催生了中国绘画史上著名的"扬州八怪";虹桥雅集吸引着四方的文人墨客闻风而来;迎銮供奉则使得花雅两部戏曲大放异彩,蓬勃发展。这些都与该时期扬州出现的种种社会现象有着重要关联。

一、风气转向与盐商之奢靡

(一)崇文尚艺与盐商之附庸风雅

中国传统社会"士农工商"观念久远相传,儒家"学而优则仕"的价值取向,使得以经商而囊丰箧盈的商人,往往与"锱铢必较""唯利是图"等充满贬抑意味的词联系起来,被"卑之曰市井,贱之曰市侩,不得与士大夫伍",列于四民之末。在这一强大的传统势力面前,一种以崇文尚艺提高社会地位和个人声望的欲求随之产生。其显著的表现是结交文人,附庸风雅。盐商中不少人出自素有"东南邹鲁"之称的徽州地区,本来就有亦商亦儒的传统。"贾为厚利,儒为名高",通过将钱财转化为科举及第,做官跻身仕途,盐商除获得社会声望外,还可以自立为官商,保护家族经商利益。据《两淮盐法志》记载,明末至清中叶百十年中盐商子弟中举者、登进士者、为官者不下数百人。经过财力积累与形象打造,明清商人自我心态渐见调整,社会角色亦随之趋变。不过传统势力和成见极顽固,商而文或商经文而仕之群体仍无奈地处于边缘化状态。他们在经商致富后,往往致力于出资修府学、县学等官学,并修建义学、书院;投身图书事业,兴建藏书楼,广泛地搜集典籍。故虽为坐商行贾,但"贾服而儒行",世称"儒商"。

清中叶两淮盐商的崇文好儒是中国文化史上的一个突出现象。盐商贾而好儒,礼贤下士,热心文教事业。在扬盐商尤其是徽州籍盐商,自幼接受传统文化教育,讽诵诗礼,大多为饱学之士,经商发迹之后,往往延师课授子弟。因此,不少盐商文化修养甚高,且雅爱文艺,倾心结交文士名流。较典型的如乾隆年间大盐商程晋芳。程晋芳(1718—1784),初名廷璜,字鱼门,号蕺园。安徽歙县人,祖父辈业盐于淮安。好儒术及古文词。乾隆二十七年(1762)南巡召试,因赋诗称旨被授举人。乾隆三十六年(1771)中进士。

后参与编纂《四库全书》。"乾隆初，两淮殷富，程氏尤豪侈，多蓄声色狗马。君独惓惓好儒，罄其赀购书五万卷，招致方闻缀学之士，与共讨论。海内之略识字能握笔者，俱走下风，如龙鱼之趋大壑。"①出没于扬州的文士大多与其交往，袁枚、赵翼、蒋士铨等名流皆与其有唱和。

盐商大多笃好风雅，延接名流，因此扬州园林雅集、诗文结社之风很盛。盐商依托自家园林，不仅为文士提供食宿和集会场所，组织诗文雅集，出资结集出版；还提供图书，供其阅读研究，帮助贫寒士子刊刻文集。乾隆早期扬州诗文之会，以马氏小玲珑山馆、程氏筱园及郑氏休园为最盛。园林诗会形成定例。文人雅集赋诗，诗成即发刻。三日内尚可改易重刻。至出刊日，则遍送城中。有时还伴有聆曲之风雅韵事。客观地说，诗文雅集既能展示文人的才华，激发其创作热情，又繁荣了扬州的文化市场。

有"扬州二马"之称的大盐商马曰琯与其弟马曰璐名倾东南，与文人们吟诗作赋、游历山水，缔结了邗江吟社。② 马曰琯(1688—1755)，字秋玉，号嶰谷，安徽祁门人，后迁居扬州。乾隆初举鸿博，不就。家资豪富，热心地方公益事业，曾捐资开掘扬州沟渠，筑渔亭孔道，兴建梅花书院等。尤喜搜集古藏，家中藏书甚富，清廷编纂《四库全书》时，为江南三大献书家之一。其小玲珑山馆名闻天下，"横陈图史常千架，供养文人过一生"③，知名学者如厉鹗、陈撰、江宾谷、金农等先后馆于其家，为其校勘、编次书籍。与全祖望、惠栋等人关系尤密切，有秘书相互借抄。乐于借书与人，以资著述，厉鹗的《宋诗纪事》即完成并刊刻于此。卢见曾、严长明等均利用过他的藏书。高宗南巡，闻其藏书、诗文之名，亲驾其园并赐书。刊刻图书有《说文解字》《玉篇》《广韵》及朱彝尊《经义考》等，版刻极为精良，世称"马版"。马曰琯为人慷慨，热心资助文人，"四方之士过之，适馆授餐，终身无倦色"④。其助人事迹颇多，如：帮助郑板桥还清债务；厉鹗年六十无子，为之割宅蓄婢；全祖望得恶疾后，出千金为之聘良医诊治；姚世钰客死扬州，为之经纪其丧；等等。其声名颇为时人所重。马曰琯还以诗文名世，著有《沙河逸老集》十卷和《嶰

---

① （清）袁枚：《翰林院编修程君鱼门墓志铭》，载《小仓山房续集》卷二十六，《小仓山房诗文集》，周本淳标校，上海古籍出版社 2009 年版，第 1714 页。

② 据方盛良《小玲珑山馆诗人群体考略》[载《安庆师范学院学报(社科版)》2005 年第 1 期]一文统计，出入马氏兄弟小玲珑山馆的诗人多达 30 人，其中有厉鹗、丁敬、陈撰、陈章、姚世钰、陆锡畴、楼锜、闵华、方世举、朱稻孙、全祖望、杭世骏、胡期恒、程梦星、符曾、陆钟辉、张四科、张世进、王藻、方士庶、方士倢、华喦、高凤翰、边寿民、汪士慎、金农、高翔、郑燮、卢见曾等。

③ （清）袁枚：《扬州游马氏玲珑山馆感吊秋玉主人》，载《小仓山房诗集》卷二十七，《小仓山房诗文集》，周本淳标校，上海古籍出版社 2009 年版，第 687 页。

④ （清）李斗：《扬州画舫录》卷四"新城北录中"，汪北平、涂雨公点校，中华书局 2004 年版，第 88 页。

谷词》一卷。《清史稿·文苑传》有传。其弟曰璐(1695—1773后),字佩兮,
号半槎。国子生。乾隆元年(1736)被荐博学鸿词科,未就试。与兄曰琯情
厚,常共参与文事活动。著有《南斋集》《南斋词》行世。

乾隆中后期引领扬州文艺潮流的当数两淮商总江春,其康山草堂、秋声
馆是当时重要的文化活动中心。江春(1721—1789),字颖长。先世安徽歙
县人。祖父演,始侨寓扬州。父承谕。祖、父皆以盐策起家。江春工制艺,
能诗文,与齐召南、马曰琯齐名。应试不第,改业盐务,后被推为两淮商总,
"领袖淮纲数十年"①。因多次御前承应和报效输送军需有功,被御赐为内
务府奉宸苑卿,加至布政使衔。其平生"笃嗜风雅,慷慨缔结,极一时物力人
事之丰赢,以鼓吹文采风流之逸韵",因此,"四方名士之至邗上者,多主于其
家"。② 清初吴梅村的孙子吴献可究名法之学,馆于其家20年。金兆燕、蒋
士铨等曲家皆曾为其座上宾。戴震、杭世骏、沈大成、吴烺、郑燮、金农、陈撰
等学者、诗人、画家,皆与其有过从往来。著有《随月读书楼诗集》行世。其
从弟江昉(1727—1793),字旭东,号橙里,又号砚农。工诗,尤擅词曲,著有
《练溪渔唱》三卷、《晴绮轩集》二卷、《随月读书楼词钞》等。筑有紫玲珑馆款
洽文士,吟事不绝。

程晋芳、"扬州二马"、江春、江昉等盐商的崇文尚艺极大地推动了扬州
文化的繁荣,扬州成为清中叶东南文化坛坫。不过,并非所有盐商皆真心好
文,在这股崇文尚艺的潮流中,也不乏附庸风雅之徒。盐商大都风雅好客,
每喜招名士以自重,均以宾客争至为荣。由于商家席丰履厚,天下文人稍能
言诗,辄思游食维扬,乃至当时有"扬州满地是诗人"③之讥。于是盐商有沽
名钓誉者,"其黠者颇与名人文士相结纳,藉以假借声誉,居然为风雅中
人"④;亦有文人不自重者与盐商沆瀣一气,充当帮闲篾片。扬州的社会风
尚为之大变。"扬州八怪"中的郑板桥尝指斥此现象:"扬州风尚,近来又为
之一变。巨富之商,大腹之贾,于玩弄古董余暇,家中都聘有冬烘先生。明
言坐馆,暗里捉刀,翻翻诗韵,调调平仄,如唱山歌一般,凑集四句二十八字,
使人扬言于众,某能做诗矣,某能作文矣。……更有一班无赖文人,日奔走
彼等之门,依附阿谀,说石为玉,指铁成金。谓某诗近古,某诗逼唐,才由天

---

① (清)赵翼:《江鹤亭挽诗》,载《瓯北集》卷三十三,上海古籍出版社2007年版,第759页。
② (清)阮亨:《瀛舟笔谈》卷八,清嘉庆二十五年(1820)刻本。
③ (清)董伟业:《扬州竹枝词》云:"六一堂前车马路,两两三三说词赋。扬州满地是诗人,顾万峰来
留不住。"雷梦水等:《中华竹枝词》(二),北京古籍出版社1997年版,第1320页。
④ (清)黄钧宰:《金壶浪墨》卷一"纲盐改票",载《续修四库全书》子部1183,上海古籍出版社2002
年版,第9页。

授,非关人力,谁说商贾中无才乎? 阿谀人到如此地步,亦已尽止。……扬州风水素来甚好,近不知何故,生出了此班妖魔。"[①]以致他愤慨地指责:"学者当自树其帜。凡米盐船算之事,听气候于商人,未闻文章学问,亦听气候于商人者也。吾扬之士,奔走蹙躞于其门,以其一言之是非为欣戚,其损士品而丧士气,真不可复述矣。"[②]与之互为表里的,则是盐商的穷奢极欲,声色耽溺。

(二)奢靡享乐与盐商之耽溺

乾隆年间扬州盐业资本暴涨,盐商富可敌国,上者有挟资千万者,次者亦以数百万计,最少亦一二百万。挟雄财巨赀的盐商势利轻浮,竞夸豪奢,扬州社会风气变化剧烈,上下交相逐利。盐商一掷千金的夸饰性消费及"扬气"做派,直接带动了整个社会世俗风气的转变。

清初扬州盐商已是穷奢极靡,引起最高统治者的关注。雍正元年(1723),世宗在"上谕"中指责各省盐商的逾礼现象时,即指出"淮扬为尤甚"[③]的事实。不过时风熏染,积习难返。至乾隆朝盐商逾礼有加,有些甚至超过王侯。高宗六度南巡,盐商争相御前报效承应,所到之处,供给繁奢,更助长了其夸饰铺张、纵情声色的享乐风气。

整个高宗一朝,盐商大张旗鼓地夸侈斗富,与雍正后蔓延开来的讲究个人享乐的风气一拍即合,扬州世风日渐浮靡。盐商既囊丰箧盈,故而侈靡之风极盛。《扬州画舫录》对此多有记载,如盐商有欲散万金炫富者,门下客以金尽买金箔,载至金山塔上,向风飏之,顷刻而散;或以三千金尽买苏州不倒翁,流于水中,波为之塞。盐商好曲,则重金聘请行家编剧,名伶组班。内班行头,备极其盛,如小张班十二月花神衣,价至万金;百福班一出"北饯",十一条通天犀玉带;小洪班灯戏,点三层牌楼,二十四灯,戏箱各极其盛。大洪、春台班则聚众美而大备。随着盐商财力的进一步扩大,其奢侈性生活消费也达到了登峰造极的地步。

扬州盐商竞尚奢利,在日常生活追求中流露出尚新、尚奇、尚异的审美趣味,如《扬州画舫录》卷六记载:

> 有喜美者,自司阍以至灶婢,皆选十数龄清秀之辈。或反之而极尽

---

① (清)郑燮:《与起林上人》,载《郑板桥文集》,吴可校点,巴蜀书社2003年版,第61页。
② (清)郑燮:《与江宾谷、江禹九书》,载《郑板桥文集》,吴可校点,巴蜀书社2003年版,第112页。
③ (清)萧奭:《永宪录》卷二下"雍正元年八月初二日",载沈云龙主编《近代中国史料丛刊》第71辑(总第704号),台湾文海出版社1971年版。

用奇丑者,自镜之以为不称,毁其面以酱敷之,暴于日中。有好大者,以铜为溺器,高五六尺,夜欲溺,起就之。一时争奇斗异,不可胜记。①

盐商此种炫奇尚异的喜好随着其经商的足迹,也遍及全国各地。一时京、津、苏等大城市,都以效法扬州为时髦。盐商的服食、器用、园亭、燕乐同于王者,传于四方,奢风盛行,以致世乱,扬州盐商与有责焉。②

豪商巨贾既挥金如土,争奇炫富,衣食住行,靡费日盛。"其时两淮司牍策者侈侈隆富,多声色狗马投瓿格五是好。"③盐商在热切地追逐物质享受的同时,也痴迷感官娱乐,甚至放纵情色,口腹声色之欲的满足成为他们重要的生活追求。"长夜欢娱日出眠,扬州自古无清昼"④,扬州盐商好昼伏夜出,这种生活作息与饮食燕乐的享乐方式颇相吻合,使得歌舞成为佐欢助乐的首选。许多盐商子弟自幼锦衣玉食,在珠围翠绕中长成,不喜诵读诗文,而对歌伎唱曲情有独钟,甚至狎伶玩赏。⑤ 因此,舞榭歌台,金粉箫韶,声色犬马,选伎征歌,在扬州城里颇为流行。

与之相伴随的是,"十室九歌舞"⑥,扬州冶游风气颇盛。高宗六次南巡,均驻跸扬州,盐商穷极物力营造园林以供宸赏,暇时辄供自己享用。是以扬州园林与苏州之市肆、杭州之湖山齐名,时有"甲于天下"⑦之誉。四方达官贵胄、游子墨客,过此无不盘桓流连。⑧ 扬州成了达官贵胄和富商巨室流连声色、纸醉金迷的销金窝。

在盐商"奢风"的熏染下,追求现世享乐和奢侈浮华成为清中叶扬州的主导社会风尚。普通百姓跟风而起,争相效仿盐商的"扬气"做派,食不厌

---

① (清)李斗:《扬州画舫录》卷六"城北录",汪北平、涂雨公点校,中华书局2004年版,第150页。
② 邓之诚:《中华二千年史》(二)卷五下"明清"下"生业",中华书局1983年版,第443页。
③ (清)袁枚:《诰封光禄大夫奉宸苑卿布政使江公墓志铭》,载《小仓山房续集》卷三十一,《小仓山房诗文集》,周本淳标校,上海古籍出版社2009年版,第1862页。
④ (清)郑燮:《广陵曲》,载《郑板桥文集》,吴可校点,巴蜀书社2003年版,第250页。
⑤ 黄承吉《汪泰交先生〈猎微诗钞〉序》云:"盐策子弟多好弄,不喜文学,有教之者则嘘曰:视吾堂厥披锦而厌肉,奚以学为?其隽者亦往往学为诗歌,率能叶四声,辨众体而已。"(清)黄承吉:《梦陔堂文集》卷六,1939年燕京大学图书馆排印本。
⑥ 伊秉绶《扬州》诗云:"扬州绿杨郭,十室九歌舞。舟荡邯郸娼,市列洛阳贾。"(清)伊秉绶:《留春堂诗钞》卷七,载《续修四库全书》集部1475,上海古籍出版社2002年版,第782页。
⑦ (清)金安清:《水窗春呓》卷下"维扬胜地"条,谢兴尧点校,中华书局1984年版,第72页。
⑧ 钱泳《履园丛话》卷七"臆论"之"醉乡"条云:"时际升平,四方安乐,故士大夫俱尚豪华,而犹喜狎邪之游。在江宁则秦淮河上,在苏州则虎丘山塘,在扬州则天宁门外之平山堂,画船箫鼓,殆无虚白。妓之工于一艺者,如琵琶、鼓板、昆曲、小调,莫不童而习之,间亦有能诗画者,能琴棋者,亦不一其人。流连竟日,传播一时,才子佳人,芳声共著。"(清)钱泳:《履园丛话》,张伟校,中华书局2006年版,第193页。

精,服尚新奇,大兴土木,求神拜佛①,这种颓靡不正常的社会风气,直接导致扬州人心浇薄、世风日下。这在扬州曲家的作品中就有反映。乾隆十九年(1754),蒋士铨自京师南返,归舟中所作之传奇《空谷香》,即借人物之口对扬州日趋浇薄的士风表示了不满:"咳!维扬风俗之坏,已不可救药,学生只好为其所得为而已。叹江河日下人心丧,恣奢淫何能惩创。悲凉,平山自苍。只恐愁煞我琼花观旁。"②并通过剧中瘟神的唱词,批判了高宗首次南巡后扬州出现的种种丑恶现象。

二、全城尚曲娱乐风习的形成

清中叶扬州的戏曲活动空前繁盛,形成了全城尚曲的风气。究其原因,这得归功于两淮盐政官员、盐商们的积极倡导和大力扶植。他们对戏曲的爱好和需求,主要体现在三个方面。一是征召戏班,以供公务演出之需。扬州地处南北冲要,盐漕发达,公务应酬较他地繁多,因此官府素有宴饮张乐的规制。《(雍正)扬州府志》云:"官家公事,张筵陈列方丈,山海珍错之味,罗致远方。伶优杂剧,歌舞吹弹,各献伎于堂庑之下。"③集中体现在迎銮供奉上,下节将对此展开论述,兹不赘言。二是饮宴娱乐,作雅集聚会之佐助。如两淮商总江春好曲,"性尤好客,招集名流,酒赋琴歌,不申旦不止"④,其家中蓄德音、春台两部戏班,岁费三万金。⑤ 嘉庆时两淮盐政、人称"阿财神"的阿克当阿喜观剧,非国忌,鲜不演剧。三是编排戏曲,进行艺术实践。这主要是指卢见曾、曾燠这类能够度曲的两淮盐政官员,他们自身具备较高的艺术素养,爱好戏曲,因此不仅聘请曲家入幕府,编创剧目,开展艺术评论,还时常征召戏班演出。两淮盐政官员和盐商对戏曲的热衷与喜好,他们运用手中的行政与财政权力对戏曲进行扶植与支持,显然对繁荣扬州戏曲的创作和评论及演出市场大有裨益。因此花、雅两部戏曲同时得到了极大的发展。

---

① 洪亮吉《偶书呈朱博士》诗云:"十余年来俗不淳,水陆食谱宗吴门。维扬富人益轻猾,土木侈丽穷奇珍。淫祠一方有千百,媚祷役役劳心魂。衣裳更厌陈制度,袍袖割裂无完纯。一方好尚匪细事,此事不得尤荐绅。"(清)洪亮吉:《附鲒轩诗》卷七,载《洪亮吉集》(五),刘德权点校,中华书局 2001 年版,第 2041 页。
② (清)蒋士铨:《空谷香》第八出"移官",载《蒋士铨戏曲集》,周妙中点校,中华书局 1993 年版,第 474 页。
③ (清)尹会一修、程梦星纂:《(雍正)扬州府志》卷六十"风俗·宴会",载《中国地方志集成:江苏府县志辑 42》,江苏古籍出版社 1991 年版,第 370 页。
④ (清)袁枚:《诰封光禄大夫奉宸苑卿布政使江公墓志铭》,载《小仓山房诗集》卷二十七,《小仓山房诗文集》,周本淳标校,上海古籍出版社 2009 年版,第 1863 页。
⑤ (清)黄钧宰:《金壶浪墨》卷一,载《续修四库全书》子部 1183,上海古籍出版社 2002 年版,第 9 页。

雅部昆曲发展得异常兴盛。高宗六度南巡，为迎銮供奉之需，盐商蓄办了戏曲史上著名的扬州"七大内班"。在盐商不吝巨资的聘请下，来自全国各地的优秀昆班艺人荟萃于此，互竞技艺，极大地提高了昆曲的演出水平。这时期折子戏的演出蔚然成风，为迎接高宗第六次南巡，从苏、杭、扬三郡数百部戏班中精选名伶和乐师而成的集秀班，尤其成为后期扬州戏班的翘楚。扬州的梨园风习规例一本昆曲老家——苏州，甚至有后来居上取代之势，城内专门有苏唱街，设有管理戏班的梨园总局。外地戏班入城，先要在老郎堂"挂牌"祷祀，再到司徒庙"挂衣"演唱。正如陆萼庭所说"扬州剧坛在这时几乎成了昆剧第二故乡"[1]，扬州昆剧在此期间完成艺术上的整合，形成了自己的特色。[2]

　　花部戏演出红火热闹。来自全国各地的地方剧种如京腔、秦腔、弋阳腔、梆子腔、罗罗腔、二黄调等荟萃在扬州城里，争奇斗妍。此外，傀儡戏、香火戏、花鼓戏等本地剧种也十分流行。秦腔名伶魏长生被逐出京师后，于乾隆五十二年(1787)南下扬州，被两淮商总江春延至家中，"演戏一出，赠以千金"。当他泛舟湖上时，消息一经传出，"妓舸尽出，画桨相击，溪水乱香"。随即在扬州城里掀起了一股传唱秦腔的热潮，时有"到处笙箫，尽唱魏三之句"[3]之说法。来自大江南北的艺人在此大展身手，诸多声腔荟萃交融，扬州成为各地方戏曲锤炼的大熔炉。花部戏曲充斥着浓郁的市民情趣，在扬州属县及乡村备受欢迎。乾嘉之际，雅衰花盛的迹象已表露无遗，引起了有识见的扬州曲家的关注和探讨。具体将在第六章展开探讨，兹不赘言。

　　梨园竞尚新曲，盐商争斥重资购买剧本，以致写戏成为一个谋利的新兴行业。盐商求新尚异的喜好极大地刺激了曲家编演新戏，重金驱使下，吸引了众多的文士名流来染翰操觚。两淮盐运使卢见曾对此现象曾有讥评："顾人情厌故，得坊间一新剧本，则争相购演，以致时下操觚，多出射利之徒。"[4]编写戏曲已成为当时曲家名利双收的一种途径。名利和地位的双重刺激，一方面激发了曲家编写戏曲逞才使能的热情，另一方面也使他们存有以戏曲显名、获取社会声望的自尊心理。对他们来说，戏曲和诗文一样，既是展示自身学识才华的一种载体，也是涉足文坛、依附盐官、盐商乃至跻身仕途

---

① 陆萼庭：《昆剧演出史稿》，上海教育出版社 2006 年，第 214 页。
② 韦明铧认为，"昆曲与扬州的密切关系，不仅在于扬州完全移植了昆剧原有的种种风习规例，而且在于扬州的昆剧已经'扬州化'了"。韦明铧：《维扬优伶》，福建人民出版社 1999 年版，第 24 页。
③ (清)谢溶生：《〈扬州画舫录〉序》，载李斗《扬州画舫录》卷首，汪北平、涂雨公点校，中华书局 2004 年版，第 7 页。
④ (清)卢见曾：《〈旗亭记〉序》，载金兆燕、卢见曾《旗亭记》卷首，清乾隆年间刻本。

的一条终南捷径。比如曲家方成培应盐商邀请改编《雷峰塔》,在"名流数十辈"中脱颖而出。曲家金兆燕以传奇干谒当时主东南坛坫的两淮盐运使卢见曾,被后者延入幕府。朱夰和沈起凤皆因过人的曲学才情被苏州织造聘请编制迎銮大戏。在他们身上,显然更多地秉承了唐代幕僚、宋代清客和明末山人的余风遗韵。

编写戏曲成为士人谋生的手段之一。李斗编写的剧本往往一脱稿,就被昆曲老家苏州的梨园艺人买走,他自己也引以为傲,以写剧本赚取家常日用之资。[①] 作为社会风气、时代精神的产物,扬州的戏曲艺术也出现了庸俗化的倾向。既然以售曲为生,曲家的作品风格和审美趣味必然要受市场的牵制和左右。在《奇酸记》中,李斗把小说《金瓶梅》中有关男女情色的感官描写搬上了舞台,这显然是为了迎合观众的欣赏趣味。当然也不乏高明的曲家,他们以雅化俗,化俗入雅,引领着那一时代的审美风尚和潮流。《旗亭记》《玉尺楼》《四弦秋》等剧的创作和风靡一时都与两淮盐运使或盐商有着种种关联。从题材内容上看,虽然仍不失为传统文人欣赏的风雅韵事,但是其中也充斥着鲜活的市井生活气息。

与曲作的涌现和传唱相应的是曲文本的大量刻印与广泛传播。当时,无论是剧曲还是散曲选集都堪称琳琅满目。在这种现实情势的推动下,扬州书坊本来以刊刻诗文、小说为多,亦改成刊刻戏曲书籍谋利。有些曲本甚至被多次翻刻,如风靡扬州城乡之小郎儿曲,《扬州画舫录》卷十一记载:"郡中剞劂匠多刻诗词戏曲为利,近日是曲翻板数十家,远及荒村僻巷之星货铺,所在皆有。"[②]

由此,不登大雅之堂的戏曲主导了扬州社会各阶层人士的生活,甚至影响到他们的价值取向。流风所及,当扬州的花部戏曲发展得如火如荼,花雅竞争消长的这种文化现象对扬州士人的审美趣味及创作心态产生极大的影响。文人骚客诗文雅集之际,常常聆曲观剧。自是人人都以论曲为雅事,"扬州八怪"中的郑板桥曾以戏曲角色来评论词家:"燮尝以剧场论之:东坡为大净,稼轩外脚,永叔、邦卿正旦,秦淮海、柳七则小旦也,周美成为正生,南唐后主为小生。世人爱小生定过于爱正生矣。蒋竹山、刘改之是绝妙副末,草窗贴旦,白石贴生。"[③]而素来被视为"小道末技"的戏曲被抬高到了与

---

① 李斗《东园观剧》诗注云:"自苍梧归,吴人市予词曲为院本盖有年矣,寒家烟火所资用是出焉。"
　(清)李斗:《永报堂诗集》卷七,清乾隆六十年(1795)至嘉庆刻本。
② (清)李斗:《扬州画舫录》卷十一"虹桥录下",汪北平、涂雨公点校,中华书局 2004 年版,第 266 页。
③ (清)郑燮:《与江宾谷、江禹九书》,载《郑板桥文集》,吴可校点,巴蜀书社 2003 年版,第 113 页。

"经国之大事"相等的地位，焦循《剧说》卷六引录友人叶英的话说："古人往矣，而赖以传者有四：一叙事文；一画；一评话；一演剧。道虽不同，而所以摹神绘色，造微入妙者，实出一辙。"①

　　清中叶扬州城氤氲着浓郁的曲学气息，"风晨月夕，歌鼓管籥之声，犹复盈于耳；弦歌诵习，在乡塾者无处不然"②，一派升平景象。这种全城尚曲的社会现象自然引起有识之士的关注。早在乾隆五年（1740），董伟业的《扬州竹枝词》就对此有所讥评："章句语儒转见疏，梨园一曲重璠玙。为裁子弟缠头锦，不买儿孙满腹书。……娇歌连像动人心，流水高山没赏音。寄语生儿工傅粉，不须古调学弹琴。"③古圣先贤经传章句的魅力竟然不敌"梨园一曲"，足见戏曲在扬州的风靡。诗人赵翼在扬州观摩花部戏名伶郝天秀的高超技艺，目睹观众狂热的看戏反应后，情不自禁地发出了"遂令天下父母心，不重生女重生男"④的感叹。

　　"千金一唱在扬州"，丰厚的物质报酬自然驱使着人们去从事戏曲这一行业。清中叶扬州市井细民中鬻身学戏者很多。原本苏伶遍布天下的局面被打破，代之而崛起的是"扬伶"。京师优童大半是苏、扬、安庆籍，而且年纪"尽在成童之年矣，此后弱冠无过问者"⑤。这与扬州盐商蓄养雏伶这一喜好大有关联，《燕京杂记》云："优童大半是苏扬小民，从粮艘至天津，老优买之，教歌舞以媚人者也。妖态艳妆，逾于秦楼楚馆。"⑥据统计，嘉庆年间在京的各地优伶中，扬州籍演员有名姓记载的共 72 人，苏州籍为 47 人，安徽籍为 46 人，北京籍为 19 人。⑦ "扬伶"已当仁不让地成为清中叶北京剧坛的主力军。

　　嘉庆十三年（1808），扬州出现了仿照京城和苏州戏馆改造旧园林和酒

---

① （清）焦循：《剧说》卷六，载《中国古典戏曲论著集成》（八），中国戏剧出版社 1982 年版，第 211 页。

② （清）何城：《扬州府新筑外城记》，载五格、黄湘修；程梦星等纂《（乾隆）江都县志》卷三"疆域·城池"，清光绪七年（1881）刘汝贤重刻本。

③ （清）董伟业：《扬州竹枝词》，载雷梦水等编《中华竹枝词》（二），北京古籍出版社 1997 年版，第 1313、1319 页。

④ （清）赵翼：《坑死人歌为郝郎作》，载《瓯北集》卷三十，李光颖、曹光甫标点，上海古籍出版社 2007 年版，第 669 页。

⑤ （清）华胥大夫：《金台残泪记》卷三，载张次溪编纂《清代燕都梨园史料》（上），中国戏剧出版社 1991 年版，第 246—247 页。

⑥ （清）《燕京杂记》，载张次溪编纂《清代燕都梨园史料》（下），中国戏剧出版社 1991 年版，第 897 页。

⑦ 韦明铧根据成书于嘉庆年间的小铁笛道人的《日下看花记》，来青阁主人的《片羽集》，留春阁小史的《听春新咏》，华胥大夫的《金台残泪记》等清人著作统计而成。参见韦明铧《维扬优伶》，福建人民出版社 1999 年版，第 202 页。

肆而成的戏馆。好事者趋之若鹜,"趋事新闻惊且喜","呼朋逐队观如堵"①。戏馆这一专业看戏场所的出现,意味着戏曲融入了普通百姓的日常生活中。

总结而言,有清中叶,上自达官贵胄、富商巨室,下逮市井细民、贩夫走卒,扬州全城上下进入了一个戏曲热潮空前高涨的时代。观戏聆曲成为一种风靡扬州城乡的文化娱乐方式,戏曲艺术渗入扬州社会生活的各个层面。

三、艺术商业化及士风、学风之转变

清中叶扬州盐商腰缠万贯,富可敌国,生活奢侈浮华,以势加人,因此势利、俗气、轻扬是扬州的代名词。② 与之相随的是,扬州士风、学风及文化生态环境也发生了显著的变化。如前所述,天下文人熙熙攘攘,汇集维扬。两淮盐政官员及盐商素以好士名世,经学名家孙星衍尝谓:"往者当道主持风雅,尝置翘材之馆,下白屋之士;缙绅素封之室,以其余力购书、招宾客相矜尚。过此都者,有腰缠跨鹤之喻。"③扬州作为一富贵繁华地,文士高度汇集,且各抱经济利益之心,所谓鱼龙混杂,士风难免出现堕落之趋势。

清代文人数量激增,而文职数有限,仕进的门径愈来愈窄,难得进身之阶,因此不少文人或为生计所迫,或为功利所驱,无奈来扬州谋生。这大致有三类情形:第一类是加入两淮盐政官员幕府,凭自身才干立足,被礼遇为上宾,如卢见曾幕府中的惠栋、戴震等,有的则腆颜依附,难免有寄人篱下、依阿俳谐之感,金兆燕即是一个鲜明的例子。第二类是以某种过人才艺,被盐商延为座上宾。原本是"学成文武艺,售于帝王家",在商业化的扬州却无奈只能在盐商面前屈身下己。如厉鹗长期寓居马氏小玲珑山馆中,著书论文,以致有"偷将冷字骗商人"④之讥。不过,这类文人因有较高的社会声

① (清)林苏门:《邗江三百吟》卷八"适性余闲门"之"戏馆五首",载张智主编《中国风土志丛刻》(27),广陵书社 2003 年版,第 291 页。

② 这从时人对扬州盐商的责难,可以窥知一二。早在清初,曲家孔尚任即云:"维扬之富人,据厚赀,居大第;即持筹书算、臧获仆御之辈,亦华冠丽服,以气加人。"(清)孔尚任:《城东草堂诗序》,载《湖海集》卷十,徐振贵主编《孔尚任全集辑校注评》,齐鲁书社 2004 年版,第 1182 页。对扬州的市侩、势利,钱泳亦指出:"余谓天下之势利,莫过于扬州;扬州之势利,莫过于商人;商人之势利,尤萃于奴仆,似能以厘戥权人轻重者,当为古今独绝。"(清)钱泳:《履园丛话》卷二十一"笑柄"之"势利"条,张伟校,中华书局 2006 年版,第 556 页。

③ (清)孙星衍:《〈永报堂诗集〉序》,载李斗《永报堂诗集》卷首,清乾隆六十年(1795)至嘉庆刻本。

④ 袁枚《随园诗话》卷九第八三则云:"吾乡诗有浙派,好用替代字,盖始于宋人,而成于厉樊榭。……樊榭在扬州马秋玉家,所见说部书多,好用僻典及零碎故事,有类《庶物异名疏》《清异录》二种。董竹枝云:'偷将冷字骗商人。'责之是也。"(清)袁枚:《随园诗话》,顾学颉校点,人民文学出版社 1982 年,第 320 页。

望,盐商往往真心折服,优渥礼待之。全祖望、蒋士铨及晚年致仕后长期寓居江春康山草堂的金兆燕皆属此类情况。第三类为最下者,甚或出入盐商门庭,阿附寄身。此多为落拓不第之人士。比如为谋生计,黄文旸父子一度投入盐商林松之门下[①],依傍门第,因此被姻亲焦循不齿,斥为"助纣为虐,几陷绝境"[②]。李斗周旋于卿相盐商之间,其打秋风之行径与明季山人陈继儒、清初李渔相类。

由于扬州商业的兴盛,在蓬勃兴起的市井文化及其审美意识的冲击下,一股来势凶猛的扬人情物欲的世俗化潮流应运而生,这股潮流给固守"万般皆下品,唯有读书高"等传统价值观的士人以强烈的冲击。现实物质利益的需求对人们来说无疑更为重要。传统社会中位于"士农工商"之首的文人学子在人们心目中发生了变更,其社会地位一落千丈。沈起凤的传奇《文星榜》第三出"闻隽"中,书生王必恭家道中落,虽中泮元亦为岳家所讥。岳母金氏云:"唪出来,进个把学罢哉!奢个大惊小怪。当初个人读书,要想书包翻身,荣宗耀祖。目今个时势,弗要说进学,就算中子举人进士,也无得饭饭吃得来。"[③]反映的就是在扬州士人社会地位低下的情形。在金钱至上的社会现实面前,士人对"学而优则仕"的传统人生价值取向,也开始动摇。扬州的士人群体逐渐丧失了自信和优越感。

在扬州,盐商无疑是个令人艳羡的社会群体。他们不仅坐拥厚赀,出则鲜衣怒马,仆役成群,入则锦衣玉食,笙歌燕舞;还延揽社会名流,诗酒唱酬,风雅至极。"行贾,丈夫贱行也。"太史公的这句古训已不入于时。因此,为一己之利而趋时附势,还是抱持师友训诫教导的儒家情怀?对于大多数士人来说,要做出抉择并不艰难。事实上,"弃儒就贾"的现象并不鲜见。曲家程枚是江苏海州人,来扬后"凡居幕府者二十年,筮盐策者十年"[④],是典型

---

① 焦循《上阮中丞第二书》云:"且此黄秋平者,实为无赖之小人,以刀笔佐讼之才为其才,贾虚名以惑众。始认王虞载之弃妾为女,假此以靠汪张为衣食父母。斗张穷则反噬之。既则投身为商奴林松之门下客,怂恿其捐官。已而蒙捐颁起,伊则助林奴与缙绅诸公抗。及合城绅士起而攻之,伊则舍松而去。又腼颜与士大夫为伍,反复无耻,实士林所不容。貌为乡愿而心则蛇蝎。"(清)焦循:《里堂文稿》(不分卷),清稿本,上海图书馆藏。

② 焦循《上阮中丞第三书》云:"父子同投身为商奴林松之门下客,且使其子效奔走买办之役。……因念文旸助商奴林松与缙绅为难,谢太常、秦太史率合城绅士攻之,若非阁下荐之于圣府,则文旸既得罪于士大夫,又无以谢商奴,不为饿莩,必流入讼棍。不自敛抑,公然放肆,又得罪于圣公,亦无颜面见大人矣。"(清)焦循:《里堂文稿》(不分卷),清稿本,上海图书馆藏。

③ (清)沈起凤:《文星榜》第三出"闻隽",载《沈氏四种传奇》,吴梅编《奢摩他室曲丛》,商务印书馆1928年版,第11页。

④ 许乔林:《弇榆山房笔谭》,转引自邓长风《明清戏曲家考略三编》,上海古籍出版社1999年版,第130页。

的由幕客下海,经营盐业的文人。两淮商总江春则是由儒而商、商而官者中的佼佼者,被誉为"以布衣上交天子"①。高宗曾两次临幸康山草堂,抱江春的 7 岁小儿于膝上,手摩其顶,并亲解紫荷包给孩子戴上。这样的恩宠和荣耀绝非传统的科举晋身者所能得到。因此,"士而成功者十之一,贾而成功者十之九"。业贾从商,倒也不失为士人致身荣显的一条终南捷径。

当然,并非所有的怀抱才艺者都能幸运地得遇明主赏识,大多数士人不得不面对生计存亡的现实问题,趋利避害成为他们的不二选择。事实上,汪中、凌廷堪、李钟泗等人年轻时都曾经为生计所迫,投身商海。浓郁的文化氛围、盐商"贾而好儒"的风气以及广阔的艺术市场,使得扬州成为一方理想的谋生之地。他们无奈朝衫典尽,走上形而下的文艺职业化的道路。大批文人、画家、曲家卷入艺术商品化的浪潮之中。据统计,《扬州画舫录》卷二记载和大量散载于各卷的"馆于各工商家者",在扬鬻画者共计有 80 人之多。最典型的莫过于"扬州八怪",他们大多不是扬州人,寄迹于此是因为扬州形成了一个书画大市场。他们中不少人如金农频繁往来于故乡杭州与扬州两地之间鬻画谋生。士人原本不屑言利,但在残酷的现实面前,既不再也无法清高。郑板桥干脆明码标价出售字画:大幅 6 两,中幅 4 两,小幅 2 两,长条对联 1 两,扇子斗方 5 两。焦循为买一本《通志堂经解》,卖家索银 30 两,经讨价还价之后,终以 27 两成交。士人的义利观显然发生了很大的变化。

他们甚至怀疑起自己从事的诗文价值来,"读书虽得间,传世有何功?不及锄犁手,谋生力自供"②,并由衷地发出了喟叹:"可怜卖到街头去,尽日无人出一钱。"③于是,在与财力雄厚的盐商交往过程中,面对金钱的诱惑,一些知名士人也未能幸免,拜倒在了孔方兄的脚下。据乾嘉时人文集、笔记记载,杭世骏、王鸣盛、赵翼、汪中等都是有名的财迷。焦循在《答李冠三书》中记载了赵翼任安定书院山长期间克扣生员的薪火金的事:

> 忆自乾隆丁未(按:五十二年,1787)、戊申(按:五十三年,1788)之间,书院几次议废,膏火连年不继发,而院长即以盐政幕友领之,视肄业

---

① 石国柱、楼文钊修;许承尧等纂:《歙县志》卷九"人物志·义行",民国二十六年(1937)刊本。
② (清)赵翼:《编诗》,载《瓯北集》卷四十六,李光颖、曹光甫标点,上海古籍出版社 2007 年版,第1200 页。
③ (清)赵翼:《编诗》,载《瓯北集》卷三十六,李光颖、曹光甫标点,上海古籍出版社 2007 年版,第839 页。

诸生不啻犬马奴仆,其时张登封面斥院长赵翼而唾之,相约不应课,风流扫地,汲汲殆矣! ……然是时赵翼仍以院幕盘据。论文之地,实为牟利之场。①

从中可知,即便是在安定书院这样教书育人的斯文场所,赵翼这位诗文、学术大家,也不惜有损自己的清名,聚敛起钱财来。与此同时,有些士人也不知不觉地沾染上了盐商的奢侈浮华的生活习气。如金兆燕家本寒素,晚年却嗜宴客,时人"讥其汰侈类醝商家习气"②。江藩家庖最胜,十样猪头风味绝佳。这些都说明扬州士人阶层的价值观念和生活方式发生了很大的变化。

在这种金钱至上、唯利是图的现实情境中,传统士人向往和追求的那种远离人间烟火、淡泊超世的隐逸情怀荡然无存。扬州士林表现出明显的世俗化倾向。民间奇谈异闻、神怪传说、滑稽谐谑等原是市井细民津津乐道的社会内容,同样成为扬州士人聚会时的谈资。乾隆三十六年(1771)李斗应邀赴江园湖舫雅集,"纂组异闻,网罗轶事,猥璅赘余,丝纷栉比,一经奇见而色飞,偶尔艳聆而绝倒,乃琐至歆曲谐谑,释梵巫咒,傩逐伶倡,如擎至宝,如读异书,不觉永日易尽"③,士林之喜好由此可窥一斑。

与此同时,士人狎优蓄童之风颇为盛行。郑板桥公开宣称自己"酷嗜山水,又好色,尤多余桃口齿及椒风弄儿之戏"④。金兆燕与昆曲伶人定郎的交往是士林中的一桩风雅韵事。他延请画师为定郎作的写真,金农、蒋士铨、王昶等人皆有题咏。金农《杂画题记》云:"昨日写雪中荷花,付棕亭家歌者定定。今夕剪烛画水墨荷花以赠邻庵老衲。连朝清课,不落屠沽儿手,幸矣哉。"⑤将伶人与缁流辈相提并论,以与"屠沽儿"之流区别开来,足见在金农眼中,唱曲与谈禅亦是清新峻洁之事。他如江藩作有《缁流记》和《名优记》。

市井文艺不仅极大地影响了扬州士人的日常生活,而且进入了他们的艺术创作和欣赏领域。在浓郁的商业气息熏染下,市民与士人之间不再有无法逾越的鸿沟,扬州士人对通俗文艺的创作热情高涨。戏曲、小唱以及题咏扬州生活的竹枝词等大量涌现,备受扬州市民青睐,以至许多士人也纷纷仿作,给后人留下了一幅幅生动的扬州风俗民情画卷,极大地提升了这类通

①　(清)焦循:《答李冠三书》,载《雕菰续集》,《焦循诗文集》,刘建臻点校,广陵书社2009年版,第442页。
②　(清)张其濬修、江克让纂:《(民国)全椒县志》卷十"文苑",民国九年(1920)刊本。
③　(清)李斗:《扬州画舫录》卷十二"桥东录",汪北平、涂雨公点校,中华书局2004年版,第271页。
④　(清)郑燮:《板桥自叙》,载《郑板桥文集》,吴可校点,巴蜀书社2003年版,第134页。
⑤　(清)金农:《冬心先生杂画题记》,民国三十六年(1947)刻本。

俗文艺的品位。清代扬州竹枝词数量之多,士人参与面之广,可谓蔚为壮观。柯玲《民俗视野中的清代扬州俗文学》一书统计,乾嘉年间,有31位士人作过歌咏扬州风物的竹枝词,数量多达929首。参与创作的不乏马曰璐、程梦星、程晋芳、曾燠等知名士人,其中流传后世影响最大的,除董伟业的《扬州竹枝词》外,当数阮元之舅父林苏门的《续扬州竹枝词》。①

在这股艺术商业化大潮中,有些士人放下身段,加入民间艺人的行列。如说书艺人叶英,本名永福,字英多。江都诸生。因屡试不第,遂弃举子业,专门从事说书艺术。易名英,字霜林。《淮海英灵集》记载其逸事云:"(叶英)善柳敬亭口技,每一谈古人遗事,坐客辄唏嘘感泣。然富商贵客慕而求者,必被呵忤。"②与李斗、黄文旸、凌廷堪、焦循等曲家交情甚笃。焦循赞其"不择交,不滥交,气投合可日日见,否则虽要之不见,亦不知其处所"③,足见其秉性孤介峭直,不随时俗相俯仰,依然保持了儒士的清高气节。

由上可知,清中叶扬州士林中雅俗已充分交融,雅中有俗,俗中有雅,难以判分。扬州士人的清雅格调与世俗化的大众审美趣味在艺术商业化的浪潮中彼此融合。一方面,传统文人参与商业化的艺术创作,成为带有职业性质的文人。另一方面,他们的文艺创作出现世俗化的倾向。其结果是,在绘画界,色彩斑斓的现实生活题材和充满世俗生活情趣的艺术境界代替了传统画中的仙道化的超脱境界。在戏曲界,则表现为花雅两部戏曲之间的共融、渗透,即寓雅于俗,以俗见雅。

第二节　清中叶扬州曲家群结聚探因

如果说,观戏聆曲已成为风靡扬州城乡的主要娱乐方式,那么,高宗六次南巡均驻跸扬州,两淮盐政官员的扶植资助,扬州盐商的推波助澜,更是给扬州戏曲的发展带来了契机。正如烈火烹油,鲜花着锦,清中叶扬州戏曲进入了一个空前繁荣的时代。扬州曲家群正是在这样的社会背景下形成的。

一、高宗南巡和迎銮大戏的编制

高宗效法其祖圣祖,先后在乾隆十六年(1751)、二十二年(1757)、二十

---

① 柯玲:《民俗视野中的清代扬州俗文学》,上海社会科学院出版社2006年版,第45—51页。
② (清)阮元:《淮海英灵集》戊集卷三,载《丛书集成初编》(1803),商务印书馆1935年版,第614页。
③ (清)焦循:《叶霜林传》,载《雕菰集》卷二十一,《丛书集成初编》(2196),商务印书馆1935年版,第35页。

七年(1762)、三十年(1765)、四十五年(1780)、四十九年(1784)六次南巡。历次南巡一般正月十二、十三日从京城出发,陆路取道直隶、山东,至江苏清口渡黄河,乘舟沿运河南下,经扬州、镇江、丹阳、常州、苏州入浙江,再由嘉兴、石门抵杭州。回銮时,往往绕道江宁(今南京),祭明太祖陵,于四月下旬或五月初返京,往返水陆行程 5800 余里。

高宗历次南巡江浙,均驻跸扬州。两淮盐政官员趋炎奉承,大兴土木,修建行宫和园林。盐商凭借雄厚的经济实力,争相聘请名伶搭班供奉,戏曲史上著名的扬州"七大内班"即因此创建。为邀宸赏,两淮盐政例蓄花、雅两部,《履园丛话》卷十二云:"梨园演戏,高宗南巡时为最盛,而两淮盐务中尤为绝出。例蓄花、雅两部以备演唱,雅部即昆腔,花部为京腔、秦腔、弋阳腔、梆子腔、罗罗腔、二黄调,统谓之乱弹班。"[1]一时花雅竞奏,诸腔杂陈,形成了社会性的演出热潮。

两淮盐政官员和盐商又争相聘请行家谱曲,"凡有一技一艺之长者,莫不重值延致"[2]。以《雷峰塔》传奇为例,"又南巡时须演新剧,而时已匆促,乃延名流数十辈,使撰《雷峰塔》传奇,然又恐伶人之不习也,乃即用旧曲腔拍,以取唱演之便利,若歌者偶忘曲文,亦可因依旧曲,含混歌之,不至与笛板相迕。当御舟开行时,二舟前导,戏台即架于二舟之上,向御舟演唱,高宗辄顾而乐之"[3],在"名流数十辈"中胜出的是安徽歙县籍曲家方成培,自云"遣词用意,颇极经营,务归于雅正,使有裨于世道"[4]。方本《雷峰塔传奇》是历代白蛇故事中影响较大的一部戏曲作品,问世后在民间广为流传。

扬州曲家中不少人参与过迎銮大戏的编写,朱夰、蒋士铨、程枚、沈起凤等皆是编写迎銮大戏的高手。乾隆十六年(1751),高宗首次南巡,浙江归安籍曲家朱夰应苏州巡抚庄其恭之聘编写迎銮大戏,因此名噪大江南北。同年蒋士铨应江南士绅之请,为皇太后祝寿而谱写了《西江祝嘏》四种曲。程枚早年游幕山东时,因最精音律,乾隆中叶编撰东巡迎銮法曲,有《蓬莱会》《法轮游》二种,从剧名可知,当与神仙佛道、歌功颂德等内容有关。而沈起凤与迎銮大戏的编制关系更为密切,高宗第四、五次南巡,两淮盐政、苏杭织造所备迎銮大戏,皆出自其手。

应该说,迎銮大戏谀扬圣意、粉饰太平,其艺术价值并不高,但出场人物

---

① (清)钱泳:《履园丛话》卷十二"艺能"之"演戏"条,张伟校,中华书局 2006 年版,第 332 页。
② (清)徐珂:《巡幸类·高宗南巡供应之盛》,载《清稗类钞》(一),中华书局 1984 年版,第 341 页。
③ (清)徐珂:《巡幸类·高宗南巡供应之盛》,载《清稗类钞》(一),中华书局 1984 年版,第 341 页。
④ (清)方成培:《〈雷峰塔传奇〉自序》,清乾隆三十七年(1772)刻本。

众多,排场宏伟富丽,戏文团圆喜庆,因而每得宸喜。其在民间供职业戏班上演的机会极少,因而传世不多。除蒋士铨《西江祝嘏》四种曲以外,扬州曲家所制之曲皆佚。目前仍在戏曲舞台上演出的是方成培的《雷峰塔传奇》。

"学成文武艺,售与帝王家",能为皇帝效劳,这对曲家来说,自然是非同寻常、十分荣耀的事。编写戏曲,一方面显示自己的艺术才华,倘蒙皇帝垂青,龙颜大悦,临时出题考试,或许可以平步青云,跻身仕途;或许赐诗赐物嘉奖,名扬天下。较鲜明的事例是,像蒋雍植、钱大昕、吴烺、褚寅亮、吴志鸿等文人,皆是高宗南巡途中临时加试,考中后被特赐举人,授予内阁中书等职。据统计,高宗下江南,共召录诸生85人,有时亲自提拔一些文人,如任四库全书总校官的浙江桐乡人陆费墀,被擢选为吏部左侍郎的浙江嘉善人谢墉,等等。另一方面,即使等而下者,他们也得以与两淮盐政等官员交结,跻身幕府解决生计之忧。以沈起凤为例,他与两淮盐政们交情深厚。乾隆四十六年(1781),时任苏州织造的全德奉旨查校苏州一带曲本,即聘请沈起凤襄与其事。沈起凤两次受聘编写迎銮大戏,也与他有关。因此编写迎銮大戏,是沈起凤等外地籍曲家逗留扬州的原因之一。

二、幕府与书院对扬州曲家之影响

扬州曲家群的形成,还与清中叶扬州卢见曾、曾燠两大幕府和安定、梅花等知名书院密不可分。两淮盐政官员作为一方诸侯,积极倡导,盐商默契配合,官与商的相互关照,共同促成了清中叶扬州戏曲活动的鼎沸局面。而扬州府学教授、书院山长们的身体力行,或编写戏曲,或品曲观剧,无疑对学中士子起了表率作用,其影响同样不可小觑。

(一)扬州幕府与扬州曲家

"淮左名都,竹西佳处",扬州风物清丽,坐拥湖山园林之胜,人与地精神契合,相得益彰,这座充满诗性人文精神的城市,向来是文人骚客笔下的理想人生归宿地。它远离政治中心,城市繁华。这里进则可指点江山、致君尧舜,退则可诗酒风流、声色流连,诗意的狂想和酒意的狂醉并行不悖,因此文采风流之士到此往往醉意山水,遣兴怡情,不忍离去。① 缘于此,扬州历来有文章太守的传统,北宋时期欧阳修施政从简,构建平山堂,堂前手筑垂柳一株,公干之余宴请群贤,击鼓传花,一时传为佳话。北宋刘敞、苏轼、王居

---

① 余大庆:《诗性:人与地的精神契合——兼释文章太守》,《扬州大学学报(社科版)》2008 年第 2 期。

卿等后继者多承其余绪,绍祖风流。数百年来,继其踵者不绝如缕,吟唱活动卓然不歇。有清一代,康熙年间诗人王士禛首倡红桥和唱,提倡风雅,四方才艺之士,云集一隅,卢见曾、曾燠、伊秉绶等尤风流好事,觞咏无虚日。其中卢见曾、曾燠为两淮盐运使,伊秉绶是扬州知府,他们本身是学者、诗人,具有较高的艺术素养,且礼贤下士,加以清中叶扬州已具备了特殊的向心力,是以四方文人慕名而来,其幕府中人才济济,俊彦如云。

1.艺术实践

幕主对戏曲的提倡直接影响着幕府内的曲学氛围。文人依托幕府,既解决了举家的生计问题,得以在幕府中栖身立足;又要融入幕府的事务性工作中,甚至要投幕主所好。幕主的学识、爱好在很大程度上影响着幕宾们的喜好。由于两淮盐政官员大多好曲,因此曲家跻身幕府也就成为清中叶扬州的独特现象。幕主延聘幕宾,在满足自己需求的同时,往往也考虑到幕宾的兴趣和特长。曲家朱夰因卓异的曲学才情被卢见曾从苏州以礼延致,短短一月余在斋署中创作了脍炙人口的传奇《玉尺楼》。金兆燕以传奇《旗亭记》干谒卢见曾,在卢幕栖居并获重用,这在很大程度上要归功于他的曲学造诣。高宗第五、六次南巡,两淮盐政两次聘请沈起凤入幕编写迎銮大戏,也缘于其是编制戏曲故事的高手。

两淮盐政官员凭借手中的财、权力,自是时常征召梨园戏班入幕,技艺高超的伶人荟萃一堂,无疑给曲家们提供了极佳的观摩机会。对于卢见曾这些真心喜爱戏曲的幕主来说,内班不仅是他们自娱和交际的工具,也是他们进行艺术实践的剧团,幕宾则是他们延聘的编剧、评论人员。除金兆燕、朱夰外,卢见曾幕府中的曲家尚有厉鹗、程廷祚等,爱好戏曲的则有王昶、严长明、沈大成、李葂、金农、郑燮等人。观戏聆曲之余,他们时常在诗文中赋诗咏唱。如乾隆二十三年(1758),王昶客寓卢见曾幕,观《桃花扇》《长生殿》《西厢记》《红梨记》四剧,作《观剧六绝》。曲家、学者、诗人、画家等唱酬往来,通过以诗文的方式评论戏曲,打破了彼此间的学科限制,增进了互动,强化了情谊,客观上提高了他们的艺术鉴赏能力。

在繁忙的公务之余,卢见曾有时也雅兴大发,填词作曲,品戏赏剧。乾隆二十二年(1757)七月十五夜,卢见曾邀集文人们泛舟虹桥,灯船箫鼓,极一时之盛。小伶一部,手把荷花歌《赤壁》两赋。躬逢其盛的诗人王嵩高多年后犹作诗追忆这一盛举。①《旗亭记》和《玉尺楼》这两部传奇的创作、上

---

① （清)王嵩高:《中元夜湖舫感怀》,载《小楼诗集》卷八,清道光十六年(1836)刻本。

演及剧本的刊行皆与卢见曾有密切关联,是以一度归其名下,成《雅雨堂两种曲》。应该指出的是,这两种曲敷演的皆是怀才士子被明主垂青、蒙膺殊荣的故事,其思想主旨显然与赞美幕主卢见曾倡导的风雅政举有关,其实质是阿谀幕主为政的美好。客观地说,幕主对戏曲的爱好为幕府营造了浓郁的曲学氛围,为曲家的戏曲创作和评论提供了良好的环境。

2.曲学交流

幕府因其流动性和开放性而成为文人荟萃之地,因此创造了许多曲学交流的机会。幕府主宾间的曲学交流,较典型地体现在乾嘉之际的曾燠幕府。卢见曾之后,数任盐运使如朱孝纯等皆崇文尚艺,礼贤下士,但都未造成虹桥雅集那样大的声势,扬州文坛活动总体上渐趋消歇。嘉庆时人郭麐尝云:“扬州自雅雨以后数十年来,金银气多,风雅道废,曾宾谷都转起而振之,筑题襟馆于署中,四方宾客,其从如云。”①这位曾宾谷就是“昼理简牍,夜通文史”之两淮盐运使曾燠。

曾燠(1759—1830),字庶蕃,号宾谷,江西南城人。乾隆四十六年(1781)中进士,入词馆任主事。乾隆五十八年(1793)由员外郎超授两淮盐运使。著有《赏雨茅屋诗集》《赏雨茅屋诗集外集》,辑有《邗上题襟集》等。曾燠本人文学修养较高,其骈文曾与袁枚、邵齐焘、刘星炜、孔广森、吴锡麒、孙星衍、洪亮吉的骈文一起收入吴鼒所辑《八家四六文钞》。

乾嘉之际曾燠出任两淮盐运使,历时13年之久,其幕府文学活动非常繁盛,以诗酒酬唱为主,留下了一部有名的诗集《邗江题襟集》。公事之暇,曾燠于榷署中专辟题襟馆,昼接宾友,夜染篇翰,一时四方文士闻风而至,时人以为较北宋西昆酬唱有过之而无不及。② 据尚小明《学人游幕与清代学术》一书统计,曾燠幕府集中了乾嘉之际著名诗人吴锡麒、王芑孙、郭麐等47人。诗酒唱和之际,常伴有演剧活动,作助兴佐酒之举。曾燠幕府经常征召梨园名班演出。乾隆中叶昆班名伶金德辉,以擅演《疗妒羹·题曲》中的冯小青和《牡丹亭·寻梦》中的杜丽娘而著称,嘉庆初年已经年老,依然在曾燠幕府中演出《牡丹亭》,其风采不减当年,引起诗人“临川曲子金生擅,绝

---

① (清)郭麐:《灵芬馆诗话》卷六,载《续修四库全书》集部1705,上海古籍出版社2002年版,第378页。

② 钱泳《履园丛话》卷八“谭诗·以人论诗”云:“南城曾宾谷中丞以名翰林出为两淮转运使者十三年。扬州当东南之冲,其时川、楚未平,羽书狎至,冠盖交驰,日不暇给,而中丞则旦接宾客,昼理简牍,夜通文史,自著也。署中辟题襟馆,与一时贤士大夫相唱和,……较之西昆酬唱,殆有过之。”(清)钱泳:《履园丛话》,张伟校,中华书局1984年版,第215—216页。

调何裁嗣响难"①的感慨。以文采风流名世的曾燠幕府,既不乏编戏的名家,又有品戏的行家,如黄文旸、吴锡麒、蒋知让、詹肇堂等。

曾燠本人赏音知律,与扬州曲家大都有交往。他颇为赏识黄文旸的才学,招之入题襟馆中,与时流相唱和,因此黄文旸称曾燠对他有"国士"②之知。李斗、焦循亦与曾燠往来,互有诗作酬赠。李斗《永报堂诗集》中现存诗一首《曾宾谷都转著〈江西诗征〉,作诗奉题》。焦循亦作诗《曾宾谷转运于题襟馆种梅以待宾客赋此呈之》,其中有"君不道红梨千叶遇真赏,至今人道欧公贤"③之句。此外,乾嘉之际,仲振奎亦与曾燠及蒋士铨的第三子蒋知让交游酬唱。嘉庆三年(1798),其《红楼梦传奇》在扬州创作完成后,曾燠为之作序。蒋士铨的《忠雅堂诗集》亦由曾燠刊刻于扬州,成为现存世最早版本。因着共同的曲学爱好,文人曲家们在幕府中诗文酬唱,无疑加深了相互间的了解,增进了彼此间的情谊。

3. 曲学传播

游幕成为清代文人函札往来之外的重要文化交流途径,同时也使幕府具有了传播戏曲文化的功能。幕宾们的题咏和吟唱,显然扩大了戏曲作品的流传范围。比如诗人袁枚时常往返南京与扬州之间,与卢见曾交酬唱和甚多,观看了其参与谱写的传奇《旗亭记》后,多次赋诗赞美。

嘉庆年间扬州曲家的交流则主要在浙江巡抚阮元幕府中进行。阮元(1764—1849),字伯元,号芸台、雷塘庵主,晚号怡性老人。江苏仪征人。乾隆五十四年(1789)中进士后,官运亨泰,历官乾、嘉、道三朝,先后出任山东、浙江学政,浙江、河南、江西巡抚,湖广、两广、云贵总督,历兵部、礼部、户部、工部侍郎,终以拜体仁阁大学士。作为汉学殿军,所至之处,阮元力倡汉学,主持风雅,对乾嘉学术的繁荣起了重要的推动作用。

阮元与曲家黄文旸、凌廷堪、李斗、焦循诸人或师或友,关系密切。黄文旸年长阮元 28 岁,阮元称"自幼里巷间为忘年交"。对于这位落拓不第的里

---

① 彭兆荪《扬州郡斋杂诗二十五首》之十四云:"临川曲子金生擅,绝调何裁嗣响难。也抵贞元朝士看,班行耆旧渐阑珊。"注云:"都转廨中观剧,时吴伶金德辉演《牡丹亭》为南部绝调,年已老矣。"(清)彭兆荪:《小谟觞馆诗集》卷八,载《续修四库全书》集部1492,上海古籍出版社2002年版,第605页。

② 黄文旸《黄河舟中料理诗文旧稿,奉怀姚姬传、曾宾谷两先生》诗中有句,"蜀岗较艺心先折,宾谷先生都转两淮,于予有国士之知,入于观京师。钟阜谈经鬓早斑。姬传先生为予授业师,时主钟山书院讲席。地北天南两知己,感深老泪落潸潸"。(清)黄文旸:《扫垢山房诗钞》卷五,载《续修四库全书》集部1459,上海古籍出版社2002年版,第62页。

③ (清)焦循:《曾宾谷转运于题襟馆种梅以待宾客赋此呈之》,载《里堂诗集》卷五,清抄本,上海图书馆藏。

中前辈,阮元师事之,不遗余力地资助他。黄文旸晚年家境贫寒,阮元不仅荐举其授馆阙里,还迎黄氏夫妇至杭州节署。嘉庆八年(1803)十月,黄文旸携妻张因作西湖之游。阮元特辟客馆居之,"每二老出游,竹舆小舫,秋衫白发,潇洒于湖光山色间"①。两年客游期间,黄文旸夫妇与阮元夫妇等诗酒唱和,修皋亭之禊。焦循是阮元的族姐夫,两人有姻亲之谊,又是志同道合的学侣。乾嘉之际,焦循追随阮元入山东、浙江学政幕校士课文。

　　黄文旸、凌廷堪、李斗、焦循等曲家入阮元幕府,主要是在阮元出任浙江巡抚期间,即嘉庆五年(1800)冬至嘉庆六年(1801)。这也是阮元幕府学术活动最兴盛、活跃的时期之一。他们主要从事编书、校书工作,如阮元辑录《淮海英灵集》,有表彰扬州先贤保存文献之意,黄文旸、焦循、李斗、江藩等皆参与了征诗活动。② 校书之余,诗文唱酬、观摩戏曲是他们调剂幕府生活的重要方式。而黄文旸、张因夫妇诗集,李斗之《扬州画舫录》皆由阮元资助刊刻。

　　阮元诗文集中虽未见提及戏曲,不知其对戏曲的具体态度,但其幕府中演剧,却有事实记载。《剧说》卷五云:"《吟风阁杂剧》中有《寇莱公罢宴》一折,淋漓慷慨,音能感人。阮大中丞巡抚浙江,偶演此剧,中丞痛哭,时亦为之罢宴。盖中丞亦幼贫,太夫人实教之;阮贵,太夫人久已下世,故触之生悲耳。"③阮元观剧之际泫然流涕,为之罢宴,固然是自伤幼年遭际,但亦是为昆剧感人的艺术魅力所折服。联系阮元对曲家蒋士铨人品的钦慕,及其友人焦循、凌廷堪、李斗、黄文旸等好曲情形,可以想见阮元并非冥顽不化、认为观戏有伤风化的俗吏。

　　此外,扬州太守中,兼为小学名家的谢启昆、书法家的伊秉绶皆以好士知名,与扬州曲家们交情匪浅。幕府中曲家共同观摩戏曲,这使得曲学交流更为直接,比之信札往来更容易发生影响。当然,曲家之间的观点不一致,加之存在个性差异,这使得幕府中并非总是琴瑟和鸣,弹奏出和谐之音符。幕府内发生争论乃至反目成仇之事也在在皆有。朱夰与卢见曾因性情、志趣、曲学观点不同而交恶,焦循和黄文旸、李斗因家庭琐事而生仇隙,以至终

---

① (清)阮元:《净因道人传》,载《研经室集二集》卷六,《研经室集》,邓经元点校,中华书局 2006 年版,第 532 页。

② 阮元对《淮海英灵集》之编选效元好问《中州十集》之体,录为甲乙丙丁戊五集,以壬集收闺秀,癸集收方外。检阮元作于嘉庆三年(1798)八月的《淮海英灵集》"凡例",可知除黄文旸外,还有数人参与是集的编辑工作,"助元编辑诸友为:甘泉焦里堂循、家叔北渚鸿;助元征诗诗友为:仪征李艾塘斗、甘泉焦里堂循、黄秋平文旸、江郑堂藩"。(清)阮元:《淮海英灵集》,载《丛书集成初编》(1794),商务印书馆 1935 年版。

③ (清)焦循:《剧说》卷五,载《中国古典戏曲论著集成》(八),中国戏剧出版社 1982 年版,第 195 页。

其生不相往来，就是鲜明的事例。但他们的曲学交流客观上对扬州曲坛产生了不小的影响。

（二）扬州书院与扬州曲家

作为官方教学体系的有力补充，书院行使着传道解惑、教书育人的职能，同时还是文化传播的重要基地。在教育尚未完全大众化的特定历史时期，书院是地方文化教育的重镇，通过与乡俗教化的结合，对改善所在地区的士学民风以及文化普及，起到特殊的作用。有学者指出，延至清代，尽管书院的主体部分是考课式书院，服务于时文帖括，但书院本身仍然是所在地区汇聚士人的中心，主持者也多是知名度较高的学者，在没有讨论会和公共刊物等学术平台的时代，无疑仍会起到交流传播学术成果的作用，且对学派、学风的形成起促进作用。① 同样，书院对扬州治曲风气的形成也起着重要作用，因此是我们考察扬州曲家群体结聚的因素之一。

书院与扬州曲家之间，主要存在着两种关联：主讲其中、读书其中。

1. 山长好曲

两淮盐业经济的发达，盐商的乐文好助，为扬州书院的发展带来了契机，至乾隆时期，可谓达到鼎盛，"扬州之书院，与江宁省会相颉颃。其著者，有安定、梅花、广陵三书院。省内外人士，亦得肄业"②。府属有安定、梅花、广陵、乐仪等书院。其中安定书院创建于清康熙元年，至乾隆年间已发展成为省内外闻名的书院。清代书院多以课考举业为主，为培养科举人才服务，因此侧重于四书等官方教材。但安定书院在兼顾科举考课制度的同时，也很重视诗赋辞章的教学，所聘山长多擅辞章之学，重视对生徒的文学素养的熏陶和培养。

如前所述，品曲观剧已成为风靡扬州的一种时尚的文化娱乐方式，无论是盐官盐商，还是文人学者，他们通过对昆曲的把玩品味，体现出良好的艺术素养、传统而高雅的品位，并由衷地获得一种文化心理上的满足感。置身扬州这个销金安乐窝，掌握教育风化职权的山长们也不例外。他们多为一时名流，学术文艺，皆有通才。据陈文和《扬州书院与扬州学派》一文统计，雍乾年间安定、梅花、广陵三家书院山长有名姓可考者共计 30 人，其中经学 10 人，诗文 8 人，史学 2 人，书画 1 人，不详 9 人。③ 曲学成就最大者当数有

---

① 刘玉才：《清代书院与学术变迁研究》，北京大学出版社 2008 年版，第 2 页。
② 柳诒徵：《江苏书院志初稿》，载赵所生、薛正兴主编《中国历代书院志》（一），江苏教育出版社 1995 年版，第 49 页。
③ 陈文和：《扬州书院与扬州学派》，载祁龙威、林庆彰主编《清代扬州学术研究》，台湾学生书局 2001 年版，第 179 页。

"国朝曲家第一"之誉的蒋士铨。

乾隆三十七年(1772)至乾隆四十年(1775),蒋士铨应两淮盐运使郑大进之邀执掌安定书院。他最为人称道的是,"所填院本,朝缀笔翰,夕登氍毹"。其文采风流在扬州传为美谈。其《四弦秋》《雪中人》《香祖楼》《临川梦》四种曲即创作于此时。

嘉庆年间安定书院山长吴锡麒亦是一位传奇作家,著有传奇《渔家傲》。吴锡麒(1746—1818),字圣徵,号穀人,钱塘人。乾隆四十年(1775)进士。由编修官至祭酒。诗境超妙,得力于宋人者为多。兼工倚声,其骈体文清华明秀,尤名重一时。著有《有正味斋集》。

书院山长们大多出身翰林进士,往往是致仕后来到扬州这个财赋繁富、人文荟萃之地,和他们的官员、盐商友人们畅意交游。他们以书院为交流场所,承续卢见曾等人营造的风雅。其中不乏好曲之人,因此帷帐课徒之余,湖山雅集、诗酒唱酬之际,每有度曲聆赏之风雅韵事。据笔者目前掌握资料来看,姚鼐、赵翼、蒋宗海等就是其中的热衷人士。乾隆四十三年(1778),蒋士铨北上复出时途经扬州,友朋治酒款洽,姚鼐记载了当时名流聚会的情景,"时丹徒王侍读(按,指王文治)有家僮善歌吹笛,而编修(按,指蒋士铨)工为曲,尝成曲,俾以笛歌。吾曹相从饮酒听歌极乐"①。蒋士铨一曲甫成,即付王文治家僮吹笛歌唱,委实是文学史、戏曲史上的一段佳话。

诗人赵翼于乾嘉之际两次主讲安定书院,更是个十足的戏迷,自云"我来作客十余年,看尽梨园舞袖翩"②。寓扬期间,他与曲家金兆燕、盐商江春等一起湖舫宴集,观剧赋诗,留下了大量的咏剧诗。③ 他尤其对扬州的花部戏艺人赞赏有加,深深地为其生动感人的艺术魅力所折服。他写过两首七言古律《坑死人歌为郝郎作》《计五官歌》,分别歌咏的是当时在扬州享有盛誉的花部戏艺人郝天秀和计五官。按,赵翼具有较高的戏曲理论素养,对戏曲的代言体本质属性有着清醒的认识。比如他认为戏曲不须出自史传,改编自稗史小说的戏曲更容易引起观众的共鸣。戏曲与史实不同,曲家可展

---

① (清)姚鼐:《蒋君墓碣》,载《惜抱轩文集》卷十一,《惜抱轩诗文集》,刘季高标校,上海古籍出版社 2008 年版,第 168 页。

② (清)赵翼:《计五官歌》,载《瓯北集》卷三十八,李光颖、曹光甫标点,上海古籍出版社 2007 年版,第 905 页。

③ 赵翼《公宴湘龄于未堂司寇第。自司寇以下西岩、松坪、涵斋、既堂、杜村及余皆词馆也。江乡此会颇不易得,司寇出歌伎侑酒以张之,属余赋诗记胜,即席二首》(《瓯北集》卷二十九)、《坑死人歌为郝郎作》(《瓯北集》卷三十)、《松坪招引樗园,适有歌伶欲来奏技,遂张灯演剧,夜分乃罢》(《瓯北集》卷三十六)等诗就是在扬州观戏后所作。

开大胆的虚拟想象，只要合情合理，就能产生真实感人的艺术效果。① 这在考据风气弥漫、戏曲本体被湮没的清中叶曲坛，较为难能可贵。他还多次借矮人看戏来譬喻诗歌评论贵在创新，不能人云亦云。《论诗》之三云："只眼须凭自主张，纷纷艺苑漫雌黄。矮人看戏何所见，都是随人说短长。"②这显然是他将在扬州看戏的丰富生活经验自然而然地运用到了诗歌评论中。③

《扬州画舫录》云："自立书院以来，监院互用府县学。学师皆知名有道之士。"④曲家金兆燕秉铎扬州十年，以广文一官主持坛坫，号召名士，实执乾隆中期扬州文坛之牛耳，其传奇《旗亭记》和《婴儿幻》皆创作于扬州。

不少府学教授、书院山长同时又是扬州盐商的座上客。如马曰琯的小玲珑山馆，有杭世骏、陈祖范、查祥、邵泰等。江春的秋声馆则寓有王步青、金兆燕、蒋宗海、蒋士铨等。他们诗词唱和，切磋曲学，校刊典籍，勤勉著述。蒋士铨寓扬期间，成为江春的座上宾，诗酒唱酬，品曲观剧，评点正谱，并创作了四种戏曲。如此一来，山长与盐商，形成双向互动的关系，这样的曲学氛围，对当时扬州书院的生徒们来说，其影响是不言而喻的。

2. 生徒习曲

书院作为知识精英的汇聚之地，通过两淮盐政官的曲学倡导，担任山长的知名曲家的曲学示范，来自不同地区、背景的生徒间的相互影响和传播，对扬州戏曲的发展起了重要的作用。安定、梅花书院是扬州最有影响力的两大书院，"四方来肄业者甚多，故能文通艺之士萃于两院者极盛"⑤。乾嘉学者任大椿、段玉裁、李惇、王念孙、汪中、刘台拱、洪亮吉、孙星衍、王文治、顾九苞、焦循、阮元、黄承吉等皆曾就读于此。曲学成就较大的当数金兆燕、王文治、黄文旸、焦循等人。王昶、黄承吉等人皆作过不少的咏剧诗。书院生徒或出仕，或游幕，或执教，无疑扩大了扬州戏曲的影响。书院对戏曲家之间的曲学交流和扬州曲家群体的形成有推动之功。此种推动，是书院在"曲"方面的影响；另一种影响，则是在"学"方面，即对其后的扬州学派有催发之功。

---

① 赵翼《扬州观剧》诗之三、四云："故事何须出史编，无稽小说易喧阗。武松打虎昆仑犬，直与关张一样传。""今古茫茫貉一邱，恩仇事已隔千秋。不知于我干何事，听到伤心也泪流。"(清)赵翼：《瓯北集》卷三十七，李光颖、曹光甫标点，上海古籍出版社 2007 年版，第 875 页。

② (清)赵翼：《论诗》，载《瓯北集》卷二十八，李光颖、曹光甫标点，上海古籍出版社 2007 年版，第 630 页。

③ 相关论述可参见笔者的《论赵翼的戏曲观——以〈瓯北集〉为中心的考察》(刊载于《浙江艺术职业学院学报》2016 年第 4 期)一文。

④ (清)李斗：《扬州画舫录》卷三"新城北录上"，汪北平、涂雨公点校，中华书局 2004 年版，第 65 页。

⑤ (清)李斗：《扬州画舫录》卷三"新城北录上"，汪北平、涂雨公点校，中华书局 2004 年版，第 66 页。

生徒入学,往往能在学业上得到山长的教诲和指点,同时,山长的兴趣爱好、行事风格、治学和曲学宗尚也对生徒起着潜移默化的影响。他们引导培育生徒的曲学趣味,影响不可低估。比如,乾隆二十二年(1757)冬,王文治负笈扬州,就学于安定。《随园诗话》卷五记载当时文坛之盛况云:"乾隆戊寅,卢雅雨转运扬州,一时名士,趋之如云。其时刘映榆侍讲掌教书院,生徒则王梦楼、金棕亭、鲍雅堂、王少陵、严冬友诸人,俱极东南之选。闻余到,各捐赀廪延饮于小全园。不数年,尽入青云矣。"①王文治、金兆燕等人之曲学爱好及成就当与此时期之书院学习殊有渊源。焦循年 20 进入安定书院就读,学术研究突飞猛进,曲学素养亦在此期间奠定。

又如,蒋士铨的人品学识对一代封疆大吏阮元产生了重要的影响。阮元在《诰封光禄大夫户部左侍郎显考湘圃府君显妣一品夫人林夫人行状》中云:"铅山蒋心余编修奉其母太夫人居扬州安定书院,太夫人与先妣常过从,先妣语不孝曰:'读书做官,当为翰林,若蒋太夫人教子乃可矣。'不孝谨识之,未敢忘。"②按,阮元之舅祖是乾隆时期两淮商总江春,与蒋士铨交情甚厚,所谓"太夫人与先妣常过从"云云,即蒋母与阮元之母常走动,两家关系较密切。蒋士铨卒后,阮元曾为之作传。

三、扬州词曲删改局的设立

清中叶扬州全城尚曲娱乐风习的形成,客观上推动了一项全国性的重大审校戏曲活动的进行——乾隆四十五年(1780)十一月词曲删改局在扬州设立③,

---

① (清)袁枚:《随园诗话》卷五第一七则,顾学颉校点,人民文学出版社 1982 年版,第 140 页。

② (清)阮元:《诰封光禄大夫户部左侍郎显考湘圃府君显妣一品夫人林夫人行状》,载《研经室二集》卷二,《研经室集》,邓经元点校,中华书局 2006 年版,第 375 页。

③ 扬州词曲删改局的设立时间,学界向来众说纷纭,莫衷一是,大致可归为以下四种意见:一是自乾隆四十二年(1777)开始,但实际工作始于乾隆四十五年(1780),乾隆四十八年(1783)秋撤销。依据为李斗《扬州画舫录》卷五的记载:"乾隆丁酉,巡盐御史伊龄阿奉旨于扬州设局修改曲剧,历经图思阿与伊公两任,凡四年事竣。"陆萼庭《曲家小纪》之"凌廷堪"一文持此观点。陆萼庭:《清代戏曲家丛考》,学林出版社 1995 年版,第 212 页。二是认为设局在乾隆四十五年(1780)冬,乾隆四十六年(1781)春开始删改曲戏。至乾隆四十七年(1782)壬寅秋撤销,历时两年不到,实际工作时间或许只有一年左右。以黄强《乾隆庚子扬州设局删改曲剧始末》[刊载于《扬州师范学院学报(社科版)》1987 年第 3 期]为代表。三是设局修曲在乾隆四十五年(1780)、四十六年(1781)间,至乾隆四十七年(1782)结束,约一年半时间。袁行云《清乾隆间扬州官修戏曲考》[刊载于中国艺术研究院戏曲研究所、《戏曲研究》编辑部编《戏曲研究》(第 28 辑),文化艺术出版社 1988 年版]持此观点。四是设局修曲在乾隆四十五年(1780)十一月,次年六月即撤去。朱家溍、丁汝芹将中国第一历史档案馆档案文教类音乐戏曲项胶片第 9 卷第 250 号的相关上谕、奏折和朱批在《清代内廷演剧始末考》(故宫出版社 2014 年版)一书中刊行,扬州词曲删改局的真实情形因此得以揭示。

聚集了一批优秀的校曲人员,这是扬州曲家聚结的主要原因。

乾隆年间扬州官修戏曲,是清廷纂修《四库全书》的一个组成部分,但由于《四库全书》没有收录戏曲,因此往往被研究者忽视。乾隆三十八年(1773),清廷诏设"四库全书馆",下令全国范围内大规模地献书、征书,在整理的同时,销毁、抽毁和删改了大量历史文献和典籍。很快,流传于民间的小说、戏曲亦暴露出有"违碍字句"的形迹。乾隆四十年(1775)十月,在各省呈缴应毁书籍内,清初曲家清笑生的《喜逢春》传奇因"亦有不法字句",高宗饬令江苏巡抚萨载销毁板片。① 查禁结果是,《喜逢春》与《春灯谜》等十种曲合刊,因而十种曲一并由浙江抚臣列入《禁书总目》,所有刷印纸本及板片概行呈缴销毁。是年十二月二十二日高宗对此做出批示,由此揭开了清廷审查戏曲之序幕。

除《喜逢春》外,陆续又有徐述夔《五色石传奇》、金堡《徧行堂杂剧》、海来道人《鸳鸯绦传奇》、三吴居士《广爱书传奇》、杨忠裕《奇服斋杂剧》、方成培《双泉记传奇》等 6 种戏曲被列为禁毁书籍。乾隆四十三年(1778)江宁布政使所刊之《违碍书籍目录》上此 6 种戏曲赫然在列。

高宗曾数度南巡江浙,对扬、苏等地发展得如火如荼的戏曲情形十分了解,民间戏曲的发展形势不可低估,戏曲自然格外引起他的关注。随着各类禁书陆续解赴京城,禁曲活动也日渐提上了议程。乾隆四十五年(1780)底,高宗正式下旨审查戏曲。十一月十一日有"上谕"云:

> 此等剧本大约聚于苏、扬等处,著传谕伊龄阿、全德留心查察,有应删改及抽掣者,务为斟酌妥办。并将查出原本暨删改、抽掣之篇一并粘签,解京呈览。但须不动声色,不可稍涉张皇。②

因苏州织造全德不通晓汉文之故,苏州一地的查禁曲事一并落在了两淮盐政伊龄阿的肩上。按,伊龄阿(? —1795),姓佟氏,字精一,满洲正白旗人。乾隆四十年(1775)、四十三年(1778)、四十七年(1782),三次莅扬任两淮盐政一职。诗书画兼擅,《扬州画舫录》卷二云其"巡盐两淮时,于扇面画梅花兰竹,称逸品"③。十一月二十日,伊龄阿在仔细揣摩高宗旨意后,做出了在扬州设立词曲删改局的决定:

---

① 《萨载奏查办〈喜逢春〉传奇板片折》详细载录了当时查曲之情形,现藏国家图书馆。
② 清代实录馆:《大清高宗纯皇帝实录》卷 1118,载《清实录》(22),中华书局 1986 年版,第 939 页。
③ (清)李斗:《扬州画舫录》卷二"草河录下",汪北平、涂雨公点校,中华书局 2004 年版,第 43 页。

奴才钦遵谕旨,当即饬委运司仓圣裔、同知张辅,率领总商江广达等设立公局,将各书坊宋元明新旧剧本详细确查,并将教习人等平日收藏新旧戏文,无论刻本抄本,概令呈缴⋯⋯遵行现已札商苏州织造全德一体查办。①

总商(按,亦称"商总")江广达即江春,从中可知他是这次设局的主要参与者之一。伊龄阿的继任者图明阿(? —1782),汉军旗人,乾隆四十六年(1781)二月由粤海关调任,巡盐两淮。性情简约,自奉刻苦。在任一年遽卒。次年仍由伊龄阿接任。因此扬州词曲删改局的工作历时半年余,历经伊、图两任主持者。

扬州词曲删改局的工作主要在扬、苏两地开展。苏州的校曲流程是:先由苏州织造全德搜集各种戏曲本子,经初步审校后,进呈扬州词曲删改局,由黄文旸等总校把关,审查删改后,再由两淮盐政上奏御前。乾隆谓全德不通晓汉文,其实全德是戏曲行家,办事能力甚强。乾隆四十五年(1780)十二月《全德遵旨查演戏曲本折》云:

遵查演戏曲本缘由,业经恭折覆奏,随密遣家人赴苏州城内外各书坊及惯卖戏曲脚本各铺,将一应曲本,无论刻本、抄本,概行收买,已得二百三十七种。奴才细心校勘,今勘出应得禁止销毁者九种,删改、抽掣者三种,无碍可存者二种,先行逐一粘签,密交伊龄阿覆核汇呈,恭请圣训。其余购得曲本,仍逐细校勘,并于此外再加访购,不敢稍有疏漏,亦不敢稍涉张皇。②

离"上谕"下达相隔仅一月,全德就查缴了九种应销毁之戏曲,删改、抽掣者三种,无碍可存者二种。苏州是昆曲的发源地,演戏曲本、脚本众多,全德能够如此高效率地办事,背后还有高人相助,这位高人就是曲家沈起凤。沈起凤后来尝提及此事:"乾隆辛丑岁,客惕庄全公尚衣署中,时奉旨查勘曲谱。所阅传奇不下七百余种。其间大半痴儿呆女,剿说雷同,否则遁入诡异,窜易耳目,牛鬼蛇神,无理取闹。"③光苏州一地,沈起凤所经寓目的传奇就多

---

① 朱家溍、丁汝芹:《清代内廷演剧始末考》,故宫出版社 2014 年版,第 76 页。
② (清)全德:《全德遵旨查演戏曲本折》,现藏国家图书馆。
③ (清)沈起凤:《〈兰桂仙〉跋》,载吴毓华编著《中国古代戏曲序跋集》,中国戏剧出版社 1990 年版,第 361 页。

达七百余种。

全德(1732—1802),字惕庄,汉军旗人。乾隆四十九年(1784),接伊龄阿出任两淮盐政,乾隆五十年(1785)离任,乾隆五十三年(1788)再次莅任,前后居扬达九年之久。著有《浔阳诗稿》《词稿》《小曲》各一卷,《红牙小谱》二卷(内收《辋川乐事》《新调思春》二剧)①。全德好曲,蓄有家乐,自授雏伶歌之,实乃一戏曲行家。高宗第五、六次南巡时,沈起凤两次受其聘请编撰迎銮大戏。

扬州的校曲情形,黄文旸《〈曲海目〉序》云:"乾隆辛丑间,奉旨修改古今词曲。予受盐使者聘,得与修改之列,兼总校苏州织造进呈词曲。因得尽阅古今杂剧传奇,阅一年事竣。"②因知所校之曲主要是扬州一地搜罗来的戏曲本子,至于苏州进呈的词曲则是总体把关而已。前后两相对照,苏、扬两地的删改戏曲工作是同时进行的。

乾隆四十六年(1781)三月图明阿奏折云:

> 现据官商等查缴曲本二百八十四种,凡明季国初之事,有关本朝字句及南宋、金朝扮演失实者,即粘签改正,并饬令上紧赶办,不致纷杂迟延。③

可见校曲的对象是元明以来在坊间流布的曲本、民间成文的演出脚本,需要清理删改的剧本主要有以下两种:(1)演明季国初之事,有关涉本朝字句;(2)南宋与金朝关涉词曲,有扮演过当,以致失实者。具体细分为应禁止销毁者,应删改、抽掣者,无碍可存者等三种情况,先行逐一粘签,密交图明阿复核汇呈。至于具体的校曲情形,袁行云在《清乾隆间扬州官修戏曲考》一文中考论甚详。

扬州设立词曲删改局并非开风气之举,早在乾隆三十九年(1774),四库馆臣对进呈书籍进行查缴时,各地方督抚大多于"省城设有书局,拣员专司校核。凡各属解到之书,悉交局员确加察阅",如有违碍之处,即粘签送至官

---

① 全德《红牙小谱》卷前自序云:"诗词而外,旁及传奇杂曲,花晨月夕授雏伶歌之,聊以适性而已。戊午移官江苏,检视行箧,新剧二出,付诸剞劂。"(清)全德:《红牙小谱》,清嘉庆三年(1798)刻本,现藏国家图书馆。
② (清)黄文旸:《〈曲海目〉序》,载李斗《扬州画舫录》卷五"新城北录下",汪北平、涂雨公点校,中华书局2004年版,第111页。
③ 清代实录馆:《大清高宗纯皇帝实录》卷1127,载《清实录》(23),中华书局1986年版,第68—69页。

署,由督抚会同司道"详晰酌定,然后汇折奏缴"。① 扬州词曲删改局的设立只是对该做法的仿照而已。

高宗"上谕"强调"但须不动声色,不可稍涉张皇",在全德看来,"奴才伏思苏城地方唱戏者最多,而售卖曲本者亦复不少,若查办不密,一有声张,愚民无知,疑畏并生,便尔藏匿,转致不能查收尽净"②,因此只是"密为各处访购",没有在苏州设立专门的曲局。高宗在前述图明阿之奏折后做出如下指示:"知道了。此亦正人心之一端,但不可过于滋扰耳。"③可见他已经意识到:官府若明文下令改戏,一旦管理不当,或改戏机构人员借故生事,极易骚扰百姓和戏班,影响正常的戏曲演出。正如李渔所说,戏要演给读书人与非读书人看,受众面较广泛,而书籍的受众仅局限于读书人,且士子应试所读书本就由官方钦定,删改其他书籍亦属士子能"适应"之举。两者的社会影响面是不可同日而语的。

审校戏曲活动与校改其他书籍活动的内容和结果亦大不同。四库全书馆所校之书籍多为文人集子,系一写定本子;戏曲则不然,文人撰写的曲本与伶人演唱之脚本,无论唱词、宾白,还是曲子的多寡,均有较大的差异,因此汤显祖宁愿拗折伶人之歌喉,也不愿他人改篡其"临川四梦"。洪昇《长生殿》因繁长难演,苦于"伧辈妄加节改",交由友人吴舒凫亲为写定,改成二十八出之演出本,分两日唱演。即使同一出戏,伶人在演出过程中也可以有不同的发挥,当然这是在声腔合律的前提下。因此,扬州词曲删改局最后删改定稿的曲本很难推广到梨园中去。

不过,这次审查戏曲活动还是在全国范围内蔓延开来。伊龄阿在审校戏曲之初,即上奏云除昆腔中存在违碍词句外,石牌腔、秦腔、弋阳腔、楚腔等地方戏声腔中亦当审查。高宗乃下令在各地方戏流行省份进行不动声色的查勘活动。这项措施,很快在直隶、山西、江苏、湖广、两广、江西等省相继得到了推行和落实。但从《清代内廷演剧始末考》中所收各省督抚的奏折来看,此项举措收效甚微。以江西为例,巡抚郝硕在乾隆四十六年(1781)四月初六日的奏章中说:

> 查江右所有高腔等班,其词曲悉皆方言俗语,鄙俚无文,大半乡愚

---

① 故宫博物院掌故部:《掌故丛编》第5辑《王锡侯字贯案》,乾隆四十二年(1777)十一月十二日江西巡抚海成奏折,中华书局1990年版,第517页。

② 朱家溍、丁汝芹:《清代内廷演剧始末考》,故宫出版社2014年版,第77页。

③ 清代实录馆:《大清高宗纯皇帝实录》卷1127,载《清实录》(23),中华书局1986年版,第68—69页。

随口演唱,任意改更,非比昆腔传奇出自文人之手。剖劂成本,遐迩流传,是以曲本无几,其缴到者亦系破烂不全抄本。①

因高腔等地方戏用的本子多是演出脚本,伶人根据故事大纲所编,唱词在演出时可随意发挥,即所谓的"路头戏"。这次审查戏曲活动自是无法对它产生大的影响。

历时半年的查饬活动没有发现任何实质性的问题,高宗对追究"违碍"曲本之事也感到了厌倦,指责地方官员办事不妥倒也算是一种了结方式。至于撤局的根本原因,朱家溍、丁汝芹认为因时局变化,高宗对文字狱的处理也有了很大的改变。他放松了对知识分子的控制,以期共同去反抗各地兴起的反清武装起义。② 事实上扬州词曲删改局集中 95 人进行大张旗鼓的校曲活动,就不只是"稍涉张皇",让高宗抓住了把柄,因此,乾隆四十六年(1781)五月二十九日的"上谕"里,就有"何必又如此装潢致滋靡费"的指责话语:

> 乃本日据图明阿奏查办剧本一折,办理又未免过当。……至其余曲本内无关紧要字句,原不必一律查办。今图明阿竟于两淮设局,将各种流传曲本尽行删改进呈,未免稍涉张皇,且此等剧本,但须抄写呈览,何必又如此装潢致滋靡费。原本著发还,并著传谕图明阿、全德,令其遵照前旨务须去其已甚,不动声色,妥协办理,不得过当,致滋烦扰。③

其修改结果既没有引起当政者的重视和好评,反而斥以"致滋靡费",可谓吃力又不讨好之举。因此,是年六月初一日图明阿惶悚地上奏云:

> 所有上年原设之局,因附近运司衙门有闲房数间,即委员带回缮写人等在内查办。窃自思省,诚为过当……今钦奉谕旨,各种流传曲本不必一例查办,将来应行删改抽掣之剧已属无多,更不应仍存此局,迹涉张皇。现已即日撤去。④

---

① 朱家溍、丁汝芹:《清代内廷演剧始末考》,故宫出版社 2014 年版,第 83 页。
② 朱家溍、丁汝芹:《清代内廷演剧始末考》,故宫出版社 2014 年版,第 86 页。
③ 朱家溍、丁汝芹:《清代内廷演剧始末考》,故宫出版社 2014 年版,第 84 页。
④ 朱家溍、丁汝芹:《清代内廷演剧始末考》,故宫出版社 2014 年版,第 85 页。

"……闲房数间,即委员带回缮写人等在内查办",这自然不免是图明阿为自己高调办事的开脱之词。事实上设局一事在上年十一月二十二日伊龄阿奏折中已提及,他只是将它进一步扩大化而已。这也可以解释《凌次仲先生年谱》"乾隆四十六年辛丑"条下有关分校凌廷堪的活动的这一说法:"二月初一,应醝使伊公之聘,客扬州。"①也就是说他在设局后第二年二月参加审查戏曲活动,这是符合实情的。这说明扬州词曲删改局的校曲人员是陆续到位的,没有像清廷编纂《四库全书》时全国选拔人才参与那样郑重其事。

因此,这场由扬州生发开来的全国性审查戏曲活动历时半年多,却无疾而终,既未能像《四库全书》词馆那样编纂出皇皇巨著,在青史上留下厚重的一笔,也未能引起当政者的重视和好评,反而违背了"不可稍涉张皇"的谕旨。扬州词曲删改局成立半年多后即撤去,其校曲情形未形诸任何官方文字记录,只在黄文旸、李斗、凌廷堪等少数参与者的私人著述中略有提及。这自然也是情理之中的事了。但是黄文旸所言"阅一年事竣",即乾隆四十六年(1781)底结束审校戏曲事,应该也符合事理。毕竟对于负责全部审校工作的总校黄文旸而言,撤局后自然还有许多后续工作要做。当然也不排除此后戏曲审查工作暗中分散进行,所以黄文旸、李斗、凌廷堪等当事人表述不一。《凌次仲先生年谱》"乾隆四十七年壬寅"条下说:"是年秋,图直指明阿撤去词馆,因怂恿入都。"②这是袁行云、黄强等据以认同的撤局时间。③事实上考察《(嘉庆)重修扬州府志》卷三十八"秩官志四",图明阿于乾隆四十六年(1781)二月任两淮盐政,在任一年遽卒(其卒也许与受高宗斥责有关),则他无论如何不会迟至乾隆四十七年(1782)秋撤局。乾隆四十七年(1782)接替他的仍是伊龄阿。因此这个记载无论是时间还是撤局者都有误。而李斗《扬州画舫录》卷五云:"乾隆丁酉,巡盐御史伊龄阿奉旨于扬州设局修改曲剧,历经图思阿并伊公两任,凡四年事竣。"④按,"巡盐御史"即两淮盐政,因最初主要由监察御史充任而得名。李斗记载中无论是设局时间——乾隆四十二年(1777),还是撤局时间——乾隆四十八年(1783),都与

① (清)张其锦:《凌次仲先生年谱》卷一,载《续修四库全书》集部1480,上海古籍出版社2002年版,第760页。

② (清)张其锦:《凌次仲先生年谱》卷一,载《续修四库全书》集部1480,上海古籍出版社2002年版,第761页。

③ 袁行云的《清乾隆间扬州官修戏曲考》[刊载于中国艺术研究院戏曲研究所、《戏曲研究》编辑部编《戏曲研究》(第28辑),文化艺术研究出版社1988年版]、黄强的《乾隆庚子扬州设局删改曲剧始末》[刊载于《扬州师范学院学报(社科版)》1987年第3期]皆持此观点。

④ (清)李斗:《扬州画舫录》卷五"新城北录下",汪北平、涂雨公点校,中华书局2004年版,第107页。

真实情形出入太大，当系李斗误记。陆萼庭亦误以之为扬州词曲删改局的起讫时间。①

就扬州一地来说，这次校曲活动对戏曲界带来了多重的影响。其一，它荟萃了当时活跃在扬州曲坛上的精英，集中了一批熟谙曲律的行家里手。张其锦编的《凌次仲先生年谱》曾附列"扬州删改戏曲词馆同人"名单，兹抄录于后：

> 先生《手抄诸经跋》云："乾隆庚子冬，两淮巡盐御史长白伊公龄阿奉旨删改古今杂剧传奇之违碍者。次年，属余襄其事。客扬州者岁余。吴人孝廉李勉伯先生绳赠余诗有'莫将椽似笔，顾曲误乖名'之句。于是感其言，取诸经就枕上观览。同人或阻之，乃自课，以手抄代读。"案：曩日馆中同事者，总校甘泉黄秋平文旸、江宁李理斋经；分校先生及海州程时斋枚、丹阳荆玉樵汝为；委员淮北分司汉阳张瑶村辅、板浦场大使长洲汤亮斋惟镜、经历查公建佩。他如扬州朱二亭赟、罗两峰聘、李艾塘斗、张登封宗泰、仇载南俶、张筱轩海观、朱崔巢炫、柳东犁梦莙、周光羽鸿、叶英多永福、林铁箫李、汪损之锡维、闵莲峰华，仪征方竹楼元鹿、赵雪篷参、汪绣谷文锦、陶镜堂鉴、石野堂椿、李小梁灏，高邮金畹芳兰，泰州宫霜桥国苞、黄竹亭廷垣，通州陈小山模，如皋管斋白广文涛，丹徒唐西美玉、法辛侣嘉荪，丹阳荆药田青，溧阳史朗亭应曜，武进岳澹园肇基，阳湖褚容船邦庆，金匮王春明灏、华杏村光祖、筱塘熙，宜兴万华亭应馨，吴县惠雅南承绪，长洲宋椒园使君道南，江宁李桐宇广文纮、翁桐轩廷仪，山阳金午桥孝廉培、朱实斋枺、程缑山崔年、潘桃溪源、沦川渭、胡肇先裕耒，沭阳吴南昀中翰白华，桐城刘学海涛，歙县吴暮桥鲁、汪剑潭学正端光、谢未堂侍郎溶生、叶咏亭天赐、洪麟书瑞、方鉴亭世升、汪鲲飏垅、汪古香桂，休宁金翼庵别驾忠沂，黟县汪石兰广文煮，泾县朱立堂森桂，全椒金棕亭博士兆燕、退谷琏、筱村台骏，盱眙江灏西使君沆，天长林廋泉道源，奉天邹觉庵佛保、郎锄月兆梦，长白年汝邻王臣，天津张桂嵓赐宁，钱塘孙熙堂咸、程对山升元、黄小松主簿易、詹伦表帏英、钱袖海东，嘉兴王蔗乡馨、张恭初惟敬、陈东旸天遴，石门陈桐屿治、蒗江梦桂，乌程沈少约国栋、周方旭梦旦、沈文若锦春，归安严雪舟文蘱，山阴童二树钰，会稽王裕民光祖、王梅墅忠抒、王敬舆嘉年、沈

---

① 陆萼庭：《曲家小纪》之"凌廷堪"，载《清代戏曲家丛考》，学林出版社 1995 年版，第 212—213 页。

参军锦林,汉阳张秋堂主簿永清,大定刘白沙使君文清,奉新徐九长孝廉日吉,及尺五楼林岁成、邹文奎、詹石琴、杨集古、吴藏荽、张竹轩、汪赞庵、史倬斋、解获洲、孙诗廷、江虞川、陈樟亭、周允中诸君,皆己亥至壬寅四年中竹西同游者。①

从以上名单可知,扬州词曲删改局中包括了扬州曲家群的 5 位成员:总校黄文旸,分校凌廷堪、程枚,曲家金兆燕、李斗。其中"扬州八怪"中的罗聘,曲家宫霜桥、詹肇堂(号石琴),扬州著名说书艺人叶英等皆是他们的知交曲友。通过半年多的切磋曲艺,交流提高,有些人结下了终生友谊。

从籍贯看,这批校曲人士中,只有 14 人是扬州人,他如淮安府、江宁府、常州府、苏州府、通州府等 47 人,浙江湖州府、杭州府、绍兴府、宁波府等 18 人,安徽徽州府、泗州府、宁国府等 17 人,此外,还有辽宁、天津、湖北、贵州、江西等省籍人士。无论总校黄文旸,还是一般的校曲人员,大多是身份普通的文人秀士,如贡生、监生、廪生等。当然,也有一些致仕归扬的官员,如金兆燕,这年春天他正好从北京国子监博士任上辞归,客寓江春康山草堂。校曲人员中,或为姻亲,如黄文旸与汪绣谷;或为兄弟,如汪绣谷与汪端光;甚至有祖孙三代,如金兆燕及其子台骏,孙琏。② 这种姻亲师友的人际网络,当与修改剧曲可获得束脩有关,因此成员间存在师友亲朋互荐的现象。换言之,入扬州词曲删改局的门槛并不高,毕竟词曲是小道末技,一般入了官学的士子都能胜任,也不排除边审查边学习的人士,如分校凌廷堪。以金兆燕一家为例。其子台骏,字冀良,号筱村,名诸生。系《儒林外史》作者吴敬梓之孙婿。孙金琏,字退谷,"十龄即以才名噪江淮间,惜名诸生而以奇疾早逝"③。乾隆五十一年(1786)去世,时仅 21 岁。《扬州画舫录》卷十称其"十二称神童,十五为附生,十六为廪善生"④,则其参加扬州词曲删改局时才 16 岁。如前所述,两淮商总江春是设局者之一,金兆燕自然不难向他介绍自己的亲朋故旧入局。由此可见,扬州的这次删改戏曲活动确非如四库词馆系

---

① (清)张其锦:《凌次仲先生年谱》卷一,载《续修四库全书》集部 1480,上海古籍出版社 2002 年版,第 760—761 页。

② 可参见彭秋溪《清乾隆朝扬州"词曲局"修曲人员考》(刊载于《文化遗产》2015 年第 3 期)一文。按,"全椒金棕亭博士兆燕、退谷琏、筱村台骏"中"退谷琏"应为金兆燕长孙金琏,字退谷。"琏"字形和"琏"相似,应为凌廷堪误记。

③ (清)王城敬:《〈棕亭古文钞〉跋》,载金兆燕《棕亭古文钞》,《续修四库全书》集部 1442,上海古籍出版社 2002 年版,第 283 页。

④ (清)李斗:《扬州画舫录》卷十"虹桥录上",汪北平、涂雨公点校,中华书局 2004 年版,第 234—235 页。

搜罗天下鸿学硕儒而成,官方明文倡导之盛举。

扬州词曲删改局聘请了乐工伶人,场上、案头校曲交相进行。凌廷堪在《复章酌亭书》中有所提及:"比因删改辞曲,留滞广陵。所对者惟筝师笛工,所读者皆传奇杂剧。淮南佳丽,见而益愁;竹西歌吹,闻之增感。"[①]可知在删改词曲之余,还有乐师谱曲奏演。这可能除顾及修改戏曲内容、文辞外,还涉及曲牌及曲词的音律规范问题,因此,在这次审查戏曲活动中,曲家得以观摩大量演出。这样大规模地集中曲家、演艺人员,场上和纸上交相进行,无疑大大提高了曲家的案头驾驭能力。

这批地位大多不显的校曲者日后在曲学上有所成就,当归功于这段校曲生涯的历练。斯时年辈较小的凌廷堪即是此项活动的受益者。友人江藩说凌廷堪幼年家贫,无力读书,靠业贾为生,"是时鹾使置词曲馆,检校词曲中之字句违碍者,从事校雠,得脩脯以自给。君之精于南北曲而能分别宫调者,基于此也"[②],其日后的曲学造诣即受益于此。金兆燕和黄文旸等前辈对这位才华超逸的后生不仅勉励有加,而且明示以时文之写作技巧及指明途径,予以曲学、科举上的指导。

其二,大批曲家集中删改戏曲剧本,对金元明至清中期的戏曲资源进行了整理盘点,其实是对中国戏曲史进行了一次全面的梳理。联系斯时昆曲衰微、花部戏诸腔杂陈的曲坛现状,扬州曲家自不免油然而生对元曲的景仰之情。明清时期的文人曲家们素来推尊元曲,以之为最高的艺术典范。然而这种推崇往往停留于口头笔端,至于具体创作过程中,则照样落笔雅隽,直抒自我。因此明末清初时期的传奇创作,往往或流于对才子佳人戏的俗套翻新,或"牛鬼蛇神,无理取闹",追求情节的离奇怪诞。在这样的现实情状面前,元曲因此再次赢得扬州曲家的激赏,他们感慨元曲盛景不再,反思当下昆曲的尴尬处境。凌廷堪的《论曲绝句三十二首》即创作于此前不久。虽然涉猎曲学不久,但是这位才气过人的年轻戏曲理论家就对流行曲坛的昆曲过于文辞化的现象极为不满。本色当行的元曲再次被推尊为典范,金兆燕、黄文旸、凌廷堪、李斗、焦循等推尊元曲缘由可追溯至此。沈起凤等曲家因不满才子佳人戏的创作窠臼,立意创新,在题材的开拓、昆曲的通俗化上做出了较大的努力。

---

① (清)凌廷堪:《复章酌亭书》,载《校礼堂文集》卷二十二,王文锦点校,中华书局 1998 年版,第 192 页。

② (清)江藩:《国朝汉学师承记》,载张其锦编《凌次仲先生年谱》卷首,《续修四库全书》集部 1480,上海古籍出版社 2002 年版,第 750 页。

其三,不少经典剧目遭到篡改,变得面目全非。如已经流行了180多年的《牡丹亭》,因为剧情背景中"南宋与金朝关涉",所以就遭到粗暴的删改和抽撤。自此后刊行的《牡丹亭》就再也没有全本了,刊行的《牡丹亭》曲谱同样也不再有全本。乾隆四十七年(1782)冰丝馆《重刻清晖阁批点牡丹亭》是根据进呈给高宗御览的定本刻印的,纸质与刻工非常精美。按照高宗的要求,抽撤的折子必须粘上纸签,加以说明,冰丝馆本也照做不误。第四十七出"围释",冰丝馆本也"遵进呈本略有删节"。删去的是金国通事上场的一节,包括【出队子】【双劝酒】【北夜行船】【北清江引】四支曲子,并且把剧中讨金娘娘的念白也改了——把"你俺两人作这大贼,全仗金鞑子威势",改为"全仗北朝威势"。此外,剧中如"金兵""胡奴""胡笳""胡尘""虏骑"等字样悉数全改,成为"边兵""边笳""边尘""铁骑"等字。同年刊行的叶堂《纳书楹曲谱》的《四梦全谱》中,《牡丹亭》也没有了全谱,因为也是照样删去了"虏谍"一出,注明"此出遵进呈本不录"。

而被誉为"南洪北孔"之戏曲大家孔尚任的传奇《桃花扇》虽未被列入禁毁曲目,但总校黄文旸《曲海目》摒弃未录,其后玩花主人《缀白裘》亦照袭之。这显然要归因于其明清换代之际国事的动荡变化的描写中流露出的兴衰之感,以及其中的"开国元勋留狗尾,换朝遗老缩龟头"和史可法抗清以及"余韵"等出带有影射意味的"违碍"内容。

其四,校曲活动同时也给扬州曲坛带来了消极的影响。其直接后果表现在这一时期戏曲界风化观甚嚣尘上。统治者对戏曲作品进行按图索骥式的查勘,这使得曲家在抵笔谱曲之际,自不免心存顾虑,妨意害辞,影响自由情志的畅意抒发。这种梳篦般细密的审查,使曲家提笔时不能不心惊胆战。文化专制造成的政治上的风险,束缚了文人曲家的自由创造精神。这恐怕是造成此后文人戏曲创作衰退的重要原因之一。一旦失去了新剧本的支持和刺激,昆曲也就开始疏远生活,疏远和观众之间的感情联系,逐渐地失去了活力。

因此,某些具有政治敏感性的现实题材,曲家们自不敢涉及,成为创作的雷区。这样一来,戏曲创作不再成为反映现实生活的利器,而沦为一种纯粹消遣娱人的工具。于是或在才子佳人的窠臼中打转,或在风化劝世的创作怪圈中沉沦。扬州城市繁华富庶,天下富商巨贾麇集于此,使得迎合流俗所好成为戏曲创作的主流。戏曲反映生活、反映现实的优良传统因此中断,媚俗成为最显明的特征。作为清中叶全国最繁华富庶的商业城市,扬州一地虽然具备了天时地利人和,然而并未出现"南洪北孔"之类曲家,创作出彪炳史册的皇皇巨著,引领传奇创作潮流。

不过,正如有学者指出,这次禁曲活动中,花部戏鄙陋粗俗,文人轻视,定本不多,反而因此逃过一劫,客观上产生了扬花抑雅的实际效果。[①] 清中叶扬州的花部戏较他地更为繁盛,固然有地理、经济、文化等多方面的优势,但此次审查戏曲活动也是一个不容忽略的因素。清代花部戏理论总结之作出现在了扬州,《花部农谭》是一部不可多得的花部戏理论著述,《扬州画舫录》中亦有不少篇幅涉及,曲家焦循、李斗、凌廷堪、黄文旸等对花部戏曲的激赏和推崇,当与此息息相关。

扬州词曲删改局的设立,虽然并未取得清廷理想中的治曲成效,但客观上,大批曲本的集中整理,曲家精英的荟萃,带动了扬州一郡的治曲风气,它使得戏曲(包括昆曲和花部戏曲)不再纯是"下里巴人"之事,某些曲家在仕途失意落魄时,走上专门撰曲治曲的道路,余波所及,就连扬州学派中的一些经学大师也染翰操觚,从事戏曲创作及理论批评。这场戏曲审查活动同时催生了两部传奇作品,金兆燕的《婴儿幻》传奇创作于此时,分校程枚的《一斛珠》亦在酝酿草创中。总校黄文旸的《曲海目》则是这场戏曲审查活动的重要成果,直接与此关联,对中国戏曲史的文献整理无疑具有较大的学术价值。从某种程度上说,焦循的《曲考》亦是这次戏曲审查活动的衍生物。

第三节　扬州曲家与乾嘉朴学思潮

清中叶,理学虽高踞庙堂之位,但学界独领风骚的是如日中天的汉学。汉学甚嚣尘上,出现了"家家许、郑,人人贾、马"[②] 的盛况,对整个社会思想文化和士人心理产生了深刻影响。其风熏染,戏曲也未能例外。

乾嘉汉学,亦称朴学,发端自明末清初的实学。因不满明季士人空谈义理、脱离实际的空疏学风,清初学者顾炎武倡导"理学即实学",主张"明道救世"的经世实学,以及注重实证的科学方法,阎若璩、胡渭等人纷起响应,形成了实学思潮。乾隆年间,社会承平,文网严密,实学逐渐放弃了其社会批判精神,完成了向考证经史的纯治学路径转向。乾嘉学派以吴县学者惠栋明确打出汉学旗帜为标志,其周围聚合了余萧客、江声、王鸣盛、钱大昕等学

①　张勇风:《雅俗之变的重要个案——花雅之争透析》,《重庆邮电大学学报(社科版)》2008 年第 1 期。
②　梁启超:《清代学术概论》,上海古籍出版社 2005 年版,第 62 页。

者,形成了"吴派"。该派主要以"嗜博""复古"为特色。其后以休宁戴震为宗师的"皖派"崛起,主要以求是为标志,倡导义理与考据的结合。其学说首先在江苏、浙江、安徽三地兴起,最终由扬州学者阮元、焦循等集其大成,后人因此称为"扬州学派"。作为乾嘉学派的重要分支,扬州学派远师顾炎武,近法戴震,主张崇实黜虚,经世致用,其治学方法是在广泛搜集材料的基础上进行逻辑归纳,注重实证研究。其融通会合的研究精神素来为现代学者赞赏,如张舜徽评述吴、徽、扬三派之特点时说:"余尝考论清代学术,以为吴学最专、徽学最精、扬州之学最通。无吴、皖两派之专精,则清学不能盛;无扬州之通学,则清学不能大。"①

乾嘉学派与扬州甚有渊源。《清代朴学大师列传》所收有清一代 370 多名学者,其中祖籍扬州的多达 36 人,加上长期寓居扬州的学者,约占八分之一。如前所述,丰厚的文化积淀、繁荣的盐业经济及两淮盐政官员的倡导、盐商大贾的支持、书院教育的兴盛,使得清中叶扬州成为学派滋生、繁衍的重要阵营。梁启超在考察清学全盛的时代环境时尝云:"淮南盐商,既穷极奢欲,亦趋时尚,思自附于风雅,竞蓄书画图器,邀名士鉴定,洁亭舍、丰馆谷以待。其时刻书之风甚盛,若黄丕烈、鲍廷博辈固能别梓雠校,其余则多有力者欲假此自显,聘名流董其事。"②学者和曲家汇聚在此,著书论文,品戏聆曲,共同促进了学术研讨和戏曲创作、评论的互动。

扬州学派形成的同时,正是清中叶曲坛发生剧烈变革的时期。清初昆曲新戏竞相上演,蔚成风尚,至乾隆年间已渐趋消歇,主导曲坛的是大量的折子戏。花部戏蓬勃发展,与之角逐盟主地位。这一时期花雅竞胜所呈现出的此消彼长的发展态势,直接影响了此后国剧——京剧的形成。朴学作为主流学术思潮,不仅对诗歌、骈文、小说等文学样式产生深刻的影响,而且也渗入戏曲界,使之出现了新的局面。扬州可谓首当其冲,不仅花雅争胜的形势发展得如火如荼,同时又是扬州学派的重要活动基地。因此地理优势,扬州曲家沾溉良多。

扬州学术和戏曲结缘甚早,其实在卢见曾幕府时期就已出现两者互渗的倾向。李详认为扬州学派发端于卢见曾,"盖吾扬自卢雅雨先生为运使,延惠定宇修定《感旧集》及《山左诗钞》。华亭沈学子、青浦王述庵与惠定宇同馆卢署,休宁戴东原往来其间,扬州是时已开小学校雠一派"③。乾隆二

---

① 张舜徽:《清代扬州学记》,广陵书社 2004 年版,第 2 页。
② 梁启超:《清代学术概论》,上海古籍出版社 2005 年版,第 56 页。
③ 李详:《药裹慵谈》卷三"论扬州学派",李稚甫点校,江苏古籍出版社 2000 年版,第 54 页。

十二年(1757),两位汉学重要代表人物惠栋和戴震于卢见曾幕府中相识并订交。后人视此为清代学术史上的一件大事。次年惠栋病逝,戴震继承惠栋遗志,致力于《大戴礼记》的校勘。居扬四年,著成《大戴礼记目录后语》《金山志》等。正是得力于惠、戴二人及沈大成、卢文弨等大儒,卢见曾刊刻了《雅雨堂丛书》,为表彰汉儒学说、倡导小学而高举汉学旗帜,从而对扬州学派的形成和发展起到了强有力的推动作用。

卢见曾为南北学者提供了学术交流的场所,本人又爱好戏曲,实是当时江南地区的文坛盟主。沈起元尝曰:"独公雅好吟咏,盖其才之俊逸,不以政事妨减也。……近岁翠华再幸,亭榭水木之观,视昔有加,公于是莅政多暇,凡名公巨卿、骚人词客至于其地者,公必选佳日,命轻舟,奏丝竹,游于平山堂下。坐客既醉,劈笺分韵,啸傲风月,横览今古,人有欧、苏、渔洋复起之慕。"①卢见曾精通音律,偶尔也喜欢自度新曲,谱入管弦。其幕府中学者和曲家济济一堂,互有唱酬往来。如沈大成推崇朱夰的曲学造诣,曾为其曲律专著《倚声杂说》作序。王昶观《桃花扇》《长生殿》《西厢记》《红梨记》四剧后,作有《观剧六绝》。金兆燕曾经为程廷祚《莲花岛》传奇作序。

"扬州二马"马曰琯、马曰璐兄弟"贾而好儒",热心于文教事业,其小玲珑山馆聚集了厉鹗、全祖望等一流学者,在进行学术研讨的同时,时常伴以演剧活动,以为佐酒助兴之雅举。马曰琯甚至亲自制曲,调教优伶,延请导师课之以诗。受其影响,学者厉鹗作有迎銮大戏《百灵效瑞》。

扬州具有良好的文化生态环境,士子得以安心向学,研治经史,同时也爱好戏曲,因此往往学术、曲学兼举。扬州学派视野宏阔,崇尚汇通。在经史考证之余,他们致力于音韵学,"而乐律一门,亦几蔚为大国。毛奇龄始著《竟山乐录》,次则江永著《律吕新论》、《律吕阐微》,江藩著《乐县考》,凌廷堪著《燕乐考原》,而陈澧之《声律通考》,晚出最精善。此皆足为将来著中国音乐史最好之资料也。焦循著《剧说》,专考今乐沿革,尤为切近有用矣"②。梁启超在此所提及之清代经学家中,江藩是吴派重要成员,与扬州曲家声气相通,爱好戏曲。江藩(1761—1830),字子屏,一字节甫,号郑堂,晚自号节甫老人。江苏甘泉人。博综群经,尤精深于史,以朴学名东南,与焦循(字理堂)齐名,世有"扬州二堂"之目。据李斗《扬州画舫录》记载,江藩曾作有一部《名优记》,此书如今已佚。李斗、焦循、黄文旸皆与之相善,黄文旸与江藩

① (清)沈起元:《运使卢雅雨七十寿序》,载《敬亭文稿》卷八,《四库未收书辑刊》8辑26册,北京出版社2000年版,第277页。
② 梁启超:《清代学术概论》,上海古籍出版社2005年版,第44页。

存有世谊①。扬州学者中不少人涉猎戏曲,如黄承吉写有不少观剧诗,生动地记录了曲家李斗粉墨登场的情形。王念孙在《读书杂志》中,专门考证"偶人""巫鬼"和"瞽史",对傀儡、傩戏和说书等研究不无裨益。阮元编纂的《广陵诗事》《淮海英灵集》等收有不少扬州籍曲家和曲艺家的传记。可见在清中叶尚曲蔚然成风的扬州,戏曲已经与学术互相影响。

　　总之,扬州曲家与扬州学人之间的互动交流,促成了学术与戏曲的渗透与交融,从而影响了扬州曲家的戏曲创作和戏曲观念、曲学研究等。深受乾嘉学术思潮的浸润,扬州曲家的戏曲创作和戏曲理论表现出鲜明的朴学特色。具体将在第四、五、六章中展开论述,兹不赘述。

---

① 黄文旸《扫垢山房诗钞》中有与江藩的唱和之作,如《寿江子屏母徐太夫人四首》中有"白头子侄久颓唐,老卧江乡与世忘"句。(清)黄文旸:《扫垢山房诗钞》(卷四),载《续修四库全书》集部1459,上海古籍出版社 2002 年版,第 51 页。

第二章　扬州曲家群的主体构成及群体特征

第一节　扬州曲家群的主体构成

如前所述,扬州曲家是以群体形式存在的,其存在形态的主要表现之一,是曲家之间存有广泛的交流唱和活动。扬州的一些知名幕府无疑是曲家结聚的重要依托,从乾隆早期的卢见曾幕府,到乾嘉之际的曾燠幕府,风雅幕主和幕宾们觞咏雅集,流连曲事,外地籍和扬州籍曲家得以观摩曲剧,集中交流。而乾隆四十五年(1780)底扬州词曲删改局的设立,更是给扬州曲家提供了提高曲艺、交流切磋的机会。此外,高宗六度南巡,两淮盐政官员和盐商延揽名家谱曲,这种种机缘使得大批曲家在戏曲活动繁盛的扬州结聚,创作上演了不少风靡一时的戏曲作品,撰写了丰富的理论著述。

根据绪论中对“扬州曲家群”一词所做的界定,再经笔者考索和梳理后,扬州曲家群的基本阵容已清晰起来。清乾隆至嘉庆年间(1736—1820),属于这一时段和范围的扬州曲家有 14 人,他们基本上可归为以下三类:(1)扬州籍本土生长的曲家;(2)本籍外地而长期流寓于扬州甚至终老于扬州的曲家;(3)游宦扬州或这一时期内在扬州停留并创作了作品的外地籍曲家。三者在清中叶的扬州曲坛如群星辉映,为昆山腔赢得衰落前的回光返照——最后辉煌起到了推波助澜的作用。

作为曲家群体,扬州曲家虽然没有建立社团,标榜门户,但共同的地理环境、社会背景和文化传统,潜移默化地影响着他们的戏曲创作和理论著述,使他们的作品呈现出相似或相同的风格,理论主张出现某种趋同性。他们自觉地以文化传承为己任,形成了一个具有鲜明地方色彩的“扬州曲家群”。笔者认为在一定历史时期内,由于亲缘、乡缘、师缘、友缘、政缘等关系聚集在某一特定地域,曲家们彼此切磋,共同观摩曲剧,具有大致相似的戏曲理论主张和创作追求,其作品呈现出相近的风格,并对该地域的演艺活动产生了较大的影响,则不妨以曲家群体来规范之。基于此,清中叶扬州曲家群的划分标准为如下。

第一,时间标准。本书的研究对象主要集中在清中叶,以经济、文化、学术都趋鼎盛的乾隆、嘉庆时期为主,上下跨度共 85 年。始于乾隆元年(1736),以戏曲理论家黄文旸生年为上限,迄于嘉庆二十五年(1820),以焦循卒年为下限。当然,这一划定的依据是曲家的主要戏曲创作和理论著述活动正好在该时期内开展。之所以不采用"乾嘉"一词,缘于部分曲家的活动时间并不能完全囊括进乾嘉时期,"清中叶"则较为适用。

第二,地域标准。清中叶扬州地处南北冲要,商贾云集,四方流寓人才众多,因此扬州曲家不仅包括扬州籍戏曲家,同时也包括了大量非扬州籍戏曲家。凡曾在扬州寓居并创作了戏曲作品、对扬州曲坛产生一定影响的外地籍曲家,都归入扬州曲家群。

第三,交游标准。构成一个曲家群体的重要标准是曲家之间有广泛交往。扬州曲家群成员之间关系密切,他们或为师生,或为主宾,或为友朋,或为姻亲,或为兄弟,彼此间有着较多的联系。由于戏曲向来被视为小道末技,曲家生平资料匮乏零散,因此笔者仅就所掌握材料去描述他们的交游状况。

考察扬州曲家的生卒年、籍贯、出仕等情况后,笔者列表 2-1 说明如下:

表 2-1　清中叶扬州曲家生平情况一览表

序号	姓名	生卒年	字号	籍贯	身份	资料来源
1	卢见曾	1690—1768	字抱孙,号澹园,别号雅雨山人	山东德州	进士,寓扬时为两淮都转盐运使。	《清史列传》卷七十一"文苑传一";《国朝诗人征略初编》卷二十二;《国朝耆献类征初编》卷二一〇;《清儒学案》"小传"卷一;《湖海诗人小传》卷二;《雅雨堂文集》;《昭代名人尺牍小传》卷二十;《碑传集三编》卷十八;《德县志》;卢文弨《抱经堂文集》卷三十三《故两淮都转盐运使雅雨卢先生墓志铭》;纪晓岚《纪文达遗集》卷十六《直隶广平府前湖北武汉黄德道蕴斋卢公墓志铭》;李斗《扬州画舫录》;等等。
2	李本宣	1703—1782 后	字蘧门	江苏江都	布衣。	金兆燕《棕亭词钞》;吴敬梓《文木山房集》;方正澍《子云诗集》卷五;等等。

序号	姓名	生卒年	字号	籍贯	身份	资料来源
3	金兆燕	1719—1791	字钟越，号棕亭，别号兰皋生、芜城外史	安徽全椒	进士，官至国子监博士。寓扬时为卢见曾幕客；扬州府学教授；扬州词曲删改局成员。	《清史列传》卷七十一"文苑传二"；《国朝诗人征略初编》卷四十；《国朝耆献类征初编》卷一四六；《(民国)全椒县志》卷十"人物志·文苑"；金兆燕《棕亭诗钞》《棕亭古文钞》《棕亭词钞》《湖海诗人小传》卷三十一；李斗《扬州画舫录》；陆萼庭《金兆燕年表》；等等。
4	朱夰	康乾时期	初名杏芳，字云裁，一字公放，后改名夰，字山渔，自号黄稗道人	浙江长兴	诸生，寓扬时为卢见曾幕客。	《(同治)长兴县志》卷二十三下"人物"、卷三十一下"杂识·琐录"；《(光绪)归安县志》卷四十一"艺术"；汪启淑《飞鸿堂印人传》卷一《朱夰传》；戴延年《秋灯丛话》；沈起凤《赘渔杂著》之《祭朱黄稗文》；等等。
5	蒋士铨	1725—1785	字心余，或作心畬、辛畬、莘畬、星鱼，又字苕生；号容甫，又号藏园，晚年号定甫，或称定翁、定庵及离垢居士等	江西铅山	进士，官至翰林院编修候补御史。寓扬期间任安定书院山长。	《清史列传》卷七十二"文苑传三"；《清史稿》卷四八五之"文苑传二"；《清代学者像传一集》；《(同治)铅山县志》卷十五"人物·儒林"；《(同治)续纂扬州府志》卷十五"人物·流寓"；蒋士铨《清容居士行年录》《忠雅堂文集》；阮元《研经室二集》卷三《蒋心余先生传》；翁方纲《复初斋集外文》卷二《蒋公墓志铭》；王昶《春融堂集》卷五十六《翰林院编修蒋君墓志铭》；袁枚《小仓山房文集》卷二十五《翰林院编修候补御史蒋公墓志铭》；陈述《蒋心余先生年谱》；詹松涛《蒋心余先生年谱》；等等。
6	黄文旸	1736—1809后	字时若，号秋平、焕亭	江苏甘泉	贡生，任扬州词曲删改局总校。	《清史列传》卷七十二"文苑传三"；《(同治)续纂扬州府志》卷十三"人物·文苑"；《(光绪)增修甘泉县志》卷十四"人物·文苑"；黄文旸《扫垢山房诗钞》；阮元《研经室集》；张因《绿秋书屋诗钞》；李斗《扬州画舫录》；等等。

续表

序号	姓名	生卒年	字号	籍贯	身份	资料来源
7	沈起凤	1741—1802	字桐威，号赟渔，又号红心词客，别署花韵庵主人	江苏吴县	举人，官至安徽祁门、全椒教谕。寓扬时为两淮盐政全德幕客。	《(同治)苏州府志》卷八十九"人物·沈清瑞附"；沈起凤《赟渔杂著》、《红心词》《沈赟渔文稿》；《谐铎》"沈清瑞跋"；吴翌凤《怀旧集》卷七；石蕴玉《〈沈氏四种传奇〉序》；管廷芬《续谐铎》跋；《花近楼丛书序跋记》卷五；陆尊庭《沈起凤年表》；等等。
8	江周	1746—1795后	号云岩山人	安徽新安	诸生。	江周《赤城缘》；庄一拂《古典戏曲存目汇考》卷十二。
9	程枚	1749—1810后	字时斋，一字瀛仙，别号苍梧寄客	江苏海州	监生，寓扬时任扬州词曲删改局分校、两淮盐务幕僚。	张其锦《凌次仲先生年谱》；凌廷堪《校礼堂文集》《校礼堂诗集》；李斗《扬州画舫录》；许乔林《胸海诗存》卷七；《弇榆山房笔谭》；邓长风《明清戏曲家考略三编》；等等。
10	仲振奎	1749—1811	字春龙，号云涧，又号花氏史，别署红豆村樵	江苏泰州	监生，寓扬时为两淮盐运使曾燠幕客。	《(道光)泰州志》卷二十四"人物·文苑"；《(同治)续纂扬州府志》卷十三"人物·文苑"；仲振奎《云涧诗钞》《绿云红雨山房文钞外集》《仲氏女史遗草》；等等。
11	李斗	1749—1817	字北有，号艾塘（一作艾堂），又号江都布衣，别署画舫中人	江苏仪征	诸生，扬州词曲删改局成员。	《(道光)重修仪征县志》卷三十七"人物·文学"；《(同治)续纂扬州府志》卷十三；李斗《永报堂诗集》《艾堂乐府》《扬州画舫录》；王昶《湖海诗人小传》卷四十五；黄承吉《梦陔堂诗集》卷十八；《广陵思古编》。
12	凌廷堪	1757—1809	字次仲、仲子	安徽歙县	进士，官至宁国府学教授。寓扬时任扬州词曲删改局分校。	《清史列传》卷六十八"儒林传下一"；《清史稿》卷四八一"儒林传二"；《清代畴人传》卷十三；《清儒学案小传》卷十二；《碑传集》卷一三五；《国朝先正事略》卷三十六；《国朝耆献类征初编》卷二五八；《文献征存录》卷八；《清代朴学大师列传》卷十二；《清代学者像传一集》；《(同治)续纂扬州府志》卷十五"人物·流寓"；张其锦《凌次仲先生年谱》；陈万鼎《凌廷堪年谱》；凌廷堪《校礼堂文集》《校礼堂诗集》；江藩《国朝汉学师承记》卷七；阮元《研经室二集》卷四《次仲凌君别传》；等等。

序号	姓名	生卒年	字号	籍贯	身份	资料来源
13	仲振履	1759—1822	字临侯,号云江,又号柘庵,别号群玉山农、木石老人等	江苏泰州	进士,官至南澳同知。	《(道光)泰州志》卷二十三"人物·仕迹";《兴宁县志》卷二十;《(道光)恩平县志》卷一二;《(民国)东莞县志》卷五一;《仲氏女史遗草》;等等。
14	焦循	1763—1820	字理堂,一字里堂,别号雕菰楼主人	江苏甘泉	举人。	《清史列传》卷六十九"儒林传下二";《清史稿》卷四八二"儒林传三";《清代畴人传》卷十五;《清儒学案小传》卷十二;《碑传集》卷一三五;《国朝先正事略》卷三十四、《国朝耆献类征初编》卷二五八》《文献征存录》卷七;《清代朴学大师列传》卷十二;《(同治)续纂扬州府志》卷十三"人物·文苑";《清代学者像传二集》;阮元《研经室二集》卷四《通儒扬州焦君传》;焦循《雕菰集》;王永祥编《焦理堂先生年谱》;闵尔昌编《焦理堂先生年谱》;范耕砚编《焦理堂先生年表》;戴培元编《焦理堂先生年表》;等等。

从表 2-1 可以看出,清中叶扬州曲家群包括 14 位曲家,其中扬州籍曲家和非扬州籍曲家各占一半,可谓荟萃了当时曲坛的创作精英。他们中既不乏文坛名流大家,如诗歌与袁枚、赵翼合称"乾隆三大家",戏曲有"国朝曲家第一"之誉的蒋士铨,也有在生前即以制曲名播大江南北的曲家,如沈起凤、李斗、仲振奎等,更有扬州学派的代表人物、一代大儒焦循和凌廷堪等。可以说,其人员构成打破了士、宦、商的界限,也突破了学科的界限,这对拓展曲家的视野大有裨益。因此他们不仅创作了不少名噪一时的戏曲作品,而且其理论著述成果也相当丰赡。

扬州曲家的结聚固然是因着清中叶扬州这一特定环境的依托,但能够在一定时段内存在并产生影响,也离不开其内在的核心向力——浓郁的乡邦情结。古扬州是淮南一大都会,素有"东南奥区"之称,其人文之盛,史不绝书,有关扬州风土的地方文献亦代有名著。欣逢乾嘉盛世,无论扬州籍曲家还是外来流寓曲家,都表现出了浓厚的乡邦情愫。或纂修志乘,彰举风化,或弘扬先贤,提携后进,种种迹象表明他们具有浓烈的扬州地域意识。

　　修志事关地方教化和地方文献的保存,是以扬州曲家视其为"著述大业",不朽之盛事,他们自觉承担起修志的重任,致力于扬州地方志乘的编纂。据现存资料可知,卢见曾居扬期间著有扬州方志一种——《平山堂志》八卷;黄文旸应甘泉县令陈太初之聘参纂过《甘泉县志》;李斗应两淮盐运使之聘,修纂《两淮盐法志》;焦循应扬州知府伊秉绶之请,修纂《扬州府志》。他们对扬州的建置沿革、人物事迹了然如绘。尤其是焦循强调,志书应成为"一郡典型,千秋著作",提出"按事立格,依文树义"的主张。

　　扬州曲家重视网罗搜求里中先贤的著述,以为"里中前辈湮灭未彰,亦后学之过也"①。焦循、黄文旸、李斗等人皆参与过乡邦文献整理工作,且成果颇丰。在阮元主持编纂的《淮海英灵集》中,他们一起参与了征诗和编辑工作。最卓著的当数焦循,阮元赞其"力彰家乡先哲,勤求故友遗书,孜孜不倦"②。对于前贤之著述,焦循或予以抄录,或删订辑录,汇文成编。《北湖小志》《扬州足征录》《邗记》《扬州图经》或是焦循据实地生活所见,又搜访遗迹加以整理而成的乡里区域志书,或是把古今有关扬州的各项文献记载辑录在一起,可补正史、府志之不足,对考察扬州历史全貌有很高的价值。李斗的《扬州画舫录》则补前人"惟端考古事,略于近世"③之憾,详细记载了清中叶扬州的地理和人文面貌,时人比之以杨衒之的《洛阳伽蓝记》、孟元老的《东京梦华录》。其发凡起例,被誉为"龙门纪事之文"④。

　　对于扬州的地杰人灵,山川形胜,人文氤氲,磅礴郁积、精光勃发的文化积淀,扬州曲家由衷地赞美,并引以为豪。在文化的传承上,他们抱有一种强烈的使命感,"窃谓忠孝节烈之事,一邑风教所关,前人创之,后人不可不从而振之"⑤,因此,上自忠臣义士,下至名不见经传的孝子节妇,都是他们笔下讴歌的对象。对于本郡的有关忠孝节烈等风化之事,扬州曲家津津乐道、不惮其烦。如乾隆初年裔烈娥受辱自缢一事,焦循专门汇辑《府详》、志传、诗、文为一卷,成《裔烈娥本末》一书。萧孝子以割股疗母被旌表,因感念其人其事,且不满县志记载仅寥寥数言,黄文旸专门作《萧孝子传》,自云"丁

① (清)焦循:《戊午手札·答沈凫村》,载《里堂札记》(不分卷),手稿本,北京大学图书馆藏。
② (清)阮元:《通儒扬州焦君传》,载焦循《雕菰集》卷首,《丛书集成初编》(2191),商务印书馆 1935 年版,第 5 页。
③ (清)李斗:《〈扬州画舫录〉自序》,载《扬州画舫录》卷首,汪北平、涂雨公点校,中华书局 2004 年版,第 1 页。
④ (清)谢溶生:《〈扬州画舫录〉序》,载李斗《扬州画舫录》卷首,汪北平、涂雨公点校,中华书局 2004 年版,第 5 页。
⑤ (清)焦循:《〈募修五烈祠〉序》,载《雕菰集》卷十七,《丛书集成初编》(2195),商务印书馆 1935 年版,第 288 页。

西读书梅花岭,拜节孝墓,徘徊仰止,不能自已,遂焚香涤砚,纪其轶事云"①,并收入《隐怪丛书》中。李斗则在《扬州画舫录》卷三"新城北录上"予以全文收录。嘉庆七年(1802),扬州北门街周姥并子妇三人同时死义,邑人哀之,私相称曰"节孝",李斗因事感怀作了《周氏节孝诗》。

而孝子行孝之事迹,他们更是奖励褒扬,期望正人心,移风俗,厚人伦。乾隆年间扬州郡城有游孝女字文元者,以卖卜、拆字养其亲。府学教授金兆燕见而怜之,率子孙同作《游孝女歌》。同时合郡士绅如秦黉、汪剑潭等皆有和诗,影响甚广。转运使仓圣裔闻之,招入使署内,令教其女孙。金兆燕又代为做媒,择配嫁之。一时合郡传为佳话。此事在焦循《邗记》、李斗《扬州画舫录》、阮元《广陵诗事》中皆有记载。

若说未出仕的扬州籍曲家通过编纂史著来发抒其桑梓之情,外地籍曲家的扬州情结,则从政绩事功上体现出来。两淮盐运使卢见曾两次莅扬,皆废旧建新,勤勉治政,而且热心文教,致力学问,因此政声卓著,其功甚伟。又弘扬文采,倡举风雅,扬州士风为之一变。袁枚尝云:

> 当明公未来时,其所谓士者,或以势干,或以事干,或以歌舞、卜筮、星巫、烧炼之杂伎干,未闻有以诗干者。自公至,士争以诗进,而东南之善声韵者,六七年间亦颇得八九。盛矣哉! 大君子之转移风气,固如是哉!②

为表彰明末史可法的浩然正气,蒋士铨秉铎扬州时多次向两淮盐运使进言,最终奉敕修建了梅花岭祠堂和史公衣冠冢,并献出所藏史可法画像。无论出仕抑或未出仕,扬州曲家都遵循儒家传统,积极发扬任道精神,致力于扬州文化的彰举,自觉或不自觉地将浓烈的乡邦情愫外化出来。

扬州曲家还热衷于弘扬地方文化,仰慕乡贤,追和其作品。他们具有前后辈相推重的传承意识,或推崇先辈,或奖掖后进。详见后文第三章曲家交游考辨。这种朋友与师长之间的惺惺相惜,相同的艺术趣味影响了扬州曲家,也促成了这一具有地域特色的戏曲家群体。扬州曲家这种自觉的乡土意识外化,使得其戏曲理念趋同,创作和理论体现出鲜明的地域特色,即本

---

① (清)黄文旸:《萧孝子传》,载李斗《扬州画舫录》卷三"新城北河录上",汪北平、涂雨公点校,中华书局 2004 年版,第 73 页。

② (清)袁枚:《与卢都转书》,载《小仓山房文集》卷十七,《小仓山房诗文集》,周本淳标校,上海古籍出版社 2009 年版,第 1510 页。

书第四、五、六章中表现出来的艺术创作个性和丰硕的理论成果。

第二节　扬州曲家的群体特征

清中叶扬州盐业经济的发达,为戏曲的繁盛奠定了雄厚的物质基础。兴盛的印刷业、成熟的流通体制带来图书的极大丰富和普及,这是学术文化发展的良好条件。扬州开放包容的地域文化个性,自由清新的艺术氛围,既孕育了"扬州八怪"这样的画坛怪杰,也培育了"其学最通"之"扬州学派"。活跃在同一历史时空的扬州曲家,既与"扬州八怪"品题书画,聆曲观剧;也与扬州学者考校经史,研讨戏曲。他们以演出繁盛的南方戏曲活动中心——扬州为依托,呼应着本地浓郁的曲学氛围,唱和酬应,交往密切,形成特殊的文化联系,表现出了一些与前后代曲家迥然不同的人文特色。

一、切磋曲艺,交游密切

外地籍曲家虽短暂流寓于扬州,但大多好交游,与扬州籍曲家唱酬往来。因此扬州曲家群成员之间关系密切,构成了家族与师友错落有致的人际网络。他们或以姻亲而关联,或以乡分而托交,或以主宾而从游,或以友朋而密迩,或以师生而情笃。彼此有着相似的曲学爱好,互相切磋,共同探讨戏曲理论和创作实践。

前期以金兆燕为中心,形成了错杂的交游网络。未仕前,金兆燕谋食扬州,与朱夰皆为两淮盐运使卢见曾幕僚,两人创制了《雅雨堂两种曲》。因小说《儒林外史》作者吴敬梓之绍引,金兆燕与扬州曲家群中年辈较长的李本宣亦有交往。出仕为扬州府学教授后,金兆燕与安定书院山长蒋士铨交情深笃。两人皆为两淮商总江春座上客,拈韵谱曲,过从甚密。金兆燕与焦循存师生之谊,和凌廷堪这位青年才彦更有忘年交情。三年书院讲授,蒋士铨泽惠扬州士林,阮元、焦循、凌廷堪等后学皆心香瓣之。沈起凤与曲家朱夰忘年交情笃厚。

乾隆四十五年(1780)底扬州词曲删改局设立,以总校黄文旸为中心,聚集了金兆燕、凌廷堪、程枚、李斗等曲家。诸人既是他在词曲删改局的同仁,也是他志同道合的曲友。分校凌廷堪与黄文旸为忘年交,其制艺文章多得黄氏指点。程枚与凌廷堪同任分校,又是同里学侣,友情深笃,在扬州时皆与黄文旸、李斗交游往来。金兆燕、江周皆为黄文旸的知交好友。而甘泉黄家、焦家与仪征李家,三家存姻戚之谊,因此焦循一度与黄文旸、李斗时相过从,忘年交情深厚。

乾嘉之际,两淮盐运使曾燠题襟馆中,名流咸集,文学活动鼎盛。曲家仲振奎、黄文旸、李斗、焦循皆参与了诗文雅集。蒋士铨之三子知让亦居曾燠幕府中,与仲振奎有诗文酬唱。

显然扬州曲家具有集群性。这种集群性与清中叶扬州的开放性和包容性密切相关。在此之前和之后,有清一代扬州皆未出现过严格意义上的曲家群体。① 活跃于清代初期、有姓名可考知的扬州曲家(以下简称前代曲家)②共 12 位,包括 4 位遗民曲家和 8 位活跃于康雍之际的曲家。遗民曲家中有作品存世的只有两位:一位是隐居北湖、高蹈避世的徐石麒,是扬州曲家尊奉的曲学典范;另一位是传奇《金瓶梅》的作者郑小白,系三代盐商子弟,曾入泉州推官金怀玉幕。另两位作品失传的遗民曲家:蒋世纪生卒年、行迹不详;李长祚入清后隐居不仕,被迫为僧。康雍之际传奇创作趋于繁盛,陆舜、张幼学、吴绮、蒋易、汪楫、乔莱、退耕老农等 7 位曲家中,存世作品仅乔莱的传奇《耆英会记》1 种,更不见彼此形成交际网络之记载。其中影响较大的是吴绮,这位颇受扬州曲家崇敬的前贤,康熙年间奉诏编写传奇《忠愍记》,演明代杨继盛与严嵩斗争事,圣祖看后龙颜大悦因而授其杨继盛官位,但作品也已佚失。流寓曲家仅张潮 1 人,所制杂剧 5 种,皆为单折。其人亦以文学家、刻书家名世。因受史料限制,笔者未见前代曲家形成交游网络之迹象。

乾嘉以后,尤其是晚清民国初期,随着盐业经济的萧条凋敝,扬州的经济文化中心位置被新兴的商业城市上海替代,再也没有出现这样具有集群效应的曲家群体。由于时代风云变幻,这时期扬州出现的 3 位曲家王钟麒、张丹斧、贡少芹皆是从事报业的南社成员,他们关注日益严峻的民族危难与

---

① 戴健在《清初至中叶扬州娱乐文化与文学》(社会科学文献出版社 2008 年版)一书中提出“扬州文人群落与戏曲编创”,分以孔尚任为中心的文人群落,以盐政、盐商为中心的文人群落,凌廷堪周围的曲家,仲振奎兄弟交往的曲家。本书已经包括了戴文指出的后面三个文人群落,对于“以孔尚任为中心的文人群落”,因孔尚任本人并未在清中叶扬州创作过戏曲作品,笔者以为不符合本书定义的曲家群体标准。

② 据明光《扬州戏剧文化史论》(社会科学文献出版社 2008 年版)一书统计,明末清初至顺治年间活跃于扬州的曲家有 13 人,其中遗民曲家 5 人(王光鲁、徐石麒、蒋世纪、李长祚、郑小白),康顺之际扬州籍曲家 7 人,流寓曲家 1 人。按,王光鲁的《想当然》传奇存崇祯刊本,因此不予计入前代曲家之列。故前代曲家共 12 人,存世作品 12 种,其中包括传奇 3 种:徐石麒的《珊瑚鞭》,郑小白的《金瓶梅》,乔莱的《耆英会记》;杂剧 9 种:徐石麒的《买花钱》《大转轮》《拈花笑》《浮西施》,张潮的《凯歌》《穆天子绝域快遨游》《阮嗣宗穷途伤痛哭》《柳子厚乞巧换冠裳》《米元章拜石具袍笏》。

复杂多样的社会问题,表现出可贵的民族意识、爱国意识与批判意识,创作的 9 种传奇俱传世。他如仪征籍曲家徐复辰,中举后官浙江候补盐大使,1911 年后居家杭州,其作品已失传。安徽歙县籍曲家汪宗沂太平天国时流寓泰州,存世传奇《后缇萦》1 种。(为行文方便,以下简称上述 5 位曲家为后代曲家①。)显然他们之间并未形成像清中叶扬州曲家这样复杂而密切的交际网络。

二、有才无运,功名蹭蹬

扬州曲家大多名位不显,命途多舛:或终生颠沛流离,蹭蹬功名,场屋不售;或虽名登科榜,却仕途失意;或宦情冷淡,急流勇退。依其身份构成,扬州曲家皆是文人,上至三品高官,下至九品小吏,乃至未有功名但才气横溢的普通文人,几乎遍及当时士人的各个层次。据笔者统计:进士出身者 5 人,举人出身者 2 人,贡生 1 人,监生 2 人,诸生 2 人,布衣 2 人。他们大多接受过儒家正统思想熏陶,用世之心甚炽,却在科举仕宦道路上艰难跋涉,甚至不乏以失意告终者。

未出仕者,如黄文旸少负才名,胸怀利济天下之心,深谙八股为文之道,却屡试不售,年逾六旬,尚为乡试奔波于扬州与南京两地之间,无奈以贡生终,犹自叹"唤我诗人我不甘"②。仲振奎才思敏捷,博学多才,然自嘲"不得扶摇力,空燃智慧灯。名场十五度,孤负九秋鹏"③,命塞数奇,遭逢不偶,终以监生。沈起凤"才优于命,遇塞于名",六应礼部试皆不中,后官祁门教谕,毕生穷困潦倒,靠卖文和作幕为生,晚年"以选人客死都门"。焦循生而颖异,博闻强记,识力精卓,初应童子试即被录为附学生,亦遭遇坎坷,年 40,历乡试 11 次,方告售。北上春试不第后,即筑室隐居乡间,埋头著述,足迹不入城市 10 余年。朱乔早年有声庠序,却久困场屋,改字号"黄稗"以名志,放情山水,寄志音律。程枚才思敏捷,文章技法娴熟,享有时誉,却弃学业盐 10 年,为幕僚 20 年。其余如李本宣高蹈避世,隐居金陵 20 年。李斗因直质不合时宜,任侠使气,以至穷老。

---

① 据明光《扬州戏剧文化史论》(社会科学文献出版社 2008 年版)一书统计,晚清民初扬州曲家共 5 人。其中扬州籍曲家徐福辰、王钟麒、张丹斧、贡少芹等 4 人,存世作品仅传奇 9 种:王钟麒的《断肠花》《血泪痕》《藤花血》《穷民泪》,张丹斧的《双鸳隐》,贡少芹的《苏台柳》《亡国恨》《刀环梦》《哀川民》。流寓曲家仅汪宗沂 1 人,存世传奇有《后缇萦》1 种。本书的后代曲家即指此 5 人。

② (清)黄文旸:《寄友》,载《扫垢山房诗钞》卷十一,《续修四库全书》集部 1459,上海古籍出版社 2002 年版,第 133 页。

③ (清)仲振奎:《六十生朝自述》,载《云涧诗钞》,清嘉庆十六年(1811)兴宁官署刻本,泰州市图书馆藏。

　　至于那些虽然"幸运"地登上仕途的其他扬州曲家，或由于秉性耿介，不愿屈己结纳权贵，未能大显身手；或由于宦情冷淡，早早退出仕途。首应童子试即擢为第一，被学使金德瑛誉为"金凤凰"的蒋士铨，连续 3 次应试被放，直到 33 岁才中进士。中年弃官买舟南下，隐居金陵。具史官才识的他虽然才名藉甚，被高宗誉为"江右两名士"之一，"利济之怀特殷殷于世"，待乾隆四十三年（1778）再次被起用，也已是凌云壮志消解，有心而无力了。才思敏捷，有"神童"之誉的金兆燕，"独以英辩敏速之才、沈博绝丽之文、腾踔隽上之气倾倒一世，凌轹前修"①，名重海内数十年，奈数奇不偶，八应会试，近五旬始成进士，宦终不过博士，以病谢归，客居邗上，垂老而贫。凌廷堪识力精卓，早年即被一代大儒翁方纲赏识，名动京师，却"远利就冷官"，官选宁国府教授。仲振履近五旬方中进士，之后作宰南越 13 年，所至皆有政声，却终以广东南沃同知。仕途荣显者如卢见曾毕竟是少数，不过亦两度起落，晚年因两淮盐引案牵连革职，死于狱中。因此，扬州曲家可谓大多有才无运，空怀拯世济民之胸襟抱负。

　　与之相较，前代曲家中除两位遗民曲家未出仕，其他两位遗民曲家生卒年和行迹皆不详外，康顺之际的 8 位曲家，依其身份构成，进士 2 人，举人 1 人，贡生 3 人，诸生 1 人，身份不详 1 人。显然两代曲家的身份构成差别不大，但从出仕情况看，明显前代曲家幸运得多了。前代曲家除诸生蒋易外，其他无一例外地有出仕经历：陆舜中进士后，历官至浙江提学；张幼学中举人后，官知县，有政声；吴绮以拔贡生荐授中书舍人，官至湖州太守；汪楫以岁贡生授赣榆教谕，后应博学鸿词科授检讨，修明史；乔莱中进士后为中书舍人，历官至翰林院侍讲、侍读；退耕老农身份不详，仅知官刑部主事；张潮以岁贡官翰林院孔目。这从一个侧面反映出乾嘉盛世中文人的尴尬的生存境遇问题，即随着社会经济、学术文化的发展，乾嘉时期文人数量剧增，即使科举得中，因职位有限，需要候选，其出仕后施展抱负的难度大为增加；与此同时，科考得中的比例也明显减小，这使得许多文人皓首穷经，徒然地把毕生的聪明才智耗费在 3 年一次的科考中。也正因此，扬州曲家有才无运的悲惨遭际也就不可避免了。

　　晚清民国初期，因时代风云变幻，随着科举制度的废除，文人仕进之路被堵。后代曲家都曾接受过正统的儒家科举教育。其中徐复辰为举人，官

---

① 　（清）王铸：《〈棕亭古文钞〉序》，载金兆燕《棕亭古文钞》卷首，《续修四库全书》集部 1442 册，上海古籍出版社 2002 年版，第 269 页。

浙江候补盐大使。汪宗沂为进士,官至安徽学政。另 3 位后代曲家王钟麒、张丹斧、贡少芹名位不高,仅为秀才,但他们以笔从戎,积极从事报业和小说、戏曲创作,其身上依然存有浓郁的传统士大夫意识,表现出强烈的社会批判和对平民大众的人文关怀,传递出改良社会、唤醒民众的思想信号,其对社会民众的影响是润物细无声的,也是潜移默化的。因此他们就不存在务必通过科考以拯世济民、施展一己抱负的困惑了。

三、雅俗合流,结交盐商和艺人

扬州曲家大多出身寒素,甚或来自社会底层,与商贾有着千丝万缕的联系,亦与形形色色的市井人物有着密切的交往。如黄文旸祖、父经营盐业,家境一度殷实,至黄文旸时家道中落。晚年因生计所迫,父子一度投为盐商林松之门下客。凌廷堪 6 岁而孤,12 岁时弃书学贾,往来江淮之间,至 23 岁那年,"为贾则苦贫,为工则乏巧,心烦意乱,靡所适从,用是慨然有向学之志"①。为谋生计,金兆燕、朱齐皆曾依托两淮盐运使卢见曾幕府,程枚幕客生涯长达 20 年之久,之后又花了 10 年时间经营盐业;沈起凤两次寄寓两淮盐政幕府,编制迎銮大戏。或为公务,或缘于私交,扬州曲家大多周旋于两淮盐政官员、盐商之间,即使如文坛大家蒋士铨、金兆燕等亦与盐商江春过从甚密,诗酒唱酬,为其作文、谱曲。李斗则应东园主人、江春嗣子江振鸿之请创作了传奇《岁星记》。

同时,扬州曲家并不避讳与底层人士的交往:或应梨园艺人所请,编写一些应景戏;或题诗赞美其剧艺,谱写人物传记;甚或为贩夫走卒之流作传。他们乐于与当红名伶交友,欣赏和赞美其高超的才艺。如著名说书艺人叶英是焦循、李斗、黄文旸等扬州籍曲家的知交好友,互有诗酒唱酬。名伶定郎与金兆燕为莫逆之交,曾得到金兆燕的援引和关照。蒋士铨题咏过定郎的写生像。沈起凤落拓不羁,放浪形骸,喜与优伶为伍,"既乃以传奇著名,梨园子弟多昵就之"②。他曾专门为秦淮女伶姚磬儿作《死嫁》(《谐铎》卷八),并为其谱写《千金笑》传奇。黄文旸曾经为名不见经传的杂耍老人写传。仲振奎曾经为双喜、采生、春容、凤生、情生等 5 位伶人作传,记载了他们的坎坷经历和悲惨命运,以"花史氏"的名义赞美了他们的高超技艺和高洁品格。李斗《扬州画舫录》卷五中更是对花雅两部艺人的人生遭际及其高

---

① (清)凌廷堪:《辨志赋并序》,载《校礼堂文集》卷二,王文锦点校,中华书局 1998 年版,第 11 页。
② (清)吴翌凤:《怀旧集》前集卷七,清嘉庆刻本。

超技艺有着大量的记载。长期受市井文艺及其审美文化濡染,扬州曲家对俗文学自觉地抱持一种开放的姿态。

这种种互动关系的出现,使其雅俗观念产生了松动,促进了雅俗文化的合流与转化。因此,扬州曲家与意气风发的传统文人形象已炯然有别。在某种程度上,与元曲家之混迹世俗大众、融为一体更为接近,表现出更多的对市民审美趣味的倾斜和认同。正是在这一审美趣味的影响下,扬州曲家对葆有丰沛市井风情的元曲表现出极大的仰慕。其内蕴的浓烈的平民意识和在野色彩,使得他们能够激赏元杂剧的天籁独成,在考据化、文辞化弥漫的清中叶曲坛独树一帜,推崇元曲。由此他们对花部戏心怀好感,创作上积极吸收借鉴,并为之作理论总结,因此其作品有鲜明的地域特征。

与之不同,除郑小白、汪楫、张潮三位曲家出身盐商家族外,其他前代曲家多为正统文人。遗民曲家持守气节,不与新朝合作。徐石麒明亡后绝意科举,隐居甘泉北湖,以著述自娱。其为人清高孤傲,不喜交游。康熙年间王士禛招邑中名士高人集会,独不往见。曲家袁于令慕其曲声名,登门拜访,徐“演所为《珊瑚鞭》以质之”;李渔亦曾登门拜访,徐“默坐终日,不一论词曲”①。而所制曲合于元人本色,“出入白仁甫、关汉卿之室”②。李长祚入清后隐居小楼,不会宾客。其他前代曲家则积极入世,填词赋曲只是为政之余的消遣余兴,沉迷于书斋浅吟低唱式的自我欣赏,未见市民化和职业化的创作迹象。

受时代风气的影响,后代曲家的存世作品大多反映危机深重的社会现实,具有强烈的政治感染力和浓郁的时代气息,主旨立意与以生旦爱情题材为主的戏曲大不相同。从王钟麒的传奇《断肠花》《血泪痕》《藤花血》《穷民泪》等题名看,戏曲显然已被视作惩恶扬善、警世化人的利器,充当开启民智、宣传革命的工具。

四、多才多艺,与“扬州八怪”互动往来

清中叶扬州官商资本泛滥,隶属于市民阶层的文学、艺术极为繁荣。在文艺商品化的社会现实面前,才艺兼擅的扬州曲家与“扬州八怪”互动交往,追寻自我的生命意识,在雅俗之间张扬自身的艺术特质,从而呈现出独特的生活美学。

---

① (清)焦循:《北湖小志》卷三“徐坦庵传”,孙叶锋点校,广陵书社 2003 年版,第 47 页。

② (清)焦循:《北湖小志》卷三“徐坦庵传”,孙叶锋点校,广陵书社 2003 年版,第 46 页。

扬州曲家大都多才多艺,学识、艺术修养与造诣甚高。他们不仅工诗文,擅书画,而且知音律,精鉴赏。朱齐书画有奇趣,擅度曲,善指头生活,工铁笔,能叠石为山,并精篆刻。两淮盐运使卢见曾延揽"扬州八怪"等书画名流,雅好古董金石,具有较高的鉴赏能力。此外,如诗词文曲兼擅的有"乾隆三大家"之一蒋士铨;早慧、才情飞扬的金兆燕、仲振奎;戏曲、小说兼擅的有沈起凤;博学工诗、兼通音律和数学的有李斗;博通经史、工诗古文辞曲的有黄文旸;诗书画曲兼擅的有仲振履;精通音律的更有多位,如朱齐、卢见曾、黄文旸、凌廷堪、程枚、李斗等。扬州曲家多姿多彩的艺术禀赋,既使他们在戏曲、诗文、书法、绘画等诸多领域均有建树,也使他们与董声画坛的"扬州八怪"声气相通,交情甚笃。

"扬州八怪"是清中叶崛起于扬州书画界的一批具有鲜明审美情趣的知识精英。他们大多出身贫寒,生活清苦,清高狂放,书画往往成为抒发自我志趣、表达真情实感的媒介。艺术观点的相似,艺术思想的相通,及对艺术创新的追求和欣赏,无疑对扬州曲家和"扬州八怪"之间的友情起了凝聚和催化作用。"扬州八怪"寓扬期间,与扬州曲家们有频繁交往。或作画品曲,研讨艺术;或题文作跋,畅抒心扉。朱齐客维扬时与金农、郑燮友善。卢见曾资助并向马曰琯昆仲引荐过"扬州八怪"中的不少人,高凤翰、李葂、郑板桥、金农、黄慎、边寿民、陈撰、汪士慎、罗聘等都与他有密切的交往,其中高凤翰、李葂与他有着至死不渝的友情。金兆燕和郑燮、金农亦有交往。罗聘曾入扬州词曲删改局校曲,因此与金兆燕、黄文旸、李斗、凌廷堪等关系亲密,良师益友,惺惺相惜。蒋士铨、金兆燕、李斗等人皆题咏过罗聘的《鬼趣图》。金兆燕为罗聘妻室方白莲《渌净老人冬集图》题词。黄文旸有收藏葫芦之癖,悬之壁间常有百余枚,罗聘为之作图。罗聘与蒋士铨互有唱酬,在曲学上亦有切磋交流。罗聘为蒋士铨的传奇《香祖楼》《第二碑》作题词,校阅过《庐山会》《采樵图》《采石矶》三剧。与"扬州八怪"艺术上的交流切磋,客观上扩大了扬州曲家的艺术视野,提高了他们的艺术鉴赏能力和艺术创作能力。

据史料记载,前代遗民曲家徐石麒工诗词,善画花卉,尤精度曲。受史料限制,笔者对其他前后代曲家的才艺情况未能予以反映,但就其大多数作品而言,没有像扬州曲家的作品这样不仅轰动一时,而且在戏曲史上留下声名,因此难免散佚的命运。

五、研通经史,以考据手法治曲

受扬州海纳百川、兼容并蓄的地域文化个性以及开放大气的文化学术氛围影响,扬州曲家大多视野宏阔,对民间文艺的态度也较通豁,戏曲成为他们施骋才情的对象。他们极力从文学发展的角度论证戏曲与诗词同源的关系,力图将戏曲纳入正统文学公认的诗骚传统,进而提升戏曲的社会文化地位。因此,他们在古典戏曲理论已相当完善的基础上,尚能开掘出新的领地,收获丰硕的理论成果。他们另辟蹊径,以考据的方法治曲,走出了一条熔学术与戏曲研究于一炉的路子,因此其曲论具有了鲜明的学术品格。

扬州曲家多是集学者识见与艺术家才气于一身的文人,毕生温习经史之学,造诣颇深。如卢见曾崇尚古学,以为“通经当以近古者为信”①,究心于《易》,于汉学尤多心契,后得惠栋、沈大成、戴震、卢文弨等学者襄助,大力倡导学术文化活动,从事古籍的校雠、刊刻、流布工作。黄文旸研究六经,融贯诸史;沈起凤经术湛深,尤好儒术,著有《十三经管见》《人鹊》,友人石蕴玉谓其“偶然说经义,尽扫诸生籍。纷纶出奇解,夺我五花席”②;即使如闲云野鹤之隐者李本宣亦“二十年来勤治诸经,羽翼圣学,穿穴百家”③。焦循、凌廷堪更是通贯诸经,治学精深博大,名倾寰内。扬州曲家与扬州学派甚有渊源,或一身出入曲学与经学之间,如卢见曾、焦循、凌廷堪、黄文旸等;或与乾嘉学者交往密切,影响甚深,如金兆燕、蒋士铨等。是以扬州曲家在戏曲创作和评论活动中灌注了考据精神,其艺术修养、审美情趣带上了较多的思辨色彩,打上了朴学的印记,从而提升了戏曲理论研究的学术品位,也开拓了戏曲理论研究的领域。前后代曲家的经史成就既没有扬州曲家这样斐然,更遑论对戏曲产生深刻的影响。显然这是扬州曲家受乾嘉时期特定的考据风气影响的结果。

六、熟谙场上艺术,注重舞台实践

扬州曲家的创作注重舞台实践,作品大多曾搬演场上,流播艺林,具有较好的社会反响。针对曲坛弥漫的文辞化现象,他们以元曲相提倡,呼唤元人本色精神的回归。其剧作本色清丽,曲白并重,赢得了梨园艺人的青睐。沈起凤、李斗之曲被吴中艺人奉为琪璧,风靡大江南北。蒋士铨以诗古文词曲负海内盛名,寓扬时期所制 4 种曲“朝缀笔翰,夕登氍毹”,在扬州士林中享有极高的声誉。《雅雨堂两种曲》在扬州上演后,《旗亭记》出现了“满城齐

---

① （清）卢见曾:《〈经义考〉序》,载《雅雨堂文集》卷一,《续修四库全书》集部 1423,上海古籍出版社 2002 年版。

② （清）石蕴玉:《苏门六子诗》之“沈起凤赏渔”,载《独学庐初稿》卷一,《独学庐全稿》清乾隆刻本。

③ （清）吴敬梓:《〈玉剑缘传奇〉序》,载李本宣《玉剑缘传奇》卷首,清刻本。

唱谢双鬟"的轰动景象;《玉尺楼》剧本则"扬州人争购之,于是莫不知有朱公放矣",可谓盛况空前。仲振奎的《红楼梦传奇》更是谱曲得风气之先,因此吴越纸贵,成为嘉道之际歌台舞榭传习最多之曲本。

扬州曲家中不少人谙习场上艺术,亲掌乐器,自展歌喉,度曲演唱。卢见曾喜自度新曲,谱入管弦。有些甚至面敷粉墨,躬践排场,因此享誉大江南北。迄今可见不少文献记载了他们当年放浪形骸、醉心词曲的情形。如李斗不仅审音知律,还能操笛唱曲。传奇《岁星记》制成后,亲付歌儿,李斗且唱且演,关白唱断一一作出指示,颇有元代杂剧大家关汉卿的风采。循吏仲振履不仅作剧《双鸳祠》,还偕友人在戏中以本我面目登台演出,其"宰官现身"演出在当时引起了轰动。

客观而言,前后代曲家的作品舞台搬演的记载较少,无法与扬州曲家的本色当行相提并论。这也从一个侧面反映出,清中叶扬州确乎是南方的戏曲活动中心,一批编剧高手荟萃于此。

扬州曲家大多名位不振,其作品在当时却享有盛誉。"生于末世运偏消",随着昆曲艺术整体趋向消歇,他们的作品难免遭遇流传不广或绝迹于舞台的命运,其事迹也因此湮没不彰,在戏曲史和文学史上尘封了许久。他们没有留下堪称一流的作品,但我们仍能通过重新审读幸存下来的那些戏曲作品,重睹清中叶扬州戏曲活动的繁盛风貌,领略他们在花雅争胜中展现出来的风姿,从而把握了解这一特定历史时期的真实情形。

第三节　扬州曲家的传世作品

据现有文献资料统计,扬州曲家一共创作了 53 种戏曲作品,其中全本存世的有 31 种,另 22 种已经佚失。人均创作传奇 3.25 种,远远高于同时期作家的人均创作传奇 1.66 种[①],显示出扬州曲家旺盛的创作力。若以著作地——扬州为中心来考察,则有 16 种作品流传后世。扬州曲家推崇元曲本色,既注重文学性,又强调舞台性,作品呈现出鲜明的地域特色。其中有些至今仍活跃在舞台上,表现出较强的生命力。现存剧作见表 2-2:

---

① 郭英德《明清传奇史》第四编"强弩之末的传奇"云:"据不完全统计,这一时期有姓名可考的作家约有 187 人,他们的传奇作品约有 311 种(几位作家合作的剧本只算一种,存疑的作品不计在内),人均创作剧本 1.66 种。"郭英德:《明清传奇史》,江苏古籍出版社 1999 年版,第 491 页。

表 2-2　清中叶扬州曲家戏曲作品一览表

曲家	剧目	题材类型	创作时间	著录	版本
李本宣	《玉剑缘》	爱情剧	乾隆十六年（1751）前	《曲海目》《今乐考证》《曲考》《曲录》	清刻本（国家图书馆藏）
金兆燕卢见曾	《旗亭记》	爱情剧	乾隆二十四年（1759）	《曲海目》《今乐考证》《曲考》	清乾隆年间雅雨堂刻本（浙江图书馆、浙江大学图书馆藏）
朱乔	《玉尺楼》	爱情剧	乾隆二十六年（1761）	《曲海目》《今乐考证》	清乾隆年间雅雨堂刻本（浙江图书馆、上海图书馆藏）
蒋士铨	《四弦秋》	文人剧	乾隆三十七年（1772）	《曲海目》《今乐考证》	红雪楼刊本；民国八年（1919）碧梧山庄石印本《玉生香传奇四种曲》之三；《蒋士铨戏曲集》
蒋士铨	《雪中人》	教化剧	乾隆三十八年（1773）	《曲海目》《今乐考证》	红雪楼刊本；《蒋士铨戏曲集》
蒋士铨	《香祖楼》	爱情剧	乾隆三十九年（1774）	《曲海目》《今乐考证》	红雪楼刊本；《蒋士铨戏曲集》
蒋士铨	《临川梦》	文人剧	乾隆三十九年（1774）	《曲海目》《今乐考证》	红雪楼刊本；《蒋士铨戏曲集》
沈起凤	《报恩缘》	教化剧	乾隆四十四年（1779）	《今乐考证》	古香林本；奢摩他室曲丛本
金兆燕	《婴儿幻》	宗教剧	乾隆四十六年（1781）前	未见著录	清乾隆年间刻本；清抄本（国家图书馆藏）
程枚	《一斛珠》	爱情剧	乾隆五十九年（1794）	《今乐考证》	乾隆五十九年（1794）刻本（上海图书馆藏）
仲振奎	《红楼梦传奇》	爱情剧	嘉庆三年（1798）	《今乐考证》	清嘉庆四年（1799）绿云红雨山房刻本；清道光芸香阁本；清同治二年（1863）抱芳阁刻本；清同治四年（1865）友于堂重刊本；清末上海书局石印本；阿英《红楼梦戏曲集》

续表

曲家	剧目	题材类型	创作时间	著录	版本
仲振奎	《怜春阁》	文人剧	未详	《今乐考证》	清末抄本（国家图书馆藏）
江周	《赤城缘》	文人剧	嘉庆六年（1801）	未见著录	清嘉庆六年（1801）稿本
李斗	《岁星记》	宗教剧	嘉庆八年（1803）	未见著录	清乾隆六十年（1795）至嘉庆刻本（国家图书馆藏）
李斗	《奇酸记》	教化剧	未详	未见著录	清乾隆六十年（1795）至嘉庆刻本（国家图书馆藏）；嘉庆年间刻本（浙江图书馆藏）
仲振履	《双鸳祠》	教化剧	嘉庆二十五年（1820）	《今乐考证》	咬得菜根堂刻本；清末排印本

由于年代久远等原因，这是一份并不完整的戏曲目录，但亦足以反映扬州曲家创作的一个侧面。从表 2-2 可知，他们并不以数量取胜，剧作大多在当时扬州舞台上演出过，为曲家赢得生前身后名，并取得了较好的社会反响。

此外，《旗亭记》《玉尺楼》两剧的归属问题尚存争议，以讹传讹，陈陈相因，至今学界都没有弄清。两剧最初以"雅雨堂两种曲"名义刊刻，而"雅雨堂"是乾隆年间两淮盐运使卢见曾的室名，因此一度归于卢见曾名下。

《旗亭记》清刻本首载乾隆二十四年（1759）山东伦父序、宁都卢端臣跋、《〈旗亭记〉凡例》、《〈旗亭记〉事迹》及沈德潜题词。卷首未署作者名，是以其作者问题众说纷纭，颇具争议。据笔者所知，有三种说法：第一种据传奇集名认为是卢见曾作。最早著录"卢见曾作《旗亭记》"的当数成书于乾隆中叶的黄文旸《曲海目》，其"国朝传奇"下云："《旗亭记》《玉尺楼》二种，德州卢见曾作。"①此说一度颇为流行，焦循《曲考》、王国维《曲录》、卢前《明清戏曲史》等皆因袭之。第二种认为其真实作者是金兆燕。姚燮《今乐考证》最早著录，云："金兆燕一种。《旗亭记》，一作《旗亭画壁记》。兆燕，号棕亭，全椒

---

① （清）黄文旸：《曲海目》，载李斗《扬州画舫录》卷五"新城北录下"，汪北平、涂雨公点校，中华书局 2004 年版，第 118 页。

人，乾隆进士，官国子监博士。"①但姚氏《今乐考证》直至 20 世纪 30 年代始被发现，因此曲界一度以黄说流行，王国维《曲录》遂袭其说。20 世纪 80 年代，严敦易专门作《关于〈旗亭记〉的作者》和《金兆燕的〈旗亭记〉》两文对此进行辨误，认为系卢氏攘夺所致，仍归入金兆燕名下。《中国昆曲大辞典》依之。第三种认为该传奇是金兆燕原作，卢见曾修润。庄一拂《古典戏曲存目汇考》、齐森华等主编的《中国曲学大辞典》、郭英德《明清传奇叙录》皆主此说。对此，笔者以为，《旗亭记》的原作者是金兆燕，而卢见曾非唯对金氏《旗亭记》初稿作润色删改，而且自始至终参与了传奇的整个创作过程。具体考辨如下。

首先，关于《旗亭记》的创作缘起及具体情形，署名"山东伧父"的卢见曾在序中论述甚详：

> 全椒兰皋生衿尚风雅，假馆真州，问诗于余。分韵之余，论及唐《集异记》旗亭画壁一事，谓："古今来贞奇侠烈，逸于正史而收之说部者，不一而足，类皆谱入传奇。双鬟，信可儿，能令吾党生色，被之管弦，当不失雅奏。而惜乎元明以来，词人均未之及也。"兰皋唯唯去。经年，复游于扬，出所为《旗亭记》全本于箧中。余爱其词之清隽，而病其头绪之繁，按以宫商，亦有未尽协者。乃款之于西园，与共商略。又引梨园老教师，为点排场，稍变易其机轴，裨兼宜于俗雅。间出醉笔，挥洒胸臆，虽素不谙工尺，而意到笔随，自然合拍，亦有不自解其故者。②

从中可知，传奇《旗亭记》的创作背景是：某次金兆燕向两淮盐运使卢见曾讨教诗文，闲谈中卢见曾提出创作一部以表现乐伎谢双鬟的"贞奇侠烈"为思想主旨的传奇，因此《旗亭记》的构思立意实源自他；金兆燕完成初稿后，第二年复来扬州面呈卢见曾，因传奇头绪繁多，宫商未协，卢见曾征召梨园老艺人排演，并亲自修改，大至排场结构，小至曲文词句，但显然更多的是从适于场上搬演入手修改，以便其雅俗共赏，事实上已经起了戏曲导演的作用。换言之，卢见曾修改定稿后的《旗亭记》与金兆燕原作已有文人案头剧和舞台演出本之区分，但又迥然有别于纯粹的梨园演出脚本，文学性无疑更强些。

---

① （清）姚燮：《今乐考证》"著录十"，载《续修四库全书》集部 1759，上海古籍出版社 2002 年版，第 664 页。

② （清）卢见曾：《〈旗亭记〉序》，载金兆燕、卢见曾《旗亭记》卷首，清乾隆年间雅雨堂刻本。

其次,金兆燕创作《旗亭记》一事,在乾隆时人诗文集中多有记载。姚燮《今乐考证》著录《旗亭记》为金兆燕作时,即引王昶说法作证:"棕亭工院本,在扬州作《旗亭画壁记》,卢雅雨运使刻之。"①王昶诗文集中更是多处提及这一事实。其《送金钟越归扬州》诗亦云:"图传周小史,曲记杜秋娘。"注云:"钟越有《侍史定郎小影》,又撰《双鬟画壁》传奇甚工。"②按:"钟越""兰皋"是金兆燕的字和别号。王昶和金兆燕曾同在扬州安定书院负笈求学,此后皆入两淮盐运使卢见曾幕府,交情深厚,因此王昶的记载当确切可信。《清史列传》卷七十一"文苑传"亦袭其说。李调元《雨村曲话》云:"金椒(笔者按,应为全椒)兰皋所撰《旗亭记》,为诗人争价。词虽欠老,亦乐府中之一大楔子也。"③亦可为之佐证。吴梅《中国戏曲概论》亦依之,误作"金椒"。

再次,《旗亭记》卷首未标明评点者,但从其口气可判定为卢见曾。眉批中不乏精妙之评论,足见评点者为深谙戏曲规律之当行曲家。评点者对此传奇颇为赞誉,甚至以元人许之,如"清空如画,自是填词上乘","小曲亦自清新,不入俗套","轻清之笔如不经意,直得元人神髓,非但王家可儿句虚话入妙也"④。从这些评语不难看出,评点者显然与作者关系甚为密切,若非曲家友人,即为曲家自托。笔者推断这个评点者为卢见曾,根据就是卢氏修改过剧本。又如该传奇第十出"叹月",【雁鱼锦】曲眉批云:"此步《长生殿·尸解》京韵,作者偶戏为之,曲成漏下三鼓,为进巨觥。""作者偶戏为之"云云,可见评点者详察作剧情形;"为进巨觥"之句,据其评点口气,似以作者自居。笔者乃据此判定评点者为卢见曾。

严敦易在《金兆燕的〈旗亭记〉》一文中指出:"与序言'间出醉笔'云云相合,岂此曲竟出卢手耶?"⑤显然也推断评点者为卢氏。该剧《凡例》云:"'黄河远上'一诗,康熙间曾听友人之歌高唱入云,极抗坠抑扬之妙。今按【仙吕天下乐引】度腔,意致索然,而原谱已佚,更于我辈中能歌者求之。"⑥此语应出卢见曾之口。按:金兆燕生于康熙五十七年小除日(1719年初),是时方在孩提之间,"康熙年间听友人之歌高唱入云",于情于理都不合,而卢氏生

① (清)王昶:《湖海诗传》卷三十一,载《续修四库全书》集部1426,上海古籍出版社2002年版,第197页。
② (清)王昶:《送金钟越归扬州》,载《春融堂集》卷七,《续修四库全书》集部1437,上海古籍出版社2002年版,第415页。
③ (清)李调元:《雨村曲话》,载《中国古典戏曲论著集成》(八),中国戏剧出版社1982年版,第27页。
④ (清)卢见曾:《旗亭记》眉批,载金兆燕、卢见曾《旗亭记》,清乾隆年间雅雨堂刻本。
⑤ (清)金兆燕、卢见曾:《〈旗亭记〉凡例》,载《旗亭记》卷首,清乾隆年间雅雨堂刻本。
⑥ (清)金兆燕、卢见曾:《〈旗亭记〉凡例》,载《旗亭记》卷首,清乾隆年间雅雨堂刻本。

于康熙二十九年(1690)，又通音律，与此说极吻合。笔者以为，此为卢氏写作《〈旗亭记〉凡例》的重要证据。

从卢序中"点排场""稍变易其机轴""间出醉笔，挥洒胸臆"等语，可知卢见曾对传奇《旗亭记》多有改动，且颇为自负。在他看来，所改之笔"自然合拍"，乃得意神助之笔，在金兆燕则有"委曲迁就""溾涩含垢"之憾。乾隆三十年(1765)，他为友人程廷祚传奇《莲花岛》作序时，回忆起与程廷祚同在卢幕情形，云：

> 兆燕少无学殖，日抱简牍为诸侯客，以糊其口。戊寅冬，与先生（按，指程廷祚）同客两淮都转之幕，先生居上客右，操椠著书。而兆燕不自知耻，为新声、作诨剧依阿俳谐，以适主人意，主人意所不可，虽缪官商、体拍度以顺之不恤，甚则主人奋笔涂抹自为创语，亦委曲迁就。盖是时老亲在堂，瓶无储粟，非是则无以为生，故溾涩含垢，强为人欢。[①]

金兆燕自述昔年创作《旗亭记》的情形，语意显得颇为愤激。盖是时卢见曾已致仕返乡，因此金兆燕表达可自由适意，无所顾忌，从中也流露出康乾盛世中贫寒落魄士子寄人篱下的无奈心情。如前所述，金兆燕创作《旗亭记》本是卢见曾授意而为，剧本眉批云："不惜歌者苦，但伤知音稀，此《旗亭记》之所为作也。"[②]卷首沈德潜题词亦云："特为才人吐奇气，鹓鶵卑伏忽飞骞。科名一准方干例，地下何妨中状元。"[③]可见金兆燕创作《旗亭记》本意并不在抒写男女之恋情，而是借他人之酒杯浇自己之块垒。当时金兆燕五应会试，均铩羽而归，因此，他一方面借写才子佳人之遇合，抒发怀才不遇之意，纾解心中郁结之苦，慰藉失意的心灵，另一方面也借此向卢见曾这位风雅教主干谒，以谋进身之阶。此种不为人察知的微妙处境使金兆燕在《旗亭记》的署名问题上保持了缄默，甚至为巴结逢迎卢氏，不惜委曲求全。

事实上，卢见曾对《旗亭记》确实极为用心，视若己作。无论是题材的选择，还是文字的润色、结构的调整与音律的审订，他都悉心参与，倾注了不少心血。因此，其友人沈德潜《〈旗亭记〉题词》中有"官阁填词韵最清"之句，隐

---

① （清）金兆燕：《程绵庄先生〈莲花岛传奇〉序》，载《棕亭古文钞》卷六，《续修四库全书》集部1442，上海古籍出版社2002年版，第335页。
② （清）卢见曾：《旗亭记》眉批，载金兆燕、卢见曾《旗亭记》，清乾隆年间雅雨堂刻本。
③ （清）沈德潜：《〈旗亭记〉题词》，载金兆燕、卢见曾《旗亭记》卷首，清乾隆年间雅雨堂刻本。

然指《旗亭记》为卢见曾所作,卢氏也未辩正。闵华观后称赞"不道稗畦居士后,又因唐句演唐年"①,直接把卢见曾与《长生殿》作者洪昇相提并论。此后卢见曾出资将剧本付梓,刊成《雅雨堂两种曲》之一,命家乐搬演,并组织文人观摩品评,客观上扩大了《旗亭记》的影响。乾隆二十六年(1761),《旗亭记》传播到昆曲老家苏州后,浙江归安籍曲家朱夔乘着醉意大加涂抹,正其谬误,卢见曾闻知后非但不予计较,还慧眼识才,具礼延致。正因为此,在《旗亭记》的署名问题上,一方面是卢氏确实"涂抹"甚多,其身份地位又远远高于金兆燕;另一方面,为求得卢氏的援引和扶持,金兆燕默许既成事实。这样《旗亭记》就顺理成章地归到了卢见曾的名下。《曲海目》的作者黄文旸是金兆燕的好友,乾隆四十六年(1781)两人同在扬州词曲删改局校曲,因此对《旗亭记》的具体创作情形料应熟稔,但却将其归入卢氏名下,足见时人对此已经习以为常,连金兆燕本人也并不反对。

由此引出《旗亭记》创作地点上的分歧,严敦易认为,"据卢序所称,兆燕作曲,还在他离开仪征,未到扬州的一年间,并非在扬州所作"②,陆萼庭在《金兆燕年表》中则认为乾隆二十三年(1758)春至秋,金氏已居于卢氏盐运使署之西园中,谱写《旗亭记》传奇。据上述考辨,笔者以为《旗亭记》当定稿于扬州。

《玉尺楼》的作者问题亦扑朔迷离,一度系于卢见曾名下。最早著录的是黄文旸《曲海目》。支伟宜《曲考》袭之。其实姚燮《今乐考证》已为之辩诬,"朱夔稗"名下注云:"卢为删改或有之,然不及没金、朱两君之名。"③曲家沈起凤作有《采桑子偶述》词14首,其中之一歌咏的就是好友朱夔,注云:"谓朱夔稗,闻于卢观察幕中制《平山冷燕》传奇。"④这也就证实《玉尺楼》的作者当为朱夔无误。唯以上诸书均只作曲目著录,并不涉及剧情梗概。

比《旗亭记》更为复杂的是,《玉尺楼》版本尚多疑问,一度出现同名异本现象。《曲海总目提要》卷二十四同名条目下云:

> 未知何人所作。演沈韵与韩艳雪、马停云二女,俱以白燕诗得成夫妇。艳雪诗达御览,授女学士。赐居玉尺楼,故名。其事本《平山冷燕》

① (清)闵华:《题卢雅雨〈旗亭画壁传奇〉后》,载《澄秋阁集三集》卷二,《澄秋阁集》,《四库未收书辑刊》10辑21册,北京出版社2000年版,第607页。

② 严敦易:《金兆燕的〈旗亭记〉》,载《元明清戏曲论集》,中州书画社1982年版,第285页。

③ (清)姚燮:《今乐考证》"著录十",载《续修四库全书》集部1759,上海古籍出版社2002年版,第666页。

④ (清)沈起凤:《采桑子·偶述》词十四首之一,载《红心词》,清刻本,浙江图书馆藏。

小说，而姓名关目又系捏造。且删去平如衡一人，以两女同配沈生。后半情节，则又在《风流配》《称人心》两剧中割入。①

显然，这是《玉尺楼》的另一种版本，与朱乔本当殊。庄一拂《古典戏曲存目汇考》、齐森华等主编的《中国曲学大词典》和郭英德的《明清传奇综录》皆沿袭其说，唯归入朱乔名下，可谓张冠李戴。目前为学界所知的是，董康所辑《曲海总目提要》由成书于康熙末年的《乐府考略》和《传奇汇考》两部戏曲目录编定。因此，该书中所载之传奇《玉尺楼》与黄文旸《曲海目》中所载之同名异实。无名氏所作《玉尺楼》当是另一种传奇。据笔者所见，浙江图书馆古籍部现藏一部《玉尺楼》，系乾隆年间精刻本。卡片目录上直书"清卢见曾撰"。可惜书的扉页及题跋之类全缺，仅存正文上下两卷四十出。但该书非常忠实于小说《平山冷燕》，不仅两对男女主人公姓氏未改，而且故事情节都未作些许变动，当系朱乔的本。

　　对于《旗亭记》《玉尺楼》这两种曲的版权纠纷，陆萼庭指出："似与卢见曾当年刻印两剧时不明白标出作者之名，有意模糊处理有关。"②邓长风则认为，"这当然是因为朱、金二人皆曾入两淮盐运使卢氏幕下，二剧亦皆由卢氏付刻之故。其实卢氏本人倒不一定有攘为己作之意，他在为《旗亭记》所作序中，便明确记述此剧是'全椒兰皋生（即金兆燕）'的作品；而序中提到的'又引梨园老教师为点版排场'，即是指朱乔"③。这一著作权问题，其实涉及清人幕主与幕宾间的关系问题。幕主的好恶对幕宾而言，无疑十分重要，因为贫寒士子干谒、入幕的动机，无非是为了获得经济上的资助和政治上的援引。经济、政治地位的不对等，自然无法使士子获得人格的独立性。为保生计，他们往往以笔墨娱主，这就是作品的版权出现争议的关键所在。正如尚小明在《清代学人的游幕与其学术活动》中探讨著作权问题时所指出的，清代学人一般无著作权意识，因此弄清著作的编纂者往往不是一桩容易的事情。

---

① 董康：《曲海总目提要》，人民文学出版社 1959 年版，第 1070 页。
② 陆萼庭：《读〈曲海总目提要〉札记》，《文学遗产》2003 年第 1 期。
③ 邓长风：《二十九位清代戏曲家的生平材料》，载《明清戏曲家考略三编》，上海古籍出版社 1999 年版，第 309 页。

第三章　扬州曲家交游考

在扬州曲家群中,金兆燕无疑是一个举足轻重的人物,自云"我生性癖爱结交,良朋汇取如征茅"①,以府学教授一职执乾隆中期扬州文坛之牛耳。李斗以一袭布衣,上交士夫巨贾,下接百工伎艺,凭借一部《扬州画舫录》,乾嘉之际声誉鹊起。凌廷堪笃于治学,以冷宦终其生,却交游半天下。金、李、凌三人曾入扬州词曲删改局校曲,因此笔者以他们为参照物,考察扬州曲家的交游情况,并将其大致划分成三个阶段:前中期以金兆燕为中心,联络众多扬州曲家;后期以李斗和凌廷堪为中心,与众多扬州曲家都有广泛的交往。这三个阶段前后相连,之所以如此划分,只是为了表述的方便。

第一节　金兆燕与曲家交游考

金兆燕(1719—1791),字钟越,号棕亭,别署芜城外史、兰皋生。安徽全椒人。乾隆三十一年(1766)中进士,两年后出任扬州府学教授。乾隆四十五年(1780)擢国子博士,升监丞,分校四库馆书。次年春辞官南归,参加扬州词曲删改局校曲。此后一直侨居扬州,直至乾隆五十四年(1789)归里。官扬州府学教授时,于市购得小铜印,上刻"棕亭"二字,乃取以为号,且构棕亭于官署之西。工诗词,尤精元人词曲。著作有《国子先生全集》(包括《棕亭诗钞》《棕亭古文钞》《棕亭骈体文钞》《棕亭词钞》),及传奇《旗亭记》《婴儿幻》两种。

金兆燕幼年聪慧,才思敏捷,作诗填词落笔如飞,有"神童"之誉,与乾隆年间"叉手诗人"张鹏翀②齐名。但其科考之途并不顺,八上公车才得售,中进士时已是 49 岁,所谓"八上燕京三入越,齿落面皱成衰翁"③,韶华已逝。

① (清)金兆燕:《次宋瑞屏韵题范芝岩邗江话雨图》,载《棕亭诗钞》卷十二,《续修四库全书》集部 1442,上海古籍出版社 2002 年版,第 214 页。
② 张鹏翀(1688—1745),字天扉,号南华,上海嘉定人。清雍正五年(1725)中进士。官至詹事府詹事。作诗时叉手击钵,顷刻而成,深得清高宗的赞赏。
③ (清)金兆燕:《题宋瑞屏磨蚁图小照》,载《棕亭诗钞》卷十二,《续修四库全书》集部 1442,上海古籍出版社 2002 年版,第 205 页。

其大半生为生计奔波,在两淮盐运使幕府和帷帐授课中度过。

金兆燕与扬州结缘殊深。其起家寒素,少年时父亲金榘携其长年授馆于扬州,交游甚众,因此他对扬州一地极为熟悉;中举后,入两淮盐运使卢见曾和赵之璧幕,前后 8 年;成进士后,出任扬州府学教授 12 年,所谓"扬州花月地,薄宦十二年"①;辞官后,客寓江春康山草堂长达 8 年之久,有"流寓恰当名士地,康山风月价增高"②之誉。因此金兆燕对扬州的感情很深,晚年归里时,犹作诗告别友人云:"此地似接前世缘"③,"来生还作扬州客"④。"扬州歌吹地,为我托命巢"⑤,扬州和扬州友人作为永恒的温馨回忆留存在金兆燕的心中。可以说,扬州是他的第二故乡。

金兆燕才气过人,平生笃孝友,重交游,敦气谊。任扬州府学教授期间,与文士们湖舫雅集,诗酒唱酬。吴锡麒尝云:"时扬州物力殷饶,先生以广文一官开设坛坫,号召名士。问字之酒,束脩之羊,资用咸给。每风月佳夕联舫于红桥白塔间,击钵公笺,互相角胜。独先生骋其速藻,落笔如飞。"⑥他不仅倡导风雅,还以教育士子、培养人才为己任,"其在学官监视安定书院,每与蒋太史心余扬扢风雅,导引后进,风流迥出尘表"⑦。尤喜提携青年才俊,阮元、黄承吉⑧、焦循等未遇时皆曾受其奖勉。

金兆燕生性佻达,不耐静坐,爱跳跃,多言笑,时人目为"喜鹊"。他喜交游,"选声求友欣多应"。其朋辈中既有文坛名流,也有中下层文人;既有盐商巨贾,也有民间艺人等。他早年投入卢见曾幕府,与杭世骏、程廷祚、沈大成等学者唱酬往来,与"扬州八怪"中之金农、郑燮、高凤翰、李葂、罗聘等交

---

① (清)金兆燕:《将迁官入都管澹川以诗赠别次韵奉酬》,载《棕亭诗钞》卷十四,《续修四库全书》集部 1442,上海古籍出版社 2002 年版,第 221 页。

② (清)赵翼:《题棕亭见和长篇后并乞其为拙集作序》,载《瓯北集》卷二十九,李光颖、曹光甫标点,上海古籍出版社 2007 年版,第 640 页。

③ (清)金兆燕:《次吴暮桥送行韵留别》,载《棕亭诗钞》卷十八,《续修四库全书》集部 1442,上海古籍出版社 2002 年版,第 263 页。

④ (清)金兆燕:《看续芳园芍药》,载《棕亭诗钞》卷十三,《续修四库全书》集部 1442,上海古籍出版社 2002 年版,第 216 页。

⑤ (清)金兆燕:《次吴梅查送行韵留别》,载《棕亭诗钞》卷十八,《续修四库全书》集部 1442,上海古籍出版社 2002 年版,第 264 页。

⑥ (清)吴锡麒:《〈棕亭古文钞〉序》,载金兆燕《棕亭古文钞》卷首,《续修四库全书》集部 1442,上海古籍出版社 2002 年版,第 272 页。

⑦ (清)彭启丰:《〈棕亭古文钞〉序》,载金兆燕《棕亭古文钞》卷首,《续修四库全书》集部 1442,上海古籍出版社 2002 年版,第 271 页。

⑧ 黄承吉年 12 时因《白蝶诗》为金兆燕赞赏,尝云:"先生名垂海内数十年,于吾乡为尤著。一官秉铎,非有声气之缘、延揽之力,而声望所至,远则文章绍别驾之风流,近则诗歌如司李之笼罩。"黄承吉:《〈金棕亭先生集〉序》,载《梦陔堂文集》卷五,1939 年燕京大学图书馆排印本。

情笃厚。在扬州词曲删改局中,他与黄文旸、李斗、凌廷堪等结成知交好友。"乾隆三大家"蒋士铨、袁枚、赵翼是他的莫逆之交。他与程晋芳,"扬州二马",两淮商总江春、江昉兄弟,江玉枢、江长馨父子等大盐商交往密切。晚年致仕后则长期客寓江春的康山草堂,与扬州致仕乡绅、家乐主人秦黉和张坦等过从密切。

此外,金兆燕与家乐名伶、职业演员及歌伎串客皆相善,甚至为他们著文立传。出身寒素的他,深谙艺人生活之疾苦,因此比较尊重和理解他们。他很赏识昆伶徐双喜(定郎),曾延请画师为其写真,遍请名流题咏。这在乾隆年间的扬州士林中是一桩风流韵事。其《定郎小传》云:

> 棕亭子曰:人之相与,岂偶然哉?交臂之遇,藏之于心,乃成交膝,不亦奇与!吾在都门见唱连像者,及所谓白脸惯侍酒者,皆俗恶不可近。如定郎者,真天人矣!玉井先生目之曰"雅人深致",冬心先生曰"疑其心中有数百卷书",皆言其韵胜也。呜呼!四海之内,具真赏者有几人哉?①

按,这种以韵胜的"真赏",着眼于伶人身上是否有书卷气。定郎深有韵致,符合金农、闵华等文人的审美趣味,也因此被金兆燕叹为"天人"。金农、蒋士铨、王昶等皆题咏过定郎的写真像。从现代人的眼光来看,这其实是一种同性恋倾向。因此,无论在戏曲活动方面,还是戏曲创作及理论方面,金兆燕皆留下珍贵的资料,值得后人深入研究。

鉴于此,从金兆燕所处的时空环境来说,就其参与戏曲活动的广度与深度而言,皆是扬州曲家中的翘楚,考察其交游可知乾隆年间扬州曲坛的风气状况。在扬州曲家群中,金兆燕无疑是早中期的核心人物。从年辈和交游上看,他都起着贯穿和联络作用。

(一)与卢见曾

两淮盐政官员中都转运使一职较重要,一旦任用得人,其居官时间辄长,因此对该地人才的培育、风气的形成起决定性作用。安定书院山长吴锡麒尝云:"若夫人才之盛衰,必视都转之贤否。盖朝廷设巡盐御史,例岁一代,不恒于官。惟都转使得人,则或十年八年,日省月试,整齐而教化,以驯

---

① (清)金兆燕:《定郎小传》,载《棕亭古文钞》卷三,《续修四库全书》集部1442,上海古籍出版社2002年版,第305页。

致于古风之丕变而无难。"①乾隆年间两次出任两淮盐运使的卢见曾,就是其中的佼佼者。

卢见曾(1690—1768),字抱孙,号澹园、雅雨山人。山东德州人。出身官宦世家。父道悦为康熙九年(1670)进士,曾任陕西陇西、河南偃师县知县,著有《公余漫草》《清福堂遗稿》等。卢见曾短小精悍,有吏才,时人呼为"矮卢"。曾先后师从王士祯、田雯。康熙六十年(1721)中进士。雍正三年(1725)任洪雅知县,勤勉治政,修筑水利,颇有政声。乾隆元年(1736),擢升两淮盐运使。次年被控植党营私罢官。乾隆五年(1740)获罪遣戍伊犁。乾隆九年(1744)昭雪,补直隶滦州知州、永平知府。乾隆十八年(1753)再次莅扬任两淮盐运使,至乾隆二十七年(1762)致仕归里,前后长达 10 年。乾隆三十三年(1768),两淮盐引案发,被逮下狱死。著有《雅雨堂诗集》《雅雨堂文集》《出塞集》,传奇《旗亭记》(和金兆燕合作),主持刊刻《乾凿度》《战国策》《尚书大传》《周易集解》《经义考》等古籍 30 种及《雅雨堂两种曲》。

卢见曾对扬州的感情很深,视之为自己的家园。他第二次出任两淮盐运使时,扬州的盐业经济已趋鼎盛,盐商财力雄厚。为迎接高宗第二、三次南巡,他组织盐商兴建、修复了小秦淮、红桥二十四景及金焦楼观;乾隆二十年(1755),他主持修葺了筱园(即三贤祠),祀奉扬州史上著名的三位文章太守——宋欧阳修、苏轼和清王士祯。他大力提倡学术文化活动,网罗藏书刻书名家,聘请学者惠栋、沈大成、戴震、卢文弨等襄助,从事古籍的校雠、刊刻、流布工作;兴办书院,编刻图书,极大地推动了扬州文化事业的发展。

虽然身居繁华富贵乡的扬州,统领众多富商巨贾,但卢见曾并未以骄奢示人,这与他经历过军台戍边、饱尝宦海浮沉之苦有关。他与马曰琯、马曰璐昆仲及江春等大盐商关系密切,不仅互有诗文唱酬,还时常借阅图书,尤其是马氏昆仲的藏书颇丰,他主持的系列古籍校刊工作便有赖于此。为政之余,他雅慕同乡前辈、其师王士祯之文采风流,筑苏亭于使署,日与诗人相酬咏,一时文宴盛于江南,成了东南地区的文坛盟主。《湖海诗传》云其"故前后任两淮运使各数年,又值竹西殷富,接纳江浙文人,惟恐不及。如金寿门农、陈玉几撰、厉樊榭鹗、惠定宇栋、沈学子大成、陈授衣章、对鸥皋兄弟,前后数十人,皆为上客。而是时地主马佩兮曰璐、秋玉曰琯,及张渔川四科、易松滋谐,咸与扶轮承盖,一时文酒,称为极盛"②。最为人称道的是乾隆二

---

① (清)吴锡麒:《校士记》,载阿克当阿等纂《(嘉庆)重修扬州府志》卷五十三"人物志八隐逸",《中国地方志集成·江苏府县志辑 41》,江苏古籍出版社 1991 年版。

② (清)王昶:《蒲褐山房诗话》(不分卷),清稿本。

十二年(1757)他倡导发起虹桥修禊,声誉日隆,四方文人闻风而来。

作为一个风流儒雅的地方长官,卢见曾本人具备较高的文艺素养。更为难得的是,他礼贤下士,接纳人才,《清史列传》云其"爱才好士,百余年来所罕见"①。卢见曾不仅在虹桥、平山堂等风物佳处主持诗文雅集,还积极延揽学者、文人、画家、曲家等各种人才入幕。卢见曾与不少幕客建立了一种超越主宾的朋友和知己关系,给他们提供了很好的交游场所和展示才华的机会。不少经济窘困的寒士都得到过他的资助。

卢见曾知人善任,唯才是用,不拘一格,没有门户之见。如"扬州八怪"向来以书画风格狂怪、行动不谐于俗、不媚权贵著称,但他们中的不少人如高凤翰、李鱓、郑板桥、金农、黄慎、边寿民、陈撰、汪士慎、罗聘等,都与卢见曾有密切的交往,有些甚至与他有着至死不渝的友情。卢见曾引荐、绍介他们到小玲珑山馆,在马曰琯昆仲的慷慨资助下,"扬州八怪"创作了大量的书画作品,开拓了文人画的新天地。

诚如前面第一章第三节所述,通过延揽学者和曲家入幕、研校经史、刊刻著述、品戏论曲、诗文唱酬等举措,卢见曾树立起了扬州为政者的另一种文化典范。其司政时的文采风流令后代无数的文人墨客追思和怀想不已。此后,朱孝纯、曾燠等继任者皆绍祖其风流,不遗余力地在扬州倡导风雅、提携人才。金兆燕也是其中的一位。虽然两人的关系有些微妙,但幕主卢见曾依然是他效仿的对象。金兆燕《棕亭诗钞》中现存唱和诗 7 首,依稀可考察两人的交往踪迹。

卢见曾以爱才好士闻名于时,受他资助的两位好友与金兆燕颇有渊源。一位是小说《儒林外史》的作者吴敬梓,也就是金兆燕的姨父。按,全椒金家与吴家世为婚媾,金兆燕之父金榘与吴敬梓既是从表兄弟,又是连襟,与吴敬梓堂兄吴檠则是嫡亲表兄。《儒林外史》中的余大先生即以金榘为原型。三人年轻时常聚会,诗酒唱和。吴敬梓的长子吴烺尝从金榘问业,与金兆燕交好,后又结成儿女亲家。晚年吴敬梓客寓扬州,金兆燕与之过从甚密,颇多照拂,诗集中不乏唱酬之作。其五言长诗《甲戌仲冬送吴文木先生旅榇于扬州城外登舟归金陵》,真切细致地记载了吴敬梓在扬州的生活境况和临终前的情状。《儒林外史》由金兆燕任扬州府学教授时雕刻刊行,"风行宇内,翻刻不一"②。乾隆十九年(1754)冬,吴敬梓病逝于扬州,卢见曾出钱资助

---

① 王钟翰:《清史列传》卷七十一"卢见曾传",中华书局 1987 年版,第 376 页。
② (清)平步青:《小栖霞说稗》"儒林外史"条,载《中国古典戏曲论著集成》(九),中国戏剧出版社 1982 年版,第 210 页。

殓之,金兆燕将旅榇送归金陵,这期间两人也许会有交往。

另一位是"扬州八怪"中的李葂,他是金兆燕及其父金榘、姨父吴敬梓的好友,也是卢见曾的患难之交。卢见曾受诬下狱时,他不避嫌疑,留扬悉心照料;卢见曾遣戍军台时,他时时去诗存问。因此李葂虽自称"久托门墙",以卢见曾的弟子自居,但其行事间体现出的却是一种生死不渝的友情。吴敬梓以这两人为原型,在《儒林外史》中创造了季苇萧和荀玫这两个人物形象。乾隆二十一年(1756)李葂去世后,卢见曾将其诗集付梓刊刻,并寄给时在仪征令署幕中的金兆燕。金兆燕赋诗四首回赠,盛赞卢、李之友谊是"怜才千古属知音,生死交情感最深"①。

次年夏,金兆燕自京城返回扬州,独游湖上,见卢见曾的虹桥修禊诗后,就步原韵作诗四首投赠卢氏,其中有句云:"悔向长安淹岁月,听残春雨凤楼更。"②流露出因在京城应试、未能参加虹桥修禊的遗憾。不久,再次呈诗四首,用"一自江滨开郑驿,顿令海内识荆州"③诗句,婉转地表达了希望卢见曾提携自己之意。《读戴遂堂先生与钱香树司寇、卢雅雨都转平山堂登高之作次韵二首》中,"都转能留客,秋官最好文"④句,明显流露欲干谒之意。

乾隆二十三年(1758),凭借一出《旗亭记》,金兆燕如愿进入了卢幕。其才华颇受卢见曾赏识,凡园亭集联及大戏词曲皆出其手。事实上,金兆燕所作并不限于此,《棕亭骈体文钞》中收有多篇为卢见曾代笔之作,如《祭蒋文恪公》等。在卢幕,诗文唱酬,论戏品曲,主宾一度甚是相得。《棕亭诗钞》中有些诗详细地记录了两人共同商曲的情形。如《呈卢雅雨都转》诗云:"企脚暂眠徐孺榻,窥园遂傍仲舒帷。浮云飞絮原无着,慷慨登楼欣有托。幸舍栖迟春复秋,逢人便道此间乐。官梅亭畔百花妍,戏谱新词付锦筵。剪烛尹班常永夕,披襟孔李竟忘年。……"⑤"徐孺榻""仲舒帷",不着痕迹地用求贤若渴的陈蕃和精研学术的董仲舒比拟卢见曾,"剪烛尹班""披襟孔李",则分

①　(清)金兆燕:《卢雅雨都转以亡友李啸村遗集雕本寄赍,开缄卒读,凄感交至,率题卷末兼呈卢公四首》,载《棕亭诗钞》卷七,《续修四库全书》集部1442,上海古籍出版社2002年版,第152页。

②　(清)金兆燕:《丁丑夏自都门南归,舟过邗江,独游湖上,见壁间雅雨都转春日修禊唱和诗,漫步原韵即用奉呈四首》,载《棕亭诗钞》卷七,《续修四库全书》集部1442,上海古籍出版社2002年版,第157页。

③　(清)金兆燕:《又次卢雅雨都转红桥修禊韵四首》,载《棕亭诗钞》卷七,《续修四库全书》集部1442,上海古籍出版社2002年版,第157页。

④　(清)金兆燕:《读戴遂堂先生与钱香树司寇、卢雅雨都转平山堂登高之作次韵二首》,载《棕亭诗钞》卷五,《续修四库全书》集部1442,上海古籍出版社2002年版,第139页。

⑤　(清)金兆燕:《呈卢雅雨都转》,载《棕亭诗钞》卷八,《续修四库全书》集部1442,上海古籍出版社2002年版,第162页。

别以汉代尹敏与班彪、孔融与李膺存通家子弟之好譬喻卢见曾与自己,足见斯时推诚相与,主宾投合,谈笑甚欢。《送卢见曾都转归德州四首》之一云:"几载南楼对月圆,共然官烛检吟编。搜罗轶事存风雅,商略新词付管弦。"①更是极富感情地描绘了两人共商作曲的情形。这其中自不乏金兆燕的阿谀美化之言,盖是时卢见曾高居两淮盐运使之职,金兆燕屈沉下僚,谱曲以供清娱诚属无可奈何之举也。对卢见曾的肆意窜改,金兆燕即在卢见曾致仕返里后,为友人程廷祚传奇《莲花岛》所作序中发抒了愤慨之情。

关于《旗亭记》传奇的创作情形及作者问题,第二章第三节中已论之甚详,兹不赘言。显然卢见曾赞许谢双鬟这一奇女子,乃授意金兆燕创作传奇《旗亭记》,补梨园未曾搬演之憾。金兆燕初稿完成后,卢见曾参酌校订,并付之剞劂。客观而言,从题材的选择,到文字的润色、结构的调整与音律的审订,卢见曾都悉心参与,《旗亭记》的确倾注了他的不少心血。因此,其友人沈德潜的《〈旗亭记〉题词》中有"官阁填词韵最清"之句,隐然指此剧为卢见曾所作,他也没有作辩正。此后他出资将剧本付梓,刊刻成《雅雨堂两种曲》之一,自己七十寿辰日命家乐搬演,并组织文人观摩品评,客观上扩大了影响。剧本前题咏的名流有沈德潜、袁枚、王昶、沈大成等。当《旗亭记》传播到昆曲的老家苏州后,曲家朱夰醉后对它大加涂抹,卢见曾不仅不予计较,还慧眼识才,具礼延致。因此谓卢见曾为《旗亭记》的撰写者之一并不为过,这恐怕也是时人将它系于其名下之故。

(二)与朱夰

朱夰,初名杏芳,字云裁、公放。后改字山樵,自号黄稗老农、黄稗道人。浙江长兴人,一作归安人。诸生。生卒年不详。其一生跨越康雍乾三个朝代,主要戏曲创作时间为乾隆年间。② 著作甚丰,撰有《黄稗集》,《倚声杂记》,《宫调谱》八十卷,《摹印篆》一卷,《印谱》一卷,传奇《玉尺楼》《鲛绡帐》《宝母珠》三种。可惜大多已佚失,今仅存《玉尺楼》。

朱夰生平事迹除《(光绪)归安县志》《(光绪)长兴县志》有零星记载外,可从其友人沈大成《〈倚声杂说〉序》、汪启淑《飞鸿堂印人传》、沈起凤《祭朱

---

① (清)金兆燕:《送卢见曾都转归德州四首》,载《棕亭诗钞》卷八,《续修四库全书》集部1442,上海古籍出版社2002年版,第166页。

② 汪启淑《飞鸿堂印人传》卷一"朱夰传"中有"息机摧橦,甲子后不复再赴棘围"之句,按,甲子是乾隆九年(1744),其时朱夰至少已过弱冠之年,则其生年应在康熙年间。朱夰卒后,其友人、曲家沈起凤曾作《祭朱黄稗文》凭吊,按沈氏卒于嘉庆七年(1802),则此可为朱夰卒年之下限。由此知朱夰一生至少跨越了康雍乾三个时期,其主要戏曲创作活动时间则为乾隆年间。汪启淑:《飞鸿堂印人传》,载冯兆年辑《翠琅玕馆丛书》,民国五年(1916)羊城冯氏刻本。

黉稗文》等考知。朱夔出生湖州名门望族,少年聪慧,年方弱冠即补湖州府学弟子员,有声庠序。但造化弄人,屡试不售,乾隆九年(1744)后朱夔便放浪形骸,畅意词曲。乾隆十六年(1751),高宗首次南巡,应苏州巡抚庄其恭之聘,朱夔编写《迎銮新曲》,脍炙人口,一时为之纸贵,因此名噪大江南北。然其为人性情孤傲,沈大成尝云:“朱君客于吴,吴中贤士大夫无不愿招致君,君夷然不屑也。”①此后朱夔一直在苏州寓居,并与吴中曲家戴延年定交。②

乾隆二十六年(1761),《旗亭记》剧本传至苏州,朱夔酒后乘着醉意大加涂抹,为之正宫谱。很快为两淮盐运使卢见曾知悉并招揽入幕。在扬州盐运使署,夏秋之交的短短一月时间里,朱夔创作了传奇《玉尺楼》。卢见曾随即命梨园搬演,剧本则和《旗亭记》一起刊刻成《雅雨堂两种曲》。但因朱夔性情孤傲使然,很快便宾主失欢。朱夔离开盐运使署,此后过了一段帷帐授课的塾师生涯。“贲梁园之聘,充上国之宾”,他应邀北上,投入京城某王公幕府。然朱夔恃才使性之积习未改,“河间大度,容得卿狂”③,虽然王公对他极为礼遇,但毕竟是寄人篱下,难免阿附俳谐之感。一次在为某将军布置园石时,间架已竣,朱夔持酒登其巅,大呼曰:“云林小子,恨不见我。”醉后失足触石死。

朱夔多才多艺,能诗善画,其诗才清隽,书画有奇趣,尤精通音律,曲学素养甚高,“凡五声相逐,七均相转,十二律相终始以及九宫三变之微旨,数百年来因革是非,皆能指析其毫芒。故虽身落江湖,而名蜚京国”④,考其原因,诚如友人沈大成所说:

> 盖朱君研穷传记、考究钟律、泛览金元明人之杂剧散套,积有岁年,知深而见彻,故于此编偶论著焉。……朱君为湖名族,有声胶序间,以性之不羁也,少放于诗若文,复放于酒;既困场屋,郁郁益不自得,去而放于书画篆刻;中年则放于词曲音律器竹,将老而未知返也。⑤

---

① (清)沈大成:《〈倚声杂说〉序》,载《学福斋文集》卷六,《续修四库全书》集部 1428,上海古籍出版社 2002 年版,第 79 页。
② 戴延年与曲家沈起凤同为水村诗社成员,彼此友善。经由戴延年的引荐牵线,精通曲律的朱夔与沈起凤自此结下深厚的友情。沈起凤生于乾隆七年(1742),则他和朱夔年龄相差当在 20 年以上,应属忘年之交。
③ (清)沈起凤:《祭朱黉稗文》,载《沈凫渔文稿》(不分卷),清末抄本。
④ (清)汪启淑《飞鸿堂印人传》卷一“朱夔传”,载冯兆年辑《翠琅玕馆丛书》,民国五年(1916)羊城冯氏刻本。
⑤ (清)沈大成:《〈倚声杂说〉序》,载《学福斋文集》卷六,《续修四库全书》集部 1428,上海古籍出版社 2002 年版,第 79 页。

此外,朱齐还善指头生活,工铁笔,能叠石为山,有米颠之癖,并精篆刻。寓扬时,与"扬州八怪"之金农、郑燮等友善。凭借深厚的艺术素养,朱齐一袭青衣仍能"雌黄人物,傲睨诸侯",出入公侯之门。其用世之心颇殷,生平遭际与怀才不遇、狂放不羁的"扬州八怪"相仿。朱齐一生落拓不羁,虽才华绝伦,却只能寄情山水,其遭遇可谓乾嘉盛世时代士子悲哀命运的一个缩影。因此,为他作传的友人汪启淑也不无遗憾地说:"倘令得志于时,获赋铙歌法曲,歌咏太平,则周邦彦之领大晟乐府,讵能专美于前耶? 惜乎毕生偃蹇,未伸初志,词人少达多穷,古今同慨。"①

朱齐与金兆燕之间,未见有直接交往的文字记载。邓长风认为《旗亭记》卢见曾序中提到的"又引梨园老教师为点版排场",即指朱齐而言,并对两人关系作了以下推论:

> 不过《秋灯丛话》所说的"大加涂抹",倒和金兆燕在《程绵庄先生莲花岛传奇序》(《棕亭古文钞》卷六)中回顾《旗亭记》命运时所说的遭到"主人奋笔涂抹"一语颇相近似。可见金兆燕当时是内心相当不满的,不过他把这笔账记在卢见曾(主人)的头上。或许因朱齐入卢氏幕下的时间不长(金兆燕则甚久),或许因朱、金之间并无直接的交往,或许金为了此事而迁怒于朱,所以在金兆燕的《国子先生全集》中,从未提到过朱齐。②

对此,笔者以为,所谓"梨园老教师"指朱齐之言显然不确,以朱齐之人品、才识而言,第三种推测的可能性较大,即金兆燕因曲学观点不同而迁怒于朱齐,在诗文集中只字不提朱齐。事实上如前所述,朱齐因恃才傲物与卢见曾反目,仅一月余就离开了卢幕。虽未有确凿材料证明两人有过交往,但朱齐因涂改《旗亭记》而被卢见曾慧眼识才,并跻身卢幕,则在艺术上朱、金两人已有交流,姑系于此。

(三)与李本宣

李本宣(1703—1782 后),字蓬门。江都人。出身仕宦家庭,其祖天祐为康熙三十三年(1694)进士,官至南昌知府。父弘永早卒。因史料匮乏,李

---

① (清)汪启淑:《飞鸿堂印人传》卷一"朱齐传",载冯兆年辑《翠琅玕馆丛书》,民国五年(1916)羊城冯氏刻本。

② 邓长风:《二十九位清代戏曲家的生平材料》之"朱齐传",载《明清戏曲家考略三编》,上海古籍出版社 1999 年版,第 311 页。

本宣生平行实已不可考辨,唯知其康熙年间流寓南京 20 年,与吴敬梓交往甚密,互有赠答。① 著有传奇《玉剑缘》。乾隆六年(1741),在给吴敬梓《文木山房集》作的序中,李本宣称许吴氏作品皆有感而发,未肯染指游戏笔墨。吴敬梓尝为《玉剑缘》传奇作序,对李本宣了解殊深,以知音自居。据学者考证,《儒林外史》中蘧公孙的人物原型是李本宣。蘧祐、蘧景玉、蘧公孙祖孙三代的人物原型是李天祜、李弘永、李本宣祖孙三代。②

因姨父吴敬梓这一中介联络及影响,金兆燕与父执辈曲家李本宣有唱酬往来。目前所见记载不多,《棕亭词钞》中存词一首《大圣乐·题李蘧门〈花径奉母图〉》,词云:"衣舞荆兰,馔修樱笋,晓春初燠。正小园,人赋闲居。试向北堂,欢引卓金雕毂。种得鹿葱紫兰砌,又朝雨浥微匀嫩绿。嬉游处,看晴日孝乌,飞翔华屋。　披图寸心暗触。慨念我,难凭松下鹿。忆蠹惊衔索,疮痕空抚,春晖何速。此乐似君真堪羡,更何况神明征老福。疏篱外,有无限轻阴慈竹。"③金兆燕 7 岁丧母,因此对李本宣奉母孝养的天伦之乐表示了由衷的歆羡之情。

(四)与蒋士铨

蒋士铨(1725—1785),字心余,一字苕生,号清容,晚号定甫,别署离垢居士、藏园居士。江西铅山人。自幼天资聪颖,10 岁时父蒋坚缚其马背上,游历燕、赵、秦、魏、齐、梁、吴、楚等地,历览太行、王屋之胜。后馆于山西凤台王锐家 10 年,饱读藏书,学业日以精进。22 岁时,返归铅山应童子试,以第一名选拔入试,被当时督学江西的金德瑛视为"孤凤凰"。乾隆十三年(1748)起,蒋士铨连续 3 次北上应试都被放。乾隆十九年(1754)授内阁中书。乾隆二十二年(1757)中进士。3 年后授翰林院编修。因秉性耿介,不媚于权贵,乾隆二十九年(1764)辞官南下,先后主讲绍兴蕺山书院、杭州崇文书院和扬州安定书院。乾隆四十三年(1778)六月因高宗感念复出,入京官国史馆纂修。5 年后以疾辞官归里。乾隆五十年(1785)病逝于藏园家中。

---

① 吴敬梓《文木山房集》中存吴李唱和诗多首,如《二月三日舟发通济河同李蘧门作》《酬李蘧门》《陈仲怡刺史留饮寓斋看灯屏同李蘧门作》《腊月将之宣城留别蘧门》等。其《酬李蘧门》诗云:"子性极和缓,余怀多壮急。相约同远行,十日九睚眦。吴舟六幅帆,其中小于芥。瑟缩同眠食,讵敢共哕噫。回望秣陵城,小李将军画。因之诗思动,伸纸书倒薤。竟忘局促苦,连宵意不败。君子淡以成,小人甘以坏。愿得常携手,互作韦弦佩。"李蘧门之性情及两人关系之亲密从中可见。(清)吴敬梓:《文木山房集》卷三,民国二十年(1931)铅印本。

② 详见郑志良《〈儒林外史〉的人物原型及其意义——以蘧公孙、赵雪斋为中心》(刊载于《中国文化研究》2017 年春之卷)一文的考证。

③ (清)金兆燕:《大圣乐·题李蘧门〈花径奉母图〉》,载《棕亭词钞》卷六,清道光十六年(1836)赠云轩刻本。

　　蒋士铨才思敏捷,诗词文曲,操笔立就,且无一不工,文学成就甚高。其作诗不立门户,独抒胸臆,自成一家,时人誉为"诗仙",与袁枚、赵翼齐称"乾隆三大家"。其古文雅正有法,词亦享盛名。《国朝诗人征略》云:"其《铜弦词》尤为独绝。或行以劲气,则磊落嵚崎;或书以深情,则缠绵婉曲。直是人间一种不可磨灭文字,不得以小词目之。"尤以戏曲成就独步一时,李调元评其曲为"近时第一。以腹有诗书,故随手拈来,无不蕴藉,不似笠翁辈一味优伶俳语也"①。著作甚丰,有《忠雅堂诗集》二十七卷,补遗二卷,《忠雅堂文集》十二卷,《忠雅堂词》二卷,《忠雅堂南北曲》一卷,《清容居士行年录》一卷。戏曲作品有传奇《空谷香》《桂林霜》《雪中人》《香祖楼》《临川梦》《冬青树》和杂剧《一片石》《四弦秋》《第二碑》(合称《红雪楼九种曲》,又称《藏园九种曲》);另有传奇《采樵图》和杂剧《采石矶》《庐山会》(此三种和前面九种合称《红雪楼十二种曲》或《清容外集》),杂剧《康衢乐》《忉利天》《长生箓》《升平瑞》四种合称《西江祝嘏》。

　　蒋士铨与扬州的联系较密切。青年时期北上入都或赴试,或就职,及南下省亲等,他曾多次途经扬州。乾隆三十七年(1772)春,他应两淮盐运使郑大进之聘出任扬州安定书院山长,自此悉心教授生徒、甄拔寒士。帷帐课徒之余,他与金兆燕、江春、罗聘、王文治、袁枚、鲁赞元、袁鉴、边廷抡等旧雨新知结社唱和,风月佳夕每每徜徉于平山堂、泛舟于瘦西湖,凭吊先贤遗迹,追慕前辈风流,足迹遍及扬州城内外,留下了不少动人的诗篇。他还积极参与扬州文化建设,向两淮盐运使进言,修建梅花岭祠堂和史公衣冠冢,并献出史可法画像。其间,他创作了《四弦秋》《雪中人》《香祖楼》《临川梦》等四种戏曲作品,迎来了戏曲创作中的高峰期,"朝缀笔翰,夕登氍毹",在扬州士子中产生了良好的反响。乾隆四十年(1775)六月,因母病逝,他扶榇离扬,登舟返里。可以说,蒋士铨与扬州因缘匪浅。他去世多年后,次子知节主讲广陵书院,三子知让则进入两淮盐运使曾燠幕府中,与曲家仲振奎、詹肇堂等诗酒唱酬。嘉庆三年(1798),蒋士铨的《忠雅堂诗集》由曾燠刊刻于扬州,成为现存于世的最早版本。

　　蒋士铨生平志节凛凛,"与人交肝胆披露,趋急阐微如不及"②,交游遍天下,一时骚人文士、翰苑名流,莫不与之诗酒赓和、墨札往来。金兆燕就是其中之一,两人交情甚笃,友谊绵亘一生。金兆燕比蒋士铨年长 6 岁,但中

---

① (清)李调元:《曲村曲话》,载《中国古典戏曲论著集成》(八),中国戏剧出版社 1982 年版,第 27 页。

② (清)张廷珩修、华祝三纂:《(同治)铅山县志》卷十五"人物儒林传",载《中国地方志集成:江西府县志辑 25》,江苏古籍出版社 1996 年版,第 318 页。

进士比之足足晚了 9 年。据两人唱酬诗作考证，乾隆十九年(1754)春，金、蒋于京城会试落第，互相劝慰。金兆燕赋词《百字令·赠蒋心余》《前调·心余得前作即依韵为答，再以此阕酬之》两首。后者写道：

> 嵚崎磊落，羡君才不减，楚狂齐赘。下笔千言堪倚马，三舍令余先避。儿命融修，奴驱屈宋，此语非相戏。仆知君者，前身青兕应是。
>
> 可惜判袂匆匆，分笺画壁，负了追欢地。翰墨因缘鸡黍约，也似海中虚市。几日论心，何时握手，相对真如醉。把君诗卷，寸心明夜千里。①

夸言蒋士铨下笔千言，倚马可就，"儿命融修，奴驱屈宋"，金兆燕在词中对友人的淋漓才情作了由衷的赞美，又对即将分离表现出惆怅之情。蒋士铨《百字令·次韵送金钟越同年归全椒》则诉说了"举头良夜，惜君生不同里"②的遗憾。两人因共同的落第遭际惺惺相惜，又都激赏对方的才学，相见恨晚，自此开始了长达 30 年的莫逆之交。

乾隆二十六年(1761)，两人在京城再度相会，时任翰林院庶吉士的蒋士铨已于 4 年前中试，而金兆燕又在这年的"太后七旬万寿恩科"中名落孙山。他找人绘制了《秋江拥棹小照》，遍请名流题咏。蒋士铨应邀作了一首《金缕曲·金棕亭秋江拥棹小照》词，其中有句"十五年来淮海客，扣弦声，中有伤心语。青篷下，听寒雨"③，对好友 15 年来的羁旅生涯表示了深切的同情和怜惜。

两人诗文酬唱最多的当数乾隆三十七年(1772)至四十年(1775)寓扬期间，时蒋士铨任安定书院山长，金兆燕任监管书院教学的扬州府学教授。公事之余，两人泛湖游山，诗酒酬唱，友情弥笃。《棕亭诗钞》中有不少与蒋士铨的唱和之作。因两人志趣相投，两家往来也很密切。蒋士铨得长孙、女孙，或作图，金兆燕都赋诗题咏，如《綵佩偕老图》《抱孙调膳图》《游庐山图》。金兆燕幼年丧母，自云"小子幼失恃，不知慈母恩"，乃奉蒋母钟太安人为母，两家关系很亲密。乾隆四十年(1775)元月，蒋母逝于扬州，金兆燕甚为哀痛，作《挽蒋母钟太安人》凭吊，深情回忆道：

---

① (清)金兆燕：《前调·心余得前作即依韵为答，再以此阕酬之》，载《棕亭词钞》卷五，清道光十六年(1836)赠云轩刻本。

② (清)蒋士铨：《忠雅堂集校笺》，邵海清校、李梦生笺，上海古籍出版社 1993 年版，第 1839 页。

③ (清)蒋士铨：《忠雅堂集校笺》，邵海清校、李梦生笺，上海古籍出版社 1993 年版，第 1901 页。

屈指数年来,拜母入寝门。饮食兼教海,一一承慈恩。有时率子妇,欢然来过存。相视如骨肉,异姓作弟昆。茝兰与佩帨,投遗何纷纭。同作萍梗客,翻若朱陈村。江城献岁后,庭梅数早春。开筵召会食,芳醴盈清樽。抠衣揖慈闱,笑语欢诸孙。预计桃杏时,板舆出近闉。两家萃妇孺,同嬉春水滨。如何甫隔夕,遽闻返其真。无疾而速逝,应自了夙因。①

意谓两家虽然都是客寓他乡,但犹如异姓兄弟般亲密无间,数年来我入内室拜谒老母,亲聆教海,有时还率家里的妻子儿女,欢乐地过来存问起居。今年春节后,正值庭中数枝早梅初绽,老母还笑着对孙辈们说,等到桃杏开花的时候,两家的妇女孩子一起去郊游嬉戏。如何刚隔了一晚,老母就归道山了。从诗中可见蒋金之间存有骨肉至亲般的交谊。

司铎扬州期间,两人皆是两淮商总江春的座上宾。在康山草堂,观剧品戏,在曲学上多有切磋交流。金兆燕是蒋士铨创作《四弦秋》杂剧的见证人之一。乾隆三十七年(1772)晚秋,江春邀请当时的名流袁春圃、金兆燕及蒋士铨等宴集于秋声馆。秋意萧瑟,主宾欢宴,觥筹交错之际,江春偶尔言及白居易《琵琶行》诗意被改篡,所编传奇如《青衫记》庸劣可鄙,金兆燕等在场的友人因而敦请蒋士铨重新创作。该剧编成后,很快由江春德音班搬演,金兆燕观后欣然题词,词云:"司马住江州,青衫泪自流。只今江上月,肠断《四弦秋》。九派空流寒浪,千秋谁诉幽襟。才子原多轶事,词人最肯伤心。笙歌鼎沸夜迟迟,白发当筵醉一卮。解得琵琶深夜语,不须鬐骆遣杨枝。"②良谱曲中之意,实乃蒋氏同调。

乾隆四十五年(1780)八月十九日,升任国子监博士的金兆燕和服终后复出的蒋士铨在京城翁方纲斋中相会,与罗聘、程晋芳等人一起题咏《秋江芦雁图》。他们兴致勃勃地相约数日后一起赴城南探梅,"更约探梅还出郭,不辞重戴共潘安"③。可惜欢聚总是短暂的,次年春金氏就辞官南下了。两年后,蒋士铨也抱病辞官归里。乾隆四十九年(1784),金兆燕写诗给远在南

① (清)金兆燕:《挽蒋母钟太安人》,载《棕亭诗钞》卷十二,《续修四库全书》集部 1442,上海古籍出版社 2002 年版,第 202 页。

② (清)金兆燕:《蒋清容〈四弦秋〉题词三首》,载《棕亭诗钞》卷十二,《续修四库全书》集部 1442,上海古籍出版社 2002 年版,第 201 页。

③ (清)金兆燕:《同蒋清容、周稼堂两太史,沈南楼吏部,苏方塘明府,罗两峰、沈匏尊两上舍,城南看菊分韵》,载《棕亭诗钞》卷十四,《续修四库全书》集部 1442,上海古籍出版社 2002 年版,第 225 页。

昌的蒋士铨,"何时更向扬州路,一勺同饮第五泉"①。邀请好友重游扬州故地,去平山堂同饮第五泉的水。次年二月,蒋士铨病逝于南昌藏园家中,终未成约。

《棕亭词钞》所存《东南第一枝·蒋非磷先生遗稿中有梅花诗十首,其母夫人钟太君绣成幅,令子清容编修绘绣图,索同人题咏,次王谷原比部韵二首次之》《双双燕·蒋清容补题定郎像,词甚美,次韵酬之》《春风袅娜·题蒋清容携二子游庐山图》三词,蒋士铨《铜弦词》中所存《金缕曲·金棕亭秋江拥棹小照》《百字令·次韵送金钟越同年归全椒》《双双燕·定郎小影为金棕亭作》等词三首,是他们真挚友谊的见证。

(五)与黄文旸

黄文旸(1736—1809 后②),字秋平,一字时若。甘泉人。贡生。出生于盐商家庭,其祖、父经营盐业,家境一度颇为殷实。至黄文旸时家道中落,境况大不如前。他少负才名,师从名儒、"甘泉二王"之一王世锦,深谙制义之道,"每学使按试,则首拔",颇为当道所重。后肄业于梅花书院,师事桐城派古文大家姚鼐,执弟子礼甚恭。③ 姚鼐对他颇为器重,有"知己"之遇,两人治学主张却迥异。姚鼐遵奉宋学,崇信程朱之学,力倡义理、考据、辞章兼容并蓄。黄文旸淹通六经、史学,却厌恶程朱理学,这从其后来撰写的《通史发凡》中可见一斑。

黄文旸身为"邑名诸生",其诗、古文、词、曲在甘泉享有盛誉,因此多次被官府延聘。乾隆四十五年(1780)冬,在两淮盐政伊龄阿设立的扬州词曲

---

① (清)金兆燕:《次赵云松观察韵寄蒋清容太史二首》,载《棕亭诗钞》卷十六,《续修四库全书》集部 1442,上海古籍出版社 2002 年版,第 243 页。

② 黄文旸卒年,学界众说纷纭,尚多疑问。仅笔者所见,就有以下数说:《中国曲学大辞典》注"1736—?";较后出的《中国昆剧大辞典》作"1808?";《明清传奇鉴赏辞典》注"1736—1820";《扬州历史人物辞典》则作"1736—1808"。笔者据多种记载查实,嘉庆己巳十四年(1809)黄文旸仍存活于世。按张其锦《凌次仲先生年谱》记载,是年春二月,凌廷堪至友人、浙江巡抚阮元的杭州节署中,与黄文旸等"诸君往来晤集,旧雨新知,颇有友朋之乐"。另,黄氏所作《《枕流阁诗钞》序》亦云:"朱丈二亭友人张旧山尝为予校其人,诵其诗。予心仪之。嘉庆己巳,老病归卧里门,待轩乃时来讲诗。"(清)汪廷儒:《广陵思古编》卷十一,清刻本。按,《枕流阁诗钞》作者吴涣,字待轩,甘泉人,生卒年不详,以孝母闻名里中。该序作于何时,已不可考知,但嘉庆十四年(1809)吴涣始与黄文旸讲诗,可知必作于此后。时黄文旸已老病归卧里门,不再外出,则其卒年当在 1809 年或其后。

③ 黄文旸曾作《呈梦谷夫子》表明心迹,其诗云:"命驾遽云远,登堂宿愿酬。心香焚一瓣,吾道足千秋。盛德休歌风,离怀自梦鸥。渊源看逝者,日夜水东流。"(清)黄文旸:《扫垢山房诗钞》卷二,载《续修四库全书》集部 1459,上海古籍出版社 2002 年版,第 26 页。其妻张因作有《祝姚姬传先生尊堂陈太夫人七十寿》,可知两家关系非常亲密。

删改局中,他被聘为总校,襄理其事。其《曲海》即是这次校曲活动的重要成果。通过半年多的诗文唱酬、曲艺切磋,交流提高,他与校曲局中不少同仁成为知交曲友,结下了终生的友谊,如分校凌廷堪、程枚,曲家金兆燕、李斗,"扬州八怪"中的罗聘,著名说书艺人叶英,等等。

乾隆四十七年(1782)、乾隆四十八年(1783)间,应甘泉县令陈太初之聘,他与学者邵晋涵一起参与了修纂《甘泉县志》事。这次修志事后因故中辍不果,《扬州画舫录》卷十"邵晋涵"条下记载之。嘉庆十四年(1809),《甘泉县志》再修时,所录尽散佚。乾隆五十八年(1793)至嘉庆四年(1799)之间①,黄文旸为两淮盐运使曾燠招致入题襟馆中,与当时名流迭相唱酬。曾燠对他甚为礼遇,"有国士之知"。两人唱和诗作现已不存。

黄文旸虽然"雄于文",胸怀利济天下之心,但终其生困顿场屋。他至少参加过4次以上的乡试,至63岁时方彻底放弃。② 他治生乏术,家境窘迫。在生计存亡的现实面前,黄文旸父子一度投靠盐商林松,沦为门下食客。为谋生计,晚年他奔走齐鲁吴越间。嘉庆四年(1799)端午,在阮元的荐举下,64岁的黄文旸北上阙里,教授阮元妻舅、第73代衍圣公孔庆镕经文。在阙里,黄文旸参谒至圣林庙、颜子庙等,登舞雩台,观览御赐姬周礼器、吴道子画鲁司寇像、端木子手植楷、阙里所藏先世衣冠及明太祖御容并所颁铁冠图,一一形诸歌咏,往往是"语不惊人聊自适,稿才脱手已争传"③,诗名盛播山左。他与孔府诗人孔宪圭、孔小荃、孔季衡、孔季镇等诗酒唱和,衡文麈艺,结下了深厚的友谊。帷帐授课之余,他尽览阙里藏书,探奇采异,目不暇接。在孔府诗人们眼中,黄文旸这位儒家正统人士用世之心甚殷,自觉地以辅民化俗为己任,"谈忠孝则可歌可泣,谈奸佞则宜雷宜霆,即偶谈稗官野史、神鬼怪录,顷刻变幻千态万状,令人目眩神摇,几不自主。一言一语诙谐嘲笑,无不动人如此"④。

嘉庆八年(1803)十月,应时任浙江巡抚的阮元之邀,黄文旸携妻张因作西湖之游。阮元对黄氏夫妇礼遇有加,张因与阮元之妻孔经楼相得甚欢,后

---

① 具体考证参见笔者《清代戏曲目录学家黄文旸生平事迹考》(刊载于《文化艺术研究》2011年第4期)一文中"游历齐鲁吴越考"。

② 具体考证参见笔者《清代戏曲目录学家黄文旸生平事迹考》(刊载于《文化艺术研究》2011年第4期)一文中"乡试考"。

③ (清)黄文旸:《自题〈鲁游诗钞〉》,载《扫垢山房诗钞》卷十,《续修四库全书》集部1459,上海古籍出版社2002年版,第112页。

④ (清)孔宪圭:《〈扫垢山房诗钞〉序》,载《扫垢山房诗钞》卷首,《续修四库全书》集部1459,上海古籍出版社2002年版,第5页。

者以师事之,诗词唱酬,多有吟咏。次年,张因的《绿秋书屋诗钞》在阮元资助下刊刻。嘉庆十年(1805)十月,因家遭变故,黄氏夫妇返归扬州家中。

晚岁居甘泉天心墩扫垢山下,张因画《扫垢山房联吟图》,阮元、李斗、李周南等皆有题咏。嘉庆十四年(1809)二月,74岁的黄文旸与好友凌廷堪相会于浙江巡抚阮元节署。此后不再外出,时与同里孝子吴涣论诗,并为其《枕流阁诗钞》作序。

黄文旸与扬州学派诸子阮元、江藩、焦循、黄承吉、李钟泗、凌曙、汪冬巢等交往频繁。论年辈、声望,黄文旸自为里中老宿。他与阮元、黄承吉为闾巷忘年交,彼此声气相通,来往密切。他与焦循存姻亲之谊,与江藩则有通家叔侄之谊。居里时,诸子时相过从,或研讨曲学,或辑录诗文,阮元所辑之《淮海英灵集》就由黄文旸总其事而成。

黄文旸博通经史,精通八股文,尤擅诗文词曲。阮元对其才识评价很高,尝云:"秋平研究六经,融贯诸史,以修其身,蓄而通之,得其经纬,可以治繁剧,决疑虑。……善为论说辩难、箴铭赞颂之文,又好审辨金石文字,有《古泉考》八卷。长于制义、格韵,在嘉隆之上。善词曲,入东篱之室。"①著有《古泉考》6卷,《通史发凡》30卷,《隐怪丛书》12卷,《曲海》,《扫垢山房诗钞》12卷,《葫芦谱》,等等。除《扫垢山房诗钞》外,余皆佚。《清史列传·文苑传》《(同治)续纂扬州府志》和《(光绪)增修甘泉县志》等皆有传。

黄文旸以诗礼传家,在甘泉颇有声誉,《扬州画舫录》卷九云"江北一家能诗者,黄氏其一焉"②。其妻张因是当时有名的才女,是扬州曲江亭诗社的主要成员之一,执贽诗人袁枚门下,系袁枚之"额外女弟子"③。按,张因,原名英,字淑华。黄文旸易其名为因,字净因,号净因道人。母徐氏系清初戏曲家徐石麒之孙女,因此家学渊源,张因多才多艺,工诗词,尤善画兰,花卉翎毛称逸品。著有《绿秋书屋诗钞》。《名媛诗话》云:"夫人精天文之学,兼工绘事,与秋平迭相唱和。人比之沈方舟、朱柔则。"④其长子黄金亦擅诗,得唐人绝句法,是经学家、曲家焦循的妹夫。

黄氏伉俪兼擅曲事,题咏联吟,琴瑟唱和,时人传为美谈。阮元《净因道

---

① (清)阮元:《〈扫垢山房诗钞〉序》,载黄文旸《扫垢山房诗钞》卷首,《续修四库全书》集部1459,上海古籍出版社2002年版,第2页。
② (清)李斗:《扬州画舫录》卷九"小秦淮录",汪北平、涂雨公点校,中华书局2004年版,第214页。
③ 王英志主编《袁枚全集》第8册附录四《随园轶事》之"额外女弟子":"执贽先生门下,愿附女弟子之列;因家住邗江,且为时较晚,故不入湖楼诸女弟子中。"王英志:《袁枚全集》(8)附录四《随园轶事》,江苏古籍出版社1993年版,第90页。
④ (清)沈善宝:《名媛诗话》卷七,载《续修四库全书》集部1706,上海古籍出版社2002年版,第639页。

人传》记载："居士雄于文,为里中老宿。屡不第。家贫,以馆谷自给。道人常典簪珥以为炊,或以画易米,与居士相唱和;或赌记书籍、策数典故以为乐。"①颇有李清照、赵明诚夫妇的风采。《扫垢山房诗钞》收录多首黄文旸夫妇唱酬之作。张因的善解音律无疑强化了黄文旸的曲学爱好,也为他在朋辈中赢得了良好的声誉。时人有诗赞曰："才福难兼得,良人大雅才。停针商曲谱,剪烛斗诗牌。"②

金兆燕与黄文旸有很深的交谊,两人曾共事扬州词曲删改局校曲。乾隆五十二年(1787),金兆燕应黄文旸之请,为张因《绿秋书屋吟稿》作序,云:"淑华夫人为吾友黄子秋平之配,于诗无所不工。或以秋平之贫为叹,而谓夫人之命适穷于诗,余曰是何言也?秋平学古人之学,其子无假年甫志学而读书等身,诗文皆惊其长老。瓜牛庐中,父子夫妻更唱迭和,肃如雍如,似集良友。扬州城中丰屋部家持粱刺齿肥者,有一能如是者乎?"③不仅称许张因于诗无所不工,而且甚赞黄文旸以诗礼传家,父子夫妻迭相唱和,其乐融融。

(六)与程枚

程枚(1749—1810后),字时斋,一字瀛仙,别号苍梧寄客。监生。江苏海州人。生平资料存世很少,仅见《弇榆山房笔谭》记载,可略知其为人及生平行迹。程枚尝游历济南,受业于浙江秀水盛秦川,归而诗学大进。后侨寓扬州,为幕僚20年,经营盐业10年,因此深谙两淮盐务、盐商习尚,及如何处理盐务事宜。程枚才思敏捷,公私丛集之际,犹拈韵作诗,啸咏不辍。其文章技法娴熟,颇有时誉。尤精通曲律,高宗东巡时编写过《蓬莱会》《法轮游》两种迎銮法曲。乾隆四十六年(1781)参与扬州词曲删改局校曲事,任分校。著有传奇《一斛珠》行世,及《恒钉集》四卷(已佚)。

金兆燕与程枚之间的交往,未见文字记载。但两人皆长期寓扬,又曾共事扬州词曲删改局校曲。程枚之好友凌廷堪,与金兆燕亦师亦友,因此当有交往之可能。《弇榆山房笔谭》云程枚为人富机趣,常杂以滑稽调笑,不服他者约束。金兆燕生性佻达,喜言笑。两人的性情脾气颇相似,也许与他们都曾寄人篱下,有过幕僚经历有关。

---

① (清)阮元:《净因道人传》,载《揅经室集二集》卷六,《揅经室集》,邓经元点校,中华书局2006年版,第531页。
② (清)李周南:《寿黄秋平孺人张净因六十》,载《洗桐轩诗集》卷六,清嘉庆刻本。
③ (清)金兆燕:《张淑华闺秀〈绿秋书屋吟稿〉序》,载《棕亭古文钞》卷五,《续修四库全书》集部1442册,上海古籍出版社2002年版,第331页。

(七)与焦循

焦循(1763—1820),字里堂,一字理堂,晚号里堂老人。世居甘泉北湖黄珏桥。嘉庆六年(1801)举人。曾追随阮元至山东、浙江等地衡文佐仕。后以母老辞会试。筑雕菰楼为读书之楼,足迹不入城市者 10 余年。著述甚丰,经史子集皆广泛涉猎,文学方面有《雕菰集》《红薇翠竹词》《仲轩词》等,戏曲著述有《剧说》《花部农谭》《曲考》《易余曲录》等,及传奇《续邯郸梦》(已佚)。

焦循生三四岁即颖异。8 岁至公道桥阮家,与宾客辨壁上"冯夷"字,曰:"此当如《楚辞》,读'皮冰'切,不当读如'缝'。"阮赓尧奇之,将女儿许配给他。焦循为阮元族姐夫,两人问学相长,交情笃厚。焦循平生博闻强记,识力精卓,每遇一书,必究其源,以故经史、历算、声韵、训诂无所不精。壮年即名重海内,乾嘉经学家钱大昕、王鸣盛、程瑶田等皆推重之。阮元称其学精深博大,名曰"通儒",为之作《通儒扬州焦君传》。焦循与阮元、凌廷堪、黄承吉、钟怀等友善,系扬州学派代表人物之一。

金兆燕与焦循有师生情谊。乾隆四十四年(1779)五月,江苏学政刘墉督学至扬州。焦循《感大人赋》云:"循年十七,应童子试。刘公为人简肃,恶浮伪之习,试经与诗赋尤慎重。用是试者甚罕。循幼从范先生学诗古文,至是往试。公取为附学生。覆试日,公令教授金先生呼曰:诗中用'榅麍'字者,谁也?'循起应之。教授令立俟堂下。……顾谓教授金先生曰:'此子识字,今入郡学以付汝。'询循所寓远,令巡官执炬送归寓。"①初应童子试的焦循在初试中即被录取为附学生。复试时,刘墉见焦循衣着朴实,且通"榅麍"二字音义,因此甚为欣喜,以习经义勉之,并郑重地将他托付给府学教授金兆燕。在金兆燕的关照下,次年焦循进入安定书院。按,金兆燕自乾隆三十三年(1768)春起,在扬州任府学教授,至乾隆四十四年(1779)冬入京,迁国子监博士。则乾隆四十四年(1779)夏五月至冬,当为金、焦两人交往的年限。因资料匮乏,此后两人之交往不详。

第二节 李斗与曲家交游考

李斗(1749—1817),字北有,号艾塘,一作艾堂,别署画舫中人。诸生。仪征人。先世住山西省忻州静乐县楼里村,明末崇祯时高祖开春公迁居扬

---

① (清)焦循:《感大人赋》,载《雕菰集》卷一,《丛书集成初编》(2191),商务印书馆 1935 年版,第 1 页。

州,遂占籍扬州。李斗幼时失学,疏于经史,因而未走"学而优则仕"的传统知识分子道路,终生未应科举试。少年时他一度沉迷于道家炼丹之术,自云"少时丹学颇寻究,解穿始觉仙无缘",似乎受儒家正统思想约束较少。乾隆三十九年(1774),26 岁的李斗开始游历,尝三至粤西,七游闽浙,一往楚豫,两上京师,行迹颇广。后移家扬州,泛舟湖上,往来诸工段间,考索于志乘碑版,咨询于故老通人,采访于舟人市贾,因此对扬州的风物人情知之甚悉。《扬州画舫录》就是在此基础上,以实录乾隆年间扬州史事、作者的闻见为主,上之贤士大夫流风余韵,下之琐细猥亵之事,诙谐俚俗之谈,悉数予以记录。

乾隆六十年(1795),李斗酝酿构思了 30 年的《扬州画舫录》刊行面世。"士女总胪风土记,公卿争揖布衣交"①,一时洛阳纸贵,都人士争传之。名宦硕儒、文人学士与他倾意结交,纷纷赋诗、题词、作序,给予了充分的肯定和不遗余力的褒扬。为其作序者有袁枚、谢溶生、阮元、方濬颐等,再版时阮元又先后为其补了二跋,高度评价其体制在雅俗之间,为深合古书体例之作。卷首所刊题词,计有四十五家,题者为:牛翊祖、吴士英、汪棣、沈业富、张焘、王廷琛、朱赞、胡量、江藩、朱森桂、方辅、谢宏生、黄张因(静因闺秀)、郭均、焦循、方仕煌、汪文锦、江昆、张居寿、王廷伯、张镠、季尔庆、李天澂、汪坤、蒋徽、程赞和、杨炤、罗亨元(时年 16 岁)、罗亨麐(时年 15 岁)、程赞皇、程赞宁、洪锡恒、方桂、吴小贞(女士)、李周南、石钧、钱时霂、李菼、熊之勋等。该书声名之盛可见一斑。题词者多为官员、学者和文士,亦有少年才俊、闺阁才女,皆为李斗相与往来的朋友。

嘉庆元年(1796),李斗赴浙江学政阮元幕,随其按试嘉兴、湖州等地。嘉庆八年(1803),55 岁的李斗与孙星衍相聚于秦敦年寓所,"而艾塘持螯十数斤,精神意气视畴昔加胜"②。

李斗多才多艺,博学工诗,兼通数学、音律。著有《永报堂集》33 卷(收录《永报堂诗集》8 卷、《艾塘乐府》1 卷、《扬州画舫录》15 卷;传奇《岁星记》《奇酸记》)。晚年纂修《两淮盐法志》,以疾中食防风而愈,乃名其居曰"防风馆"。孙星衍谓其诗:"五古得选诗陶谢风韵,七古律诗词意雅正,擅唐人体格之长,绝无徘谐佻巧之作,盖诗如其人。"③安定书院山长洪梧论其诗曰:"其词峭而旨深远,运事古雅而博奥。……而其品概时流露于行间,盖狷者

① (清)黄承吉:《挽李处士艾塘》,载《梦陔堂诗集》卷十八,清道光十二年(1832)刻本。

② (清)孙星衍:《〈永报堂诗集〉序》,载李斗《永报堂诗集》卷首,清乾隆六十年(1795)至嘉庆刻本。

③ (清)孙星衍:《〈永报堂诗集〉序》,载李斗《永报堂诗集》卷首,清乾隆六十年(1795)至嘉庆刻本。

之诗也。"①皆谓诗如其人。

李斗不仅审音知律，还能操笛唱曲。有次友朋聚会时，他忽乘兴自演侑酒，与之同席的后辈黄承吉有诗赞曰："技痒谁禁角辈群，传神一曲要人闻。妆成面目如孙绰，笑绝髭髯有陆云。"②颇有元杂剧大家关汉卿的风采。其剧作蜚声当时，李斗自我夸言"自苍梧归，吴人市予词曲为院本盖有年矣，寒家烟火所资用是出焉"③，一度以售曲为生。李斗所编戏曲数量当不少，今留存于世仅两种：传奇《岁星记》和《奇酸记》。

李斗为人诙谐滑稽，身形矮小，友辈直呼其为"矮李"④。阮元谓其"性任侠，乐朋友"⑤，是以他虽一袭布衣，但所交不乏当道风雅人物。其为人及行事方式，与明清之际山人清客陈继儒、李渔相似。他因生计所迫，除售曲外，甚或在卿相士夫间周旋打秋风，以致"或疑艾塘为陈眉公、李笠翁之流"⑥。李斗交游广泛，所居扬州为海内一大都会，"四方学问文章技术之士，至则与艾塘奉手题襟，流连文酒之会，故得尽知经术渊源、天部转算、词章流派曲折"⑦。扬州学派诸子中，汪中、钟怀、焦循、江藩、凌廷堪、黄承吉等皆是他的至交好友。名流大儒如袁枚、孙星衍、王昶、朱筠、钱大昭、曾燠、朱孝纯、金兆燕、阮元、江藩、黄景仁等也颇为赏识他的才情，"扬州八怪"中之罗聘、闵贞皆与他有交往。

李斗具有朴素的平民意识，与底层艺人亦多有交往，曾为评话艺人浦淋作过《拋子传》，说书艺人叶英也是他的知交好友。因此，本节以李斗为中心，展开对扬州曲家交游活动的考察。

---

① （清）洪梧：《〈永报堂诗集〉序》，载李斗《永报堂诗集》卷首，清乾隆六十年（1795）至嘉庆刻本。

② （清）黄承吉：《艾塘招同人观剧忽乘兴自演侑客即席戏作》，载《梦陔堂诗集》卷四，清道光十二年（1832）刻本。

③ （清）李斗：《东园观剧》，载《永报堂诗集》卷七，清乾隆六十年（1795）至嘉庆刻本。

④ 从现存资料看，友人时常呼李斗为"矮李"，如江藩《题〈画舫录·梦扬州〉》："别裁短李《名园记》，翠织成山水文情；青未杀，洛阳纸贵，人问其名。"张居寿《题李二〈画舫录〉》："短李抱其才，非狂亦非狷。"上述二诗分别刊载于李斗《扬州画舫录》卷首，周春东校注，山东友谊出版社2001年版，第12、17页。他如黄文旸在诗中多次戏称之，如《予友李艾塘有〈春日扬州〉诗云'城里杨花城外柳，春风吹过小东门'，予极赏其神韵，舟中见绿柳弥望，作断句寄李兼怀扬州诸故人》云："风流短李旧王孙，解唱杨枝最断魂。柳色一堤看不厌，春风又忆小东门。"《赠刘嵩岚》："心伤肠断醉不知，失足一跌笑短李艾堂。"上述二诗分别刊载于黄文旸《扫垢山房诗钞》卷五，《续修四库全书》集部1459，上海古籍出版社2002年版，第63、59页。

⑤ （清）阮元：《〈永报堂诗集〉序》，载李斗《永报堂诗集》卷首，清乾隆六十年（1795）至嘉庆刻本。

⑥ （清）孙星衍：《〈永报堂诗集〉序》，载李斗《永报堂诗集》卷首，清乾隆六十年（1795）至嘉庆刻本。

⑦ （清）李斗：《永报堂诗集》卷首，载《永报堂诗集》，清乾隆六十年（1795）至嘉庆刻本。

（一）与金兆燕

李斗与金兆燕是知交，《永报堂诗集》卷二中存一首《送金棕亭广文往高邮》诗。诗云："落月尚从低树挂，宿云早向碧天揩。送君此去如河草，一路青青过界牌。"①按诗集行年归类，可知作于乾隆四十二年（1777），则是年两人已开始交往。

乾隆四十五年（1780），金兆燕在京任国子监博士，兼四库馆缮书处分校官，分任校对之事。时李斗居京，两人交往频繁，互有诗词酬唱。金兆燕有《次李艾塘赠仆诗韵四首》，兹录其中三首如下：

> 天涯得仆便为朋，僮券亲书记昔曾。
> 驿路晓随三尺剑，旅窗寒傍一枝灯。
> 云山到处蛮依蜑，形影多年葛附藤。
> 木末水滨犹怅望，可堪缠断彩丝绳。

> 久诵三皈赋七依，郭郎捧剑肯相违。
> 清晨换水先瓯宰，午夜添香伴淬妃。
> 缃帙虚帏闲共理，纱笼小巷醉同归。
> 忍教只影飞鸿去，尘满征鞍泪满衣。

> 几年同看帝城春，与尔相依共一身。
> 富贵他时惟忆汝，晨昏此日尚依人。
> 衾裯自卷孤眠梦，薪水谁怜客况贫。
> 凄绝赠行无长物，腰间解取旧时巾。②

"僮券亲书"用的是王褒买仆写券书的典故，从"天涯得仆便为朋""形影多年葛附藤""清晨换水""午夜添香""解取旧时巾"这类词语看，这组诗描述的应是李斗与仆人之间亲密无间的关系，"几年同看帝城春"所指并非李斗和金兆燕。按，该诗作于乾隆四十五年（1780）。金兆燕于乾隆四十四年（1779）冬入京任国子监博士，乾隆四十六年（1781）春辞官南归。李斗则于乾隆四

---

① （清）李斗：《送金棕亭广文往高邮》，载《永报堂诗集》卷二，清乾隆六十年（1795）至嘉庆刻本。

② （清）金兆燕：《次李艾塘赠仆诗韵四首》，载《棕亭诗钞》卷十四，《续修四库全书》集部 1442，上海古籍出版社 2002 年版，第 225 页。

十四年(1779)春首次入京,次年秋冬之际回扬。因此,两人在京交往的时间应是乾隆四十四年(1779)冬至乾隆四十五年(1780)秋冬之际,并不存在如陆萼庭所说的"几年同看帝城春"的现象。① 乾隆四十六年(1781)春两人同入扬州词曲删改局校曲,其中交厚者有黄文旸、罗聘、凌廷堪、程枚、谢溶生、朱筼等。

《扬州画舫录》中有关金兆燕的记载有 12 处,内容涉及其家庭情况、性格爱好、遗闻逸事及文学成就等多个方面。比如:卷三"新城北录上"记录了金兆燕号"棕亭"的由来;卷十"虹桥录上"介绍了金兆燕及其父、子、孙一门四代的情况,并赞其一家"自槩至珊,称为'金门四才子'"②。可知李斗对金兆燕一家的情形颇为熟稔。

(二)与黄文旸

李斗与黄文旸同里、同入扬州词曲删改局校曲,志趣也相投,还是儿女亲家(李女嫁为黄幼子震妻)③。从年岁上看,黄文旸比李斗大 13 岁,在诗文中多次戏称他为"短李",关系非常亲密。他们在里中时常过从,唱酬往来。

黄文旸《予友李艾塘有〈春日扬州〉诗云'城里杨花城外柳,春风吹过小东门',予极赏其神韵,舟中见绿柳弥望,作断句寄李兼怀扬州诸故人》诗云:"风流短李旧王孙,解唱杨枝最断魂。柳色一堤看不厌,春风又忆小东门。"④作于嘉庆四年(1799)北上赴阙里舟中,诗中深情怀念李斗及在扬友人。其《赠刘嵩岚》一诗亦提及李斗,"甲寅之岁夏四月,月阳在己阴在巳。时良月吉占同人,我辈聚会观天咫。……江郎子屏开宴特招邀,促膝衔杯共汝尔。座上汪伦情最痴_{蔚云},泪滴重泉忆簪珥。美人黄土名士老,满座惨然共倾耳。心伤肠断醉不知,失足一跌笑短李_{艾堂}。知己悦己惟一情,何分几席与床第。……"⑤诗中回忆了乾隆五十九年(1794)四月,江藩设宴相招,与汪蔚云、李斗、刘嵩岚等聚会时的情形。

---

① (清)陆萼庭:《金兆燕年表》"乾隆四十五年庚子"条,载《清代戏曲家丛考》,学林出版社 1995 年版,第 150 页。

② (清)李斗:《扬州画舫录》卷十"虹桥录上",汪北平、涂雨公点校,中华书局 2004 年版,第 235 页。

③ 焦循《上阮中丞第一书》云:"艾堂之女现许为秋平之次媳。"(清)焦循:《里堂文稿》(不分卷),清稿本,上海图书馆藏。

④ (清)黄文旸:《予友李艾塘有〈春日扬州〉诗云'城里杨花城外柳,春风吹过小东门',予极赏其神韵,舟中见绿柳弥望,作断句寄李兼怀扬州诸故人》,载《扫垢山房诗钞》卷五,《续修四库全书》集部 1459,上海古籍出版社 2002 年版,第 63 页。

⑤ (清)黄文旸:《赠刘嵩岚》,载《扫垢山房诗钞》卷五,《续修四库全书》集部 1459,上海古籍出版社 2002 年版,第 59 页。

黄、李两家成员之间亦有诗文题咏。张因曾题咏过李斗的《扬州画舫录》,其《题李艾塘先生〈画舫录〉四首》云:

> 十里长湖歌吹喧,避喧偏住水边村。每逢佳日贫且病,花落苍苔只闭门。
>
> 明月莺花翡翠楼,繁华今古说扬州。新编展向明窗读,却胜腰缠跨鹤游。
>
> 草木禽鱼尽写生,人文风土总详明。寸丝尺素联成匹,疑是天孙锦织成。
>
> 独开生面网珊瑚,细缀骊龙颔下珠。十里湖光桥念四,特将彩笔绘全图。①

诗中赞美了李斗不辞贫病、甘居僻村、闭户著书的高洁品格。谓其生花妙笔犹如织女织锦般生动地描绘了扬州的风土人情画卷,因此只需新编一卷在握,临窗细读,就远胜“腰缠十万贯,跨鹤下扬州”了。

李斗《永报堂集》卷七收有《题黄秋平明经、张净因女史〈扫垢山房联吟图〉》诗,其诗云:

> 昨日送行客,空舍留一挂。疏树抱溪屋,岚翠湿山廧。
>
> 升堂闻琴瑟,铿然有声画。嗟我临风读,往事意殊怪。
>
> 意怪情先愁,愁君苦遨游。暂尔谢行迈,倏忽难淹留。
>
> 匆匆理湖棹,迫迫典征裘。将勿稚子念,用复山妻忧。
>
> 向者营十椽,秋平旧有十椽书屋。卜居近市廛。夫妇苦隘垫,唱和盈诗篇。
>
> 雅颂广志意,名士有以全。胡为买山赀,付之缣素传。
>
> 画鬓兼画须,须鬓皆成丝。共勤远游计,遂忘并隐期。
>
> 东皋余未耔,西坨歌虓嫽。念子复视我,贫病同伤悲。②

描写了黄氏夫妇在扫垢山下清贫自守、诗画唱和的隐居生活。黄氏夫妇忧

---

① (清)张因:《题李艾塘先生〈画舫录〉四首》,载《绿秋书屋诗钞》(不分卷),清道光二十四年(1844)蔡氏琅嬛别馆刻本。

② (清)李斗:《题黄秋平明经、张净因女史〈扫垢山房联吟图〉》,载《永报堂诗集》卷七,清乾隆六十年(1795)至嘉庆刻本。

俪情深,却贫病交加,迫于生计外出奔波,这相似的遭际,令李斗伤感不已。他对张因的诗画才艺甚为赞许,《扬州画舫录》谓其"工诗画,花卉翎毛称逸品"①。

黄、李两人在曲学上有交流,《岁星记》传奇末出有"秋平老人"(黄文旸号"秋平")的评点。张因之母徐氏是清初戏曲家徐石麒之孙女,因此黄、李对徐石麒充满景仰之情。他们认为元曲是独一无二的曲学高峰,无人可以逾越,唯徐石麒《坦庵六种》可列配飨元曲之侪伍,而《奇酸记》亦蹑武元人。②《扬州画舫录》中全文记录了黄文旸的《曲海目》、《庵中夜坐》诗及《萧孝子传》。此外,多次提及黄文旸,如卷九论其妻、子云:"妻张净因,名因,工诗画,著《淑华集》。子无假,名金,得唐人绝句法。江北一家能诗者,黄氏其一焉。"③显然对黄文旸以诗礼传家颇为赞赏。

(三)与焦循

李斗比焦循年长14岁。焦、李两家皆与甘泉黄家联姻,因此三家关系亲密。焦循《理堂日记》所记时间,起自嘉庆元年(1796)七月四日,讫于是年十二月三日。其中多次提及李斗,记载了两人之间频繁的交往活动。如"(七月)初九日早渡江抵扬,至黄秋翁家,李艾堂少选亦至,旋约李振翁为廷琥诊脉";"初十日早同艾堂及黄秋翁往候赵仰兄,请其为廷琥胗视";"十一日早,程中之兄约于小方壶吃茶,许楚生衣冠来叩首拜谢,为《英灵集》事也。乃同吃茶,往汪晋蕃兄家,留吃饭。晚李艾堂以知己室熏肉至秋平家,雄谈更许乃散";"十二日早艾堂约吃面,同至中之家,拜一亭之灵,……晚艾堂又至,饮至二更而去。盖明日艾堂与中之同往杭州,此暂别也"④。按,日记中所提"黄秋翁"即黄文旸,"李艾堂"指李斗。所记录的是,因儿子廷琥病剧,焦循携子自杭返扬求医,七月初九甫抵扬州,即至黄文旸家,而李斗亦闻讯赶来,三人一起商量延医诊治事。由此可见黄、焦、李三人关系之亲密。而十一日至十三日,这短短四天时间里,焦循与李斗、黄文旸等吃茶叙旧,其间频频接触。

此外,《理堂日记》中涉及李斗的记载还有不少:"九月初八日饭后同中之、艾堂,补僧登吴山绝顶";九月二十二日,焦循离开杭州,而"李艾堂往苏,刻《扬州画舫录》及《七经孟子考文》","以《宫室图》九部交艾堂,以一部送钱

---

① (清)李斗:《扬州画舫录》卷二"草河录下",汪北平、涂雨公点校,中华书局2004年版,第49页。

② 具体将在第五章"扬州曲家的戏曲理论贡献(上)"展开论述。

③ (清)李斗:《扬州画舫录》卷九"小秦淮录",汪北平、涂雨公点校,中华书局2004年版,第214页。

④ (清)焦循:《理堂日记》(不分卷),手抄本,上海图书馆藏。

景开,其八本换《四书典林》《左传事纬》《广事类赋》";十月十四日,焦循在杭州作《吴山第一楼》诗,其中有"文章自信成名手,骨相何疑兆状头",注云"江补僧、李艾堂并善珞琭子法,推竹塘禄命当中状元"。① 显然为与李斗同寓浙江学政阮元幕府之佐证。

李斗结识并入阮元幕府,系焦循绍介而成。焦循《上阮中丞第一书》云:"伊近来谋修《盐法志》,约得二千金,其故全由于大人为之刻《画舫录》及托办《英灵集》事。此二事皆不孝所力荐于大人。"②由此可知阮元为李斗出资刊刻《扬州画舫录》及托办《淮海英灵集》,皆系焦循向阮元所"力荐"。焦循系阮元族姐夫,又为少年学侣,有了这层关系,李斗结交阮元并得阮元资助是顺理成章的事了。

李、焦两人在曲学上多有交流。焦循曾为李斗《岁星记》传奇作序,序云:"岁乙丑,访李君艾塘于防风馆,见其近作《岁星记》传奇,本《列仙传》'东方朔为岁星之精'也。夫曼倩在孝武时,文章不让相如,谏诤同于长孺。二句本方正学先生。班生专为立传,而明辨当时所传他事奇言怪事之非,则'岁星'之说,为孟坚所不信。然而惟岳降神,生甫及申。一代非常之人,未有不钟毓于星辰河岳之灵者,何独不然?艾塘此作,可与升庵、孝若、笨庵诸曲,比肩伯仲,夫又何疑?艾塘此记成,旋付歌儿。较曲者以不合律,请改。艾塘曰:'令歌者来,吾口授之。'且唱且演,关白唱段,一一指示,各尽其妙。嗟呼!论曲者每短《琵琶记》不谐于律,惜未经高氏亲授之耳。汤若士云:'不妨天下人拗折嗓子。'此诨语也。岂真拗折嗓子耶?"③对李斗的编剧才能及《岁星记》传奇评价甚高。

两人的戏曲观颇相似。如评判演员优劣高下的标准是神化和肖人、动人。《扬州画舫录》和《剧说》中有很多相关的论述。又如推崇花部戏,《扬州画舫录》卷五和《花部农谭》都记载了乾嘉之际扬州花雅两部争胜的情形。但也略有不同,比如同是推崇元曲,焦循倡导"一代有一代之所胜",李斗却有泥古、拘古之嫌。具体将在第六章中展开探讨。

焦循曾为《扬州画舫录》题诗,其《将之济南,留别李艾塘,即题其〈画舫录〉》诗曰:"太平诗酒见名流,碧水湾头百个舟。十二卷成须寄我,挑灯聊作

① (清)焦循:《理堂日记》(不分卷),手抄本,上海图书馆藏。
② (清)焦循:《上阮中丞第一书》,载《里堂文稿》(不分卷),清稿本,上海图书馆藏。
③ (清)焦循:《剧说》卷三,载《中国古典戏曲论著集成》(八),中国戏剧出版社1982年版,第219页。

故乡游。"①将赴济南阮元幕府,临别之际,犹关注着李斗的《扬州画舫录》一书,殷殷嘱其书成后将文稿寄付,以便自己挑灯览阅,胜似回到了故乡,足见两人交情之笃厚。

此外,两人在学术上也有交流。焦循与好友凌廷堪皆精于推算之学,李斗经常听他们谈论,获益匪浅,尝云:"予于推算之学,全无所知,获与仲子、里堂交,每闻其绪论。"②并且高度评价焦循、凌廷堪及李锐的推算学成就:"予按:推步之学,梅氏、江氏、戴氏为最精,而仲子、里堂、尚之三君,复推其所不足而有以补之。"③《扬州画舫录》卷五全文记录了焦循的《曲考》和《贞女辨》,及其寄与友人李锐的信函《与李尚之书》,李锐的《答里堂书》。

焦循与李斗原本关系亲密,后竟构衅断交,实缘于黄文旸家事。黄家拮据而焦氏妹遭人诬陷时,焦循曾"作札与李艾堂,一则约其料理柴米之事,一则望其排难纠纷",而李斗不仅"不答不孝之札,反作书于秋平以激之,又造言以搆不孝于伊婿及黄十二",由此矛盾激化,事态扩大,黄文旸"据之以诘家母",致使焦母和焦氏妹"因尔而成疴",相继病逝,因此焦循以为此祸"实酿于李艾堂也"④。自此焦、李两人交恶,今《雕菰集》中只字不提李斗,及《剧说》稿本中删去《〈岁星记〉序》⑤,可为佐证。

(四)与程枚

李斗与程枚曾共事于扬州词曲删改局。凌廷堪、黄文旸皆为他们的好友,因此两人的关系当非常密切。《扬州画舫录》卷五云程枚"长于词曲,有《一斛珠传奇》最佳"⑥。两人直接交往的记载未见,有待新材料的发现。

(五)李斗与卢见曾之第三子卢谟

卢见曾育子谦、谨、谟、阎等四人,卢谟为第三子。监生。曾为江春座上客。著有《安平集》《梦徐草》《南游杂诗》《淮阳诗存》《关中草》等。

李斗与卢谟有诗歌唱酬,《永报堂诗集》存诗两首。乾隆四十四年(1779),李斗在京赠卢谟礨石,并赋诗《礨石赠卢三竹圃》。乾隆四十八年

---

① (清)焦循:《将之济南,留别李艾塘,即题其〈画舫录〉》,载李斗《扬州画舫录》卷首,周春东校注,山东友谊出版社 2001 年版,第 5 页。

② (清)李斗:《扬州画舫录》卷五"新城北录下",汪北平、涂雨公点校,中华书局 2004 年版,第 109 页。

③ (清)李斗:《扬州画舫录》卷五"新城北录下",汪北平、涂雨公点校,中华书局 2004 年版,第 111 页。

④ (清)焦循:《上阮中丞第一书》,载《里堂文稿》(不分卷),清稿本,上海图书馆藏。

⑤ 《剧说》卷三"东方曼倩"条下,稿本较刻本有所删节,所删即焦循所作《〈岁星记〉序》,注释16下补录云:"李艾塘作《岁星记》传奇,本《列仙传》'东方朔为岁星之精也'。……"(清)焦循:《剧说》,载《中国古典戏曲论著集成》(八),中国戏剧出版社 1982 年版,第 219 页。

⑥ (清)李斗:《扬州画舫录》卷十"虹桥录上",汪北平、涂雨公点校,中华书局 2004 年版,第 135 页。

(1783),两人在广东番禺分手,离别之际,李斗赠诗《番禺别卢三竹圃》。短短 4 年时间里,两人先后在北京、番禺相遇,并赋诗留念,则知卢谟同样好游历,为李斗的同道好友。《扬州画舫录》有两处提及卢谟,卷二云其为卢见曾次子,10 岁工诗,善擘窠书。① 按,李斗谓卢谟为卢见曾次子,当有误。

第三节　凌廷堪与曲家交游考

凌廷堪(1757—1809)②,字次仲,一字仲子。安徽歙县人。父文灿,字灿然,自歙迁至海州之板浦场,遂家焉。凌廷堪少赋异禀,读书一目十行。6 岁而孤,年 12 弃学习贾。稍长,工诗及骈散文,兼为长短句。后入京师,受业于翁方纲门下,始究心经史之学。慕同乡前辈江永、戴震之学。乾隆五十四年(1789)应江南乡试中举,次年中进士,例授知县,自请改教授职,铨选宁国府教授。先后主讲敬亭、紫阳二书院。《清史列传》有传。

凌廷堪博览强记,识力精卓,涉猎广泛,贯通群经,尤深于礼经。雅善骈文,其诗格调清隽,不分唐宋门户,词亦不主一家,而严于律。晚年致力于著述,创获甚多,却不自收拾。卒后,门生张其锦麋拾残稿,搜访遗书,辑录成《燕乐考原》六卷、《元遗山年谱》二卷、《充渠新书》二卷、《校礼堂文集》三十六卷、《校礼堂诗集》十四卷、《梅边吹笛谱》二卷。

凌廷堪以歙人"久客邗江,为华氏赘婿"③,与扬州学派成员友善,彼此问学相长,志同道合,因此被列入扬州学派。乾隆四十六年(1781),应两淮盐政伊龄阿之聘,凌廷堪入扬州词曲删改局审查戏曲,担任分校。次年秋,凌廷堪入京,很快以经史见知世人,"当时诸公贵人一见倾心,交游半天下"④。乾隆四十九年(1784)春夏之交,再次客扬州,娶华孺人。与汪中、江藩等定交。乾隆五十四年(1789)春,会阮元于扬州,作《后大鹏遇希有鸟赋》,彼此钦慕不已,结下深厚的情谊。

---

① (清)李斗:《扬州画舫录》卷十"虹桥录上",汪北平、涂雨公点校,中华书局 2004 年版,第 229 页。

② 凌廷堪的生年历来有两种说法:其一是乾隆二十年(1755)说,以阮元为代表,《清史列传》和钱穆、王文锦、张寿安等承之;其二是乾隆二十二年(1757)说,以朱锦琮、戴大昌、张其锦为代表。林存阳《凌廷堪生年考》(刊载于《清史研究》2002 年第 1 期)一文,据凌氏诗文进行考证,认为其生年应为乾隆二十二年(1757)。笔者采取第二种说法。

③ (清)江藩:《凌廷堪传》,载张其锦《凌次仲先生年谱》卷首,《续修四库全书》集部 1480,上海古籍出版社 2002 年版,第 750 页。

④ (清)朱锦琮:《〈凌次仲先生年谱〉序》,载张其锦《凌次仲先生年谱》卷首,《续修四库全书》集部 1480,上海古籍出版社 2002 年版,第 748 页。

凌廷堪是一位颇有独特见解的戏曲理论家。其《论曲绝句三十二首》是富有较高理论价值的论曲诗。他精通音律，工于词曲，交游广泛。金兆燕、黄文旸、程枚、李斗、焦循等皆是其莫逆之交。同时代曲家中，孔广森、吴恒宣等为其良师益友，交情深厚；石蕴玉、桂馥等则为其同科进士。因此，考察凌廷堪的交游情况，及其所关注的曲学风尚，可以更清晰地把握处于花雅之争中心的扬州曲家这一群体。

(一) 与金兆燕

作为一风雅长者，在扬州府学教授任上，金兆燕提倡风雅，嘉勉后学，"遇一才一艺之长，津津道不置口，东南学者翕然归之。其所成就，皆为高才醲仕。扬之人迄今传为盛事"①，阮元、黄承吉、焦循等扬州学者多受其器重，凌廷堪亦是受惠者。乾隆四十四年(1779)，金兆燕在马氏小玲珑山馆初见凌廷堪，即为其才气倾倒，"目为旷代奇才"②。此后两人开始了密切的交往。

两年后两人同入扬州词曲删改局校曲。作为后学，凌廷堪追随金兆燕左右，得其指教，又因志趣相投，金兆燕于其亦师亦友。乾隆四十六年(1781)五月底，扬州词曲删改局撤去。在金兆燕的劝勉下，凌廷堪入都拜在了文坛泰斗翁方纲门下。乾隆四十九年(1784)二月，凌廷堪落第南归至扬，金兆燕闻知后招饮，颇有慰藉之意，凌氏即席和诗一首，其诗曰："一鞭初自蓟门还，憔悴风尘客子颜。未傍螭头瞻北阙，却骑驴背别西山。文章造命原如此，贫贱驱人亦等闲。惭愧先生曾说项，殷勤仍为扫柴关。"③由末两句诗意，可知凌廷堪进京赴试，金兆燕曾将他荐举给翁方纲。诗中流露出下第后的失落之意，深感辜负了金兆燕的提携之情。所谓"文章造命原如此"云云，则是凌廷堪的自我解嘲之言。

金兆燕比凌廷堪年长 38 岁，两人忘年交情深厚，诗文集中互有唱和之作。《校礼堂文集》收录有《谢金棕亭博士惠鲥鱼蒸饼启》，其中有"技夸饔子，案前雪脍群飞；巧试厨娘，臼里琼糜细捣"④之句，甚赞金兆燕家庖厨艺。此外，《梅边吹笛谱》中存《扬州慢中吕宫·博士金棕亭先生招同林庾泉、吴暮

---

① (清)张其濬修、江克让纂：《(民国)全椒县志》卷十"文苑"，民国九年(1920)刊本。

② (清)张其锦：《凌次仲先生年谱》"乾隆四十七年"条下，载《续修四库全书》集部 1480，上海古籍出版社 2002 年版，第 761 页。

③ (清)凌廷堪：《甲辰二月至扬州金棕亭先生招饮兼赠二律即席次韵》，载《校礼堂诗集》卷五，《续修四库全书》集部 1480，上海古籍出版社 2002 年版，第 38 页。

④ (清)凌廷堪：《谢金棕亭博士惠鲥鱼蒸饼启》，载《校礼堂文集》卷九，王文锦点校，中华书局 1998 年版，第 67 页。

桥、金畹芳尺五楼看芍药花》词一首,词曰:"荷贴波圆,楝摇风碎,绕阑芍药
齐开。坐花天尺五,近阆苑蓬莱。看妆点,芳园丽景,玉盘金带,红紫成堆。
更围屏、深护云根,何日移栽。　　画船载酒,羡湖山、裙屐频来。爱郁郁浓
香,亭亭艳影,遮映池台。莫信殿春归去,多情甚、转约春回。算端明题后,
于今谁继仙才。"①

(二)与黄文旸

黄文旸与凌廷堪结识于扬州词曲删改局审查戏曲期间。他比时任分校
的凌廷堪年长 21 岁,对这位才华横溢的青年才俊甚为关心并喜爱,在八股
文上多有指导和影响。据江藩《国朝汉学师承记》记载:"(廷堪)与黄明经文
旸交,明经勉君为举子业,始学作八股文,读五经,是时年已二十五矣。"②黄
文旸是制作八股文的高手,在其勉励下,凌廷堪开始学作八股文,并尽阅明
代八股文,得其旨归,于乾隆五十五年(1790)高中进士。可以说,黄文旸对
凌廷堪的人生影响殊为关键。

乾嘉时期,学界普遍轻辞章、重考据,由辞章转向经史考据已蔚成风尚。
多数汉学家少小研习辞章,青壮年后转而潜心经史考据。黄文旸亦不例外。
身为考据家,他淹通六经、史学,同时厌恶程朱理学。他因苦于古来正统之
说纷然莫定,立意撰写《正统通治》(又名《通史发凡》)30 卷。在扬州词曲删
改局时,此书正在酝酿中,虽属草未尽,但其例目已辑成 4 卷,可见大概,黄
文旸极为宝贵,秘不示人。乾隆四十六年(1781)夏,他将之出示给好友凌廷
堪阅览。黄文旸修史意在纠正史之偏,将汉、魏、晋、后魏、周、隋、唐、辽、金、
元十代以正统系之,其余皆目为僭盗。这一反叛正统的历史意识并非其首
创,古代史家陈寿、鱼豢就以曹魏为正统,《旧唐书》将吴、蜀二志列为伪史,
元代杨维桢亦对辽宋金史颇有争议。但黄文旸这一离经叛道的"异说",其
反正统的意识显然更为强烈,无怪乎凌廷堪读后喟然叹曰:"世固有矫枉过
正如是者乎?!"为此他专门作了《书黄氏〈通史发凡〉后》一文,提出商榷:"黄
氏矫其弊可也,乃于昔人所推尊者,皆斥之为僭盗,为降将,岂非过正乎?"③
将赵宋剔出正统王朝之列,从中可见黄文旸对程朱厌恶之极,其治学主张与

---

① (清)凌廷堪:《扬州慢中吕宫·博士金棕亭先生招同林庚泉、吴暮桥、金畹芳尺五楼看芍药花》,
载《梅边吹笛谱》(二),《丛书集成初编》(2666),商务印书馆 1935 年版,第 46 页。

② (清)江藩:《凌廷堪小传》,载张其锦《凌次仲先生年谱》卷首,《续修四库全书》集部 1480,上海古
籍出版社 2002 年版,第 750 页。

③ (清)凌廷堪:《书黄氏〈通史发凡〉后》,载《校礼堂文集》卷三十一,王文锦点校,中华书局 1998
年版,第 284—285 页。

其师姚鼐截然不同。

在曲学上，黄文旸和凌廷堪亦有交流。扬州词曲删改局撤去后，两人依然交往密切，诗酒唱和，论文品曲。乾隆五十四年（1789），凌廷堪与好友黄文旸、焦循一起在南京参加了乡试，试毕一同泛舟莫愁湖，观剧雨花台，并作有《高阳台商调·同黄秋平焦里堂雨花台观剧》一词。他们皆嗜好民间文艺，在对时已风靡扬州城乡的花部戏的评骘上表现出高度的一致性，认为花部戏延续了元曲的艺术精神。①

黄文旸与凌廷堪相交时间甚长，共同的经史、曲学爱好使他们的忘年交情绵亘终生。嘉庆十四年（1809）二月，凌廷堪至好友、浙江巡抚阮元节署，74岁高龄的黄文旸在其自扬来杭的"旧雨新知"之列，诗酒唱和，颇极友朋之乐。

（三）与李斗

李斗与凌廷堪交情匪浅。两人交往记载最早见于李斗《海州题张尧峰诗兼寄凌仲子》一诗，其中有"江东独秀君已久，我亦新诗吟在口。余子碌碌不足数，我不如君能不朽。明日当将凌子来，不速三人一杯酒"②句。考此诗作于乾隆四十二年（1777），李斗至海州，登云台山、朐山等，为海州友人张尧峰题诗并挂念凌廷堪。

在曲学上，凌、李之间也多有交流。乾隆四十六年（1781），两人同在扬州词曲删改局校曲。在半年多的时间里，与友人黄文旸、金兆燕、程枚等朝夕相处，治曲观剧，因此曲学主张较为相似。如皆推崇元曲，以为元曲可与唐诗宋词相颉颃，论调颇为一致。

今《梅边吹笛谱》存词《惜红衣无射宫·同方又辉、乔樗友、叶英多饮李艾塘处》一首，词云：

> 煮酒方浓，烹鲜正热，共来茅屋。骤雨敲荷，声声泻寒玉。风微昼永，挥瘦麈，清谈惊俗。幽独，三径冷香，散闲庭花竹。　　高吟远瞩，帘卷黄昏，苔痕上阶绿。搜奇选胜，未足更然烛。十里画船烟柳，轶事几人能录。待异书成后，秋树借侬披读。③

---

① 第六章"扬州曲家的戏曲理论贡献（下）"将展开具体论述。
② （清）李斗：《海州题张尧峰诗兼寄凌仲子》，载《永报堂诗集》卷二，清乾隆六十年（1795）至嘉庆刻本。
③ （清）凌廷堪：《惜红衣无射宫·同方又辉、乔樗友、叶英多饮李艾塘处》，载《梅边吹笛谱》（二），《丛书集成初编》（2666），商务印书馆1935年版，第64页。

词中"十里画船烟柳,轶事几人能录",显然指李斗之《扬州画舫录》而言,"异书成后"云云,对友人之书充满了期待。事实上,乾隆六十年(1795)《扬州画舫录》成书后,凌廷堪发书于阮元,商略修改事宜,在肯定"此书体例不高不卑,是必传之作"的同时,又对其中的疏略舛误予以条分缕析的指出,并建议作《补遗录》,置之书前,"且此书虽艾塘草创,今已集千狐之腋,故仆与阁下及里堂辈,亦不必避越俎之嫌也"①。因凌廷堪、阮元、焦循数人与李斗交情甚厚,且此书"已集千狐之腋",以致为《扬州画舫录》拾遗补阙,可不避"越俎之嫌"也。

《扬州画舫录》卷一提及谢启昆《西魏书》时,云"可补正魏收之阙,书之梗概,吾友凌仲子进士廷堪叙之最详"②。卷五全文记录了凌廷堪与焦循之间的学术交流信札——《与里堂论弧、三角书》。所有这些,皆为李、凌深厚友情之佐证。

(四)与程枚

凌廷堪与程枚是少年学侣兼曲学知交。程枚比凌廷堪年长 8 岁,在海州他们一起度过了少年时光,结下了深厚的情谊。《校礼堂诗集》收有《送程时斋游关中》《程时斋山左书来,云有登岱之作见示,书达而诗不至戏作》《留别朐阳诸友四首》等诗。其中《留别朐阳诸友四首》的第一首即是赠程枚之作,诗云:"几年杯酒共论文,红烛乌丝静夜分。此去扬州明月下,玉箫声里定思君。"③描绘了两人昔时灯窗下秉烛共读、论文品曲的情景。

与程枚的唱和之词,凌廷堪《梅边吹笛谱》收录两首。其一《水龙吟越调·真州送程时斋》云:

> 二年南北迢迢,清尊又聚銮江路。征衫乍拂,相看一笑,离惊休诉。山翠飞笺,荷香侵砚,水亭无暑。趁湘帘薪簟,纤尘不到,重捡点,当时谱。
> 雨后霜毫共举,按红牙、细敲新句。联吟未几,西风又早,送君南浦。对此茫茫,百端交集,重逢何许。渐扁舟欲解,微黄著柳,记分携处。④

抒发了两年来两人南北分离、聚少离多的惆怅之情。"重捡点,旧时谱""按

---

① (清)凌廷堪:《与阮伯元阁学论〈画舫录〉书》,载《校礼堂文集》卷二十三,王文锦点校,中华书局1998年版,第207页。

② (清)李斗:《扬州画舫录》卷一"草河录上",汪北平、涂雨公点校,中华书局2004年版,第12页。

③ (清)凌廷堪:《留别朐阳诸友四首》,载《校礼堂诗集》卷二,《续修四库全书》集部1480,上海古籍出版社2002年版,第21页。

④ (清)凌廷堪:《水龙吟越调·真州送程时斋》,载《梅边吹笛谱》(二),《丛书集成初编》(2666),商务印书馆1935年版,第45页。

红牙、细敲新句",则知两人喜好推敲曲词。其二《八归·闻程时斋邗上将归之信》云：

> 冰花向暖,苔枝含冻,门掩小院寂寞。相思况值春将至,空盼远鸿佳信,早梅芳约。偶忆乌丝红烛夜,定梦绕、扬州东阁。忽报道,已卜归期,跨否广陵鹤。　　遥想风流逸兴,繁华回首,往日曾经行乐。二分明月,十年香梦,又到绿杨城郭。把闲情打叠,载取清歌满囊橐。相逢日,旧词重改,按了红牙,同君花下酌。①

乍接好友归讯,情不自禁地忆起当初在扬州同行乐的情景,"相逢日,旧词重改"句,可知两人在曲学上常相切磋,"按了红牙,同君花下酌",相逢在即的欣喜之情跃然纸上。这两首词无疑是两人爱好词曲的见证。

凌廷堪与程枚曾同事扬州词曲删改局校曲,担任分校。两人时常交流曲学观点。凌廷堪曾发书与程枚,对中国古代戏曲的发展源流作了探讨。这就是颇具戏曲理论价值的《与程时斋论曲书》。第五章将详细探讨之。凌廷堪参与了程枚《一斛珠》传奇的创作构思,并欣然为之作序,序云：

> 余友程君时斋取曹邺《梅妃传》谱作传奇,杂取少陵事附之,名曰《一斛珠》。岁在丙申,始属草焉。时余在海上,时时过,相商定。未二年,各以事他去。中间南船北马,或离或合,然晤时必问是书。癸丑冬,余自京师归,时斋始出定本见示。盖至是,稿凡八易,忽忽几二十年矣。时斋将以付梓,属予作序。②

"丙申"是乾隆四十一年(1776),"癸丑"是乾隆五十八年(1793),可知在近二十年的修改过程中,他自始至终地关注着这部传奇的创作面世。在序中,凌廷堪对当时曲家"未睹东篱、兰谷之面目,但希青藤、玉茗之矉笑,折腰龋齿,自以为工"③的东施效颦现象作了批评,高度评价了《一斛珠》传奇,以为可接元人之席,并疗时俗之弊。两人友谊绵亘终生。嘉庆十六年(1811),凌廷

---

① (清)凌廷堪:《八归·闻程时斋邗上将归之信》,载《梅边吹笛谱》(一),《丛书集成初编》(2666),商务印书馆 1935 年版,第 10 页。

② (清)凌廷堪:《〈一斛珠传奇〉序》,载《校礼堂文集》卷二十八,王文锦点校,中华书局 1998 年版,第 263 页。

③ (清)凌廷堪:《〈一斛珠传奇〉序》,载《校礼堂文集》卷二十八,王文锦点校,中华书局 1998 年版,第 263 页。

堪去世两年后，程枚还发书与人，述凌廷堪幼年时事。

(五)与焦循

凌廷堪与焦循为知交莫逆。两人年岁相仿，志趣相投，而且皆与阮元交好。三人问学相长，互相切磋，学术造诣深厚，有扬州学派"三巨头"之称。凌廷堪来扬后，因学术兴趣、曲学爱好和焦循相似，两人结下了深厚的情谊。李斗在《扬州画舫录》中多处提及他们的友谊，如："与里堂友者，歙县汪孝婴莱、凌仲子廷堪、吴县李尚之锐，并通是学"①；"(凌廷堪)善属文，工于选体，通诸经，于'三礼'尤深，好天文、历算之学，与江都焦循并称。……里堂称以歙县凌仲子、吴县李锐尚之、歙县汪莱孝婴为论天三友"②，并全文转录凌廷堪与焦循论学之信函——《与里堂论弧、三角书》。

焦循《雕菰集》存诗《岁乙卯，熊柱卿邀同人于塔影园为文酒之会，今三年矣，柱卿复修前事，人倍于昔，而旧日同人则没者与未至者居其半，分笺搦管，感慨系之，即以寄凌二仲子》一首，诗云："塔影湖光并宛然，浮生何境不云烟。顿从谈笑生悲思，转为交游胜昔年。宿草谁浇当席酒，鲤鱼聊寄隔江笺。遥思仲子宣城署，独把秋毫著太元。"③乾隆六十年(1795)，焦循与凌廷堪、熊柱卿等友人一起参与了塔影园文酒之会。三年后，熊柱卿重修塔影园文酒之会，参与人数倍于前次，然而旧日友人或已凋零，或未与会，焦循感慨唏嘘不已，不禁思念起远在宣城的友人来。

凌廷堪《梅边吹笛谱》中存《念奴娇大石调·汪晋藩招同焦里堂小饮酒肆》词一首，词云：

> 堞云深处，见青帘偃蹇，篱端飘出。试拓南窗招客坐，恰好烟疏风密。竹几无尘，花瓷有酒，大可开缃帙。芰荷香送，赖君消此长日。
>
> 自是吾辈疏狂，当垆眠瓮，佣保何妨匹。作赋论兵俱逝水，楼上休弹瑶瑟。夜月三分，春风十里，往事犹能述。半酣归去，碧桐凉沁吟笔。④

依稀可见年轻人之意气风发。两人具体的曲学探讨情形如今已不可考察，

① (清)李斗：《扬州画舫录》卷十三"桥西录"，汪北平、涂雨公点校，中华书局2004年版，第301页。

② (清)李斗：《扬州画舫录》卷五"新城北录下"，汪北平、涂雨公点校，中华书局2004年版，第108页。

③ (清)焦循：《岁乙卯，熊柱卿邀同人于塔影园为文酒之会，今三年矣，柱卿复修前事，人倍于昔，而旧日同人则没者与未至者居其半，分笺搦管，感慨系之，即以寄凌二仲子》，载《雕菰集》卷四，《丛书集成初编》(2191)，商务印书馆1935年版，第52页。

④ (清)凌廷堪：《念奴娇大石调·汪晋藩招同焦里堂小饮酒肆》，载《梅边吹笛谱》(二)，《丛书集成初编》(2666)，商务印书馆1935年版，第65页。

但从凌廷堪的《高阳台商调·同黄秋平、焦里堂雨花台观剧》一词中可找到他们共同观摩戏曲的踪迹。

(六)与蒋士铨

凌廷堪与蒋士铨之间并无直接交往的记载。乾隆三十七年(1772)蒋士铨主讲安定书院时,凌廷堪年方16,尚在海州板场浦习贾,未谙曲事。乾隆四十年(1775)六月,蒋士铨丁母忧,辞安定教席,返归南昌。凌廷堪在海州协助曲家吴恒宣编纂《云台山志》,斯时方始留心南北曲之学。故两人应未在扬州交往过。此后,蒋士铨复出,凌廷堪中式,两人实际交往的可能性不大。

不过凌廷堪对蒋士铨这位诗古文辞负海内盛名的前辈曲家非常敬仰。梳理凌廷堪的行踪,发现有两种可能:一是蒋士铨三年掌院安定,对扬州士子、士风影响甚大,阮元更是对其极为敬重,凌廷堪亦沾溉不少;二是蒋士铨的两位知交好友金兆燕、方竹楼,皆与凌廷堪有密切交往。如前所述,金兆燕与凌廷堪是忘年交。方竹楼,名元鹿,号红香词客。仪征人。蓄有家乐,演技精湛。与金兆燕、蒋士铨友善,蒋士铨有画竹歌赠之。凌廷堪与方竹楼曾同事扬州词曲删改局,交往密切。《梅边吹笛谱》存《南浦·新潮和方竹楼》《疏影·新绿和竹楼》词两首。有此因缘,凌廷堪虽无缘亲睹风采,但蒋士铨的曲学造诣和人品学识仍令其深深折服。

乾隆五十一年(1786),凌廷堪再应京兆试不第,返板浦。次年,其恩师翁方纲督学江西,以书相招邀其入幕。五月,凌廷堪客学使署,佐阅南昌府属生童试卷,并与南昌文学名流交游酬唱,其中就有蒋士铨的二子:长子知廉、二子知节。凌廷堪至藏园瞻拜蒋士铨遗像,并用一曲《高阳台商调·蒋修隅招同吴兰雪饮藏园,兼晤其令弟秋竹孝廉》抒发了自己对这位前贤的敬仰之情。其词云:

> 竹翠敲窗,荷香净暑,风来水榭无尘。旧雨开筵,招邀尽是畸人。君家兄弟如龙虎,酒半酣、笑语生春。客中身、剧饮淋漓,谁主谁宾。
>
> 十年细读藏园曲,仅移宫换羽,把遍清新。接席何由,云端怅望骖麟。须眉展拜疑相识,向画图、凝想前因。是日拜心余先生遗像。拂征轮,记取洪都,小驻兼旬。①

---

① (清)凌廷堪:《高阳台商调·蒋修隅招同吴兰雪饮藏园,兼晤其令弟秋竹孝廉》,载《梅边吹笛谱》(二),《丛书集成初编》(2666),商务印书馆1935年版,第55页。按,蒋修隅(1752—1791),名知廉,字修隅,号香雪。乾隆四十二年(1777)举丁西科恩贡。曾任山东临清州同知、四库馆誊录。著有《弗如室诗钞》。蒋秋竹(1755—1813),名知节,字冬生,号秋竹。乾隆四十四年(1779)举于乡。曾任扬州广陵书院山长。工词曲,著有《冬生诗钞》《秋竹山房二种曲》。

"十年细读藏园曲"句,透露出蒋士铨对凌廷堪的学识为人和曲学观点影响不小。"须眉展拜疑相识,向画图、凝想前因"更是透露出凌廷堪对这位前辈曲家有着莫名的亲切和好感。

第四节　其他扬州曲家交游考

其他扬州曲家之间也互有交往,如卢见曾与朱夰,沈起凤与朱夰,江周与黄文旸,黄文旸与程枚,黄文旸与焦循,仲振奎与仲振履等。本节将逐一考辨。

(一)卢见曾与朱夰

乾隆二十六年(1761)夏,朱夰应卢见曾之聘来到扬州。据戴延年《抟沙录》记载:"时山左卢雅雨先生榷鹾维扬,制《旗亭画壁》传奇,黄稗辄加涂乙,为之正其宫谱。雅雨闻知,具礼延致,复为其谱《玉尺楼》剧本。"①两淮盐运使卢见曾风流好士,折节下交。其幕府中人才济济,俊彦如云。朱夰乘酒兴将《旗亭记》恣意涂改,卢见曾对此非但没有见怪,反而青眼有加,延为座上宾。在盐运使署,朱夰也不负所望,果然才思敏捷,短短一月时间便创作了长达四十出的传奇《玉尺楼》。卢见曾随即命梨园搬演,还将之付梓,与《旗亭记》一起刊刻成《雅雨堂两种曲》。

但是,"夏屋歌来,秋风客去",很快便嫌隙丛生,宾主失欢。个中情由,朱夰好友、曲家沈起凤在《吊朱黄稗文》中有较委婉的描述:

> 时有转运卢公,邗江驻节,记室需才。聘韩翃而但博名高,召王粲而未知貌寝。断缨入座,楚子薄之;缠帛登筵,陆郎笑矣。加以雌黄人物,傲睨王侯。瞪目呼严武佳儿,负气骂敬容残客。太真行酒,钱凤难堪;颖士挥毫,李猫欲杀。几受正平之祸,大失宣武之欢。夏屋歌来,秋风客去。②

由此可知,这固然与其貌寝有关,盖朱夰"面遭天黥,绝似世之所谓羊肚石

---

① (清)戴延年:《抟沙录》,载杨复古辑《昭代丛书》癸集萃编,清道光二十四年(1844)吴江沈氏世楷堂刻本。

② (清)沈起凤:《吊朱黄稗文》,载《沈赟渔文稿》(不分卷),清末抄本。

者"①，更重要的是朱夰恃才傲物之个性使然，不为卢氏所容。因此，主宾很快交恶，朱夰并没有像笔下的才子才女们那般幸运，得以施展才华，蒙膺殊荣，但是在扬州留下了一部广为传唱的传奇《玉尺楼》。

（二）蒋士铨与卢见曾之第三子卢谟

乾隆三十七年（1772）至乾隆四十年（1775）期间，卢谟与蒋士铨同为两淮商总江春座上客，互有诗词酬唱。蒋士铨的《四弦秋》谱成后，卢谟为之题诗，其词云："骚情史笔擅风流，旧曲新翻付妙讴。一丈红氍多少恨，美人学士两分头。得意时欢失意伤，难从儿女较收场。天涯怨妇孤臣泪，荣落升沉各断肠。"②盛赞蒋氏的"骚情史笔"，对剧作的题旨立意作了很好的抉发。蒋士铨《铜弦词》中存词《贺新凉·题卢竹圃词本后》，其一云：

> 公子年华妙。写乌兰、清词丽句、者般精到。小劫沧桑一番过，只许方平微笑。才数遍、乱山残照。廿四桥边重徙倚，玉箫声、不似当年调。江滚滚、发长啸。　　淋漓酬墨多凭吊。怕听他、床边蚁斗，枕边驴叫。记我扁舟寻噩梦，红杏枝头曾闹。恨不倚、郎君乌帽。文字因缘迟廿载，但惺惺、相惜还相劳。请释憾、莫终拗。③

全词对卢谟的才华及词作极为推崇赞誉。上阕言卢谟虽年少，但有姜白石"自作新词韵最娇，小红低唱我吹箫"之抱负，清词丽句，十分精到。下阕言其词作淋漓尽致，语出性情，亦有宋祁"红杏枝头春意闹"之才，"文字因缘迟廿载"，后悔与其交游之晚，表达了惺惺相惜之意。

（三）沈起凤与朱夰

沈起凤（1741—1802），字桐威，号赟渔，一号蓉洲，又号红心词客，别署花韵庵主人。江苏吴县人。沈起凤出生于一个诗礼簪缨的大家族。祖惊远为乾隆四年（1739）进士，官江宁府学教授。父懋祖，吴县廪生。内姑丈陈永斋为乾隆三十四年（1769）状元。五弟清瑞中乾隆四十八年（1783）江南乡试解元，乾隆五十二年（1787）成进士。好友、曲家石蕴玉系乾隆五十五年（1790）状元。沈起凤周遭亲友知交皆为士大夫，因此功名用世之心甚殷。

① （清）戴延年：《秋灯丛话》卷二十三"朱夰"条，载沈懋德辑《昭代丛书续编》戊集，清道光十三年（1833）吴江沈氏世楷堂刻本。
② （清）卢谟：《〈四弦秋〉题词》，载《蒋士铨戏曲集》，周妙中点校，中华书局1993年版，第189页。
③ （清）蒋士铨：《贺新凉·题卢竹圃词本后》，载《忠雅堂集校笺》，邵海清校，李梦生笺，上海古籍出版社1993年版，第1947页。

沈起凤才华横溢，"弱冠登贤书"，可谓少年得志，然时运不济，此后科考屡试不售，遂放浪不羁，命途多舛。沈清瑞《〈谐铎〉跋》云："应礼部试，五荐不售。年未四十，绝意进取，以著书自娱。"①陆萼庭据此考证，乾隆四十三年（1778），沈起凤因"五荐不售，已不作春明梦想"，自此不再应试。但据其《祭盃渡上人》云"乾隆五十二年春，予赴试南宫，计偕北上"②，则知是年赴试再次失利，五弟清瑞却高中进士。因此，沈起凤至少参加过六次会试，均铩羽而归。沈起凤仕进之途不通后，转而寄情词曲，尤以制曲名世。高宗第四、五次南巡，两淮盐政、苏州织造等争相聘请他编写迎銮大戏。乾隆四十四年（1779），沈起凤客寓两淮盐政幕中创作了《报恩缘》传奇。③ 乾隆四十六年（1781）被苏州织造全德聘入署中，查校元明清戏曲中之违碍字句。次年回苏州，与弟清瑞及石蕴玉、赵开仲、张清臣、王念丰、张景谋等七人结碧桃诗社，"每月一会，会之日晨集宵散，不立程课，惟纵谈古今事，于经史百家有不能通处，辄相与质疑辨难。晚设肴酒小饮，时时以隶事为觞政。……"④乾隆五十三年（1788），沈起凤以举人官安徽祁门教谕。其小说《谐铎》创作于此时。嘉庆五年（1800）为友人左潢的《兰桂仙》传奇正谱。次年官全椒教谕。嘉庆七年（1802）以选人客死京都。

夫人张灵，字湘人，亦工辞藻。沈、张伉俪情深，闺中唱和，颇有赵孟頫、管仲姬之风。"甫结褵，以金钗作贽，奉予为闺塾师，请闺约度北曲一套。黟令施蒙泉载入《词坛丛话》。"⑤张灵早逝，留有一女蕙孙。蕙孙号散花女史，为诸生林衍潮室。著有《绣余集》《翡翠楼诗文集》《浣纱词》等。善洞箫，制有《箫谱》。《名媛诗话》卷四云："蕙孙有'听残红雨到清明'之句脍炙人口，咸称'红雨诗人'。"⑥《赟渔杂著》收有《寄女蕙孙书》一札。

沈起凤多才多艺，其诗词、古文、戏曲、小说皆知名于时，著有《红心词》《谐铎》《赟渔杂著》《沈赟渔文稿》等。其戏曲创作颇丰，多达数十种。石蕴玉尝云："后赴春官不第，抑郁无聊，辄以感愤牢愁之思，寄诸词曲，所制不下三四十种。当其风行大江南北，梨园子弟登其门而求者踵相接。"⑦沈清瑞

① （清）沈清瑞：《〈谐铎〉跋》，载沈起凤《谐铎》，乔雨舟校点，人民文学出版社2006年版，第195页。
② （清）沈起凤：《祭盃渡上人》，载《沈赟渔文稿》（不分卷），清末抄本。
③ （清）陆萼庭：《沈起凤年表》，载《清代戏曲家丛考》，学林出版社1995年版，第157页。
④ （清）石蕴玉：《赵开仲乳初轩诗序》，载《独学庐三稿》卷二，《独学庐全稿》，清乾隆刻本。
⑤ （清）沈起凤：《谐铎》卷十二"天府贤书"，乔雨舟校点，人民文学出版社2006年版，第188页。
⑥ （清）沈善宝：《名媛诗话》卷二，载《续修四库全书》集部1706，上海古籍出版社2002年版，第590页。
⑦ （清）石蕴玉：《〈沈氏四种传奇〉序》，载沈起凤《沈氏四种传奇》卷首，吴梅编《奢摩他室曲丛》，商务印书馆1928年版，第2页。

《〈谐铎〉跋》亦云:"又好谱乐府,所制《才人福》《无双艳》《书中金屋》诸传奇,不下五十余种。大江南北,非先生传奇不演。由是词曲名几播天下,而实非先生意也。"①王昶《国朝词综》卷四十二云:"桐威以度曲知名,吴中鞠部求得新声,奉为珙璧。而词亦清新,不堕王实甫、关汉卿蹊径。"②上述诸家皆道出了其戏曲广受梨园艺人青睐的事实。

　　然沈起凤的戏曲作品流传甚少,传世的《沈氏四种传奇》(即《报恩缘》《才人福》《文星榜》《伏虎韬》四种曲),系其卒后由友人石蕴玉搜罗刊刻而成。另有《云龙会》传奇一种,现藏于中国艺术研究院图书馆。此剧是乾隆五十年(1785)沈起凤应宫保曹文埴所请,因不满明沈采的《千金记》中项羽自刎乌江、英雄气尽的结局而改作。③ 笔者将在第五章中对其相关创作理论进行探讨。另据陆萼庭考证,上海图书馆所藏《幻奇缘》传奇,凡二卷二十六出,为梨园演出本,亦是沈起凤所作。④ 此剧以北魏时中州兴建瑶光寺为背景,演贫士丰瑞、丰祥为梦所苦,在街头卖穷神、荣华画,被歹人陷害,幸遇义士相救,后赴试高中。其他剧作如《千金笑》《泥金带》《桐桂缘》《无双艳》《黄金屋》等均佚。

　　沈起凤的戏曲作品风靡大江南北,却传世不多,这是戏曲史上一个值得关注并探讨的现象。吴梅以为,"惟四种说白,皆作吴谚,则大江以上,皆不能通,此所以流传不广欤?"⑤说白全用吴方言这一语言障碍固然存在,但是苏州昆班向来以此为特色,在搬演过程中艺人们自己篡改唱词、念白的情况并不鲜见,所以此说不能解释沈起凤的戏曲作品亡佚的原因。笔者认为这与他晚年自悔少作,烧毁曲谱,不自收拾有关。功名心甚炽的他在妻亡女丧、屡试不第后,走上了有悖传统礼教道德的道路。沈起凤尝自嘲:"三吴妄男子耳,少小得狂名。第一读书成癖,第二爱花结习,余事谱新声。"⑥管庭芬《〈续谐铎〉跋》云:"闻诸吴门故老云:沈桐威少年时所为皆不循礼法。客京师日,暑月鬌茉莉花,身衣短纱衫裤作卖花郎行径,永巷朱门,叫歌争卖。日午则套车遍谒辇下显达,天晚则烂醉于娈童妖妓之家矣。后为巡城御史

① (清)沈清瑞:《〈谐铎〉跋》,载沈起凤《谐铎》,乔雨舟校点,人民文学出版社2006年版,第195页。
② (清)王昶:《国朝词综》卷四十二"沈起凤"条,载《续修四库全书》集部1731,上海古籍出版社2002年版,第325页。
③ 戴云、戴霞曾撰《清代戏曲家沈起凤和他的剧作〈云龙会〉》(刊载于《文学遗产》2010年第4期)一文,详细探讨《云龙会》的剧本内容、艺术特色及演出情况。
④ 陆萼庭:《〈幻奇缘〉传奇的作者》,载《清代戏曲家丛考》,学林出版社1995年版,第368页。
⑤ 吴梅:《中国戏曲概论》,载王卫民编《吴梅戏曲论文集》,中国戏剧出版社1983年版,第195页。
⑥ (清)沈起凤:《谐铎》卷九"脑后淫魔",乔雨舟校点,人民文学出版社2006年版,第143页。

所知,欲绳之以法,踉跄遁归。"①沈起凤曾经把自己的这一放诞行径谱入戏曲中。《才人福》第十二出"募艳"中,祝允明扮成道士到沈家募缘。晚年沈起凤对少年时放浪形骸的行为深自后悔,在《寄周笙间书》中沉痛地表示:"我此去痛除结习,石榴裙底,不再填柳耆卿三千阕奉旨词章。"②妻丧女亡、落拓不第的人生遭际让他洞悉社会现实的险恶,对早年热衷的填词生涯表示深切的忏悔。诚如陆萼庭所说,这一大堆剧作跟他自己科场失意,半辈子坎坷的历程有没有联系?沈起凤经历了一段极其矛盾的时期。③ 一度他对于"世上演《牡丹亭》一日,若士在地下受苦一日"④之类的传说将信将疑,甚至对戏曲的价值产生了怀疑:有时认为"予诗文之暇,好作传奇,嬉笑怒骂,殊伤忠厚","半生福泽,被轻薄案折尽矣";有时又认为"美人香草,皆忠臣孝子之寓言","何得拘文牵义,罗织风雅"。⑤ 纠结中无力自拔的他因此请栖霞山寺豁堂禅师替他忏除口孽,回家后烧毁曲谱,自云"从此不识一字,倒看《相牛经》。人遇鸩茶、嬷母,地禁词章、乐府,到处少逢迎"⑥。因此,乾隆五十三年(1788),门人胡文水向他提出,"请观诗文全稿,乐府套曲诸大制",他"悉辞以散失",只是从行箧中取出《谐铎》50余条。⑦ 这应是沈起凤的戏曲作品传世甚少的主要原因。

　　因高宗第五、六次南巡,两淮盐政聘请编写迎銮供御大戏的契机,沈起凤与扬州结下了不解之缘。乾隆四十四年(1779)至四十九年(1784)这数年间,他多次出入扬州。《卜将军灵签》云:"予在婺源时,奉文赴江宁书局,路过胡公庙,掣得一签,末有'一番好事落扬州'之句。予谓所问非所对,大笑置之。甫至金陵,而盐台全公聘书至。制军委赴扬州,谱供奉新乐府,始信神明无戏言也。"⑧陆萼庭因此认为沈起凤是乾隆四十四年(1779)入两淮盐政幕府,次年他在此创作了《报恩缘》传奇。乾隆四十六年(1781)冬,沈起凤返回苏州,客寓苏州织造全德署中,审查删改苏州地区的戏曲。此后他北上应试多次出入扬州。

　　沈起凤与朱齐交情甚笃,从年辈上看,应属忘年交。两人之交应缘于戴延年的引荐。乾隆二十六年(1761),戴延年遇朱齐于蒋秋崖有谷堂中,遂与

① (清)管庭芬:《〈续谐铎〉跋》,载《花近楼丛书序跋记》,清宣统三年(1911)上海国学扶轮社铅印本。
② (清)沈起凤:《寄周笙间书》,载《赘渔杂著》(不分卷),清咸丰元年抄本,国家图书馆藏。
③ 陆萼庭:《沈起凤年表》,载《清代戏曲家丛考》,学林出版社1995年版,第159页。
④ (清)沈起凤:《谐铎》卷二"笔头减寿",乔雨舟校点,人民文学出版社2006年版,第19页。
⑤ (清)沈起凤:《谐铎》卷十二"天府贤书",乔雨舟校点,人民文学出版社2006年版,第188—189页。
⑥ (清)沈起凤:《谐铎》卷九"脑后淫魔",乔雨舟校点,人民文学出版社2006年版,第143页。
⑦ (清)沈起凤:《谐铎》卷二"隔牖谈诗",乔雨舟校点,人民文学出版社2006年版,第24页。
⑧ (清)沈起凤:《谐铎》卷十二"卜将军庙灵签",乔雨舟校点,人民文学出版社2006年版,第181页。

定交。按，戴延年与曲家沈起凤同为水村诗社成员，彼此友善。朱、沈两人在曲学上均有深厚造诣，所编传奇享誉大江南北。高宗南巡，两人先后应苏州织造之请，编写迎銮供御大戏。沈起凤有《采桑子·偶述》词14首，其中之一即咏朱齐及其《平山冷燕》传奇。其词云：

> 阿谁买宅春江畔，杨柳高楼，几度来游，不得听君节楚讴。 竹西亭下寻新曲，一串珠喉，唱断扬州，艳说平山女状头。谓朱萁稗。闻于卢观察幕中制《平山冷燕》传奇。①

朱齐去世后，沈起凤作《祭朱萁稗文》凭吊，其中有"吊赁春，旧侣惟我悲哀"句，充分体现了他对挚友的追思，也是两人真挚友情的见证。

(四)江周与黄文旸

江周与黄文旸为曲学知交。江周(1746—1795后)，号云岩山人。安徽新安人。诸生。侨寓扬州，与黄文旸、沈业富友善。生平事迹不详。精音律，作有传奇《赤城缘》一种。黄文旸曾为之题词，其词云："淳于酒醒唤卢生，又听歌筵唱赤城。我是痴人喜说梦，君真达者善言情。琅嬛福地容恋枕，睹史多天续旧盟。如此寄愁殊不恶，海有路接蓬瀛东。"②两人直接交往的材料不见记载，有待新材料的发现。

(五)黄文旸与程枚

乾隆四十六年(1781)，黄文旸与程枚同在扬州词曲删改局校曲，黄文旸任总校，程枚与凌廷堪同为分校，协助校曲。程枚长期寓扬从事盐业，黄文旸出身破落盐商家庭，后投入盐商林松门下，可见乾嘉时期扬州文人与盐商间存有千丝万缕的联系。两人皆与凌廷堪交好，因此关系密切。乾隆五十八年(1793)，凌廷堪为程枚的《一斛珠》传奇作序，谓其创作前后历时近20年，如此则在扬州词曲删改局校曲期间《一斛珠》已在酝酿中，黄文旸或参与了《一斛珠》的创作构思。《扫垢山房诗钞》存诗《桃花庵即事呈西崖大士七首》，其二云："碧蕙香中僧作画宣澍。绿杨影里客填词程时斋。茶烟一缕花千片，坐到扬州月上时。"提及程枚制曲事，两人在曲学上当有交流。同诗中还提及清中叶扬州著名说书艺人叶英，"说尽兴亡抵说法，青莲生舌叶英多。

---

① (清)沈起凤:《采桑子·偶述》，载《红心词》(不分卷)，清刻本。

② (清)黄文旸:《〈赤城缘传奇〉题词》，载江周《赤城缘传奇》卷首，王文章主编《傅惜华藏古典戏曲珍本丛刊》(六一)，学苑出版社2010年版，第255页。

秀才善评话,一时有柳敬亭之目。"①

(六)黄文旸与焦循

甘泉黄、焦两家联姻,焦循长妹嫁为黄文旸长子黄金妻。黄文旸年长焦循27岁,可谓忘年交。两人一度过从甚密,这在前述焦循之《理堂日记》中多处提及。黄、焦皆淹通经史,雅好诗词曲事,常相切磋,但两人唱和之作留传不多。嘉庆四年(1799),黄文旸在阙里授馆期间,适值张因六十寿秩,乃作《寄寿净因》诗寄归,其诗尾附注云:"此诗因写家书,偶有余幅,遂走笔书寄,故草率未及推敲也。乃山妻与大儿得而和之,长媳之兄焦君里堂又爱而刻之,遂致传播四方,纷纷投赠佳篇,得诗近三百首,次原韵者三十五人,遂成一时盛事。"②焦循所作唱和词《寿楼春·题六十唱和诗寄秋平黄丈》,现存《仲轩词》中。其词云:

> 追高踪鸿莱。共春风鬓影,桐帽荆钗。两地邮筒封寄,费人疑猜。拈寸管,心徘徊。计到时、窗前梅开。看泗水诗来,邗江句往,骢背相催。
>
> 知迁否,居幽哉。有苔纹布石,花影侵阶。恰称书餐蟬字,舞延仙胎。将进酒,流霞杯。贵洛阳、抄传瑗瑰。愿千里加餐,先生自舒羁旅怀。③

从"贵洛阳、抄传瑗瑰"句中,可见焦循对黄文旸的《寄寿净因》诗颇为赞赏,而黄诗流播甚广,"成一时盛事"所言不虚。焦循《雕菰集》中则未见两人唱酬之作。按,焦循壮岁即名倾天下,交游甚广,著述颇丰,其诗文集中不乏题咏应酬之作,以他与黄文旸之深厚交情,何以未更多形诸诗文题咏?这当归咎于嘉庆八年(1803)之后焦、黄两人关系恶化,焦循有意删毁。

焦、黄两家原本亲密,后竟构衅断交,乃缘于黄文旸家事,其事由焦氏妹引起。嘉庆八年(1803)十月,应阮元之邀,黄文旸携老妻张因前往杭州作西湖之游,家事悉委长媳焦氏。不料其后家祸顿起,焦氏被叔翁黄三诬陷,谓其将黄家钱财"透入母家,买置田地",时在杭州阮元学署的黄文旸皂白不分,写信质问焦氏及焦母,致使焦母"愤结而成疾",数月后病故,焦氏不久也

① (清)黄文旸:《桃花庵即事呈西崖大士七首》,载《扫垢山房诗钞》卷三,《续修四库全书》集部1459,上海古籍出版社2002年版,第35页。
② (清)黄文旸:《寄寿净因》,载《扫垢山房诗钞》卷九,《续修四库全书》集部1459,上海古籍出版社2002年版,第107页。
③ (清)焦循:《寿楼春·题六十唱和诗寄秋平黄丈》,载《仲轩词》(不分卷),《丛书集成续编本》(209),台湾新文丰出版公司1985年版,第155页。

因此而病逝。事实上黄文旸长子黄金夫妇体弱多病，所耗银两皆用于问诊买药。因此，焦循多次请求时任浙江学政的阮元主持公道，《里堂札记》中关于此事就有三封信札。焦循《上阮中丞第二书》云："且此黄秋平者，实为无赖之小人，以刀笔佐讼之才为其才，贾虚名以惑众。……又腆颜与士大夫为伍，反复无耻，实士林所不容，貌为乡愿而心则蛇蝎。"①在《上阮中丞第三书》中，焦循多述黄文旸为人之"虚"与"妒"，斥黄文旸父子投身盐商林松门下，"助纣为虐，几陷绝境"②。虽然焦循之言辞未免过激，但从中可知：两家交恶关键在于黄文旸对长子黄金的失教。

黄文旸一家以能诗称于甘泉，焦循将长妹许配黄家长子黄金，原以为黄氏诗礼传家，结果却发现黄文旸以"刀笔之能饰之于诗文"，"伊自以虚伪欺世，因而又以虚伪为箕裘之用"，教子"但欲其诈饰，不欲以其真能知学"，因而黄金所为文，"大抵皆刀笔气，全非属文之法"，于是焦循辞去馆谷颇丰之卜馆，亲自教授黄金，并作札于黄文旸，两人实因此事交恶。其后黄文旸入盐商林松门下效劳，并令其子为"圣府家奴"，以顶戴为荣，诸事皆令焦循不齿，以为"黄文旸之人，谊所当绝"③。如前所述，此事也涉及曲家李斗。

从姻亲到交恶，焦循、黄文旸二人关系颇为复杂。两人一度品戏题咏，切磋交流。作为戏曲行家里手的黄文旸，在推崇元曲、推许花部戏等曲学主张方面深深地影响着后辈焦循。在求真尚实的乾嘉考据学风的影响下，他们积极从事古典戏曲文献的整理、辑录工作，焦循《曲考》就是在黄文旸的《曲海目》基础上增益杂剧 42 种，传奇 26 种剧目而成。两书目皆在李斗的《扬州画舫录》卷五中记载而得以存世。焦循除从辑佚、校勘等方面向戏曲版本、目录等深化外，还致力于曲学文献搜集、整理、考订等工作。在《剧说》《花部农谭》《易余籥录》中，他更是将考证精神贯彻到了曲学研究中，成为"以经生研究戏曲者"之翘楚。

此外，两人皆擅长考证，除肆力于经史领域外，还将考证应用到日常生活中。如黄文旸嗜好葫芦，悬挂于门庭墙涵者有百余枚，著有《葫芦谱》。"扬州八怪"之一罗聘曾为之作图。④ 焦循亦然，他对日常生活中，诸如衣食

---

① （清）焦循：《上阮中丞第二书》，载《里堂文稿》（不分卷），清稿本，上海图书馆藏。

② （清）焦循：《上阮中丞第三书》，载《里堂文稿》（不分卷），清稿本，上海图书馆藏。

③ （清）焦循：《上阮中丞第三书》，载《里堂文稿》（不分卷），清稿本，上海图书馆藏。

④ 黄文旸《家无长物，有最不能忘者。思之，每惘惘若失，作七忆歌》诗序中自言："予素有葫芦之癖，搜奇采异，摩挲光泽，悬之壁间者常百有余枚。罗两峰曾为作图。今仅存巨者三枚，小者五枚，度合子午卯酉，皆希世之珍也。"（清）黄文旸：《扫垢山房诗钞》卷九，《续修四库全书》集部1459，上海古籍出版社 2002 年版，第 102 页。

住行、爱好娱乐等都有所考证。

(七)仲振奎与仲振履

清中叶泰州仲氏是一个书香传世之大家族,族中男女老幼皆能诗善赋。祖父仲素,人称芍坡先生,为邑名诸生,制艺、诗歌、词律皆精。其诗"冲和淡远,不事雕饰,虽意别工拙,而纯任自然"①。著有《茗叟诗草》。父鹤庆,字品崇,号松岚。为乾隆十七年(1752)万寿恩科解元。乾隆十九年(1754)中进士,尝任职四川、云南等地。其禀性刚直,以不称大吏意几落职为流人。后主讲镇江宝晋、南康白鹿等书院。其文章诗赋冠绝一时,诗有得李、杜神韵之誉。著有《迨暇集》。善画竹兰菊,喜山水花鸟,兼擅书法,《扬州画舫录》卷二云其"画有生气,书卷盎然"②,与"扬州八怪"中的郑燮等人友善。

泰州仲氏一族,文风鼎盛,诗人众多,闺阁之中,亦不乏吟咏之声。嘉庆十二年(1807),仲振奎辑成《仲氏女史遗草》诗集,其中收录其姑莲庆(号碧香)的《碧香女史遗草》,大妹振宜(字绮泉,号芰云)的《绮泉女史遗草》,二妹振宜(字瑶泉,号芝云)的《瑶泉女史遗草》,其妻赵笺霞(字书云)的《辟尘轩诗钞》,及弟妹(振猷之妻洪湘兰,字畹云)的《绮云阁遗草》各1卷。仲氏后人亦能克绍家声。仲振奎之女贻銮,字年华,号金城,泰州诸生宫怀浦妻,卒年27,著有《仲贻銮遗诗》一卷。仲振履所生一子三女,皆能吟咏。子贻勤神清性敏,髫龄即脱口成诗,有"神童"之誉。年17时,随父令粤时染疾,垂危之际犹不绝吟哦。著有诗集《蓉宾遗草》。

仲振奎兄弟三人,其弟振履与振猷"皆能敷华藻,绍其家声"③。仲振猷为贡生,生平事迹不详。仲振奎、仲振履除能文善诗外,还以谱曲名世。仲振奎(1749—1811),字春龙,号云涧,又号花氏史,别署红豆村樵。监生。出身书香世家,博学多才,却淹滞场屋,穷困潦倒,"三处别离老梦想,一家骨肉为饥驱"④,可谓终其生为生计奔波大江南北的写照。其一生足迹遍及江、浙、川、冀、豫、皖、京、粤及两湖等地,游历既广,感慨则多,往往形诸笔墨。乾隆三十三年(1768),他随父西入四川,作《云栈赋》《蜀江赋》。乾隆四十三年(1778)旅楚,著有《楚南日记》。乾隆五十三年(1788)游河朔,经南京还。

① (清)宫增佑:《〈茗叟诗草〉序》,载《迨暇集》前附《茗叟诗草》,嘉庆十六年(1811)兴宁官署刻本,泰州市图书馆藏。

② (清)李斗:《扬州画舫录》卷二"草河录下",汪北平、涂雨公点校,中华书局2004年版,第44页。

③ (清)王有庆等修、陈世镕等纂:《(道光)泰州志》卷二十四"文苑",载《中国地方志集成:江苏府县志辑50》,江苏古籍出版社1991年版,第105页。

④ (清)仲振奎:《将游邛上示弟妹》,载《云涧诗钞》,清嘉庆十六年(1811)兴宁官署刻本,泰州市图书馆藏。

乾隆五十七年(1792)寓京城,阅小说《红楼梦》,谱"葬花"一出。后又至山东任城。嘉庆元年(1796),客扬州司马李春舟幕府。其间创作了《红楼梦传奇》《怜春阁》传奇二种。嘉庆十四年(1809),因妻女俱亡,膝下无儿,遂南下至粤,追附二弟振履,寓居兴宁官署。其间结识了兴宁都司、《剑人缘传奇》作者汤贻汾,两人结为忘年之交。嘉庆十六年(1811),仲振奎着手整理并刊刻自己和家人的著述,其诗集《云涧诗钞》,其父鹤庆的诗集《迨暇集》,其妻赵笺霞的诗集《辟尘轩诗钞》,及所辑《仲氏女史遗草》都在兴宁刊刻。

仲振奎终其生科场失意,落魄潦倒。其妻赵笺霞贤惠善良,"嫁衣尽典供甘旨",早年婚姻幸福美满。妻女皆能诗,生活清苦中不乏唱和之乐。唯造化弄人,其后无子、丧偶、挫抑、困厄,人世间艰辛、心酸诸种滋味备尝,其情形他在《〈辟尘轩诗钞〉序》中有所描述:

> ……而又无子,惟一女贻銮,颇聪慧,能吟七字诗,婉娈膝下惟称意。既而婿官桐山,不三年而桐山亡。书云痛婿怜女,泪无干时,而贻銮又殁。书云思之,而又无孤子,尽瘁心力,精气遂大耗矣。丙寅春一病,及秋而逝。呜呼!命之不臧,失我珍偶。顾念此身,颓然已老。料今世也无以慰书云之痴心,且恐先秋而零,胜似草木。乃取其藏稿编辑之,并贻銮所吟诗,付之梓人。回忆就婚山右时,侍女捧砚索催妆诗,几如梦寐。而予之泪,又将何时霁矣![1]

按,丙寅是嘉庆十一年(1806),这年春天赵笺霞因伤独女与婿离世,心力交瘁,贫病而逝。仲振奎中年丧女、婿,晚年丧妻,膝下无儿,其生平遭际实堪伤嗟,唯发诸词曲。他才情横溢,诗词曲文诸体兼擅,《(道光)泰州志》谓其诗学杜甫,为文精深浩瀚,出入三苏。著有《绿云红雨山房诗钞》(又名《云涧诗钞》)、《绿云红雨山房文钞》、《绿云红雨山房文钞外集》等,现藏于泰州图书馆。另有传奇16种:《火齐环传奇》《红襦温酒传奇》《看花缘传奇》《雪香楼》《卐字阑传奇》《霏香梦传奇》《香囊恨传奇》《画三青传奇》《风月断肠吟传奇》《怜春阁传奇》《后桃花扇传奇》《懊情侬传奇》《牟尼恨传奇》《水底鸳鸯传奇》《诗囊梦传奇》《红楼梦传奇》等。[2] 除《红楼梦传奇》《怜春阁传奇》存世

---

[1] (清)仲振奎:《〈辟尘轩诗钞〉序》,载《仲氏女史遗草》,清嘉庆辛未年(1811)兴宁刻本,泰州图书馆藏。

[2] 钱成的《仲振奎及其"红楼第一戏"研究》(扬州大学硕士论文,2007 年)一文认为仲振奎作有 17种戏曲,除上述 16 种外,还存疑《红梨梦传奇》1 种。因无确切证据,笔者不采纳。

外,其余 14 种皆已亡佚,从题名看大多为言情之作,当与此有关。他在《火齐环传奇》自序中说:"痴情者,阅世履境,皆为情感。情困以乐府,传奇传其声色之情,谱其平生之憾,书之以慰诸生,《红襦温酒》《火齐环》之类是也。"①这类风情剧大多以曲家个人的抒情诉恨为主,缺少戏剧性构思和艺术剪裁,因此上演的可能性不大,仅供案头清玩而已。

仲振奎与乾嘉时期曲家交游广泛,除前述之曲家汤贻汾外,在老家泰州,他与二弟仲振履,姻亲李宸、宫敬轩,文友纪桂芳等唱酬往来,形成了一个戏曲创作圈子。② 此外,值得注意的是,他与戏曲艺人们也有深入的交往。其《五伶传》所描写的双喜、采生、春容、凤生、情生等五位艺人的坎坷经历和悲惨命运,无疑是研究清中叶艺人的生平遭际、思想情感及其技艺的珍贵资料。每篇小传末,仲振奎都仿司马迁作《史传》的笔法,以"花史氏"的口吻对其主人公的技艺、品行、生平遭际一一做出点评,如云春容"丰姿娟秀,肌理洁莹,双目含光,巧笑生媚",情生"舞袖回风,歌声飘雪,清如仡玉,翩如惊鸿,因物赋形,通乎微妙",双喜"以垂髫贱工,而却贵人之聘,不屑作巾帼状"的风骨气节,采生面对同侪的排挤,"无媚世态,辟若幽兰,自芳空谷"的高洁品性,以及凤生对待感情的真挚与专一,"独能重义善始善终";从中也反映出他的以韵致取胜和重传神写意的戏曲审美观,如云情生"因物赋形,通乎微妙",春容"既复演《惊梦》《藏舟》《断桥》诸剧,阿堵传神,通于微妙"。③《五伶传》也反映出清中叶士人狎优的风气之盛,仲振奎能以同情的笔触为艺人立传,既缘于其自身的落拓坎坷遭际,与艺人们有同声相应之感,也说明其具有朴素的平民意识和思想倾向。

清中叶扬州是文人学士们向往的一大都会,好游历的仲振奎也不例外,与扬州曲家唱酬往来,留下了自己的足迹。嘉庆元年(1796),他客寓扬州司马李春舟幕府,在氤氲的曲学氛围熏染下,创作了多部传奇。"谱曲得风气之先"的《红楼梦传奇》就创作于此。《红楼梦传奇》自序云:"丁巳秋病,百余日始能扶杖起,珠编玉籍,概封尘网,而又孤闷无聊,遂以歌曲自娱。凡四十日而成此。"④按,嘉庆丁巳年是嘉庆二年(1797),五年前他在京城时已经谱写过"葬花"一出。是年秋,仲振奎羁旅异乡,贫病交加,孤闷无聊,百余日始

① (清)仲振奎:《〈火齐环传奇〉序》,载《绿云红雨山房文钞外集》,手抄本,泰州图书馆藏。
② 可参见钱成《仲振奎及其"红楼第一戏"研究》(扬州大学硕士论文,2007 年)中"仲振奎的交游考"一节。
③ 相关引文皆出自仲振奎《五伶传》,载《绿云红雨山房文钞外集》,手抄本,泰州图书馆藏。
④ (清)仲振奎:《〈红楼梦传奇〉序》,载《红楼梦传奇》卷首,清嘉庆二十四年(1819)绿云红雨山房刻本。

能扶杖行走,于是着手改编小说《红楼梦》。《红楼梦传奇》长达 56 出,合小说《红楼梦》和《后红楼梦》为一剧,短短 40 天内完成,仲振奎才思之敏捷可见一斑。卷前除自序外,题词者有李春舟、曾燠、陆文郁、蒋知让、黄郁章、郭堃、詹肇堂、俞国鉴、祝庆泰、徐鸣珂、袁铺、陈燮、邹溦宁、张彭年、姜凤喈、黄钰、吴会、仲振履等 18 人。从中可知完稿后,引起了李春舟、曾燠等扬州名流及仲振奎的友人们的关注。

寓扬期间,仲振奎还创作了传奇《怜春阁》。卷首除自序外,题词有姜凤喈、徐鸣珂、刘嗣绾、周之桂、詹肇堂、张彭年、蒋征蔚、王崇颐、鲁汾、董超然、罗远、蔡昭、刘方开、刘方晖、钱相初、张纯等 16 人。除去重复,前后为两剧题词者多达 26 人,其中蒋知让是蒋士铨的第三子,詹肇堂曾与黄文旸、金兆燕、李斗、凌廷堪等入扬州词曲删改局校曲。乾嘉之际,黄文旸、李斗、焦循等曲家曾入两淮盐运使曾燠题襟馆诗酒唱酬,仲振奎亦在幕宾之列,可能与黄、李、焦等人熟识并有交往。但相关材料未见。

仲振履(1759—1822),字临侯,号柏庵、云江,又号群玉山农、木石老人。嘉庆十三年(1808)中进士。次年任广东恩平知县。历任兴宁、东莞、南海等地县令,后擢为南沃同知。作宰南越 13 年,所至皆有政声。道光二年(1822),归里后卒于家。

作于嘉庆十七年(1812)的《作吏九规》仲振履自序云:"先君子任蜀之大邑令,罢官日,男妇泣送数十里,四厢分月负米馈于省垣。归守贫约,以课子自娱。尝顾谓曰:'先劳无倦',余家祖训也。尔等倘博一官,当慎守此四字,勿汲汲于穷达也。"①受家风熏染,在地方官任上,仲振履治律严明,兴利除弊,弘扬文教,颇有乃父风范,在当地留下不少美谈。在恩平,他治理清明,决案无留牍,是地盗贼频频出没,经搜捕后,逐渐平息;修金塘桥,倡建书院,教化黎庶,颇得当地士人崇敬,离去日,百姓攀辕相送数十里。在兴宁,禁水车,疏河道。在东莞,筑虎门碉台,严海防。在南海,筑桑园基,卫农田,工费不赀,多者以数万计。

仲振履勤于政事,仍不废吟哦。著有《作吏九规》《秀才秘籥》《虎门揽胜》《咬得菜根堂集诗文稿》,及传奇《双鸳祠》、《冰绡帕》(佚)等。

(八)仲振奎与蒋士铨之第三子蒋知让

从年辈上看,蒋士铨与仲振奎无交往,而其三子知让与仲振奎互有唱酬。蒋士铨育子 8 人。三子知让(1758—1809),字师退,号藕船。应乾隆四

---

① 　(清)仲振履:《〈作吏九规〉序》,载《作吏九规》卷首,清嘉庆二十三年(1818)刻本,上海图书馆藏。

十五年(1780)高宗南巡召试,钦取第一,赐举人。后赴礼部试不遇,以知县分发直隶。嘉庆十年(1805)春,补授唐县知县,有政声。著有《妙吉祥室诗钞》。

嘉庆三年(1798),仲振奎寓扬州司马李春舟幕府,创作了《红楼梦传奇》。时在曾燠幕府的蒋知让作了题词,其词云:

> 传奇演义竞排场,琐碎荒唐两不妨。十斛珠穿丝一缕,难将此事付高王。
>
> 童憨稚戏了无猜,富贵家儿才不才? 天遣口中衔石阙,情场红翠合生埋。
>
> 黛痕眉影可怜生,钏响钗光别有情。娇鸟一群声万种,不同名士悦倾城。
>
> 文章佳处付云烟,竟有文鳞续断弦。恩怨分明仙佛幻,人心只要月常圆。
>
> 各样聪明各种痴,一人情态一花枝。亏他五色生花笔,写到尖叉合拍时。①

赞誉仲氏以生花妙笔续前后《红楼梦》,"一人情态一花枝",笔下的人物形象栩栩如生,声口毕肖。蒋士铨主张戏曲要表现"正情",即符合封建伦理规范的情,因此毫无一般言情剧的猥亵通病。仲振奎改编后的林黛玉,德言容工俱符合妇德,结尾宝黛联姻,其用意是为"黛玉、晴雯吐气",乃至不惜改变原小说中的人物形象。换言之,宝黛之儿女私情有了合法的护身符,这与蒋氏的"正情"说可谓异曲同工。联系蒋士铨编写戏曲在扬州士林中有口皆碑的事实,蒋士铨在曲学上已对仲振奎产生了明显的影响。

(九)焦循与蒋士铨

焦循与蒋士铨之间虽未见直接交往记载,但蒋氏风范泽惠扬州学人,焦循曲学当与其有渊源。乾隆四十五年(1780),焦循入学安定书院,蒋士铨已入京任国史馆纂修官。诗古文词曲负海内盛名的蒋士铨掌院安定三年,对其后书院士风之影响甚大。清代书院多以课考举业为主,侧重于四书等官方教材。安定书院则很重视诗赋词章的教学,"每月官课、山长课皆四书文

---

① (清)蒋知让:《〈红楼梦传奇〉序》,载仲振奎《红楼梦传奇》卷首,清嘉庆二十四年(1819)绿云红雨山房刻本。

一首,试律一首;安定、梅花两院山长别试诗、赋、经解、策论,名曰'小课'"①,因此所聘山长多擅词章之学。蒋士铨对书院生徒的文学熏陶和培养用力殊深。友人钱世锡尝作诗赞云:"踽踽问字人,可是侯芭侣。文章辨源流,熟于家珍数。由来老斫轮,寸心喻甘苦。裁伪归正始,崇雅斥纤芜。"②由末两句可知,蒋士铨以雅正的文学主张教授生徒。焦循主张戏曲的风化劝世作用与其是一脉相承的。

扬州学派中不少人都肄业于安定书院,他们视野宏博,诗文词曲皆精,受蒋士铨这位文学大家的教育和影响不少。如前所述,焦循挚友、族内弟阮元对其极为敬仰。因此因缘,蒋士铨对焦循应有影响。换言之,焦循之爱好古文词及曲学,当与蒋士铨有渊源。

综上所述,清中叶扬州曲坛形成了一个以家族关系与师友关系相错综的人际网络,它或以世代承继的文化家族为中心,或以姻亲关系为主,或以幕主宾、师友传承为主辐射开来。

---

① （清）王逢源纂、李保泰修:《（光绪）江都县续志》卷十六"学校考第六",载《中国地方志集成:江苏府县志辑 67》,江苏古籍出版社 1991 年版,第 225 页。

② （清）钱世锡:《扬州舍馆于蒋编修书院,值课期即事赋席呈蒋十四用前韵》,载《鹿山老屋诗集》卷九,清刻本。

第四章　扬州曲家的戏曲创作

扬州曲家现存戏曲作品 16 种,包括传奇 15 种,杂剧 1 种。从题材类型看,伦理教化剧有 4 种,约占作品总数的 25％;文人剧 4 种,约占 25％,这两者共占 50％;爱情婚姻剧 6 种,占 37.5％;宗教剧二种,占 12.5％。显然,爱情剧和文人剧、伦理教化剧平分秋色,晚明"传奇十部九相思"的创作格局已被打破,这与清中叶曲坛的传奇整体创作态势是相吻合的。同时,扬州曲家在主题取向、情节结构、艺术风格等方面体现出独特的地域特色。

第一节　扬州曲家传奇创作的主题取向

扬州曲家的戏曲具有鲜明的主题取向。他们自觉地以传奇为辅俗化民的政教工具,无论是抒发一己之情志的文人剧,还是抒写男女之情的爱情剧,都表现出鲜明的主题取向——以道德价值为准则。这种创作倾向在扬州曲家的作品中得到不同程度的体现,尤以蒋士铨为甚,其传奇"当之无愧地成为传奇艺术道德化的楷模"[①]。同时在有清中叶形成一种主流性的戏曲思潮。为便于研究,笔者将扬州曲家的传奇作品划成伦理教化剧、爱情剧、其他题材戏曲(包括宗教剧、文人剧)三大类。

一、风化劝世——伦理教化剧

在宣扬风化上,蒋士铨无疑是扬州曲家中的翘楚。史书载其"赋性俳恻,以古贤者自厉,急人之难如不及"[②];"生平无遗行,志节凛凛,以古丈夫自励"[③];性情耿介,"遇不可于意,虽权贵,几微不能容"[④]。显然蒋士铨是一位以志节自持、重视立身道德的正统文人,其凌厉意气每每借助诗词曲等文

---

① 郭英德:《明清传奇史》,江苏古籍出版社 1999 年版,第 523 页。
② (清)赵尔巽等:《清史稿》卷四百八十五"文苑传二",载《二十五史》(12),上海古籍出版社 1986 年版,第 1531 页。
③ (清)金德瑛:《〈忠雅堂诗集〉序》,载《忠雅堂集校笺》,邵海清校,李梦生笺,上海古籍出版社 1993 年版,第 2494 页。
④ (清)袁枚:《翰林院编修候补御史蒋公墓志铭》,载《小仓山房续文集》卷二十五,《小仓山房诗文集》,周本淳标校,上海古籍出版社 2009 年版,第 1699 页。

学途径抒发出来。时人对此多有记载，如王昶《蒲褐山房诗话》云："嵚崎磊落，肺腑槎枒。遇忠孝节烈事，辄长歌以纪之，凄锵激楚，使人雪涕。"①赵翼云："谈忠说孝气嶙峋，卅卷诗词了此身。"②乾隆三十七年（1772）至乾隆四十年（1775）春，蒋士铨掌教安定书院，目睹扬州世风浇薄、江河日下的社会现实，自觉地寄寓戏曲以道德劝惩之义。这时期创制的四种曲，除杂剧《四弦秋》外，传奇《雪中人》《临川梦》《香祖楼》3 种皆与风化主旨攸关，表现出浓烈的伦理色彩。

《雪中人》共 16 出。剧叙明末铁丐吴六奇醉卧雪中，海宁人查培继置酒款待，慷慨赠金及狐裘。后查培继因庄氏明史案牵连，已任两广水陆提督的吴六奇极力营救，回报往日恩情。其创作缘起，据卷首自序云，乾隆三十八年（1773）腊月，蒋士铨与友人钱百泉围炉闲话，偶尔提及清初铁丐吴六奇事，引起了他的唏嘘感叹："呜呼！一取与求索间，皆丐也。得其所与者，辄忘其丐；丐其所与者，旋争艳其得。丐也，与也，得也，有相圜而见，相胜以成者焉。蓬垢蓝缕，特丐之外著者耳。然丐而能铁，较之韦而丐者，不差胜乎。于是作《铁丐传》，使凡丐者，以铁自勉焉，雪且失其寒也已。"③实是有感而发。蒋士铨才思敏捷，八日而创制成《雪中人》传奇。

"提纲"以一支【西江月】概括剧情："酒肉堆中打盹，笙歌队里酣眠。雪中卧者脸朝天，欲把阳春睡转。乞丐醉辞湖寺，将军笑倚楼船，罗浮开合好云烟，一对郎君俊眼。"④可见蒋士铨着意表彰的是查培继的知人之能及吴六奇的"一饭千金"的报恩之举。全剧围绕此节展开。剧中吴六奇以净扮，因"思想人生一世，不做公侯，宁为乞丐。若屈抑在卑贱厮养中，看人颜色喜怒，岂是大丈夫行止"⑤，因而辞去驿丞一职，流落为丐，"手不曳杖，口若衔枚，敝衣枵腹，而无寒饿之色"⑥，人皆称为"铁丐"。为凸显吴六奇之"侠"，蒋士铨着意设置了"眠雪""角酒""联狮"等场戏。"眠雪"出中，吴六奇断然拒绝结义兄弟欲揭竿起义之邀约，突出其"忠"，又通过富室子弟欲施舍反遭其奚落，突出其行乞之"豪"；"联狮"出，蒋士铨将场景设置在杭州于谦祠内，

① （清）王昶：《湖海诗传》卷二十一，载《续修四库全书》集部 1626，上海古籍出版社 2002 年版，第 63 页。
② （清）赵翼：《心余诗已刻于京师，谢蕴山太守觅以寄示，展阅累日为题三律》，载《瓯北集》卷三十三，李光颖、曹光甫标点，上海古籍出版社 2007 年版，第 778 页。
③ （清）蒋士铨：《雪中人》第二出，载《蒋士铨戏曲集》，周妙中点校，中华书局 1993 年版，第 288 页。
④ （清）蒋士铨：《雪中人》第二出，载《蒋士铨戏曲集》，周妙中点校，中华书局 1993 年版，第 290 页。
⑤ （清）蒋士铨：《雪中人》第二出，载《蒋士铨戏曲集》，周妙中点校，中华书局 1993 年版，第 293 页。
⑥ （清）蒋士铨：《雪中人》第三出，载《蒋士铨戏曲集》，周妙中点校，中华书局 1993 年版，第 297 页。

借应庄氏修史之聘请的众名公之声口,衬托吴六奇之忠肝义胆,这些皆为以后其知恩报恩之举埋下了伏笔。查培继卷入庄氏明史案被逮下狱,众人避之唯恐不及,吴六奇却挺身为友上疏辩白,冤情昭雪后,将查培继接来府衙,又匿名赠银三千,修建房屋,尽力报酬知己。吴六奇的这一知恩报恩的义举和查培继识英雄于风尘的慧眼卓识显然极为蒋士铨赞赏。

《雪中人》之创作主旨是"义",彰显朋友之间患难相交、生死与共的传统美德。全剧情节并不复杂,但结构紧凑,蒋士铨匠心独运,戏曲手法运用娴熟,形象真实可信。梁廷枏《曲话》卷三评云:"《雪中人》一剧,写吴六奇,颊上添毫,栩栩欲活;以《花交》折结束通部,更见匠心独巧。"①洵为公允之论。

《临川梦》②分两卷,共20出。作于乾隆三十九年(1774)寒食节。剧叙万历五年(1577)汤显祖因拒绝权臣张居正的笼络,名落孙山,乃绝意应试。归乡家居6年,谱写《牡丹亭》传奇。娄江女俞二姑读后感叹成疾而逝。万历十九年(1591)汤显祖官南京祠部主事时,因上《论辅臣科臣疏》而被贬为广东徐闻县典史。后迁浙江遂昌县令,其间撰写《邯郸》《南柯》二记。一日,汤显祖于玉茗堂中梦俞二姑之魂现,四梦中人一一与会。

蒋士铨极推崇汤显祖这位江右乡贤,他认为世人皆视汤显祖为"词人",这实在是个莫大的误会,"呜呼!临川一生大节,不迕权贵,递为执政所抑,一官潦倒,里居二十年,白首事亲,哀毁而卒,是忠孝完人也。观其《星变》一疏,使为台谏,则朱云、阳城矣。徐闻之讲学明道,遂昌之灭虎纵囚。为经师,为循吏,又文翁、韩延寿、刘平、赵瑶、钟离意、吕元膺、唐临之流也。词人云乎哉!"③因此《临川梦》以《明史》及《玉茗堂集》记载为蓝本,并杂采说部,"摹绘先生人品,现身场上,庶几痴人不以先生为词人也欤"④。《临川梦》以刻画汤显祖的"一生大节"为主,蒋士铨着意把他塑造成"忠孝完人",借以自况。其"提纲"【蝶恋花】云:"气节如山摇不动,玉茗堂中,说透痴人梦。铁板铜弦随手弄,娄江有个人知重。唤做词人心骨痛,史册弹文,后世谁能诵。醒眼观场当自讼,古来才大难为用。"⑤字里行间流露出一种愤慨不平之气,这缘于蒋士铨对汤显祖仕途上的坎坷遭际和守正不阿的精神品格产生了强烈的共鸣。

---

① (清)梁廷枏:《曲话》卷三,载《中国古典戏曲论著集成》(八),中国戏剧出版社1982年版,第273页。
② 从题材上看,学界一般将《临川梦》划为文人剧。笔者为研究方便起见,将其列入教化剧,主要着眼于其教化主旨。
③ (清)蒋士铨:《〈临川梦〉自序》,载《蒋士铨戏曲集》,周妙中点校,中华书局1993年版,第209页。
④ (清)蒋士铨:《〈临川梦〉自序》,载《蒋士铨戏曲集》,周妙中点校,中华书局1993年版,第210页。
⑤ (清)蒋士铨:《临川梦》"提纲",载《蒋士铨戏曲集》,周妙中点校,中华书局1993年版,第218页。

蒋士铨撷取汤显祖一生的重要事件谱成戏曲："拒弋"出演汤显祖拒绝权臣张居正之网罗,彰显其高风亮节;"抗疏"出演汤显祖在南京阅邸报,乃上疏建言,因而被流放为广东徐闻县典史;"送尉"出演汤显祖在徐闻县办贵生书院,励行善政,得以擢迁浙江遂昌县令;"宦成"出演汤显祖在遂昌纵虎灭囚,深得百姓爱戴。传奇作如此剪裁处理,显然与蒋士铨的"循吏"情结密不可分。蒋士铨素怀利济天下之心,在《上陈榕门太傅书》中,他自言不乐为文人,而欲以明体达用之学利物济人。① 然而八载京官生涯,他始终以笔墨供奉翰林,未能一展经邦致治的才略,而龌龊苟营的官场现实,令他情不自禁地发出"从俗岂不好,窃惧伤直性"的呼声,因此毅然买舟南下,转而任教东南一带,以帷帐授经、课授生徒的方式来实现自己的循吏主张。吴梅以为,"盖若士一生,不谄权贵,递为执政所抑,一生潦倒,里居二十年,白首事亲,哀毁而卒,固为忠孝完人。而心余自通籍后,亦不乐仕进,正与临川同,作此曲亦有深意也"②。蒋士铨的禀赋气质、仕宦经历与汤显祖极为相似,促使他借戏曲来发抒自己的抑郁不平之气及惺惺相惜的情怀。

《临川梦》中,蒋士铨把汤显祖创作"四梦"之事搬上舞台,在前人以文学样式品评作家作品的基础上,别出心裁地以戏论戏,建构了作家、读者和戏曲人物三维式的文学批评模式。③ 剧末以汤氏"四梦"人物联袂登场,实为别出心裁之格局。后世曲家评价甚高,吴梅谓"世皆以《四弦秋》为最佳,余独取《临川梦》,以其无中生有,达观一切也"④。

沈起凤的《报恩缘》分两卷,共 37 出。系《沈氏四种传奇》之第一种。乾隆四十四年(1779)沈氏客于两淮盐政幕中所作。该剧演绎了一个白猿受恩报德的故事。剧叙泰安山白猿因盗取天府秘书,例遭雷殛。风雷交加之际,被姑苏秀才谢兰救下。白猿乃有意报德。谢兰上镇江岳家富室白丁处告贷,欲借盘缠上京应试,却反而被囚后花园,后得未婚妻白丽娟助银 50 两。逃难途中卷入飞来横祸。镇江赵村人王寿儿离家十载,经商攒得白银 50 两,归家途中藏于文昌殿魁星斗内,拟次日再来取。家中夫妻闲话时,不料隔墙有耳,为酒店店主赵小二窃听,并攫为己有。赵小二之妻郑玉奴与店伙计李狗儿有染,赵小二得银之事,乃为李狗儿所知。次日,王寿儿前往文昌

---

① (清)蒋士铨:《上陈榕门太傅书》,载《忠雅堂集校笺》,邵海清校、李梦生笺,上海古籍出版社1993 年版,第 2310 页。
② 吴梅:《中国戏曲概论》,载王卫民编《吴梅戏曲论文集》,中国戏剧出版社 1983 年版,第 182 页。
③ 郭英德:《蒋士铨〈临川梦〉传奇漫议》,《名作欣赏》1987 年第 3 期。
④ 吴梅:《顾曲麈谈》,载王卫民编《吴梅戏曲论文集》,中国戏剧出版社 1983 年版,第 113 页。

殿寻银不见,遂诬正歇息殿中之谢兰,其身上寻出纹银数目相符,乃扭送见官。丹徒县县丞胡图与白丁交好,乃糊涂判案。赵小二驱逐李狗儿出店。李狗儿怀恨在心,正值知县魏简至文昌殿踏勘,便出首告发。于是真相大白。李、郑二人密谋,害死赵小二,逃亡途中,强抢谢兰盘缠,被白猿之守山神虎搭救。谢兰被救后,白猿以二女紫箫、绿琴联姻。并命紫箫前往镇江搭救白丽娟,绿琴随同上京,帮助谢兰取得魁元。紫箫至镇江,搭救了正欲自尽之白丽娟,并女扮男装入赘白府。绿琴后以原配身份大闹白府,白丁无奈,只得收留。谢兰高中,至镇江与二女重逢,白丁受惩后,有意修好。谢兰奉旨与三女联姻。

沈起凤出身世代簪缨之大家族,本人年少得意,功名之心殷切,却困顿场屋,六次春试不售,无奈将之归于宿命。在《报恩缘》中,他着意描摹的是失意文人的白日梦幻景象,因此笔下的男主人公谢兰显得软弱无力。在剧中,他受尽种种磨难,先是因家境寒微上岳家告贷,非唯遭白丁赖婚,还被关入后花园草房里;再是逃难途中,遭遇了一场十五贯式的磨难;之后又因李狗儿、郑玉奴之劫财而流落荒郊。但每到关键时候,总有贤惠温柔的女性来解救他。整出戏中,谢兰是被动的接受者。无论白丽娟,抑或紫箫、绿琴二女,都显得灵动飞扬,她们既具识才之慧眼,也有过人之胆识,个性鲜明,栩栩如生。联系沈起凤四种曲,其男性形象大率如此,有论者以为这与曲家本人的思想局限有关,"既没有直面现实的郑重和坚毅,也没有理想的崇高和光辉,只是一味地萎靡、软弱,成了那个特定时代的'多余人'形象"①。其实受该剧的思想主旨影响所致。正如其友人、曲家石蕴玉《乐府解题四则》云:"《报恩缘》,戒负心也。白猿受谢生无心之庇,即一心报德,成就其科名,联合其婚姻,以视夫世间受恩不报者,真禽兽之不若哉。此剧可与《中山狼传》对勘。"②末出"鼎圆"【尾声】:"酬恩报德从来板,有多少学反噬的中山,怕俺把这报恩圆的传奇补调间。"③联系清中叶扬州世道浇漓、人心不古的社会风气,其现实寓意是不言而喻的,《报恩缘》本是曲家有意主风化之作。

李斗的《奇酸记》系自明代"四大奇书"之一、小说《金瓶梅》改编而成。全剧除楔子外,共4折。每折又分6出,因此共24出。剧叙清河巨富西门

---

① 林叶青:《也只愿天下才人多将福分拥》,载《清中叶戏曲家散论》,江苏古籍出版社 2002 年版,第 189 页。

② (清)石蕴玉:《乐府解题四则》,载《沈氏四种传奇》卷首,吴梅编《奢摩他室曲丛》,商务印书馆 1928 年版,第 1 页。

③ (清)沈起凤:《报恩缘》第三十七出"鼎圆",载《沈氏四种传奇》,吴梅编《奢摩他室曲丛》,商务印书馆 1928 年版,第 169 页。

庆毒死武大,差人上东京蔡京处求情。西门庆勾搭来旺妻宋蕙莲,升其为买办。来旺转与其第四妾孙雪娥有染。潘金莲设计陷害来旺,致宋蕙莲自缢。西域梵僧寄居永福寺,修炼药炉。吴月娘求嗣得药。李瓶儿产子官哥,不久夭亡,转因感伤病逝。西门庆宴请宾客,偷看何千户娘子而暴卒。诸妾四散,吴月娘产子孝哥。吴月娘宴请亲家云理守,寻求庇护。云理守觊觎吴月娘,因点演潘金莲故事之《弄琵琶》。时武松领金兵杀至,众人逃窜。孟月楼再嫁李衙内,随任严州,途中救下陈敬济。周统制被金兵刺杀。普静禅师奉万回老祖之命,下山幻度孝哥,并荐拔超度众亡魂。

剧本卷首题"画舫中人填词"。其创作缘由,据苧樵山长跋云:"实乃沉冤之莫白,刺骨而未释其酸,此《奇酸记》传奇之所由作也。是书也,采张竹坡之批评,补王凤洲之野史。"其用意是"托奇想成关目,思入风云;采俚语以谱宫商,韵谐金石。实隐维乎世道,非仅悦乎闲情"。① 结合楔子中副末所说,"那世贞就把《琵琶记》里的伤风化做《金瓶梅》中的毒药。后来张竹坡作出一篇《苦孝说》的文字,教我们演出《奇酸记》的戏文"②,明言此剧主旨是阐扬孝道,显然秉承了张竹坡的"苦孝说",因自媲美《琵琶记》。③

作为一部作者和创作题旨都富有争议的小说,《金瓶梅》中既不乏对人情事理的教喻性话语,也有关于男女情色的大量感官性描写。因此,如何改编《金瓶梅》,与所处时代的精神风貌、表现的艺术形式、文本创作者的学识修养、社会审美风尚等密切相关。置身清中叶声色享乐、追奇逐艳蔚然成风的扬州,李斗对《金瓶梅》作出的戏曲改编,也未能免俗。在风化劝世的题旨外核下,他选取了更能迎合观众的猎艳心态和低俗趣味的男女情色渲染,并在舞台上着意呈现。《奇酸记》的这类情色描写主要集中在三处:(1)第二折"内相呈身启秘图"第二出"二十四解",春梅看春宫图的场景;(2)第二折"内相呈身启秘图"第六出"一十八滚",内相宴请同官看"一十八滚";(3)第三折"薛尼种子造奇方"第五回"一觇亡身"中,西门庆偷看何千户娘子时的心理活动。客观地说,该记在形象塑造上并无高明之处,剧中鬼神充斥舞台,暗含因果报应之义:以西门庆之作恶多端,因此后世转而投生为月娘子孝哥,最后随普静修炼赎罪。唯体例形式上颇多创新,具体将在下节中展开分析。

---

① (清)苧樵山长:《〈奇酸记〉跋》,载李斗《奇酸记》卷首,清乾隆六十年(1795)至嘉庆刻本。

② (清)李斗:《奇酸记》"楔子",载《奇酸记》卷首,清乾隆六十年(1795)至嘉庆刻本。

③ 关于《奇酸记》的主旨,陈维昭认为《奇酸记》传奇脱胎于张竹坡的"苦孝说",其真正意旨是把《金瓶梅》的情色故事搬上舞台,警惩意旨反倒成了一种叙事策略。陈维昭:《李斗〈奇酸记〉与清代中后期的戏曲流变》,《暨南学报(哲社版)》2013年第3期。

如果说以上曲家尚是通过虚构的戏曲故事来表达醇正的风化主张,那么仲振奎的《双鸳祠》系采诸现实情事谱曲而成,更具有鲜明的伦理教化意义。该剧创作于嘉庆二十五年(1820)。卷首汪云任题词云:"李君亦珊,讳光瑚,福建闽县人,仕广州别驾。家庭多缺憾,一弟又桀骜不可驯。自甘凉解饷归,抑郁成疾,疾日笃且死。一棺之外,四壁萧然。其妻蔡氏谓老妇曰:'吾夫甫死,无一过问者,设久殡此,其何以归? 我将死之,闻者或怜我之节,送吾夫归,吾翁姑亦藉以同归。我无憾矣。'乃冠帔拜堂上自缢死。移棺于庵,人莫不哀蔡之节,亦卒无议归其丧者。同官某之妻某闻于老妇而悯之,乃属其夫醵金以助,仍己出二百金送以归,且立庙祀之。"①一时粤中传为盛事。四年后仲振奎卸事闲居,闻此事后谱为戏曲,搬演场上。清末排印本首出"神合",仲振奎借秉笔判官之口说出其写作宗旨"清时闺阁翻新样,崇大义擅名场",乃为表扬节烈之风化剧。

《双鸳祠》今存二版本:一为嘉庆二十四年(1819)咬得菜根堂刊本,一为清末排印本。嘉庆本卷首题署为"泰州群玉山农填词",清末排印本题署为"览岱庵木石老人填词"。两种本子有较大不同。同为 8 出,前者分"点谱""心病""殉夫""冥鉴""闺侠""灵诉""祠成""歌赛"。后者的第一出"点谱"改为"神合",第八出"歌赛"文字上亦有较大出入。应为改编本。剧中仲氏并没有简单地标榜节义,没有纯粹从抽象理念出发,或仅反复渲染人物言行与解说道德原则,而是深入伦理、道德的层面,挖掘出人物行为内蕴的情理,进行道、情、理等多层次多角度的把握。他笔下的蔡氏殉夫,并非是对儒家伦理大节的追求,而是情势必然。"殉夫"一出中,仲振奎用一曲【北刮地风】唱出了这个弱女子的无奈之情。

【北刮地风】想我典尽衣衫囊橐贫,又没个小儿女依靠终身。倘若是晨昏的供养竟无人问,却怎生般着意调停,向老年人甘旨亲承。况你那二老爷呵,他只是惯娇生,全不问厨中汲绠,一味假费缠头,那管你釜里销金。养娘你试想一想,到了那个时候,只弄得守不能嫁不能,成何光景也。终归饥寒戕此生倒,岂不累亡魂玷辱清门。②

正是由于对现实情势有着清醒的认识估计,蔡氏的殉夫之举合乎人情物理,

---

① (清)汪云任:《〈双鸳祠〉题词》,载仲振奎《双鸳祠》卷首,清末排印本。
② (清)仲振奎:《双鸳祠》第三出"殉夫",清末排印本。

避免了人物的简单化、雷同化之弊端。而这种人性深处的悲悯与关怀，使得《双鸳祠》超越了道德的说教与表彰，从而达到"动之以情"的艺术效果，产生了震撼人心的艺术感染力。

二、情理合一——爱情婚姻剧

明中叶兴起的个性解放思潮如狂飙突进，给戏曲界带来了极大的震动。倡导以情反理的汤显祖在《牡丹亭》中谱写了一曲至情的赞歌，掀起了一股言情的热潮，但其后曲家大多未能完整继承汤氏衣钵，仅袭其貌而弃其神，在追求爱情至上的表象下，将风流浪漫与伦理道德有机地结合起来，他们笔下甚至出现了赤裸裸地宣扬情欲的情爱剧，李渔的《笠翁十种曲》可谓其中的代表。清初，通过开设博学鸿词科、大兴文字狱等举措，清廷强化了思想文化领域的统治，程朱理学成为主流。康雍之际，席卷整个社会的个性解放思潮涤荡殆尽，至情的真实内核渐渐消融，一批追求情理结合的传奇作品占据了曲坛。开明的曲家自觉消解"情"与"理"之间的矛盾，追求真情与伦理的结合，从而将情感道德化、伦理化。洪昇提出了"看臣忠子孝，总由情至"这一新的命题，将情看成是一种重要的社会政治力量[①]，成为时代的先导。

乾隆年间，理学的思想禁锢日益暴露出其僵化弊端，朝野上下对其抨击有力，尤以著名学者戴震为代表。戴震力斥宋儒"存天理灭人欲"之谬误，积极提倡人欲、人情的合理性，他认为理存于欲，"理者，存乎欲者也"，情理两者密不可分，"理也者，情之不爽失也；未有情不得而理得者也"，"在己与人皆谓之情，无过情无不及之谓理"，但他同时主张人欲要适度，要合天理，"是故欲不可穷，非不可有；有而节之，使无过情，无不及情，可谓之非天理乎"[②]！亦即所谓"情发而中节"。戴震这一"遂欲达情"说，在当时学术界产生了重要的影响。尤其是袁枚将其直接与日常世俗生活相联系，公开标举"情在理先，圣人且以为田矣"[③]，"古之忠臣孝子，皆情为之也"[④]，因此主张适性达情，以不悖乎人情为准则。其理论主张体现为诗歌创作主"性灵说"，强调"诗人者，不失其赤子之心者也"[⑤]，要求直接抒发诗人的真实情感。袁枚在达官显宦、硕儒名绅中具有较强的号召力，追随随园的弟子甚众，因此

---

① 　熊澄宇：《蒋士铨剧作研究》，中国戏剧出版社1988年版，第79页。
② 　（清）戴震：《孟子字义疏证》卷上，中华书局1961年版，第1、11页。
③ 　（清）袁枚：《上台观察书》，载《小仓山房外集》卷四，《小仓山房诗文集》，周本淳标校，上海古籍出版社2009年版，第2019页。
④ 　（清）袁枚：《随园诗话》卷三第四二则，顾学颉校点，人民文学出版社1982年版，第85页。
⑤ 　（清）袁枚：《随园诗话》卷三第一七则，顾学颉校点，人民文学出版社1982年版，第74页。

其学说及其对传统伦理道德的公开挑战,在当时影响深远。同时,袁枚在男女关系及妇女地位等方面的思想,其广收女弟子等行为也招致不少思想保守者的讥评,如章学诚、法式善等。客观地说,乾隆年间哲学思想领域的这一场理欲之争,将人们从理学"存天理,灭人欲"的礼教束缚中解脱出来,情欲存在的合法性得到了张扬,同时也在思想学术界引起了激烈的震荡。扬州曲家大多或私淑戴震,或与袁枚交善,因此在情理问题上表现出明显的倾向性。如对于戴震义理观,后学焦循公开表示赞同,其《易通释》云:"率性由于通情,通乎人之情,则不拂人之性","才者,能达其情于天下者也。才能达其情,而情乃可旁通,性命乃可各正"。① 可谓对戴震的响应。在扬州社会风气日益窳败、伦理道德标尺沦丧的现实面前,扬州曲家有意将爱情剧视为伦理教化的重要内容,追求真情与伦理的完美结合,在情理关系上表现出鲜明的调和折中倾向。

如前所述,扬州曲家的传奇作品中爱情婚姻剧占了一半,即创作于乾隆早期的三部爱情剧《玉剑缘》(1751 年前)、《旗亭记》(1759 年)、《玉尺楼》(1761 年),乾隆中叶的《香祖楼》(1774 年)及乾嘉之际的《一斛珠》(1794年)、《红楼梦传奇》(1798 年)。考察乾隆早期的三部爱情剧,几乎都有才子因改名误会而金殿辞婚、皇帝下诏赐婚的情节。无论是《旗亭记》中的诗人王之涣,还是《玉尺楼》中的饱学才子燕白颔、平如衡,《玉剑缘》中的清寒书生杜器,他们都孤高自许,视功名如尘土,而以追求绝代佳人为毕生心愿。男主人公们公然鼓吹爱情至上,对功名表现出蔑视或鄙夷的姿态。女主人公胆识、才情皆胜过须眉男子,在婚姻上自主择配,蔑视富贵,表现出高洁的品性。然而仔细考量,才子佳人的行为有理有节,完全合乎礼教纲常,其终身大事最终或遵从"父母之命,媒妁之言",或在皇帝主婚下完成。究其实质,在男女真情与传统礼教之间,曲家们崇尚以情合理、情理并重的价值取向。

《玉剑缘》分两卷,共 36 出。今存清刻本,藏国家图书馆。卷首署"江都李本宣蓬门填词""江宁宁楷端文点次"。本事无考。该剧演绎的是书生杜器与卖珠女子李珠娘的爱情离合故事。剧叙淮南富室子弟杜器因家道中落,流寓金陵,立意要娶一绝代佳人为妻室。一日与好友张铁汉郊外赏梅,张醉后用杜器家藏玉剑起舞助兴。花尚书之子花公子见后起夺剑之念,反被张铁汉痛殴。青溪祠道姑李云娘年方二八,才色过人,庙会之日约妹珠娘

① (清)焦循:《性、情、才》,载《易通释》卷五,《焦氏遗书》本,民国二十八年(1939)翁氏受古书店印本。

前来赏梅。珠娘与杜器邂逅,遗赠诗帕,归后相思成病。琵琶高手鲍六娘知二人皆有意,乃代为媒妁,杜器以玉剑为聘。云娘与杜器月下小酌,互生情愫,因约以来生再为夫妇。花公子知此事后,心中嫉恨,其手下魏人忙设谋,欲强抢珠娘。洞房之夜,张铁汉假扮新娘,打死魏人忙,并仓促逃难,落草天门山。皇帝选妃,珠娘被选入京。杜器追随入京,途中花公子欲加害之,却反遭雷殛。鲍六娘弹奏杜器所作《二十一史弹词》入京,以后妃失宠之事打动贵妃之母戚夫人,因将珠娘放还。珠娘被花尚书收为义女,与鲍六娘同居府中。云娘惊知成疾,逝后返列仙班,随后追随至杜器归舟中,言有一夜夫妻之缘。皇帝张榜求剑,杜器献剑并《玉剑赋》一篇,被赐状元及第,拜翰林院修撰。因张铁汉献策,杜器成功平定天门山之乱,被封靖逆侯。张铁汉功成身退,飘然而去。花尚书欲将义女珠娘许配杜器,皇帝下诏赐婚,经辞婚等一番周折,夫妇团圆。

　　首出"标引"以一首【沁园春】词概括剧情大意:"杜子才华,家藏玉剑,光芒烂然。有痴肥公子,乘机欲夺,癫狂侠友,仗义相援。挥魔仙姬,卖珠女弟,一笑相思两意悬。遭魔障,幸庙中神女,说与姻缘。　　无端妙选朝天,又祸结兵戈杀气连。喜情通戚碗,佳人内释,文高殿陛,才子廷宣。破贼有功,辞婚不允,相乘龙摆喜筵。浮生事,算只应如此,便合游仙。"①该剧情节曲折,曲辞清丽,关目紧凑。值得注意的是,剧中塑造了一个大胆与心上人结合的道姑李云娘形象。云娘自幼在青溪祠出家,道教的清规戒律,自是无法抑制青春少女情愫的萌动。"私盟"出,云娘本约杜器为其妹珠娘议订婚期。杜器的才华与真情打动了她,然而出家人的身份,使得她有着种种拘束,以恐添罪孽为由,婉拒杜器的追慕。两人相约来世结为夫妇,对天盟誓。"幽欢"出,因云娘系陈朝贵妃张丽华之侍女下谪,与杜器合有一宵之缘,归舟中云娘之鬼魂与杜器幽欢。其立意构思显然脱胎自汤显祖的《牡丹亭》之"冥誓"出。虽然李本宣假托神女下凡,赋予云娘的所作所为以合法性,也使全剧笼罩了因果报应的色彩,但云娘这一形象依然热烈奔放,显然是杜丽娘的仿效者。

　　此外,张铁汉之侠义,鲍六娘之成人之美,皆系李本宣倾意塑造。诚如其好友吴敬梓所言:"吾友蓬门所编《玉剑缘》,述杜生、李氏一笑之缘,其间多所间阻,复有铁汉之侠,鲍母之挚,云娘之放,尽态极妍。至'私盟'一出,几于郑人之音矣。读其词者沁人心脾,不将疑作者为子桃达之风乎!……

---

① （清）李本宣:《玉剑缘》"副末家门",清刻本,国家图书馆藏。

若以此想见李子之风流,则不然不然也。"①由此也反映出一个事实,即传奇创作中相思艳情之风在乾隆早期甚为流行,扬州曲家中即使高蹈遁世之隐者李本宣也不能免俗。在儿女真情与礼教规范之间,亦即情理之间,李本宣自觉认同风流浪漫的文人剧传统,借助自由大胆的想象与典雅清丽的文辞实现自我娱乐。

《旗亭记》分两卷,共 36 出。现存清乾隆年间刻本。该剧演绎的是唐开元时诗人王之涣与乐伎谢双鬟的爱情婚姻故事。其本事出《集异记》《唐书》《通鉴纲目》等。传奇系在旗亭画壁故事基础上敷演而成。按,旗亭画壁这一题材颇为明清两代曲家青睐,因故事简单不易敷演,多采用杂剧样式,现知有张文龙《旗亭燕》、裴琏《旗亭馆》、唐英《旗亭饮》(佚)。明曲家郑之文所作之同名传奇,演绎的是北宋靖康年间董元卿遭金兵入侵之乱,得侠女隐娘救助的故事,与之名同实异。此外,明秋阁居士《奇解记》传奇中亦采入旗亭事,明恒居士有《喝采获名姬》,皆佚。

《旗亭记》中王之涣才华卓越不群,誉满寰中。他视双鬟为知己,以为其"意心巨眼"在好友高适、王昌龄两人之上。他清高自许,拒绝杨国忠网罗,并斥权奸误国,由此埋下祸根,不得不避害江南。他重然诺,忠于爱情。即使探子报捷时,仍不为高中状元之喜所动,沉浸在闻知双鬟噩耗的悲痛中,一曲【南双声子】唱出了他的哀伤:"伤怀抱,伤怀抱,纵富贵何心要。便做到,便做到,公侯位都虚耀。现放着,紫凤诰,可能毂夫妻显贵,并坐良宵。"②在王之涣看来,功名富贵远远抵不上得一人生知己。不过,他亦只能消极地抗拒皇帝的赐婚。相形之下,女主人公谢双鬟这一形象更为丰满动人。

乐伎谢双鬟是一个情操高洁、不慕富贵的奇女子。她不仅色艺过人,且最爱词章,具识才之慧眼,与王之涣相识,"爱他格韵清奇,风流偶傥"。"叹月"出中,王之涣遁去江南,杳无音讯。假母张又华逼其改嫁,谢双鬟誓死不从,反而闭门谢客,以卖文糊口。安史之乱中,谢双鬟不幸落入流寇手,但她智勇双全,表现出过人的才智。"羁贞"出,面对李猪儿的婉言相劝,以富贵诱之,谢双鬟毫不动心。在"反说""诛逆""除孽"三出戏中,曲家们着重描绘了她的智、勇、贞、烈的性格特点。李猪儿因劝说谢双鬟归顺不成,遭安禄山毒打。谢双鬟趁机晓以利害,动之以情,劝说他助己刺贼,陈述利害时条分

---

① (清)吴敬梓:《〈玉剑缘〉序》,载李本宣《玉剑缘》卷首,清刻本,国家图书馆藏。

② (清)金兆燕、卢见曾:《旗亭记》第三十四出"错喑",清乾隆年间雅雨堂刻本。

缕析,在在有理,因而李猪儿被挑动。谢双鬟不仅助李猪儿刃贼,还诱使安庆绪前来继位,伏下女兵刺杀之。平贼后,皇帝下诏,命她与新科状元王昌龄成亲。谢双鬟未为富贵所动,断然辞婚,这时唱一支【浣溪沙】曲:"罪不辞,违恩旨,也知道自增愆戾。则只为纲常限定非轻细,因此上死守全贞无改移,宁得已。但求将一点微忱奏明君,便就蒙高厚仁慈。"①以贞节为由来婉拒皇帝的赐婚,其声口与王之涣如出一辙。谢双鬟这个形象是曲家们凭空结撰,她既识才爱才,身处逆寇中贞烈自守,又智勇过人,无疑是曲家们理想化的人物,与《桃花扇》中李香君颇有几分相似。

朱夰的《玉尺楼》传奇系自小说《平山冷燕》改编而成,故又名《平山冷燕》。清顺治间天花藏主人的小说《平山冷燕》,本是一曲才女的赞歌。小说写明朝大学士山显仁的女儿山黛才华过人,撰写的《白燕》《天子有道》等诗清新可读,皇帝读后欣喜异常,赐她"弘文才女"四字匾额,并玉尺、如意等物。一时山黛名重京师,四方文士纷纷前来求诗。皇帝又命山黛在玉尺楼同翰苑名公对阵,考较诗文。山黛才压群英,赴考过的举人、进士都成了她的手下败将。无独有偶,江都县的一位平民女子冷绛雪美貌多才,被推荐为山黛的女记室。皇帝读了冷绛雪的诗,赏鉴称异,赐她"女中书"的名号。最后,山、冷二女分别嫁给绝世奇才燕白颔与平如衡。

《玉尺楼》基本保留了小说《平山冷燕》的主要情节。传奇分两卷,共 40出。现存清乾隆年间刻本。首出"提纲"【渔家傲】云:"世降人心堪痛悼,填词半是宣淫料。更有传奇传最躁。胡厮闹,满堂神鬼争喧跳。　　小部新声初选教,偶翻稗史谐宫调。信笔拈来供一笑。无他妙,当场只写才人照。"②可知朱夰不满当时曲坛普遍存在的神鬼满堂现象,一语道破了其谱此传奇的本意——"当场只写才人照"。才子佳人戏浓缩了传统文人士大夫的人生追求和审美宗尚——金榜题名、洞房花烛,即"大登科后小登科"。曲家对才子佳人的歌颂乃至崇拜,实际上是对自身才华、自我价值的怜惜,蕴含着怀才不遇的深沉感慨。朱夰怀才不售,落拓潦倒终生,与天花藏主人相似,以才子佳人形象虚幻的光轮,聊以慰藉失意于仕途、见弃于社会的落寞情感,可谓以虚幻的理想之梦与严酷的现实社会相抗衡。因此,可以说《玉尺楼》是朱夰自我慰藉的心灵写照。

戏曲史上虽不乏才女形象的塑造,但大多灵秀婉约,稍显纤弱。《玉尺

---

① (清)金兆燕、卢见曾:《旗亭记》第三十五出"上头",清乾隆年间雅雨堂刻本。
② (清)朱夰:《玉尺楼》"提纲",清乾隆年间雅雨堂刻本。

楼》中山、冷两位才女不仅才高八斗,美貌过人,而且行为处事更胜过须眉男子。山黛"不爱铅华,惟耽典籍",年方 12 的她便在金殿上进呈《天子有道》三章,且应对得体,令满朝文武刮目相看。因讥嘲故相之孙晏文物而惹下祸,山人宋信构纂,皇帝命词臣与她比试文才。"校才"出中,山黛才思敏捷,众大臣极力赞美。冷绛雪则在与山人宋信比试中出场。在窦知府以势相强,欲买她为山府侍婢时,其父、舅皆慌作一团,她主动提出愿意上京,显出过人胆识。在窦知府面前,冷绛雪不畏权势,侃侃而谈,晓以利害,令其为之动容,礼送入京。进入山府后,面对山相与山黛,冷绛雪不卑不亢,应答得体。这两位才女形象无疑寄寓着曲家的理想。

《玉尺楼》中的才子燕白颔、平如衡俱蔑视功名,独以得一绝色佳人为平生第一要义。在他们看来,男女双方的色、才、情的相对相称,是择偶的标准与婚姻的基础。因此,当学臣王衮奉旨替二人作伐时,平如衡断然拒绝,并慷慨陈词:"愚夫愚妇立节,圣主旌之,非重夫妇也,敦伦也。门生之聘,谓门生之义,则轻,则小;谓朝廷之伦,则重,则大也。"①在这里,爱情和功名相较,爱情显然占了上风。不过他们皆非真心视功名为粪土,当求婚不成或美满爱情遭遇他人破坏时,科举往往成为他们击败对方的利器,由此也可见出这些才子的矫情。这显然要归因于朱夰在戏曲中着意描摹才子佳人的美满结合,而忽视了人物形象的真实生动。

从上述三部爱情剧看,才子才女们皆肯定私情相悦,主张在爱情上自主择配,他们为此四处寻觅意中人,辞却显宦的求婚甚至皇帝的赐婚,抛弃功名富贵也在所不惜。因此,男重"寻亲",女重"自媒"。在爱情遭到权贵的以势相干,或宵小篾片的居间破坏时,他们都始终坚贞不渝地与之展开抗争。在情、理这对矛盾上,表面上看是情压倒了理,但究其实质,情又被包容在理中,因为无论才子还是才女,其思想意识都会自觉流露出"守贞不二""守义不移"之道德观念。正如郭英德所说:"这里表露了封建文人阶层的典型心态:无论他们在思想、言论和行动上如何超逸出名教之外而无法无天,但在骨子里却总是不愿也无法摆脱名教的羁缚的,换句话说,他们对名教总是有着不以个人意志为转移的强大的向心力。"②扬州曲家们津津乐道于才子佳人的风流韵事,但又不能不屈服于当时情势,为才子佳人设置各种借口,风流倜傥的才子和色艺过人的才女彼此有情却能以节义自律,因此成为忠实

---

① (清)朱夰:《玉尺楼》第三十七出"辞婚",清乾隆年间雅雨堂刻本。
② 郭英德:《明清文人传奇研究》,北京师范大学出版社 1992 年版,第 118 页。

于封建礼教的义男贞女。

如果说这些才子才女在爱情问题上表现出极大的自由，那么仲振奎创作的《红楼梦传奇》，其女主人公林黛玉在爱情选择上则是另一番遭际。《红楼梦传奇》分两卷，共 56 出。最早刊本为嘉庆四年(1799)绿云红雨山房刻本，题"吴州红豆村樵填词"。上卷 32 出，衍小说《红楼梦》故事，集中敷演宝黛爱情悲剧的发展过程；下卷 24 出，则叙《后红楼梦》事，言黛玉持炼容金鱼得以起死回生，因而补恨团圆。仲振奎自序云："丁巳秋病，百余日始能扶杖起，珠编玉籍，概封尘网，而又孤闷无聊，遂以歌曲自娱。凡四十日而成此。"①可知该剧作于嘉庆三年(1798)。

在《红楼梦传奇》中，仲振奎立意为黛玉张本，将宝黛爱情悲剧祸首归于史太君及凤姐、袭人等，因此后半部演绎黛玉回生，慕仙道之术，修身养性，因而对宝玉漠然无情，前后判若两人。在史湘云的撮合下，黛玉始弃前嫌，与宝玉重归于好。晴雯、麝月、莺儿三女同归为宝玉姬妾。黛玉嗣兄林良玉在扬州经商成巨富，乃将一半家私分给荣国府，重振门楣。后半部红楼戏增设黛玉种种拒婚情节，诸如提出与宝玉和好的三个条件之一是着袭人夫妇进府服侍，此举非常突兀，显然完全将黛玉世俗化了，与前半部戏中的人物性格悬殊。

为了痛快淋漓地替黛玉解恨，仲振奎虽在宝黛复合途中增设黛玉种种"妒"的行径，但显然并不赞同，因此他最后让黛玉主动提出由宝玉收莺儿、麝月为室，并从莺儿、麝月口中唱出一支【东瓯莲】曲："不妒真堪敬，能事更堪惊。月满云舒花性清，成就了青年美眷尤欢庆。此艳福，难侥幸。却愿他麒麟天肯降徐陵，教我这荣公府再振兴，好芝兰玉树绕阶庭。"②第五十六出"勘梦"【煞尾】云："福早与人乖，强不过天差派，各把恁前世前生自爱。大古里盖代佳人都生命隘，合向那灵境安排。要知白守黑，要守雌守默，那才是唤红楼一梦醒将来。"③可知仲振奎着意标举的是合乎德言容工等封建妇德的理想人物。

如前所述，仲振奎的《红楼梦传奇》显然与小说原著《红楼梦》的精神内涵出入甚大。事实上，与他同时代的红楼戏改编者都不甚重视原著内涵。

---

① （清）仲振奎:《〈红楼梦传奇〉序》，载《红楼梦传奇》卷首，清嘉庆二十四年(1819)绿云红雨山房刻本。
② （清）仲振奎:《红楼梦传奇》第五十五出"玉圆"，载阿英编《红楼梦戏曲集》，中华书局 1978 年版，第 42 页。
③ （清）仲振奎:《红楼梦传奇》第五十六出"勘梦"，载阿英编《红楼梦戏曲集》，中华书局 1978 年版，第 51 页。

正如有学者指出："在具体的改编中,清代红楼戏改编者的重心并没有落在如何准确地传达原著的精神内涵上,也不太关心是否传达出了原著的精神内涵。对他们影响更大的,是传奇的'案头场上,兼而有之'的标准。"①

在曲家蒋士铨手中,情理合一的创作理念更是发挥到了极致。其情理观在《临川梦》中有着淋漓尽致的体现:

> **情将万物羁,情把三涂系。《小雅》《离骚》结就情天地。**娘子,这丽娘与柳生,是夫妻爱恋之情。那杜老与夫人,是儿女哀痛之情。就是腐儒、石姑,亦有趋炎附势之情。推而至于盗贼、虫蚁,无不各有贪嗔痴爱之情。惟有忠臣孝子、义夫节妇,能得其情之正耳。人苟无情,盗贼、禽兽之不若,虽生犹死。富贵寿考,曾何足云。②

显然蒋士铨主张以"情"字总揽天地万物,将伦理之情与男女之至情融为一体,从而赋予其笔下的主人公们之"情"以浓郁的伦理色彩。这一泛情理论在其《香祖楼》中亦有阐述。第十出"录功"中,他借帝释天尊之口道出:"万物性含于中,情见于外。男女之事,乃情天中一件勾当,大凡五伦百行,皆起于情。有情者,为孝子、忠臣、仁人、义士;无情者,为乱臣贼子、鄙夫忍人。"③由此可见,蒋士铨认为世上万物皆包含性、情两个方面,性内在于中,情是外在体现,这样就把情与性有机地统一起来。通过对有情、无情等不同表现的进一步阐发,他自然地把情、性纳入伦理范畴中,即所谓"这情字包罗天地,把三才穿贯总无遗"④。

《香祖楼》是蒋士铨的两部爱情婚姻剧之一,也是他言情理论的具体诠释。全剧分两卷,共 32 出。另加总纲"情",上卷楔子"情纲",下卷楔子"情纪",实有 35 出。传奇创作于乾隆三十九年(1774)三月。剧叙上天兰花苑中紫梗兰花与白梗兰花顾盼生情,被谪落凡尘,前者托生为河南永城举人仲文,后者为银匠李蚓之继女若兰。仲文夫妇筑小楼,适友人永城县令裴畹送来一盆兰花,因命名"香祖楼"。隔壁李蚓犯下倾吞白银案,为仲文所救,乃

---

① 刘凤玲:《论清代红楼戏的改编模式》,《红楼梦学刊》2004 年第 4 期。
② (清)蒋士铨:《临川梦》第三出"谱梦",载《蒋士铨戏曲集》,周妙中点校,中华书局 1993 年版,第 227 页。
③ (清)蒋士铨:《香祖楼》第十出"录功",载《蒋士铨戏曲集》,周妙中点校,中华书局 1993 年版,第 579 页。
④ (清)蒋士铨:《香祖楼》第十出"录功",载《蒋士铨戏曲集》,周妙中点校,中华书局 1993 年版,第 580 页。

愿以继女为妾。一夫二女于香祖楼诗词唱酬，甚为相得。三月后李蚓又逼迫仲、李分离，二人无奈约以一年为期。李蚓为人奸诈，反复多变，几次逼若兰改嫁，若兰均以死相拒。后辗转福建等地，仲、李两人重逢，若兰已病势沉重，因此香消玉殒。

卷首罗聘序云："而立言之旨，动关风化，较彼导欲宣淫之作，又何其婉而多风，严而有体也耶。"①蒋士铨明确提出写剧目的是"以情关正其疆界，使言情者弗敢私越焉"；"或曰：'敢问《香祖楼》情何以正？'主人曰：'曾氏得《螽斯》之正者也，李氏得《小星》之正者也，仲子得《关雎》之正者也。发乎情，止乎礼义，圣人弗以为非焉，岂儿女相思之谓耶？'"②正是在这一创作思想指导下，剧中女主人公李若兰自觉自愿地说出"与为俗物之妻，宁作文人之妾"这样的话来，即使屡遭劫难，也宁死不悔。"守情"出中，面对继父的改嫁威逼，李若兰誓守前盟，两番自缢，以死来抗争。"移兰"出中，她被继父以三百金卖给元帅扈从为妾，新婚之夜她蓬头旧衣，以死相求清白。此后，虽不幸流落敌营，李若兰机智得以保全，并智释高驾。在曲家笔下，李若兰虽是小户人家出身，却举止娴雅，自觉遵守封建伦理规范，因此其礼义自守是发自内心的真实表现。真情与伦理合而为一，李若兰就是这一理念的化身。蒋士铨尝自云"安肯轻提南董笔，替人儿女写相思"③，伦理与真情的结合合乎"发乎情，止乎礼义"的儒家礼教。于是，在蒋士铨剧作的影响下，当时弥漫曲坛的相思艳情之风扫荡殆尽。吴梅甚为赞赏，其《霜厓曲跋》卷二云："余尝谓传奇中情词赠答，数见不鲜，其能扫尽逾墙窥穴之陋习，而出以正大者，惟藏园而已。"④

风会影响所至，程枚的《一斛珠》传奇更是有意补恨，将梅妃塑造成不妒的后妃典型。《一斛珠》分两卷，共 40 出。另加总纲"发端"，实有 41 出。现存乾隆五十九年（1794）刻本，藏上海图书馆。"发端"自述创作本意云："美人幽恨，由来千古难填尽。绮窗秋雨琴书润，银烛乌丝，闲把霜毫奋。是是非非安可紊，文章也要持公论。从今笑向知音问，如此言情，似觉言差顺。"⑤可见是为"情"张本之作。因不满《长生殿》之立意，程枚有意反其道而行之。剧叙安禄山之乱中梅妃殉难，为金衣仙子所救，居梅花庵，乱平后

① （清）罗聘：《论文一则》，载蒋士铨《蒋士铨戏曲集》，周妙中点校，中华书局 1993 年版，第 550 页。
② （清）蒋士铨：《〈香祖楼〉自序》，载《蒋士铨戏曲集》，周妙中点校，中华书局 1993 年版，第 541 页。
③ （清）蒋士铨：《〈香祖楼〉自序》，载《蒋士铨戏曲集》，周妙中点校，中华书局 1993 年版，第 541 页。
④ 吴梅：《霜厓曲跋》卷二，载任讷辑《新曲苑》（9），民国二十九年（1940）中华书局排印本。
⑤ （清）程枚：《一斛珠》"发端"，清乾隆五十九年（1794）刻本，上海图书馆藏。

与唐明皇团圆事。程枚以唐明皇与梅妃的爱情故事为主线,辅以杜甫献赋、状元及第,助房琯平定安禄山叛乱等内容,以大秦国所贡一斛明珠绾合情节与人物,再以神仙相救等事,推动剧情发展。

《一斛珠》中,梅妃是一个既恪守封建礼教又用情专一的女子,体现了程枚的审美理想。梅妃谨守妾妇之道,性懦而不妒,虽然宠冠六宫,但时怀纨扇秋风之愁,"常欲别进名花以供侍燕"。"茶斗"出,唐明皇告知宫人杨玉环美艳哀怨,她便言道"愧终朝蔽美妨贤,致佳丽沉沦别院",深深自责,便敦请册立之,吹白玉笛作惊鸿舞,为唐明皇得人之贺。正当梅妃以为"邢尹无嫌,英皇可效,畅好柔嘉和顺"时,却传来了将她迁置楼东、不得随幸的旨意,无情的现实粉碎了她的幻想,从此陷入了无尽的等待与绝望中。但梅妃依然怨而不怒,"只愿他能体君王意,我纵凄凉便怎么"。"夜召"出,当用情不专的唐明皇打叠起千样的柔情,婉言相挽时,她不禁轻信了他的甜言蜜语。但高力士很快报告杨贵妃已寻至阁前,心虚的唐明皇匆匆前去应付,命小黄门将梅妃藏至夹幕中。多事的小黄门自作主张地将梅妃送回了楼东。"宫怨"中,梅妃得知唐明皇怒杀小黄门,不免叹息,"愈教我罪案如山也,问苍天怎容"。在程枚笔下,梅妃恪守封建礼教,认为唐明皇有三宫六院之宠无可厚非,因此即使有哀怨,也归罪于杨贵妃。但她并不被动地等待,力图挽回明皇的欢宠。于是她便有了买赋、制赋的行为。"花援"出中,她明知被唐明皇弃置,却并不怨恨,反怪杨贵妃使用了"拖刀之计"。当迎归唐宫时,面对唐明皇的忏悔,她很快原谅、重新接纳了唐明皇。应该说,这一形象从伦理道德上着力塑造,因此程枚忽略了人物的真实内心情感,显得苍白无力,缺乏信服力。

李隆基与《长生殿》中的志诚君王形象不同,他用情不专,自始至终生活在无法调和梅、杨二妃矛盾的痛苦中。初出场时,他刚平宫闱之乱,万民来朝,民安国富,便思及时享乐,选色征歌。在他眼中,梅妃"赋情幽静,谅非独占春光,尽我纵意风流,遂欲平分秋色",因此,杨妃出现时,他便被深深吸引。但他对梅妃依然系情不忘,"夜召"出中,面对梅妃的责问,他只好说"这都是寡人情薄",但"你知道玉环么,这就里非关我,根由总为他","我真情向你,真情向你,不过眼前撇却,怎能心头丢脱"。当梅妃言怕春光泄露,被杨妃知晓时,唐明皇解释道:"伊心忒弱,他虽然性格多乔,委实的心肠不恶。何况你当初待彼,那般宏阔。"梅妃则表不信,依然心存疑虑。在剧中,程枚着意安排了李隆基的两难境地,他虽屈从于杨妃之情,但内心深处依然深爱梅妃,只不过因为梅妃性情柔顺,"何能敌过玉环。将尔暂避楼东,情非得已"，"几分调停，不能宁耐，谁分个重与轻，相看待"。因此，"夜召"出，闻小黄门将梅妃送归后，便怒杀之。马嵬之变后，他就陷入了对梅妃的思念与忏悔中。总之，李隆基这一人物形象生动丰满，真实可信。

《一斛珠》"发端"云"从今笑向知音问，如此言情，似觉言差顺"①，可见程枚对自己的这一言情之作是颇为自负的。第二十出"花援"中，借众人之口合唱一支【中吕过曲·驻马泣】【驻马听】："觉梦情一场，一任俺梅花自主张。有多少情生情死，情是情非，情短情长，到有情天上觅一瓣返魂香。把无情册内注一笔回生帐。【泣颜回】幻情因戏补情缘，醒情痴枉断情缘。"②"情痴""情缘"云云，显然弹的仍是老调。

如上所述，晚明以情反理的戏曲创作思潮至清中叶已逐渐消歇，弥漫曲坛的是相思艳情之庸俗风气，扬州曲家经过了对"腐儒谈理俗难医，下士言情格苦卑"③的反思，在理论和实践上自觉实现了对言情与伦理教化的认同。就此而言，它是对晚明以来情欲泛滥的戏曲创作流弊的矫正。但同时，与戏曲大家汤显祖倡导的"第云理之所必无，安知情之所必有邪"这一"以情格理"的理论相较，扬州曲家的"情理合一"理论主张无疑暴露出其思想意识的退缩。正是这种创作思想的平庸，使得其作品时或流于封建说教，而主旨立意的浅薄平庸直接导致扬州曲家在对人物形象的塑造上用力不勤。这是扬州曲家的作品虽然能够传唱一时，却生命力不长久，无法流播后世的主要原因。

三、其他题材戏曲

扬州曲家的戏曲作品还涉及佛道题材，现存金兆燕的《婴儿幻》和李斗的《岁星图》两种。《婴儿幻》分上、中、下 3 卷，每卷各 10 出。署"飞花阁填词"。卷首有乾隆四十六年（1781）金兆燕自序："佛门以童真出家易修、易证性命圭旨，亦谓童子学仙事半功倍。老子云：'婴儿终日号而不嗄，婴儿不知牝牡之合而朘作，古今来能为婴儿者，方能为圣、为贤、为忠、为孝、为佛、为仙，三教虽殊，保婴则一。'孟子曰：'大人者，不失其赤子之心者也。'虽然赤白和合之后，安浮陀时异，歌罗逻时异，至于婴儿，已非混沌无窍时比矣。读

---

① （清）程枚：《一斛珠》"发端"，清乾隆五十九年（1794）刻本，上海图书馆藏。
② （清）程枚：《一斛珠》第二十出"花援"，清乾隆五十九年（1794）刻本，上海图书馆藏。
③ （清）蒋士铨：《临川梦》第二十出"了梦"之下场词，载《蒋士铨戏曲集》，周妙中点校，中华书局 1993 年版，第 286 页。

圣婴儿传奇者,其勿以为泥车瓦狗之戏也可。"①上卷敷演牛魔王为玉面狐迷惑,铁扇公主索夫诸事;中卷演绎唐僧师徒四人西天取经,途经火焰山时被阻,孙悟空向铁扇公主借扇不成,后得观世音相助,收伏牛魔王夫妇的故事;下卷叙红孩儿闻变后,于火云山设计捉拿唐僧,后被观世音降伏,皈依座下。

《岁星记》一名《岁星图》,署"画舫中人填词"。凡 2 卷 24 出。演汉代东方朔事。言上天遣岁、辰二星下凡,辅佐汉武帝。岁星谪凡后托生于张夷家,即东方朔。汉武帝命大王公微服访贤,至张夷家,谓朔有神仙之分,富贵可图。后南闽入侵,朔得指星木,助卫青破敌。妻细君乃辰星临凡,合卺后奉命朝天。朔以九茎芝献帝,饮后"龙须已黑,凤鬓皆青"。东方朔本事见《史记》卷一百二十六及《汉书》卷六十五。其为岁星转世,出汉魏六朝间小说《东方朔外传》。按,以东方朔为题材的戏曲作品较多,元明间有阙名《东方朔》杂剧,明吴德修《偷桃记》,许潮《东方朔割肉遗细君》杂剧等,率多缘饰附会之言,荒诞无稽。卷首李斗自述创作缘起:"癸亥冬,东园主人倩予作灯戏,《岁星记》传奇所由作也。次年春,演于园中。周郎顾曲,累德滋深,偶系之诗,自为雅讽。"②可知该剧作于嘉庆八年(1803)冬,应东园主人、江春嗣子江振鸿之请所作。

此外,仍有一些扬州曲家着意于个体情志之抒发。仲振奎的《怜春阁》与曲家江周的《赤城缘》皆借戏曲浇胸中之垒块,表述自己的忏悔与感慨之情。《怜春阁》仅 8 出,剧叙李塘在扬州买妾丽华,却不为家中二妾相容,于是迁居怜春阁。丽华分娩后身卒。李塘哭灵,梦丽华来会,云系张丽华后身,已脱体归真,受封藐姑射山神女,李塘与妹艳华系南塘李后主、孔贵嫔托生转世,夙有因缘,乃同游人世。李塘感念丽华之情,遂娶艳华以续前缘。该剧卷首云"戊午嘉平中浣红豆村樵书于小竹西"③,可知嘉庆三年(1798)作于扬州。剧作语言清丽,系自传色彩甚浓郁之文人剧。

江周之《赤城缘》不啻是曲家回顾自己一生的一部忏悔录。凡 2 卷 32 出。卷首作者自记谓:五十初度之夕,梦谒赤城主人,指迷破障,后游染园,与诸美人集饮沉醉,又梦身转婴儿,自少至壮,胸中抑塞,舒展无余。忽入地府,受种种惨罚。念佛一声,遽蒙赤城主人拔升仙界,重游染园,破幻显真,拂子一击,忽然惊醒。梦中三十余年,人生只是顷刻。乃按谱填词,名之曰

① (清)金兆燕:《〈婴儿幻〉序》,载《婴儿幻》卷首,清抄本,国家图书馆藏。

② (清)李斗:《题辞序》,载《岁星记》卷首,清乾隆六十年(1795)至嘉庆刻本。

③ (清)仲振奎:《怜春阁》卷首,清末抄本。

《赤城缘》。此剧命意布局,显然脱胎于戏曲大师汤显祖《邯郸》《南柯》二记及杨慎之《洞天玄记》。

综上所述,扬州曲家的传奇创作大多体现出浓郁的道德化倾向。这一特色与清中叶理学的深入人心和扬州浮华的社会风气密切相关。清代程朱理学是钦定的官方哲学,高宗、仁宗父子皆推崇理学,好谈性理,推行了一系列表彰程朱、强化理学的措施,如刊定《十三经注疏》《性理大全》《朱子全书》等书,颁布学宫等,因此乾嘉时期虽然考据风气甚嚣尘上,但高踞庙堂的仍是程朱理学。扬州盐商的奢靡浮华及高宗六度南巡所带来的社会风气的急剧变化,令有识见的扬州曲家极为愤慨与忧虑,他们不仅通过戏曲作品指斥这一社会事实,而且以阐扬忠孝节烈之事为职志,自觉宣扬风化,主张以道德复古来救世拯民。客观上,其作品对于力矫明后期以来弥漫曲坛的"传奇十部九相思"这一流风之弊,无疑有着积极的意义。但对戏曲教化功能的过度提倡,又使传奇逐渐沦为维持纲常的传声筒。

第二节　扬州曲家传奇的艺术特色

经历了晚明这一戏曲黄金期后,清初传奇创作已经规范化,从戏剧冲突的安排到人物设置皆形成一套相对固定的模式,曲家作剧基本遵循这一法则。李渔从理论上做出了重要总结,《闲情偶记·词曲部》就是一集大成之作。清中叶,在扬州追奇逐异的社会审美思潮的激荡下,传奇的传统规范与创作模式受到了冲击,扬州曲家顺应时代潮流,锐意进取,着力创新,其传奇作品在情节、结构、语言、舞台性等方面呈现出独特的风貌。

一、情节新奇

情节是"人物之间的联系,矛盾、同情、反感和一般的相互关系——某种性格、典型的成长和构成的历史"①。也就是说,情节是在特定环境中由人物的性格和人物关系的发展、变化所构成的一个事件进程。古代曲家多以"关目"一词指称情节,首重"奇"字。元代钟嗣成《录鬼簿》即以此为重要评价标准,主张以关目新奇吸引观众。此后明清两代曲家皆有阐发。如明陈

---

① ［苏联］高尔基:《和青年作家谈话》,载余一中编《高尔基集:不合时宜的思想》,上海远东出版社2004年版,第321页。

与郊《〈鹦鹉洲〉序》云："传奇,传奇也,不过演奇事,畅奇情。"①倪倬《〈二奇缘〉小引》云："传奇,纪异之书也。无奇不传,无传不奇。"②至清初曲家们对传奇情节尚"奇"更是形成共识。张潮尝云："大抵传奇须分为可演、可读二种,总以情节为主,而情节又以从来戏文所少者为佳。"③已经意识到情节独创的重要性。李渔更是提出了"非奇不传"的命题,"古人呼剧本为传奇者,因其事甚奇特,未经人见而传,是以得名。可见非奇不传"④。孔尚任也认为,"传奇者,传其事之奇焉者也,事不奇则不传"⑤。受此创作风气及扬州尚奇逐异风尚的双重影响,扬州曲家在戏剧情节的构思上主张突破窠臼,翻新出奇。为追求情节新奇,出人意想,他们甚至不惜违背史实,替古人补恨,数部作品出现了"翻案"的倾向。

《旗亭记》在"旗亭赌唱"、李猪儿刺杀安禄山等民间传闻基础上,金兆燕、卢见曾凭空设想王之涣高中状元、谢双鬟刺杀逆贼等情节,并通过男女主人公易名而引起系列误会,给全剧增添了斑斓旖旎的传奇色彩。此举引发了争议,可谓毁誉参半。肯定者如李调元《雨村曲话》卷下云："全椒兰皋所撰《旗亭记》,为诗人争声价。词虽欠老,亦乐府中一大楔子也。"⑥近代曲家吴梅在《中国戏曲概论》中将之列入"清人佳构之列",并高度评价："金氏《旗亭》、董氏《芝龛》,一拾安史之昔尘,一志边徼之逸史,骎骎入南声之室,惜董作略觉冗杂耳。"⑦梁廷枏在《曲话》中先褒后贬,"《旗亭记》作王之涣状元及第,语虽荒唐,亦快人心之论也。……然则唐之状元,于之涣何关轻重?作是曲者,亦如尤西堂之扮李白登科,徒为多事矣。顾青莲不必登科,而以玉环考试,则不妨作第一人想,若'黄河远上'之词,双鬟久具只眼,又何论之涣之状元不状元?"⑧在充分肯定其抒情畅意的同时,又指斥其翻案为狗尾续貂。严敦易则指出,"本书自画壁以后,便完全是作者的创造,其间牵合波

① (明)陈与郊:《〈鹦鹉洲〉序》,载吴毓华编著《中国古代戏曲序跋集》,中国戏剧出版社 1990 年版,第 157 页。
② (明)倪倬:《〈二奇缘〉小引》,载蔡毅编著《中国古典戏曲序跋汇编》,齐鲁书社 1989 年版,第 1383 页。
③ (清)张潮:《致黄周星书》,载《李渔全集》(十九),浙江古籍出版社 1992 年版,第 309 页。
④ (清)李渔:《闲情偶记》卷一"词曲部"之"结构第一·脱窠臼",载《中国古典戏曲论著集成》(七),中国戏剧出版社 1982 年版,第 15 页。
⑤ (清)孔尚任:《〈桃花扇〉小识》,载《桃花扇》,王季思、苏寰中、杨德平合注,人民文学出版社 1994 年版,第 3 页。
⑥ (清)李调元:《雨村曲话》卷下,载《中国古典戏曲论著集成》(八),中国戏剧出版社 1982 年版,第 27 页。
⑦ 吴梅:《中国戏曲概论》,载王卫民编《吴梅戏曲论文集》,中国戏剧出版社 1983 年版,第 178 页。
⑧ (清)梁廷枏:《曲话》卷三,载《中国古典戏曲论著集成》(八),中国戏剧出版社 1982 年版,第 268 页。

澜，皆非史实，只是凭空构思增设得来。王之涣状元及第，谢无双杀贼立功，事既无稽，似亦近俗。至于互易姓名引起误会，更是'洞房疑阵'式的传奇窠臼了"①，可见并不首肯。应该说，戏曲情节追求离奇曲折，摇曳多姿，这本是传奇题中应有之义，但"事奇"并非是脱离现实，违背生活逻辑，以至奇到荒谬绝伦的地步。"旗亭画壁"事虽新奇，但情节比较简单，要将它改编成传奇，必须经过符合生活逻辑的大胆想象和艺术构思。《旗亭记》中谢双鬟只身落入敌营，智戕贼首，谋略过人，又多情多义，识才子于风尘，委实是一近乎完美的理想女子化身。联系金兆燕屡次干谒两淮盐运使卢见曾的事实，可知其并非仅为翻案而作，借《旗亭记》抒发的是其怀才不遇、知音难求的心声。然而，《旗亭记》情节离奇，巧合过多，就缺乏信服力，因此谢双鬟这一形象并不真实可信，其结尾又落入大团圆的俗套，这无形中削弱了传奇的感人力量。

又如，程枚《一斛珠》有意反《长生殿》而行之，其"发端"下场词云："唐明皇楼东补恨，江采蘋惊鸿再舞。杜少陵地下登科，一斛珠旧词新谱。"②显见为补恨之作。其末出【北尾煞】："料得人心恨全补，证情缘一斛明珠。歌板中又添将新乐府。"③曲家笔下的梅妃，性懦而不妒，谨守妾妇之道，即使被唐明皇冷落也怨而不怒，显见曲家着意把她塑造成合乎封建礼教的后妃形象，因此人物苍白无力，难以产生打动人心的艺术效果。至于杜甫献赋、状元及第等，则如《旗亭记》中王之涣中状元般，系程枚畅意发抒个体情志，宣泄自己的郁郁不平之气，纯属无稽之举，缺少信服力。

仲振奎之《红楼梦传奇》亦是有意补恨之作，因仅以前书度曲，"则歌筵将阑，四周无色，非酒以合欢之义，故合后书为之，庶几拍案叫快，引觞必满也"④，乃合前后《红楼梦》二书编写成戏曲。此举当时就招致曲家讥评，"《红楼梦》小说脍炙人口，续之者似画蛇添足，其笔墨亦远不逮也。近有伧父，合两书为传奇曲文，庸劣无足观者"⑤。仲振奎的《红楼梦传奇》在人物性格、矛盾发展等方面颇显牵强，尤其女主人公黛玉前后判若两人，确实是一种败笔。

奇与真，在中国古典美学中历来是一对互为依存的命题。《文心雕龙·

①　严敦易：《金兆燕的〈旗亭记〉》，载《元明清戏曲论集》，中州书画社1982年版，第287页。
②　（清）程枚：《一斛珠》"发端"，清乾隆五十九年（1794）刻本，上海图书馆藏。
③　（清）程枚：《一斛珠》第四十出"珠圆"，清乾隆五十九年（1794）刻本，上海图书馆藏。
④　（清）仲振奎：《〈红楼梦传奇〉凡例》，载《红楼梦传奇》卷首，清嘉庆二十四年（1819）绿云红雨山房刻本。
⑤　（清）许鸿磐：《〈三钗梦北曲〉小序》，载阿英编《红楼梦戏曲集》，中华书局1978年版，第368页。

辨骚》说："若能凭轼以倚《雅》《颂》，悬辔以驭楚篇，酌奇而不失其真，玩华而不坠其实；则顾盼可以驱辞力，欬唾可以穷文致，亦不复乞灵于长卿，假宠于子渊矣。"①说明"奇"是建立在生活真实的基础上的。曲家作曲当把握好生活真实和艺术真实两者的关系，李调元《雨村曲话》云："作曲最忌出情理之外。"②奇人、奇事、奇文，必须以生活真实为基础，以艺术真实为归宿。一味求奇逐幻不免堕入荒唐怪诞，倘若作家只求热闹的剧场性而违背了戏曲艺术的真实性，但要奇巧的情节性而忽视了艺术表现的规律性③，则易入歧途。晚明曲坛就因过分矜奇炫异、不顾整体艺术效果而出现过牛鬼蛇神充斥戏曲舞台的荒唐现象。因此李渔强调："凡作传奇，只当求于耳目之前，不当索诸闻见之外。"④金兆燕、程枚、仲振奎等固是谱曲高手，前者创作《旗亭记》本意为才人吐气，但不惜违背历史事实，立意不高；后二者为迎合观众审美趣味，结尾皆陷入生旦团圆或当堂完姻的传奇俗套，难免多事之讥。因此其创作思想流于平庸，作品自是无法跻身《长生殿》等杰作之侪伍。随着岁月的流逝，其湮没不彰的命运也就在所难免了。

传奇要新奇可喜，令人耳目一新，因此"掀翻窠臼"往往是高明戏曲家的做法。亦有扬州曲家在情节的新奇上有着不俗的表现，蒋士铨、沈起凤可谓佼佼者。

《空谷香》《香祖楼》是蒋士铨的两部爱情剧，创作前后相隔20年。两剧题材类似，都写薄命之小妾事。立意相同，揄扬封建时代女子之贞节，但谋篇布局，俨然毫不相犯。前者致力于得妾前之种种曲折情事，后者则着力于得妾后之复杂变幻。友人罗聘在比较两剧人物设置后，情不自禁地发出赞叹："甚矣，《香祖楼》之难于下笔也。……且合两剧而参之，微特不相侵犯，且各极其变化推移之妙。"并以之与汤显祖"玉茗堂四梦"相较，"玉茗先生写杜女离魂若彼矣，作者偏不畏其难，而一再撄其锋、犯其垒，弗以为苦。……而立言之旨，动关风化，较彼导欲宣淫之作，又何其婉而多风，严而有体也耶。……昔人以填词为俳优之文，不复经意，作者独以古文法律行之。'搏

---

① （梁）刘勰：《文心雕龙》卷一"辨骚第五"，载《文心雕龙义证》，詹锳义证，上海古籍出版社1999年版，第163—164页。

② （清）李调元：《雨村曲话》卷下，载《中国古典戏曲论著集成》（八），中国戏剧出版社1982年版，第20页。

③ 郭英德：《明清文人传奇研究》，江苏古籍出版社1999年版，第259页。

④ （清）李渔：《闲情偶记》"词曲部"之"结构第一·戒荒唐"，载《中国古典戏曲论著集成》（七），中国戏剧出版社1982年版，第19页。

兔用全力',君子于其言无所苟而已矣,不信然乎"①,诚可谓知己之言。无独有偶,晚清平步青亦很赞赏该剧,尝云:"蒋清容先生《红雪楼九种曲》,逼真玉茗'四梦',为国朝院本第一。……《香祖楼》尤为精绝,真得《还魂》精髓。"②

想象最称奇特的当数蒋士铨的《临川梦》。该剧以汤显祖一生中的重要事件构成主线,再增设俞二姑这一副线映衬、凸显汤显祖,以深化全剧主旨。最为人所称道的是,末出"了梦"不仅让"四梦"中人现身场上,还让汤显祖本人进入梦境,与其笔下的男女主人公与已为鬼魂的俞二姑周旋交谈。可谓现实与梦境交织,虚实相生,亦幻亦真,具有奇特的艺术构思,因此赢得同时及后世曲家的赞誉。梁廷枏《曲话》卷三云:"蒋心余太史士铨九种曲,吐属清婉,自是诗人本色。不以矜才、使气为能,故近数十年作者,亦无以尚之。其至离奇变幻者,莫如《临川梦》,竟使若士先生身入梦境,与四梦中人一一相见。请君入瓮,想入非非;娓娓清言,犹余技也。"③吴梅甚推崇,谓"至《临川梦》则凭空结撰,灵机往来,以若士一生事实,现诸氍毹,已是奇特,且又以'四梦'中人一一登场,与若士相周旋,更为绝倒"④。蒋星煜甚为推许这一奇思妙想,谓其"是当时中外古今所未出现的艺术构思和艺术处理,其想象之丰富,其超越时间、空间的独特手法,决不是用一个'浪漫主义'的名词术语可以概括的"⑤。

沈起凤是编写故事的高手,《沈氏四种传奇》情节曲折生动,人物活灵活现,饶有趣味。乾隆年间风靡大江南北,当与此密不可分。《报恩缘》中谢兰因无心救下白猿,虽然蒙受了种种磨难,但最后功名、婚姻俱遭报答。剧中设置了误会、巧合等种种手法。如谢兰投奔岳丈白丁家中,被吊打在后花园里,白丽娟解救时赠其白银 50 两。出逃途中,恰遇镇江赵村人王寿儿离家十载,经商攒得所揣银两也是 50 两,因此无端遭受了一场十五贯式的冤狱。又遇追杀,被白猿救下,并以二女紫箫、绿琴配姻。绿琴随同上京,帮衬谢兰抢取魁元。紫箫至镇江,搭救了正欲投水的白丽娟,并与之密谋,女扮男装入赘白府。绿琴后亦至白府,并以原配身份大闹白府,白丁无奈,只得收留。

① (清)罗聘:《论文一则》,载蒋士铨《蒋士铨戏曲集》,周妙中点校,中华书局 1993 年版,第 580 页。
② (清)平步青:《霞外捃屑》卷九"小栖霞说稗",载《中国古典戏曲论著集成》(九),中国戏剧出版社 1982 年版,第 218 页。
③ (清)梁廷枏:《曲话》卷三,载《中国古典戏曲论著集成》(八),中国戏剧出版社 1982 年版,第 272 页。
④ 吴梅:《中国戏曲概论》,载王卫民编《吴梅戏曲论文集》,中国戏剧出版社 1983 年版,第 182 页。
⑤ 蒋星煜:《召唤春天的戏剧家、诗人》,载叶树发《中国戏曲简史》,江西高校出版社 1997 年版,第 9 页。

最后一夫三妻团圆。在这种多线状的叙述中,头绪虽然备极纷繁,沈起凤尽量拓开游戏空间与思绪,写来游刃有余,合情入理。吴梅甚为赞赏沈氏作曲才能,尝云:"大抵蕡渔诸作,意境务求其曲,愈曲而愈能见才;词藻务求其雅,愈雅而愈不失真,小小科白,亦不使一懈笔。其第一关键,在男女易装,令人扑朔难辨。"①

扬州曲家在情节的求新出奇方面的开拓,具有不可低估的价值意义。就创作实践而言,它激发了传奇作家的艺术想象力和艺术创造力,尤其是蒋士铨、沈起凤、仲振奎等人的戏曲作品,颇受梨园艺人的欢迎,风靡大江南北;而翻案类戏曲无疑为其后的曲家提供了失败的教训。就理论批评而言,它有力地推动了曲家对传奇的传奇性的认识,推进了戏曲理论的发展。

二、叙事结构创新

清中叶,传奇已经形成了一套为曲家普遍遵循的创作法则,不仅是外在体制,而且在情节排场上也约定俗成,形成"一定而不可移"之格局。在此基础上,扬州曲家着力创新,表现为篇幅体制上缩长为短、叙事结构的进一步开拓等。

综观扬州曲家现存的 15 种传奇作品,篇幅最长者为《红楼梦传奇》,有56 出;标为 40 出的有《玉尺楼》与《一斛珠》两种;介于 30 至 39 出之间的有6 种;20 至 29 出之间有 3 种;10 出以上 20 出以下的 1 种,即蒋士铨的《雪中人》(16 出);标为 8 出的有《双鸳祠》与《怜春阁》2 种。由此可见,扬州曲家的传奇作品中 20 出以下的占 20%,20 至 29 出之间占 20%,30 至 39 出之间的占 40%,40 出及以上占 20%。很显然,和明传奇动辄四五十出的篇幅相比,扬州曲家顺应了清初以来传奇创作篇幅缩长为短的趋势。扬州曲家的这番创新在当时曾招致讥评,如梁廷枏《曲话》卷三云:"番禺令仲柘庵振履卸事后,寓省垣,作《双鸳祠》八折,即别驾李亦珊事也。起伏顿挫,步武井然。惜《点谱》一折,入手太闲;《歌赛》一折,收场太重。通体八出,杂剧则太多,传奇又太少,古今曲家无此例也。"②梁氏所谓"古今曲家无此例"云云,并不确。仲氏之前,雍乾之际曲家唐英的《梁上眼》也是 8 出。晚明以降,随着杂剧的南曲化,传奇与杂剧已互相交融,体例上不再判然可分。不过,他的"起伏顿挫,步武井然"这一评论还是切中肯綮的。其实,传奇创作趋短在

---

① 吴梅:《霜厓读曲记》,载王卫民编《吴梅戏曲论文集》,中国戏剧出版社 1983 年版,第 462 页。

② (清)梁廷枏:《曲话》卷三,载《中国古典戏曲论著集成》(八),中国戏剧出版社 1982 年版,第 266 页。

明后期已现端倪,臧懋循、王骥德等人便发现传奇冗长松散之弊端,对剧本进行"缩长为短"的演出处理。清初曲家洪昇《长生殿》因全本演出不便,就由好友吴舒凫代为更定 28 折,作为简便本演出,而洪昇本人亦以为"分两日唱演殊快"。因此,扬州曲家的剧本体制缩长为短的这一做法顺应了传奇发展的潮流。

在叙事结构上,扬州曲家颇有新创,尤其是蒋士铨"运龙门纪传体于古乐府音节中",突出表现为刻意构置模式化的套式双重空间结构。① 传奇副末开场后,接着是"生旦家门",即生、旦相继出场,交代其身份、家境及婚姻情况,这已经成为明中期以来传奇定例。不过至清初这一定例开始打破。出于场子过冷、剧情拖沓、梨园搬演等因素考虑,"南洪北孔"作剧时,有意识地予以改革,人物一上场就展开剧情。扬州曲家在此基础上,作了新的探索。

《香祖楼》首出"转情"以欲界天中帝释天尊与悦意夫人演说前因。兰花紫梗、白梗因互生情愫被谪落尘世,结三月伉俪之欢。此出本应是"副末开场",由副末一人唱一二支上场小曲如【西江月】【蝶恋花】之类,早期南戏中此类曲原本不甚切题,只是劝人对酒忘忧、逢场作戏等套语,至传奇演变成演说戏曲之故事梗概或曲家谱曲之用意等。而蒋士铨改成演说前因,让剧中主要人物悉数登场亮相。传奇末出名"大收煞",李渔尝云:"此折之难,在无包括之痕,而有团圆之趣。"②因此主张曲家笔底用力,作"临去秋波那一转"。蒋士铨对此亦颇有创意,末出"情转"情关中帝释天尊了结兰院公案,并以剧中人、事为例,代曲家宣讲剧作主旨,劝诫世人。这一手法,诚如郭英德所说:"从创作主旨来看,是以隐喻的方式宣扬轮回转世的宗教人生观;从戏剧结构来看,则是以完美的形式体现出首尾照应的八股法。"③其结构设置包括前世与现世两个层面,好处在于戏剧节奏加快,事件首尾令观众一目了然,入戏较快,缺点是全剧蒙上一种浓厚的佛教虚无色彩,而且观众提前知晓戏曲结局,缺少急于观看的冲动。

蒋士铨的这种传奇叙事结构,为同时代曲家所欣赏,一时仿效者甚多,以致形成传奇创作定例。沈起凤的传奇袭用了此法。《报恩缘》首出"谪凡",因广寒宫内司花仙女与二侍女擅离职守,被文曲星摘去桂枝一枝,泰安

---

① 郭英德:《明清传奇戏曲文体研究》,商务印书馆 2004 年版,第 339 页。

② (清)李渔:《闲情偶记》"词曲部"之"格局第六·大收煞",载《中国古典戏曲论著集成》(七),中国戏剧出版社 1982 年版,第 69 页。

③ 郭英德:《明清传奇戏曲文体研究》,商务印书馆 2004 年版,第 340 页。

白猿趁机盗取秘书三册;由此"因误生缘,因缘生法",四人被谪下尘寰。末出"鼎圆"中,紫箫道明真相后,高中状元的谢兰一夫三妻拜堂成亲,绿琴再取出师父书札,众人始知乃白猿报恩事。沈起凤在《沈氏四种传奇》中多次使用,吴梅因此评曰:"又四记首折,皆从生旦前生着想,亦拾藏园《香祖楼》《空谷香》之牙慧。偶一用之,原无大碍。今四记皆如是,未免陈言。此则赟渔短处也。"①该做法于当时剧坛影响甚大,在考察乾隆年间扬州上演的《三凤缘》(自李渔《凤求凰》传奇改编而成)时,陆萼庭指出,"(《三凤缘》)《种因》出场角色有十四名之多,很显然地,新奇与热闹几乎是不可分割的联合体,戏班总希望戏一开始就能以新奇热闹制造出效果,在同行竞争中先发制人,同时戏班的主要阵容,所有名角都要依例登场,以资号召。正是在这个行业共识之下,清代中叶起,全本戏(传奇)开头的副末登场打破了传统写法,往往一上来就是一场热闹大戏,一时形成热潮,影响波及整个戏曲创作界。著名戏曲家蒋士铨的《空谷香》、《香祖楼》已开先例,稍后沈起凤的《赟渔四种》效之,大有此呼彼应之势"②。直至嘉庆末年,仲振履创作《双鸳祠》时还仿袭之。其首出"神合"(或"点谱"),从前因入手交代缘起,展开剧情。这种生旦宿世姻缘的设置形成了新的创作窠臼,同时传达出对现实的无力感,减弱了作品的艺术感染力,曲家笔墨流于戏谑卑弱,直接影响了人物形象刻画的深刻程度和作品的思想深度。

如果说蒋士铨在形式上是锐意创新的话,那么李斗则立意复宋元古剧之旧。《奇酸记》采用了元杂剧四折一楔子之体例。除开端有楔子外,剧分四折"梵僧现世修灵药""内相呈身启秘图""薛尼种子造奇方""禅师下山超孽业"。每折又分 6 出,因此共 24 出。楔子相当于传奇的"副末开场",以【仙吕赏花时】【么篇】两支曲子点明作剧缘由,颇有宋元南戏遗意。其好友苧樵山长评曰:"奚以心源之印合,合此意匠之经营。看四折之平分,每六出之递演。"③可知李斗对这一"创举"是颇为用心的。而第一折第一出"灵药现身",言西域梵僧摄取僧尼会上的魂魄,修炼成傀儡场里的元神。因下界有一种奇冤,构成奇孝,并酿成奇酸,万回祖师命梵僧往永福寺了结西门一案。第四折第六出"孝成酸释",普静超度众鬼,荐拔超升。这一首尾呼应的神鬼场子,显然沿袭了蒋士铨的戏曲模式。这一模式的套用,无疑是李斗创

① 吴梅:《霜安读曲记·伏虎韬》,载王卫民编《吴梅戏曲论文集》,中国戏剧出版社 1983 年版,第462 页。
② 陆萼庭:《清代全本戏演出述论》,载《清代戏曲与昆剧》,中华书局 2014 年版,第 244—245 页。
③ (清)苧樵山长:《〈奇酸记〉跋》,载李斗《奇酸记》卷首,清乾隆六十年(1795)至嘉庆刻本。

作该剧的一大亮点,诚如有学者所说,这警惩意旨是李斗的一种叙事策略,梵僧不是一般的和尚,而是性的快乐与警戒的化身。普静禅师的任务则是宣告情色之空幻。① 披上了佛家这件前后世果报的合法外衣,《金瓶梅》中肆意宣扬的情色故事就得以堂而皇之地在舞台上展现出来。这个苍白无力的框架并不足以妨碍观众对这个情色故事的感性接受。从剧作主旨来看,舞台上这个世情故事愈是呈现得淋漓尽致,台下观众的耳目感官刺激愈发强烈,而作者欲通过戏曲表现芸芸众生所面临的各式酸楚来体现佛教的万事皆前定,因果相报的目的便似乎达到。

在"家门"出,《岁星记》也有意破格,副末上场唱了一支【自度曲】:"岂是传奇,敢是传奇,那是传奇。这管生花之笔谁拨,朱弦谁按板。谁调玉笙谁撇凤笛。画尽旗亭壁,更向那琉璃药师、灯光仙人讨个黄绢幼妇外孙齑臼,消息不有未来星宿,这却如何解得?"②并与后堂对话,报 24 出戏名,显然袭用了南戏的"副末开场"体例,体现出作者对南戏的偏好。其第一出"星垣降神",第二十四出"岁星归垣",首尾呼应,则显然是套用了蒋士铨的戏曲模式。

此外,金兆燕的《婴儿幻》传奇分上、中、下 3 卷,每卷 10 出。每卷故事相对独立,但又在前卷基础上发展,体现出情节的连贯性。这与传奇一般分上、下两卷的体例自是不同。显然相对独立的 3 卷,每卷 10 出的容量更便于戏班灵活搬演。所有这些迹象都表明,在扬州曲家笔下,传奇的规范正在被突破。笔者以为,这与扬州曲家受尚奇逐异的扬州社会风气影响有关,而花部戏曲的蓬勃兴起,促使他们自觉地寻求传奇体制上的突破。

以上曲家系从传奇的外在体制上入手改革,金兆燕、卢见曾等人还从传奇的内在结构上作了精微的把握。《〈旗亭记〉凡例》云:"传奇之难,不难于填词,而难于结构。生旦必无双之选,波澜有自然之妙,串插要无痕迹,前后须有照应,脚色并令擅长,场面毋过冷淡,将圆更生文情,收煞毫无剩义。具兹数美,乃克雅俗共赏。"③可见曲家们对角色设置、场次安排等传奇文体特性有着较自觉的体认。《旗亭记》线索复杂,头绪繁多,不仅写了王之涣、谢双鬟爱情的悲欢离合,还写了杨国忠与安禄山的权力之争及安史之乱、高适投军等事件。尽管情节如此复杂,但全剧条理清晰,结构紧凑。诚如眉批所

---

① 陈维昭:《李斗〈奇酸记〉与清代中后期的戏曲流变》,《暨南学报(哲社版)》2013 年第 1 期。

② (清)李斗:《岁星记》"副末家门",清乾隆六十年(1795)至嘉庆刻本。

③ (清)金兆燕、卢见曾:《〈旗亭记〉凡例》,载《旗亭记》卷首,清乾隆年间雅雨堂刻本。

说:"全本三十六出,起伏回环,一线串成。每出内科白曲文,各有穿插照应。"①对于事件发展脉络,曲家们很注意穿插埋伏,前后照应,跌宕有致,极得作曲之法。"谋闺"出眉批云:

> 欲令王之涣与双鬟别离,故串出杨国忠;欲串双鬟死信,故串出裴柔;欲令李龟年报信,放走王之涣,故又串出访贤一段情节。而机轴天然,妙无痕迹。至于情文相生,随笔点染,原非有所讥刺,亦云言之者无罪,闻之者足戒耳。②

确非虚誉。金、卢谙习传奇体例,实乃作曲高手。在"释疑""合卺"等出,设计了双鬟戏弄新科状元、王之涣急切辩白等情节,可谓波澜迭起,戏剧节奏一张一弛,令人观后忍俊不禁。正如李渔所说:"水穷山尽之处,偏宜突起波澜。或先惊而后喜,或始疑而终信,或喜极信极而反致惊疑。务使一折之中,七情俱备,始为到底不懈之笔,愈远愈大之才,所谓有团圆之趣者也。"③

与众多才子佳人戏一样,《玉尺楼》中也体现出朱夰对传奇传统模式的因袭与采用。作为一出轻喜剧,《玉尺楼》描绘了才子们的众生相。平、山、冷、燕四人才高八斗,学富五车,他们不仅才色过人,而且重情重义。与之相较,那些翰苑公卿、玉堂学士、词坛宿彦、诗社名公通通相形见绌,丑陋不堪。围绕着主题,朱夰设计了三组矛盾冲突:一是山黛与晏文物、窦国一之间的冲突;二是燕白颔、平如衡与张寅之间的冲突;三是冷绛雪与宋信之间的冲突;四是山黛与张寅之间的冲突。其开展原因是同一的,即才子佳人的恃才傲物和宵小箴片的忌才使坏,由此推动了剧情的发展。误会巧合、冒名错认等手法,朱夰用来驾轻就熟。"分试"出中,才子们更名易姓,才女们假扮青衣记室,彼此试探较量,才情横溢,令人叹服。而"诈败""错情"出中,山人宋信与纨绔子弟张寅又分别假冒山黛与燕、平二生诗文,相继被才子才女们识破。全剧洋溢着轻松诙谐的喜剧气氛。美中不足的是,朱夰把小人设置成才子佳人追求婚姻途中的障碍,这在客观上影响了剧作的思想深度。

在扬州曲家中,沈起凤不愧是编写戏曲故事的行家里手。他熟谙作曲技巧,巧妙运用女扮男装、误会、巧合等传奇手法,《报恩缘》情节跌宕起伏,

---

① (清)金兆燕、卢见曾:《〈旗亭记〉凡例》,载《旗亭记》卷首,清乾隆年间雅雨堂刻本。
② (清)卢见曾:《旗亭记》第九出"谋闺"眉批,载金兆燕、卢见曾《旗亭记》,清乾隆年间雅雨堂刻本。
③ (清)李渔:《闲情偶记》"词曲部"之"格局第六·大收煞",载《中国古典戏曲论著集成》(七),中国戏剧出版社1982年版,第68页。

趣味盎然,环环相扣,引人入胜。"冒戮"出中李狗儿因穿谢兰衣衫而被误杀,致使"媒哄"出中得知谢兰死讯后的媒婆纷纷前来白丁家中说媒;"急计"出中白丽娟欲投水自尽,被紫箫救下,并应允两人假婚,"媪忿"出中不知就里的乳娘因此招致阿菊的奚落。种种误会手法的运用合乎情理,舞台气氛时而激烈紧张,时而轻松愉快,台下明白就里的观众看来忍俊不禁。吴梅评:"而结构生动,如蚁穿九曲,通本熔成一片。"①因此颇为推崇,谓其"事迹之奇,排场之巧,洵推杰作"②。然其致命点也在此,沈起凤在情节关目上用力甚勤,但忽略了对人物内在性格的挖掘,其人物形象大都显得苍白无力。无论是谢兰、白丽娟,还是紫箫、绿琴二女,都缺乏灵动之韵致。倒是净丑类脚色塑造得栩栩如生,鲜活有致,如白丁之嫌贫爱富、前倨后恭,胡图之草菅人命、糊涂结案,考官之不学无术、有眼无珠,等等。

仲振奎的《红楼梦传奇》合前后《红楼梦》二书而成,春舟居士云其"以玉茗才华游戏笔墨,取是书前后删繁就简,谱以宫商"③,诚非虚誉。将《红楼梦》这一篇帙浩繁、头绪纷杂的小说浓缩进 56 出的传奇中,并且在众多的戏曲改编本中力拔头筹,仲振奎无疑是素材剪裁编织之高手。《红楼梦》人物众多,如果一一搬至场上演出,终究不现实,况且一个戏班人数也有限,因此仲振奎认定,"此书不过传宝玉、黛玉、晴雯之情而已"④。围绕此主旨裁剪,曲家将笔墨主要集中在宝黛爱情上,与其关系不大的素材全部剔除。有论者以为,"其中穿插之妙,能以白补曲所未及,使无罅漏,且借周琼防海事,振以金鼓,俾不终场寂寞,尤得本地风光之法"⑤。确实,仲振奎在剧中以宾白补曲文不足之憾。一些必须交代之场子、无法搬演舞台的片断,往往借人物之口道出,庶几免除了情节突兀之感。唯剧中安插周琼防海一事,满足了传奇需冷热场子调剂之文体需求,但对全剧而言,游离于宝黛爱情主线之外,其意义不大。

客观地说,扬州曲家多为当行之曲家,戏曲手法运用娴熟,不过流于形式创新和情节新奇可观,忽略了对剧作思想性的挖掘,这是其作品在当时广

① 吴梅:《瞿安读曲记·报恩缘》,载王卫民编《吴梅戏曲论文集》,中国戏剧出版社 1983 年版,第458 页。

② 吴梅:《中国戏曲概论》,载王卫民编《吴梅戏曲论文集》,中国戏剧出版社 1983 年版,第 184 页。

③ (清)春舟居士:《〈红楼梦传奇〉序》,载仲振奎《红楼梦传奇》卷首,清嘉庆二十四年(1819)绿云红雨山房刻本。

④ (清)仲振奎:《〈红楼梦传奇〉凡例》,载《红楼梦传奇》卷首,清嘉庆二十四年(1819)绿云红雨山房刻本。

⑤ (清)梁廷枏:《曲话》卷三,载《中国古典戏曲论著集成》(八),中国戏剧出版社 1982 年版,第 265 页。

为传唱而无法流传于后世的重要原因。具体将在下文展开探讨。

三、舞台手法多样化

本色、当行历来是曲家的最高艺术追求，也是考察戏曲艺术水平高低的一个要素。清初戏曲理论家李渔说过："填词之设，专为登场。"①对于明清曲家不顾戏曲艺术规律、挥洒才情、肆意编剧的这种文辞化现象，扬州曲家甚为反感。他们身体力行，以元曲的本色当行为创作圭臬，重视戏曲的舞台艺术特性，因此落笔时即已顾及场上搬演，在剧中注明砌末、道具及具体的舞台指示，有时甚至在创作前言中就明确标明何腔、何调，何处该如何装扮，等等。

金兆燕、卢见曾在编写《旗亭记》过程中，就已考虑到实际的演出需要。《〈旗亭记〉凡例》云："全本三十六出，起伏回环，一线串成。每出内科白曲文，各有穿插照应。名部度曲，腔板必迟，而时派奢华，如'游春''女卫'等出，无不极力铺张，照《琵琶》《荆钗》之例，分二日搬演为宜。若随意节删，则血脉不贯，梨园教师，贵在通人，其共体之。"②从中可以看出，曲家们对自己的创作是颇为自负的。正如汤显祖宁令歌者喉折也不愿他人窜改《牡丹亭》的曲词一样，他们告诫梨园教师，全本内穿插照应，已是一气呵成，不宜再作精减，甚至扬言"若随意节删，则血脉不贯"，将使传奇损意伤脉。考虑到当时名班"腔板必迟"的演出习惯，他们认为用两天的时间来搬演比较合适。同时根据曲坛流行的做法，将剧中"游春""女卫"等排场大的场子极力铺染，以迎合当时观众的欣赏口味。剧中人物众多，行当齐全。场次安排上，曲家们已经考虑到戏曲基调的变化："游春""画壁""亭圆"等出排场热闹；"叹月""渡江""旅谒"则抒情凄清；"骂奸""除孽""解厄"等出则慷慨激昂；"晓妆""订盟""上头"等出舒缓温馨。可谓文武兼备，冷热相剂，颇具匠心。

在角色配置上，《报恩缘》也有了较大变化。这主要表现在戏中净、丑、贴等脚色的戏份大大增加，像"贱诱""逐伙""淫毒""媒哄"等出完全是净、丑、贴、副净戏，"属媒""辱婿""窃听""捕询""仇首""冒戮""婢诮""逼睛"等出也以净、丑、贴、副净为主。可以说，这类戏在全剧中占了三分之一，明显流露出传奇前身——早期南戏的"三小戏"痕迹。因此，剧中诙谐调笑，谐趣频生，充满了浓郁的市井气息。沈氏四种传奇大率如此，既讲究冷热调剂、

---

① （清）李渔：《闲情偶记》"词曲部"，载《中国古典戏曲论著集成》（七），中国戏剧出版社 1982 年版，第 73 页。

② （清）金兆燕、卢见曾：《〈旗亭记〉凡例》，载《旗亭记》卷首，清乾隆年间雅雨堂刻本。

戏份均衡,又适当地向净丑戏倾斜,这与当时流行的秦腔、罗罗腔等地方戏声腔剧种颇相类似,演出效果甚佳,广受大江南北梨园艺人青睐。

值得称道的是,因《红楼梦传奇》中女性人物众多,仲振奎落笔之时,已虑及全剧的角色设置和人物装扮,比如:净扮贾母,不敷粉墨;副净扮凤姐,丑扮袭人,皆敷粉艳妆,不敷墨;老旦扮史湘云,与作旦装扮同。考虑到一个戏班中旦角人数有限,因此不得不一人而兼数角。同时他提出"若合两班之旦为之,则劳可分矣",即可以由两个戏班的旦角演员来饰演。

李斗在《岁星记》中注重舞台气氛调剂等戏曲手法的应用,文武戏场子相间,悲喜交叉。根据剧情发展,主角东方朔在剧中行当三变,相貌三变,服饰由儒服而官戴、仙装。

扬州曲家还经常利用戏中戏的形式,穿插歌舞表演,活跃舞台气氛。戏中戏是一种大体独立于戏剧情节之外的某些艺术样式或短剧的片断表演,是戏曲早期的一种历史遗留。[1] 从元杂剧、明杂剧等早期戏曲剧本中常可见到此类穿插表演,其形式多样,诸如歌舞、杂技、魔术、短剧,甚至包括从戏曲母体宋杂剧、金院本中直接截取的片断等,这类技艺表演基本游离于戏剧情节之外,只起滑稽逗乐、活跃舞台气氛的作用。如果说早期曲家还只是从有意识地增强喜剧效果考虑,包括苏州派曲家在内虽有过对戏中戏的大量的使用,但是还不能将其"严密地、完全地编织进剧情中去,达到牵一发而动全身的地步"[2]的话,那么,至扬州曲家手中,戏中戏的运用已经十分娴熟,且出现频率较高,显示出其驾驭传奇艺术的高超水平。

李本宣的《玉剑缘》运用了弹词这种艺术形式。为了帮助李珠娘脱离苦海,鲍六娘把根据李珠娘遭遇编写成的弹词演唱给戚夫人听,令其动容,遂劝说贵妃放还众选女。弹词作为广泛的群众娱乐活动已经有很长的历史,清中叶听弹词是人们重要的消闲娱乐方式,它已经进入豪门厅堂中唱演。正因为如此,弹词除了娱乐功能外,还起到传播社会信息的作用。这段戏中戏对女主人公的命运逆转直接发生作用,成为解决戏剧冲突、引出结局的重要手段,极大地推动了剧情的发展,已经融为戏曲的有机部分。

蒋士铨也是善于使用戏中戏的曲家。其16种曲中,戏中戏共运用了11次,手法灵活多样,主要有两大类:一种是戏中串戏,其目的主要是渲染气氛,追求娱乐性;另一类是戏中融戏,通过圆融一体的情节以一种独特的形

① 李玫:《明清之际苏州作家群研究》,中国社会科学出版社2000年版,第217页。
② 李玫:《明清之际苏州作家群研究》,中国社会科学出版社2000年版,第225页。

式给观众以新鲜感。① 较为奇特的当数《临川梦》中的戏中戏运用。曲家巧妙地安排汤显祖进入梦境,从而得以与"四梦"中人对话、周旋,最终一梦化四梦,以梦境的方式将五剧融为一体,浑然无迹。正如曲家自序云:"先生以生为梦,以死为醒,予则以生为死,以醒为梦。于是引先生既醒之身,复入于既死之梦。且令《四梦》中人,与先生周旋于梦外之身,不亦荒唐可乐乎!"②此外,《临川梦》还多次使用戏中戏,如宜黄艺人表演《邯郸梦》,玉茗堂中上演《牡丹亭》,既出于剧情渲染以及活跃舞台气氛的需要,同时也吻合并有助于强化汤显祖的戏曲家身份。

《雪中人》第十三出"赏石",写吴六奇盛情款待查培继,先是安排家乐演出《五仙献瑞》,再让男女优人唱"蛮歌",演刘三妹对歌故事,这虽停留于活跃舞台气氛这一范畴,但其戏曲史创新意义重大。将在第六章中着重探讨。更为奇特的是第十五出"花交"中,查夫人将吴六奇与查培继的相交故事"撰为新曲数篇,被之管弦,间以舞节",由侍妾们表演了六段歌舞,并从她口中道出:"这第一段,是《眠雪歌》,乃吴将军流落之时,行乞光景";"这第二段是《飞觞舞》,乃官人留他对饮的光景";"这第三段《放鹤歌》,乃官人在孤山再遇的情节";"这第四段《跨海舞》,乃吴将军血战功名";"这第五段《脱网歌》,乃官人履险而亨";"这末段乃《移山舞》,是将军送那绉云山石来的光景。"③整出歌舞实际上是《雪中人》全剧的剧情提要。放在结尾演出,既是对整出戏的剧情的回顾,也启发观众对戏曲的"人生如戏"这一思想意旨进行思考,这是蒋士铨的一种创体,可谓匠心独具。

戏中戏运用得较成功的是沈起凤的《报恩缘》。第十六出"仇首",丹徒县知县魏简知案情蹊跷,至文昌殿踏勘。适李狗儿在旁张望,故意透露风声,说此银系赵小二窃取,又献计假扮魁星,逼赵小二招认。果然,在假魁星面前,赵小二吓得魂不附体,赶紧坦白。于是案情真相大白。其中丑角饰李狗儿假扮魁星破案事颇值得注意:

　　　　(众抬假魁星上,众)启爷,魁星抬到。生:赵小二。净:有。生:你跪在魁星面前自辨去。(众扯净朝魁星跪介)净:阿呀,魁星爷爷,革星

---

① 徐国华:《蒋士铨研究》,上海古籍出版社 2010 年版,第 47 页。

② (清)蒋士铨:《〈临川梦〉自序》,载《临川梦》卷首,《蒋士铨戏曲集》,周妙中点校,中华书局 1993年版,第 210 页。

③ (清)蒋士铨:《雪中人》第十五出"花交",载《蒋士铨戏曲集》,周妙中点校,中华书局 1993 年版,第 335—336 页。

读书人，做出啥为非作歹勾事务出来，侬弗去管管伊，倒平空革冤枉我生意人做啥？

　　【节节高】你**巍然帝座高，掌天曹**，我**良民**你**因甚诬为盗**。（丑作掷笔介，众）阿呀，魁星发怒了，快招。（净抖介）阿呀，唬得**惊魂掉**。（丑又掷斗介，众作怕状）魁星大怒了，还不快招。（净愈抖状，生拍案）还不招。净：阿呀，我的**愁魂心猿跳**。太老爷，小人唬勿起哉，情愿招仔罢。①

与传奇传统做法不同的是，这段"戏中戏"有机地融入了戏曲发展进程中，与剧中主要人物的命运发生关联，推动剧情发展，成为解决矛盾冲突的重要手段。与此同时，这又是一种开心滑稽的逗乐，制造了轻松愉悦的戏曲气氛。

　　李斗也多次运用戏中戏这一手法。《岁星记》第二十二出"汉宫重晓"，"（外）方朔，随我到昆明池演角觝去者。（上台，众扮鱼龙变化合）"②，在此穿插了一段鱼龙变化的角觝戏。剧叙东方朔被封为汉中大夫，随武帝至昆明池，观演角觝之戏，鱼龙变化，群仙献舞。想来其场面甚为铺张，排场热闹，喜庆气氛浓郁，演出效果应该不错。

　　《奇酸记》第四折"禅师下山超孽业"第二出"琵琶变调"，叙吴月娘、吴二舅置酒款待云理守，邀请海盐腔子弟演戏，挑中演潘金莲雪夜弄琵琶的故事。一杂扮潘金莲弹唱往事，一杂扮王婆被绑赴法场处斩，云理守假戏真做，留下"王婆"活口，请"王婆"作伐，欲娶吴月娘。后被武松带领的金兵所追杀。这一出戏中戏无疑较好地融入戏剧情节的推进中，造成亦真亦幻的效果。是以批语中作者对此极为自负："是出空前绝后，直将《琵琶记》之伤风演出戏中戏来，比之原书规仿《水浒传》而又略变其局格者何啻万里。《一捧雪》有戏中戏，亦止于戏中戏耳。是出以潘金莲琵琶为戏中戏，更以王婆为戏中戏，即影出云理守家之王婆来。是西门庆之实王婆用虚写，云理守之虚王婆用实写，是一奇也。以潘金莲为戏中戏，又影出席上之吴月来，是西门庆之实，潘金莲用虚。写云理守之虚，吴月用实写，又一奇也。至戏中剑子、王婆，能于实用千古创格。'不许杀'三字惜不得闻之于王忏东市。此作

<hr />

① （清）沈起凤：《报恩缘》第十六出"仇首"，载《沈氏四种传奇》，吴梅编《奢摩他室曲丛》，商务印书馆 1928 年版，第 68 页。
② （清）李斗：《岁星记》第二十二出"汉宫重晓"，清乾隆六十年（1795）至嘉庆刻本。

者所以写孝子也。"①确实,这出戏在传统基础上大胆予以创新,将原本相对独立的戏中戏与戏剧情节巧妙地结合起来,除营造舞台气氛外,还造成亦真亦假的艺术效果。

戏中戏作为戏曲的一种表现手段,在扬州曲家手中,其艺术表现功能显然大为加强。它们已经与剧中主要人物的命运发生关联,推动剧情发展,成为全剧铺排情节、展开冲突的重要契机,或者是解决冲突、引出结局的紧要手段,是情节链上不可或缺的部分。这显然已经超越了调节戏剧气氛与节奏、强化娱乐性的原始功能。扬州曲家对戏中戏手法的娴熟运用,显示了中国古典戏曲文学创作的日趋成熟。

四、语言清丽,步武元人

元杂剧语言的本色向来为曲家推崇,其内涵历代曲家各有侧重。如明嘉隆年间,李开先、何良俊、徐渭等倡导的本色尚离元曲相差不远。到了万历后期,王骥德提出本色就是"在雅俗浓淡之间"②。《牡丹亭》后,"追步临川"的口号与"直逼元人"相提并论,甚至有取代之势。③ 本色内涵显然偏重于文彩绮丽。扬州曲家崇尚元人语言的天然本色,但其诗词底蕴深厚,下笔往往清隽,因此剧作大多表现出清丽的语言风格。如论者以为《玉剑缘》曲辞清丽;而《赤城缘》音律极精细,其北曲本色尤与《长生殿》相肖。④

《旗亭记》语言清新典丽,不少曲子雅俗共赏。如第十六出"渡江",王之涣匆忙出走潼关,过江投奔江宁好友王昌龄时所唱的一支曲子:

> 【长拍】**如此江山,如此江山,英雄何处,空对晚潮惆怅。云涛千里,我有斗酒,共谁侬慨叹兴亡。斜日挂危樯。问渡头桃叶,可知我倚舷孤唱。便是青溪小妹在,只怕憔悴后定羞郎。**我想自古红颜大都薄命,今日我那谢双鬟不知作何安顿,想起来好生难遣也。**来到莫愁湖上,怕几番感喟,更惹愁长。**⑤

"渡头桃叶",句中用典可谓自然贴切。桃叶是东晋大书法家王献之的爱妾。

① (清)李斗:《奇酸记》第四折"禅师下山超孽业"之第二出"琵琶变调",清乾隆六十年(1795)至嘉庆刻本。
② (明)王骥德:《曲律》,载《中国古典戏曲论著集成》(四),中国戏剧出版社1982年版,第208页。
③ 谭帆、陆炜:《中国古典戏剧理论史》,华东师范大学出版社2005年版,第273页。
④ 齐森华、陈多、叶长海等:《中国曲学大辞典》,浙江教育出版社1997年版,第519页。
⑤ (清)金兆燕、卢见曾:《旗亭记》第十六出"渡江",清乾隆年间雅雨堂刻本。

据说当年秦淮河水面宽阔，若摆渡不慎，极易翻船。桃叶摆渡时心中害怕，王献之尝在秦淮河的渡口——桃叶渡迎接她，并作了《桃叶渡》诗，其词云："桃叶复桃叶，渡江不用楫。但渡无所苦，我自迎接汝。"古渡口自此名声大噪，而"渡头桃叶"亦成为文人笔下久传不衰的风流佳话。曲家在此通过王献之与其爱妾桃叶的风流爱恋故事，来隐寓王之涣与谢双鬟劳燕分飞、复合无期的内心隐痛，诚可谓用典自然，寄慨遥深。正如眉批所云："英雄抱负，才子深情，曲中隈括殆尽。"①此外，如第六出"订盟"：

　　　　【商调正曲】【二郎神】情一片系柔肠，似车轮几转。若是今生非美眷，如何昨夜分明是一段奇缘。往常间纸上相思空缱绻，也猜不着，恁般儿风流俊倩忒堪怜，值得侬愁心为你淹煎。
　　　　【集贤宾】清歌一曲情乍传，便无限缠绵，好一似沾絮游丝无别恋，那其间酬酢争喧，怜人腼腆，几次把星眸频转。牵情如此，岂有不急图一会之理。休叹惋，且闲步广庭深院。②

旗亭邂逅，在谢双鬟这位少女心中泛起了阵阵涟漪，这两支曲子把这位怀春少女的旖旎情思刻画得细腻传神。

《玉尺楼》眉批中颇多"清艳""清丽""清词焕发""丽句"等赞语。朱夰对人物的性格基调把握得很准确，因此其曲白各肖人物声口。山、冷二才女一为相府千金，一为山野碧玉，出场时所唱曲词即定场词各显身份，眉批赞云："山黛云'早传遍扫眉才子'，绛雪云'九畹空芳馥，同岑异臺千古共叹'。"③谓其分寸拿捏得很到位。燕、平二人虽是作者着力塑造的才子形象，但其落笔基调亦自不同。燕白额是贵胄公子，才华超群，自视甚高；平如衡则寒门子弟，孤高自许，气度上与之迥然有别，因此眉批云："平子持是祢正平一流人物。才高量窄，传神写照在阿堵中。"④再如第十七出"遇祠"中，平如衡与冷绛雪邂逅于闵子祠，各自题诗壁上，彼此惺惺相惜，倾慕不已。然不期擦肩而过，冷绛雪归舟去疾，令平如衡陡生惆怅之情，这时所唱两支曲牌：

①　(清)卢见曾：《旗亭记》第十六出"渡江"眉批，载金兆燕、卢见曾《旗亭记》，清乾隆年间雅雨堂刻本。
②　(清)金兆燕、卢见曾：《旗亭记》第六出"订盟"，清乾隆年间雅雨堂刻本。
③　(清)卢见曾：《玉尺楼》第十三出"冷诮"眉批，载朱夰《玉尺楼》，清乾隆年间雅雨堂刻本。
④　(清)卢见曾：《玉尺楼》第六出"才傲"眉批，载朱夰《玉尺楼》，清乾隆年间雅雨堂刻本。

> 【北收江南】呀，猛然间簇拥出女娇娥。斜阳中炫耀得我眼难合，魂灵儿直**摄**向急流波。（内鸣锣作开行介）（生）听人声沸聒，顺风儿挽不转这木兰舵。
>
> 【北沽美酒】伫斜阳，送逝波，闷无言，恨难过。则见他颐指如云仆婢多，珠围翠裹，美娇容欲弹破。觑着这琼花一朵，莫不是月殿嫦娥，没访处家门瓜葛，那承望赤绳牵缚。俺呵奈何谁家绣阁。呀，叫人向那方猜度。①

这两支曲子都用北曲演唱，把平如衡初见冷绛雪时惊艳的狂喜，刹那间归舟去疾，玉人杳难追踪的惆怅、惋惜的况味描摹得淋漓尽致，颇有王实甫《西厢记》崔张佛殿奇逢的风味。

程枚的《一斛珠》语言清丽、本色，孙楷第云其"词采俊逸，实可接元人之席"②。诚然，有些曲子颇有元人风味，如"花援"出中梅妃欲在梅树下自缢时唱的两支曲子：

> 【耍孩儿】一自上阳宫叨僭你香名久，是我平生故友，到重逢却在断肠时。把芳华一笔都勾。正是春归夜寂谁为主，端的子熟心醉总是愁。空回首，再休提花明上苑，月满高楼。
>
> 【一煞】你见我今世回，我将你来世修，愿生生化作你这梅花瘦。怎可也寒香不惹三春恨。俺这里冷骨空埋一窖愁。些时候，人间梦断，花底魂游。③

借梅自寓，悲叹身世，真可谓声声情泪，感人泣下。凌廷堪作序云："近时曲家未睹东篱、兰谷之面目，但希青藤、玉茗之曕笑，折腰龋齿，自以为工，得时斋此剧以药之，庶几其有疗乎！"④孙楷第因此以为，"今读其词，知所评皆不谬。虽只此一本，而以少见长，胜于博而不精者，实不愧为一作手也"⑤。

《沈氏四种传奇》的语言在同时代传奇作品中很具特色，通篇曲少白多，净丑脚多操吴语，极尽以苏白为戏谑调笑手段之能事，因此颇具滑稽逗笑之戏剧效果。吴梅甚为赞赏，评《报恩缘》云："最妙如王寿儿、李狗儿一段，插

---

① （清）朱夰：《玉尺楼》第十七出"遇祠"，清乾隆年间雅雨堂刻本。
② 孙楷第：《戏曲小说书录解题》，人民文学出版社1990年版，第367页。
③ （清）程枚：《一斛珠》第二十出"花援"，清乾隆五十九年（1794）刻本，上海图书馆藏。
④ （清）凌廷堪：《〈一斛珠传奇〉序》，载《校礼堂文集》卷二十八，王文锦点校，中华书局1998年版，第263页。
⑤ 孙楷第：《戏曲小说书录解题》，人民文学出版社1990年版，第367页。

科打诨，观者无不哄堂。而县丞胡图，以成衣出身，语语不脱裁缝口吻，尤见匠心周匝，与《才人福》中之联元，一样手笔，此等科白，决非腐儒能从事矣。……或谓通本白多曲少，文情稍逊。余意曲虽不多，而语语烹炼，且登场搬演，又适得其中，为观者计，正不必浪使才情也。"①洵为至评。

《奇酸记》曲白全用小说中语，取其口吻逼肖，词意切合。其用意原本不错，但作为仪征人的李斗，显然并未谙习山东临清方言。孙楷第以为，"以有意装嵌，有时反觉生硬，未臻圆融，是其所短。所作以事言，不如郑小白《金瓶梅》之实，而词采胜之。以文采言，则以俚语入曲固是上乘，然不如徐坦庵《拈花笑》之圆转流利。盖一则以人工斗巧，一则出以自然"②。持论较为公允。

此外，仲振履在《双鸳祠》中大胆吸收时新名词入曲，如"打单""拜会""鸦片""械斗""沙坦"等稗官野史、谈薮说铃所不能悉者，"于此足资考证，可以察时变，觇风俗，寓劝惩于搬演之中，不独表彰节义，为有关风化之作"③。因此，其戏曲语言既富有生活气息，又增强了艺术表现力，可以想见《双鸳祠》演出时，其观众反响应该是非常强烈的。

五、扬州曲家传奇未能跻身一流作品行列之缘由

综上所述，扬州曲家传奇的艺术特色主要表现为情节新奇、叙事结构创新、舞台手法多样化及语言清丽等。诚然，扬州曲家大多才华横溢，倡导元人本色，注重舞台艺术效果，编剧经验与写作技巧皆不输于李玉、李渔、"南洪北孔"等前辈大家，其戏曲作品一度传唱大江南北，却何以未能媲美《长生殿》《桃花扇》等杰作，跻身一流作品行列？这需要从清中叶扬州的社会现实、扬州曲家的主体意识等方面探求原因。

从客观方面说，清中叶扬州是一个高度开放包容的消费型城市。戏曲受众成分复杂，既有六度南巡之高宗及其扈从官员，也有好曲之众多盐官盐商，更有来自全国各地的庞大的市民阶层。为了满足上述各社会阶层人士的看戏需求，扬州曲家要么是屈己迎合，要么是作审美趣味上的引领和提升。比如《雅雨堂两种曲》，金兆燕和朱夰恁及更多的是两淮盐运使卢见曾的喜好，才子才女们奉敕成婚的大团圆结局，显然是阿谀其爱才好士、风雅

---

① 吴梅：《瞿安读曲记·报恩缘》，载王卫民编《吴梅戏曲论文集》，中国戏剧出版社1983年版，第458—459页。
② 孙楷第：《戏曲小说书录解题》，人民文学出版社1990年版，第367页。
③ 仲振履《双鸳祠》第三出"殉夫"眉批，载仲振履《双鸳祠》，清末排印本。

为政的美好。沈起凤的《报恩缘》是他寓两淮盐政幕府中创作的,其酬报恩德的戏曲主旨亦有所寓指。蒋士铨的《雪中人》《香祖楼》《临川梦》的风化劝世,皆与其书院山长的身份密切相关,其《四弦秋》杂剧则是应两淮商总江春之请创作,后面第四节将展开详细探讨。李斗的《岁星记》是应东园主人、江春的嗣子江振鸿之请所编。其《奇酸记》将《金瓶梅》中的色情描写搬上舞台,则是为了迎合扬州市民的趣味。程枚的《一斛珠》创作前后历时近 20 年,是别出心裁、有意翻案之作。他如江周的《赤城缘》、仲振奎的《怜春阁》皆重在发抒一己之情愫,不顾及戏曲的场上搬演规律。乾隆四十六年(1781)扬州戏曲审查活动的开展,客观上使得扬州曲家们心存顾虑,创作上丧失了表情达意的自由。这种种因素,使得他们在酝酿构思、拈韵落笔之际,未能脱离世俗羁绊、心无旁骛地投入戏曲创作中。因受时代风气影响,即便有"国朝曲家第一"之誉的蒋士铨,其戏曲作品亦充斥浓郁的说教气息。

从主观方面来看,扬州曲家虽然多才多艺,谙熟编剧技巧,但是他们过多地停留于技巧层面的推陈出新,忽略了剧作思想内涵的挖掘。艺术贵在独创,曲家对生活的感受方式和理解方式、审美理想和审美趣味的不同,即使是同类或相近的题材,经过不同方式的处理,也会使题材本身的内涵发生变化,呈现出曲家不同的思想倾向和精神风貌。以沈起凤为例,功名利欲心甚炽,却又在科举的道路上止步不前,因此有满腔抑郁不平之气,恣意放浪形骸。这使得他过多地着眼于个人的恩怨穷通,或谐谑调笑,或从"戒负心""惩隐匿"等方面去警戒世人,落俗套、拾牙慧之处亦在在皆有,虽然其作品"朝脱稿暮登场",在当时颇受梨园艺人的欢迎,但显然无法与《长生殿》《桃花扇》等倾注曲家毕生心力的杰作相提并论。① 沈起凤可谓众多扬州曲家的典型代表。曲家思想意识的高明或平庸直接决定其戏曲成就的大小。金兆燕、朱夰、李斗、程枚、仲振奎等曲家皆曾傍人门户,或依托两淮盐运使,或依附盐商,既已丧失了经济独立性,也就无从提及个人思想的独立性,艺术的独创性也会受到影响。

因此,置身通俗文艺繁荣且商品化的扬州,扬州曲家既不乏编制迎銮大戏之高手,他们明显受制于帝王、官僚及盐商的艺术品位需求,亦有以售曲为生之作手,他们考虑更多的是市民百姓的欣赏口味。前者着眼于歌功颂德、美化乾嘉"盛世",后者则关注舞台效果的新奇可观性。他们创制了一批脍炙人口的戏曲作品。清中叶的扬州交通便利,缩毂南北,扬州曲家的作品

---

① 周妙中:《清代戏曲史》,中州古籍出版社 1987 年版,第 283 页。

一经搬演，旋即在大江南北传唱开来，由此掀起了传奇衰落期的高潮。

第三节　扬州曲家传奇的演出状况

有清中叶，扬州演出盛况空前，来自全国各地的名伶云集在此，各逞技艺。扬州曲家与伶人交往密切，积极参与戏曲编演活动。他们或观摩戏曲，品题藻饰；或参与戏曲演出，行使艺术导演的职责；甚或粉墨登场，与优伶为伍。扬州曲家与演员之间形成的这种良好互动，使得其戏曲作品具备了较强的舞台实践性。扬州曲家的戏曲作品多有演出记载。

乾隆二十五年（1760），《旗亭记》编成后，卢见曾交付梨园教师点校曲律，并搬演上舞台。著名诗人袁枚有《寄卢雅雨观察》诗二首，其二咏其事云：

> 一江秋水隔琼厄，远望卿云有所思。
>
> 末座每将名士待，陈书深以古人期。
>
> 松筠性在留春久，猿鹤身闲上寿迟。
>
> 寄语旗亭女郎口，红牙添唱卷中诗。时演《旗亭新谱》。①

斯时正逢卢见曾七十寿诞，宾客云集，冠盖如云，排场热闹、团圞喜庆的《旗亭记》在祝寿这种场合搬演，可谓衬情应景，产生的影响是可想而知的。此后《旗亭记》被扬州各大戏班争相搬演，成为流行剧目。曲家黄振作诗赞美："当代最崇欧太守，满城齐唱谢双鬟。"诗注云："卢观察新填《旗亭记》，梨园传演，名噪一时。"②乾隆二十七年（1762），卢见曾告老返乡之际，程晋芳作诗奉送，其中也提及《旗亭记》的创作和演出。其诗云："垂柳垂杨拂晓河，旗亭是处谱新歌。酒边才士挥云纸，花底伶工舞绣綌。上巳兰舟前度胜，东门祖帐此时多。朝端簪笏推名辈，声价依然在翠萝。"③可见时人已自然地把《旗亭记》与两淮盐运使卢见曾联系在一起。

曲家金兆燕与袁枚交往密切，因此在唱和中袁枚亦尝提及，如《十月四

---

① （清）袁枚：《寄卢雅雨观察》，载《小仓山房诗集》卷十六，《小仓山房诗文集》，周本淳标校，上海古籍出版社 2009 年版，第 358 页。

② （清）黄振：《广陵游草》，载《瘦石稿》卷六，清乾隆三十二年（1767）寄生草堂刻本。

③ （清）程晋芳：《奉送运使卢雅雨先生告归即次留别原韵》，载《勉行堂诗集》卷十一，《续修四库全书》集部 1433，上海古籍出版社 2002 年版，第 79 页。

日扬州吴鲁斋明府招同王梦楼侍讲、蒋春农舍人、金棕亭进士游平山,即席有作》诗中有句云:"旗亭雪满新裁曲,上巳风和共采兰。二分明月笙歌易,一片怜才意思难。"①"新裁曲"云云,应是《旗亭记》在扬州再次上演。

《旗亭记》上演后很快便传播至昆曲的老家——苏州。乾隆二十六年(1761),《旗亭记》引起了寓居在苏州的浙江归安籍曲家朱夰的关注,乘着醉意对其大加涂抹。此后在苏州真正落地生根,赢得了各大戏班的青睐。嘉庆十四年(1809),吴门上演金兆燕《旗亭记》传奇,增演灯戏。范来宗作有纪事诗。② 虽然没有更多的文字记录下增加灯戏后的《旗亭记》的演出盛况,但时隔近 50 年,两位曲家已然作古,《旗亭记》传奇再次在吴门上演,不能不令人感叹其经久不息的艺术魅力。

乾隆二十六年(1761),卢见曾授意梨园搬演《玉尺楼》传奇,一时引起轰动,在扬州闾巷细民中广为传唱。时人汪启淑云:"卢雅雨运使再至两淮,馆于署斋月余,成《玉尺楼》传奇一部,授之梨园。扬州人争购之,于是有井水处莫不知有朱公放矣。"③联系北宋词人柳永当年"凡有井水处,即能歌柳词"的盛况,由此可想见《玉尺楼》传唱之深广。朱夰好友、曲家沈起凤作有《采桑子·偶述》词 14 首,其一云:"阿谁买宅春江畔,杨柳高楼。几度来游,不得听君节楚讴。   竹西亭下寻新曲,一串珠喉。唱断扬州,艳说平山女状头。谓朱荑稗,闻于卢观察幕中制《平山冷燕》传奇。"④"唱断扬州,艳说平山女状头"云云,与汪启淑所说之"于是有井水处莫不知有朱公放矣"两相映照,足见《玉尺楼》传奇在扬州赢得的反响确实非同一般。

蒋士铨有填词为"国朝院本第一"⑤之誉,主讲安定书院时他创作了《四弦秋》《雪中人》《香祖楼》《临川梦》等 4 种戏曲作品,在扬州士人中产生了良好的反响。《(同治)续纂扬州府志》卷十五云:"马曰琯延士铨于玲珑山馆,所填院本,朝缀笔翰,夕登氍毹。扬人盛传其风流文采云。"⑥其好友袁枚亦

① (清)袁枚:《十月四日扬州吴鲁斋明府招同王梦楼侍讲、蒋春农舍人、金棕亭进士游平山,即席有作》,载《小仓山房诗集》卷二十一,《小仓山房诗文集》,周本淳标校,上海古籍出版社 2009 年版,第 500 页。

② 张慧剑:《明清江苏文人年表》,上海古籍出版社 2008 年版,第 1345 页。

③ (清)汪启淑:《飞鸿堂印人传》卷一"朱夰传",载冯兆年辑《翠琅玕馆丛书》,民国五年(1916)羊城冯氏刻本。

④ (清)沈起凤:《采桑子·偶述》,载《红心词》(不分卷),清刻本,浙江图书馆藏。

⑤ (清)平步青:《小栖霞说稗》"藏园曲"条,载《中国古典戏曲论著集成》(九),中国戏剧出版社 1982 年版,第 218 页。

⑥ (清)方濬颐修、晏端书等纂:《(同治)续纂扬州府志》卷十五,载《中国地方志集成·江苏府县志辑 42》,江苏古籍出版社 1991 年版,第 839 页。

云:"君奉太宜人设教东南,有江山之胜,板舆所临,海内捧杖擎觞而至者,屦交户外。高丽使臣饷墨四笏,求君乐府归。"①谓其戏曲作品已流播至海外。

钱之涪《〈仙缘记〉题词》云"洪蒋当今曲调新,红牙弹遍大江滨",可见蒋士铨的传奇在当时是极为流行的。因此,刘经庵以为,"论其在民间的流行,与笠翁的十种曲,同其盛况"②。除《临川梦》未见搬演记载外,《香祖楼》《雪中人》皆被搬上舞台。尤其后者盛演一时,为咸丰、同治年间北京四喜班名伶曹春山代表作之一。《菊部群英》记载:"敬善主人曹春山,安徽人,名福林,四喜部唱昆老生。擅演《雪中人》(吴六奇)";"景龢主人梅巧玲擅演《雪中人》(夫人)";"岫云主人徐小香,擅演《雪中人》(查伊璜)"。③ 这些材料记载的都是同治、光绪年间名角的演剧情况,足见蒋氏戏曲在后世舞台上仍然相当流行。它们还被改编成京剧上演,据《京剧剧目初探》记载,《香祖楼》由王玉蓉正本演出过,《雪中人》由永春社改编为京剧《大力将军》演出。

沈起凤在乾隆年间名满大江南北,对此文献多有记载,如其乡学后辈、道光间人沈朗亭云:"先生为吾乡之才人,在乾隆时名满大江南北,一时公卿咸折节交之,诗古文词皆斐然成一家,尤长于元人乐府,每有所制,梨园子弟辄争先丐之,吴中歌台舞院非先生之传奇不乐观也。"④反映了沈氏剧作在当时颇受梨园子弟青睐的事实。

《沈氏四种传奇》一直活跃在近代昆曲舞台上。《报恩缘》虽未见有具体演出活动记载,但联系沈起凤传奇在乾隆年间风靡一时的史实记载,自不难想见它在场上搬演时的艺术效果与反响。《续修四库全书总目》"《报恩缘》传奇"条云:"昔年梨园,此剧颇称盛唱,至近年来,始未见搬者耳。"⑤

《红楼梦传奇》谱成后,仲振奎亲教小童吹笛奏演,幽怨哀伤,令座中客潸然泪下,产生了动人的艺术效果。其自序云:"成之日,挑灯漉酒,呼短童吹玉笛调之,幽怨呜咽,座客有潸然沾襟者。起步中庭,寒月在天,四无人语,遥闻宿鸟随枝,飞鸣切切,而余亦颓然欲卧矣。"⑥该剧很快就搬上舞台,其友人许兆桂在《〈绛蘅秋〉序》中提及:"吾友仲云涧于衙斋暇日曾谱

---

① (清)袁枚:《翰林院编修、候补御史蒋公墓志铭》,载《小仓山房续文集》卷二十五,《小仓山房诗文集》,周本淳标校,上海古籍出版社 2009 年版,第 1700 页。

② 刘经庵:《中国纯文学史纲》,上海书店 1935 年版,第 281 页。

③ (清)小游仙客:《菊部群英》(不分卷),清同治十二年(1873)刻本。

④ (清)沈朗亭:《〈蕡渔杂著〉序》,载沈起凤《蕡渔杂著》卷首,清咸丰元年(1851)抄本,中国国家图书馆藏。

⑤ 《续修四库全书总目》(3),齐鲁书社 2001 年版,第 215 页。

⑥ (清)仲振奎:《〈红楼梦传奇〉序》,载《红楼梦传奇》卷首,清嘉庆二十四年(1819)绿云红雨山房刻本。

之,传其奇。壬戌(笔者按,嘉庆七年,1802)春,则淮阴使者,已命小部按拍于红氍上矣。"①

仲氏本演出后,反响甚佳,不少几成梨园演出定式。如黛玉葬花时服饰,"旦珠笠、云肩,荷花锄,锄上悬绣囊,手持帚上",戏场照依唯谨,几成定式。是以《续修四库全书总目》评云:"考谱红楼故事之传奇,约有数本。而以此本为最合于律,可被诸管弦。如第七出《葬花》、第十一出《扇笑》、第十四出《听雨》、第十五出《补裘》诸出。昔年梨园,颇称盛唱也。"②《集成曲谱》收录"葬花""扇笑""听雨""补裘"4出。

仲振奎的《红楼梦传奇》面世后引起了强烈的社会反响,其友人、曲家汤贻汾云:"吴越纸贵,时无不知有红豆村樵者。"③客观地分析,这固然要归因于仲氏个人的改编才能,但与小说《红楼梦》富有的艺术魅力也密不可分。《红楼梦》自乾隆五十六年(1791)刊刻行世,很快在全社会风靡开来。敏锐的曲家们立即将它搬上舞台,嘉道年间掀起了《红楼梦》改编热,出现了十数种红楼戏。吴克岐《忏玉楼丛书提要》云:"当时贵族豪门,每于灯红酒绿之余,令二八女郎歌舞于红氍毹上,以娱宾客。而《葬花》一出,尤为人倾倒。"④

仲振奎的《红楼梦传奇》可谓谱曲得风气之先,在十数种红楼改编戏中最脍炙人口,歌场中流行最广。最初在扬州上演,后传播至北京。道光间人杨掌生在《长安看花记》中云:"尝论红豆村樵之《红楼梦传奇》盛传于世。……故歌台惟仲云涧本,传习最多。"⑤日本青木正儿云:"乾隆间小说《红楼梦》出而盛传于世也,谱之于戏曲者数家,传于今者有三种,即仲云涧之《红楼梦传奇》、荆石山民之《红楼梦散套》、陈钟麟之《红楼梦传奇》是也。……而三种中,仲云涧之作,最脍炙人口,后日歌场中流行者即此本也。"⑥清末昆旦小桂林、徐小金宝曾在上海丹桂茶园排演过全本,至今仍较完整地保留了演出本的曲谱。

李斗声名藉甚,深受吴中梨园艺人欢迎,其剧本往往甫一脱稿,即被搬

① (清)许兆桂:《〈绛蘅秋〉序》,载阿英编《红楼梦戏曲集》,中华书局1978年版,第349页。
② 《续修四库全书总目》(3),齐鲁书社2001年版,第309页。
③ (清)汤贻汾:《〈云涧诗钞〉序》,载仲振奎《云涧诗钞》卷首,清嘉庆二十四年(1819)绿云红雨山房刻本。
④ 吴克岐:《忏玉楼丛书提要》,北京图书馆出版社2002年版,第341—342页。
⑤ (清)杨掌生:《长安看花记》,载张次溪编《清代燕都梨园史料》(上),中国戏剧出版社1988年版,第311页。
⑥ [日]青木正儿:《中国近世戏曲史》,中华书局1954年版,第469页。

上舞台。《岁星记》谱成后,李斗曾经亲自指导小伶演唱,且作示范表演。焦循《〈岁星记〉序》云:"艾塘此记成,旋付歌儿。较曲者以不合律,请改。艾塘曰:'令歌者来,吾口授之。'且唱且演,关白唱段,一一指示,各尽其妙。嗟呼! 论曲者每短《琵琶记》不谐于律,惜未经高氏亲授之耳。汤若士云:'不妨天下人拗折嗓子。'此诨语也,岂真拗折嗓子耶?"[1]堪与明代传奇大家汤显祖的"自掐檀板教小伶"的风流之举相媲美,委实是戏曲史上的又一段佳话。

嘉庆九年(1804)春,《岁星记》于扬州东园上演。应东园主人之邀,李斗观看了演出,并作有《东园观剧》诗,从中依稀可想见当时红氍毹上的搬演情形。其诗云:"主人开名园,氍毹张前轩。一启樊素口,歌我《春雪》篇。缓声时急绝,疾响故纤延。遂使齐心愿,真听通高言。兰炬烂委地,桂薪高烛天。嗟余素业人,何事吹藜烟。辍翰几席上,扬声粉黛间。握牍不斯须,教坊咸流传。画壁惊时髦,顾曲嗟前贤。庸音岂家法,杂体不足诠。此非布衣利,亦损有德言。漫尽终夜乐,曙色移新鲜。"[2]云伶人歌声时疾时缓,又迂回婉曲,显系用昆曲搬演;末句言东方曙色初现,表明演出已经进行了一宿。《岁星记》通本 24 出,由此可知,24 出的传奇戏班用一个通宵的时间来演出,这一观戏风习在乾嘉时期已经约定俗成。"辍翰几席上,扬声粉黛间。握牍不斯须,教坊咸流传"则是李斗自我夸言剧本很快便搬上舞台,在梨园中流传开来。

传奇《双鸳祠》谱成后,很快由广东绮春班搬演。仲振履偕友人何沛云、杨篠平、汪孟棠、戴锡纶等粉墨登场,与诸同僚一起客串演出。戴锡纶题词云:"按拍都将窠臼捐,一番豪竹一哀弦。何当老我偕诸俊,也向场中说可怜。"诗注云:"部内'木石老人'柘庵自谓,'庐江别驾'为何沛云,'关西榷使'为杨篠平,'平阳大令'为汪孟棠,'谯郡司马'则鄙人也,亦预其间,谓非厚幸。"[3]仲振履的这番"宰官现身"演出委实难能可贵。盖曲家当行者粉墨登场,在戏曲史上并不罕见,如关汉卿、李渔、李斗等都曾经厕身优伶间,客串表演,但大多是化身为剧中人,非以曲家本来面目登台。而《双鸳祠》系实事改编而成的时事剧,在嘉庆本中,仲氏偕友人以本我面目出现于舞台上,这可能是作家太偏爱这个题材,或为剧中人事感动,乃不惜以身言教,

---

① (清)焦循:《剧说》卷六注释 16,载《中国古典戏曲论著集成》(八),中国戏剧出版社 1982 年版,第 219 页。

② (清)李斗:《东园观剧》,载《永报堂集》卷七,清乾隆六十年(1795)至嘉庆刻本。

③ (清)戴锡纶:《〈双鸳祠〉题词》,载仲振履《双鸳祠》卷首,清末排印本。

化育世人。在清末排印本中,"点谱"出改成"神合",大概是出于演出或现实等因素的考虑。

《双鸳祠》中仲振履的"宰官现身"演出在当时引起轰动,凄楚感人,收到了"倚声度之,泣数行下"①的艺术效果。汪云任以一支【金缕曲】描摹了当时的演出情状,其词云:"笔底词澜起,写淋漓,许多懊恼,许多欢喜。此老掀髯高唱处,听者攒眉酸鼻。搜奇句,笔惊神鬼,风化人间,传万古,付梨园,一一调宫徵。表潜德,胜青史。 笙歌妙部夸新制,眼前人,忽登场上,大都是戏。唱到悲凉声欲绝,字字教人心碎。重勾惹,唏嘘往事。难得闺帏逢侠友,问论交,生死谈何易。座中客,感而涕。"②一时间岭南文人墨客纷纷题词赞誉,《双鸳祠》清末排印本题词者多达三四十人,足见该剧在当时影响非常广泛。

此外,扬州曲家的戏曲作品中虽未有搬演记载但仍见流传足迹的,还有《玉剑缘》。焦循《剧说》卷四评云:"又有《玉剑缘》者,亦有《弹词》一出。夫洪昉思袭元人《货郎旦》之【九转货郎儿】,其末云'名唤春郎身姓李',洪云'名唤龟年身姓李',至《玉剑缘》又云'名唤珠娘身姓李',生吞活剥,可称笑柄。近则有为《富贵神仙》者,竟至袭《玉剑缘》,与《梦钗缘》之袭《西厢》、《西楼》同,若此,又何必为之。"③按,《玉剑缘》第二十八出"弹词",写鲍六娘为戚太夫人弹唱《二十一史弹词》故事。《富贵神仙》为清中叶剧作家郑含成撰,现存清刻本及抄本。其抄本有乾隆三十五年(1770)作者自序。《玉剑缘》这么快就能为同时代作家所借鉴模仿,可见它绝非束之案头的孤本。类似的还有《怜春阁》,卷末青岳《跋》云:"乙未孟春,青岳获是书于扬州,乃红豆村樵原稿也。"④此剧作成,但原稿流佚坊间。

第四节 蒋士铨的《四弦秋》杂剧

据《清代杂剧全目》统计,清代杂剧作家有姓名可考者550余人,作品1300多种,留存下来的有1150余种。从数量看,超过元代10倍,明代近3倍。因此,清杂剧确乎是不容忽视的存在,它以灵活自由的南杂剧样式与元杂剧相媲美,与明清传奇同步发展,交相辉映。郑振铎曾高度评价清杂剧:

---

① (清)龚作肃:《读〈双鸳祠〉跋》,载仲振履《双鸳祠》卷首,清末排印本。
② (清)汪云任:《〈双鸳祠〉题词》,载仲振履《双鸳祠》卷首,清末排印本。
③ (清)焦循:《剧说》卷四,载《中国古典戏曲论著集成》(八),中国戏剧出版社1982年版,第170页。
④ (清)青岳:《〈怜春阁〉跋》,载仲振奎《怜春阁》卷末,清末抄本。

"风格、词采以及声律,并臻绝顶,为元、明所弗逮。"①蒋士铨因《四弦秋》杂剧跻身于清代众多杂剧作家行列,当仁不让地成为佼佼者。

被誉为"国朝曲家第一"的蒋士铨,不仅诗、词、古文皆佳,而且曲学成就斐然,传奇、杂剧诸体兼擅,一生所制杂剧9种。其中《四弦秋》创作于蒋士铨掌教扬州安定书院期间,为其赢得了极大的声名。郑振铎在对清杂剧进行历史分期时指出:"雍、乾之际,可谓全盛。桂馥、蒋士铨、杨潮观、曹锡黼、崔应阶、王文治、厉鹗、吴城,各有名篇,传诵海内。心余、笠湖、未谷尤称大家,可谓三杰。"②

《四弦秋》自问世以来,文人墨客纷纷题词称赞,好评如潮。近代曲家丁传靖在传奇《〈沧桑艳〉序》中感慨:"昔蒋清容就白傅《琵琶行》作《四弦秋》杂剧,至今流播艺林。梅村《圆圆曲》风格藻采远出《琵琶行》之上,而鄙作乃不逮《四弦秋》万一,何古今人之不相及也。"③近代曲家卢前颇为激赏,认为蒋氏诸作"当以《四弦秋》杂剧为第一"④。这些评价洵非过誉之词,《四弦秋》以其深沉悲郁的思想意蕴和卓越的艺术成就成为清代杂剧史上不可多得的佳作。

一、《四弦秋》的思想意蕴

白居易的《琵琶行》是一首极负盛名的长篇叙事诗,诗人与琵琶女相似的人生际遇所激发出深沉悲郁的人生沦落之感,赢得了后世文人的唏嘘感慨。唯因诗中叙事成分甚少,因此虽传诵不已,后世曲家谱成戏曲者不多。戏曲摹写人情,体贴物理,擅长反映复杂多变的社会生活,《琵琶行》单薄的故事情节缺乏戏剧的矛盾张力,令不少曲家望而却步。首涉这一题材的是元代杂剧作家马致远的《青衫泪》,却曲解了原诗题旨,敷衍成白居易与长安名伎裴兴奴之间因茶商刘一骗婚而聚合离散的故事。明代顾大典的传奇《青衫记》沿袭了马致远的杂剧路数,在敷衍白居易与裴兴奴的爱情基础上,又增添出裴氏与白妾樊素、小蛮之间的纠葛。两剧各自从杂剧、传奇的文体特性出发,套用了戏曲中常见的士子、妓女、商人三角恋爱的故事模式,将原诗本义世俗化了,尤其是后者格调庸劣,因此清代乾隆年间遭到了扬州大盐

① 郑振铎:《〈清人杂剧初集〉序》,载《中国文学研究》,人民文学出版社2000年版,第701页。

② 郑振铎:《〈清人杂剧初集〉序》,载《中国文学研究》,人民文学出版社2000年版,第701页。

③ (清)丁传靖:《〈沧桑艳〉序》,载蔡毅编著《中国古典戏曲序跋汇编》,齐鲁书社1989年版,第2556页。

④ 卢前:《明清戏曲史》,载《卢前曲学四种》,中华书局2006年版,第44页。

商江春的诟病。《四弦秋》正是应江春之请,时任扬州安定书院山长的蒋士铨重新编写之作。

《四弦秋》一名《青衫记》,作于乾隆三十七年(1772)晚秋。据蒋士铨自序云:"壬辰晚秋,鹤亭主人邀袁春圃观察、金棕亭教授及予,宴于秋声之馆。竹石萧瑟,酒半,鹤亭偶举白傅《琵琶行》,谓向有《青衫记》院本,以香山素狎此妓,乃于江州送客时,仍归于司马,践成前约。命意敷词,庸劣可鄙。同人以予粗知声韵,相属别撰一剧,当付伶人演习,用洗前陋。"①《四弦秋》摒弃了才子佳人戏的创作模式,借助南杂剧这种善于抒情表意的体裁样式,重新剪裁诗中本义,分篇列目,更杂引《唐书》元和九年、十年时政及《〈香山年谱〉自序》,排组成章。凭借蓄积于胸中的勃勃生气,蒋士铨借酒浇重重块垒,每夕挑灯填词一出,五日而毕,短短五天时间便创作了这一四折杂剧,其落笔之迅疾,才思之敏捷,自与蒋士铨对《琵琶行》这一题材的偏好密切关联。考察这部杂剧,不难发现,剧中洋溢着浓郁的失意情绪,曲家蒋士铨与诗人白居易、琵琶女之间惺惺相惜的意绪是相通的。

"同是天涯沦落人,相逢何必曾相识。"杂剧中弥漫的这种悲凉情绪缘于蒋士铨对现实人生的深沉感怀。蒋士铨少年时意气飞扬,一心兼济天下。他才情过人,名倾朝野,但仕途并不如意。"公车十载三磨折,才作青青竹上鲇。"②十载场屋困顿,终于蕊榜朝开,仕途荣显,却又"几许飞扬志,当官尽扫除"③,无奈壮岁辞官归里,这本是蒋士铨心中的隐痛。乾隆三十七年(1772),应两淮盐运使郑大进之聘,蒋士铨掌教扬州安定书院。山长的生涯是清寂的,教授士子之余,虽不乏金兆燕、袁枚、王文治等同道好友或诗酒唱酬,湖舫雅集,或登临山川名胜,吟咏情性,但蒋士铨素怀利济天下之心,并不甘心以经术文章名世④。寓扬期间所作的《五十初度漫成》一诗可谓斯时心境的写照。其一云:"昨非今是岂其然?转境虚云后胜前。一事无成由宿命,百年过半守吾天。文章报国谁能称?菽水承欢亦可怜。了彻彭殇齐得丧,壮心奇节等云烟。"其二云:"孩提回省最怆神,忽忽今成老大身。永夜书

---

① (清)蒋士铨:《〈四弦秋〉序》,载《蒋士铨戏曲集》,周妙中点校,中华书局1993年版,第185页。
② (清)蒋士铨:《登第日口号》,载《忠雅堂诗集》卷六,《忠雅堂集校笺》,邵海清校,李梦生笺,上海古籍出版社1993年版,第552页。
③ (清)蒋士铨:《寄辇云》,载《忠雅堂诗集》卷六,《忠雅堂集校笺》,邵海清校,李梦生笺,上海古籍出版社1993年版,第567页。
④ 蒋士铨之六十《述怀》诗云:"忆昔诵书史,耻与经生侔。苦怀经济心,学问潜操修。"(清)蒋士铨:《忠雅堂诗集》卷二十六,载《忠雅堂集校笺》,邵海清校,李梦生笺,上海古籍出版社1993年版,第1759页。

灯慈母泪,清时燕喜北堂人。儿孙但解寻欢笑,宾客何曾见苦辛。五十行年
一杯酒,暗中垂涕感兹辰。"①眼见韶华已逝,功业难成,蒋士铨苦闷的心情
由此可见一斑。其壮志难酬、怀才不遇的人生遭际与白居易如出一辙,因此
当蒋士铨捡拾《琵琶行》诗句时,胸中郁积的苦闷与悲愤终于喷薄而出,其斑
斓才情外化于杂剧创作中,超越了普遍意义的世俗情性,从而赢得了古今才
人的声气相应。

蒋士铨另辟蹊径,通过琵琶女的哀诉,寄寓了诗人白居易才高命蹇的悲
愤,为题材的出新别开洞天。《四弦秋》中没有尖锐对立的矛盾冲突,但全剧
激荡着一种抑郁沉痛、磊块不平之气,这与曲家蒋士铨本人是息息相通的。
整部作品并不以情节的整一性追求为创作目的,而是倾力于抒发悲愤意绪,
因此戏剧的情感结构主导了全剧,情节既而降至次要的地位,情节的简化为
抒情的畅意留出了广阔的空间。

第一出"茶别"由"商人重利轻别离,前月浮梁买茶去"两诗句敷衍而成。
蒋士铨设置了谷雨前琵琶女夫妇浔阳江头分别的戏剧场景,以花退红的痴
心多情与吴名世的重利寡情形成鲜明对比,点出花退红所遇非人、孤独寂寞
的婚姻生活。花退红是长安名伎,年华老去后嫁为江西茶商吴名世妇,泛舟
浔阳江上。她以为"嫁了个多财婿,寡情爷,便做道恩爱差些,休得要恁离
别",因此闻说吴名世又将外出贩茶,不免以柔情劝阻,"春光明媚,正好夫妻
厮守。几贯钱钞,值得甚的来"。吴名世答以"钱财重于性命",执意要外出,
她只好自叹"命注定影单形孑",同时规劝他"为你中年的人,也要养息些
儿","客中情绪也要调停"②,这些言辞体现了她的殷殷嘱托之情。然而吴
名世是薄情之人,"钱财重于性命""买卖事大,顾你不得""其实在外受用"
"沿途口岸,都有旧交姊妹,颇不寂寞"等语,辜负了花退红的满腔柔情,令她
情不自禁地发出了"生世不谐,配此俗物"的怨嗟。蒋士铨没有在琵琶女夫
妇间的矛盾上花太多笔墨,而着重揭示他们平静的生活表象下深刻的内心
分歧,从而突出琵琶女难以诉言的孤寂。这份孤寂,"同是天涯沦落人"的
"远谪官人,孤栖荡妇"一般无二,曲家蒋士铨与诗人白居易感同身受,即所
谓"回忆酒阑歌散,何异热官迁谪,冷署萧条也"③。戏中蒋士铨又精心安排

① (清)蒋士铨:《五十初度漫成》,载《忠雅堂诗集》卷二十二,《忠雅堂集校笺》,邵海清校,李梦生
笺,上海古籍出版社1993年版,第1428—1429页。
② (清)蒋士铨:《四弦秋》第一出"茶别",载《蒋士铨戏曲集》,周妙中点校,中华书局1993年版,第
194—195页。
③ (清)蒋士铨:《四弦秋》第一出"茶别",载《蒋士铨戏曲集》,周妙中点校,中华书局1993年版,第
197页。

了茶商乌子虚这一角色,从他口中道出花退红之弟、姨娘及曹、穆二师父皆亡故等事实,令花退红感伤唏嘘不已,为后面的"秋梦"出埋下了伏笔。

第二出"改官"为白居易遭受贬谪事张本,蒋士铨选取并设计了渭桥邮亭送别这一特定场景:唐宰相武元衡被人刺死,白居易急忙上疏捕贼,因越位奏本而被贬江州,临行之际,好友薛存诚置酒钱行。白居易被贬谪之事经由他人口中道出,显众口一词,愤然不平。全场终结时,兵将们锁押二盗绕场,并唱出:"让焦头烂额戴乌纱,他贤名在天下,贤名在天下。"薛存诚喟然叹息:"咳!方今有道之世,尚且如此,难怪六朝扰攘时,贤人把臂入林也。"①这种强烈的愤慨之言,既是曲中人物为白居易受排挤倾轧、仕途险恶而发,也是曲家蒋士铨借酒浇心中块垒,有感而发。乾隆二十九年(1764),蒋士铨因得罪权贵,乞归养母,壮岁辞官南下。之后辗转出任绍兴、杭州、扬州等地书院山长,其间虽有金兆燕、袁枚、王文治等好友时相过从,诗酒唱和,但他"身在江湖,志存廊庙",殷殷用世之心未丝毫减少,和近千年前"恋阙思明主,问何年再入东华"的失意诗人白居易是惺惺相惜的。

第三出"秋梦"写秋夜浔阳江上,花退红倦倚船头,闷闷睡去。梦见昔日姨娘及长安众豪富子弟过访,正饮酒欢情时,一阵金戈铁马声中众人隐去,其兄弟执盾而过,曹、穆两位师父忽然出现,花退红对其诉说心中怨愁。醒后,方知为南柯一梦。蒋士铨将花退红的昔荣今衰的遭际对比,通过梦境的方式呈现出来,赋予杂剧以强烈的情感震撼力,也为下出"送客"中花退红的琵琶弹奏蓄足情势。

第四出"送客"是全剧的高潮。"浔阳江头夜送客,枫叶荻花秋瑟瑟",以白居易原诗句为上场诗,一下子把观众带入了《琵琶行》秋意瑟瑟、黯然销魂的送别氛围中。在"似人语凄凉"的琵琶声中,花退红声泪俱下的悲诉唤起了白居易"同一样天涯愁怠"的内心隐痛,从而放声大哭:"看江山不改人相代,叹儿女收场一样哀,……教那普天下不得意的人儿泪同洒。"②在这里,曲家蒋士铨与诗人白居易同借花退红之琵琶,弹奏出心中郁积的块垒,真可谓千古才人,同声一哭。前三出蕴蓄的情势在此喷薄而出,得到了强烈的宣泄,既而又戛然而止,借琵琶之声,寄极哀感之思,调促音长,缠绵欲绝,令人唏嘘不已。全剧在孤寂清冷的气氛中进入尾声,给人以"余音绕梁,三日不绝"之感。

---

① (清)蒋士铨:《四弦秋》第二出"改官",载《蒋士铨戏曲集》,周妙中点校,中华书局1993年版,第199、201页。

② (清)蒋士铨:《四弦秋》第四出"送客",载《蒋士铨戏曲集》,周妙中点校,中华书局1993年版,第208页。

二、《四弦秋》的艺术特色

蒋士铨曾历任武英殿、续文献通考、国史馆等纂修,向来以史官自命,推崇董狐实录精神,宣称"安肯轻提南董笔,替人儿女写相思"。他的诗歌成就很高,与袁枚、赵翼并称"乾隆三大家"。正因为蒋士铨集史官学识、诗人才情于一身,所以他能够在改编过程中对白居易《琵琶行》原诗本义进行准确的解读,并别具匠心地采用了南杂剧这一艺术样式来敷演。南杂剧兼采元杂剧与明清传奇之长,不仅在篇幅体制上弥补了元杂剧容量单薄的弊病,还采用南北合套等形式,大大增强了其抒情表意功能。历经明清两代曲家的改造与创新,南杂剧在主体情志的抒发上达到了中国戏曲的顶峰。这一审美情趣肇端于元杂剧大家马致远、白朴的笔下,《汉宫秋》第三折"题像"与《梧桐雨》第四折"闻铃",其意象的优美,词采的斐然,历来为后世文人啧啧称道。发展至清初,吴梅的《通天台》、王夫之的《谢小娥》等杂剧,剧作的情感容量与深度均不依赖于故事线索或人物性格,而是通过场面之间的并列组合去凸显。《四弦秋》集上述诸家之大成,可谓清代杂剧中的翘楚。

《四弦秋》遵循元杂剧四折之体制,情节紧凑,结构严谨。蒋士铨着意抉发《琵琶行》"同是天涯沦落人,相逢何必曾相识"这一诗义题旨,运用骚情史笔,通过失意情绪宣泄的强化与悲凉落寞的戏剧氛围的营造,使得全剧贯注着磊落不平、悲郁深沉之气。剧中白居易、花退红的这种失意落寞之气贯串始终,推动着剧情的发展,抒发了跨越时空的悲情,让千古才人同悲愤,令观众唏嘘不已。这正是该剧取得成功的关键所在。

此外,剧中人物情感的表达与曲牌曲调的风格和谐一致。南北曲在调性、表现力上各有所长,明代徐渭对此有过精辟的分析:"听北曲使人神气鹰扬,毛发洒淅,足以作人勇往之志,信胡人之善于鼓怒也,所谓'其声嘹杀以立怨'是已;南曲则纡徐绵眇,流丽婉转,使人飘飘然丧其所守而不自觉,信南方之柔媚也,所谓'亡国之音哀以思'是已。"[①]蒋士铨精通曲律,在《四弦秋》中采用了南北合套的形式,恰当地设定了人物的情感基调。花退红人生遭际跌宕,所适非人,其情感哀怨激越,故而采用北曲来演唱。第一出"茶别",小旦唱【北黄钟宫】北曲一套,其他角色如众茶客、吴名世则唱南曲【画眉序】套曲。【画眉序】擅长表现欢乐之情,这样一哀一喜从曲调上形成鲜明对比,通过曲牌声情的对比变化来映衬花退红的落寞凄清。第四出"送客",

---

① （明）徐渭:《南词叙录》,载《中国古典戏曲论著集成》(三),中国戏剧出版社1982年版,第245页。

蒋士铨采用了南北合套这一样式,可谓曲曲蕴蓄着深沉的激愤与感慨。随着声情激越的琵琶弹拨,花退红用激越跌宕的北曲唱出了心中郁积的怨愤,白居易则用流丽婉转的南曲来演唱,着力表现其卓尔不群的才情和怨而不怒的情感。南北不同曲牌声情上的强烈对比,鲜明地构成了杂剧《四弦秋》的艺术张力。

《四弦秋》的诗化语言素来为人们所称道。蒋士铨的诗歌造诣很高,在《四弦秋》中,他以诗人才情作剧,用诗化的戏剧语言把乐伎花退红丰富的内心情感揭示得淋漓尽致,可惜可悯。其曲词既诗意盎然,又语肖其人,文采飞扬,读来令人口齿噙香。近代曲家卢前尤对第三出"秋梦"的曲词赞赏不已。如:

> 【越调引子·霜天晓角】空船自守,别恨年年有。最苦寒江似酒,将人醉过深秋。
>
> 【小桃红】曾记得一江春水向东流,忽忽的伤春后也。我去来江边,怎比他闺中少妇不知愁。才眼底,又在心头。捱不过夜潮生暮帆收。雁声来,趁着虫声逗也。靠牙樯,数遍更筹。难道是我教他,教他去觅封侯。[①]

在这里,蒋士铨巧妙地化用诗词入曲,浑然天成,不着痕迹。【越调引子·霜天晓角】中的"空船自守",【小桃红】中的"我去来江边"化用了《琵琶行》的原诗句"去来江口守空船"。【小桃红】"一江春水向东流"出自南唐词人李煜《虞美人》词中的"恰似一江春水向东流"句,随手拈来,自然熨帖。此外,如"闺中少妇不知愁""教他去觅封侯"直接化用了盛唐诗人王昌龄《闺怨》诗;"才眼底,又在心头"出自李清照《一剪梅》词"此情无计可消除,才下眉头,却上心头";"靠牙樯,数遍更筹"则反用辛弃疾《水调歌头·和马叔度游月波楼》中"西楼著意吟赏,何必问更筹"的词意。该曲情景交融地展现了花退红年华老去、寄身江船、独守长夜的凄清与落寞。又如:

> 【黑麻令】抛撒下青楼翠楼,便飘零江州外州,诉不尽新愁旧愁。做了个半老佳人,厢守定芦洲荻洲。浑不是花柔柳柔,结果在渔舟钓舟。

---

① (清)蒋士铨:《四弦秋》第三出"秋梦",载《蒋士铨戏曲集》,周妙中点校,中华书局1993年版,第201—202页。

剩当时一面琵琶,断送了红妆白头。①

巧妙地运用了韵字双声,以繁音促节的方式,透露了花退红心绪由忧而怨的急切转化,哀婉之余更加撼人心魄。蒋士铨不但用婉约细腻的笔触描摹出花退红内心的孤寂落寞,更以诗词化的语言营造出一种凄清哀怨的戏剧氛围。

《四弦秋》立意深得白居易《琵琶行》原诗神韵,其文辞典雅优美,描情摹态传神逼真,因此颇受时人赞誉。由剧前题词可知,当时题咏的文士名流多达 14 人。盐商江春称它"征引不出本事,而闺房婉转,迁客羁愁,描摹镂刻,一一曲尽其妙"②。梁廷枏《曲话》卷三云:"《四弦秋》因《青衫记》之陋,特创新编,顺次成章,不加渲染,而情词凄切,言足感人,几令读者尽如江州司马之泪湿青衫也。"③其音律谨严,成为后世曲家"按谱填词"的范本。嘉庆时曲家陆继辂《洞庭缘》第八出"遇猎"即仿照《四弦秋》谱词,周贻白先生评其所使用之南北合套为"全剧冠冕",而"其文词似学藏园,此套纯本《四弦秋》《送客》【折桂令】及【雁儿落带得胜令】,遣词尤肖似之"④。

三、《四弦秋》的演出情况

《四弦秋》如实传达了白居易《琵琶行》诗中那种深沉激越的失意悲郁情感,引起历代文人的强烈共鸣,因此数百年来在舞台上盛演不衰,显示出旺盛的艺术生命力。

乾隆三十七年(1772)秋,《四弦秋》甫一脱稿,盐商江春便命家乐德音班在秋声馆中搬演,会聚了当时的名流观赏,"则观者辄唏嘘太息,悲不自胜,殆人人如司马青衫矣"⑤,获得了催人泪下的艺术效果。嘉庆三年(1798)诗人汪剑潭在扬州晤面琵琶名手朱葵江,作诗追忆当时的演出情景:"檀槽声里忆江州,何事关心白傅愁。蒋诩径通江令宅,春灯同听《四弦秋》。"其诗下自注曰:"乾隆甲午之岁,蒋心畬侍御在扬谱《四弦秋》曲,余与葵江尝至江鹤亭方伯秋声馆观剧。"⑥按:汪剑潭此处误记为乾隆甲午三十九年(1774),《明清

---

① (清)蒋士铨:《四弦秋》第三出"秋梦",载《蒋士铨戏曲集》,周妙中点校,中华书局 1993 年版,第204 页。
② (清)江春:《〈四弦秋〉序》,载蒋士铨《蒋士铨戏曲集》,周妙中点校,中华书局 1993 年版,第 187页。
③ (清)梁廷枏:《曲话》卷三,载《中国古典戏曲论著集成》(八),中国戏剧出版社 1982 年版,第 273 页。
④ 周贻白:《周贻白戏剧论文选》,湖南人民出版社 1982 年版,第 347 页。
⑤ (清)江春:《〈四弦秋〉序》,载蒋士铨《蒋士铨戏曲集》,周妙中点校,中华书局 1993 年版,第 187 页。
⑥ (清)汪端光:《春夜同阮梅叔明经饮康山草堂,逢朱葵江弹琵琶感赠五绝句》,载黄锡麒《蔗根集》卷一,清道光十六年(1836)清美堂刊本。

江苏文人年表》据此将《四弦秋》杂剧的演出时间系于甲午年下,误。

此后,《四弦秋》多次由德音班搬演,其中两次有文献记载可佐证。一次是乾隆三十八年(1773)五月,昆曲名伶惠郎扮演花退红,其响遏行云、宛如天籁的行腔赢得了袁枚、金兆燕等名流的赞誉。袁枚观戏后即席赋诗云:

> 白门游子醉华筵,五月邗江细雨天。难得风人招酒士,万花丛里小游仙。
>
> 梨园人唤大排当,流管清丝韵最长。刚试翰林新制曲,依稀商女唱浔阳。苕生太史新制《秋江》一阕,演白司马故事。
>
> 惠郎娇小影伶俜,呖呖歌喉隔画屏。好似流莺啭高树,不教人近只教听。
>
> 云鬟婀娜绣裙斜,素手弹筝客不哗。一个吴娘风调好,当他二十四桥花。
>
> ……
>
> 回首青山隔暮潮,一双兰桨送归桡。班班衣上香痕满,都是扬州酒未消。①

对惠郎高超的演唱技艺作了高度赞赏。曲家金兆燕也即席作诗酬和:"惠郎中酒眼波斜,一曲清歌过众哗。安得将身作么凤,香丛长伴刺桐花。"②末两句由衷地表示了对惠郎及其艺术的喜爱之情。另一次是在乾隆四十三年(1778)六月。54 岁的蒋士铨因感高宗垂念而复出,北上途经扬州,至江春康山草堂观演了自制的《四弦秋》后,作诗云:"绮筵重听《四弦秋》,一夜尊前尽白头。何必官人皆失意?欢场各有泪难收。""能传幽怨写琵琶,来自东皋太守家。唱到空船秋梦后,满堂清泪滴胡笳。"③6 年后再次观赏,依然满座宾客泪湿青衫,令曲家本人感慨万端,足见《四弦秋》强烈感人的艺术魅力。

此外,乾隆年间蒋士铨的好友、曲家王梦楼家乐也搬演过《四弦秋》。吴梅《瞿安读曲记》记载:"时丹徒王梦楼精音律,家有伎乐。即据以付梨园,一

---

① (清)袁枚:《扬州秋声馆即事寄江鹤亭方伯兼简汪献西》,载《小仓山房诗文集》卷二十三,周本淳标校,上海古籍出版社 2009 年版,第 554 页。

② (清)金兆燕:《康山宴集次袁简斋太史韵八首》,载《棕亭诗钞》卷十三,《续修四库全书》集部 1442,上海古籍出版社 2002 年版,第 211 页。

③ (清)蒋士铨:《康山草堂观剧》,载《忠雅堂诗集》卷二十四,《忠雅堂集校笺》,邵海清校,李梦生笺,上海古籍出版社 1993 年版,第 1569 页。

时交口称之。故《纳书楹谱》尚存《送客》一出也。"①《四弦秋》杂剧经江春德音班真情演绎后,北上传入京城。从此在大江南北红氍毹上盛演不衰,直至道光年间还是京城各戏班常演的剧目。道光十五年(1835),阳湖周仪暐自北京南还,作十诗记京城中杂事,其中提及《四弦秋》在京盛演的情况。其诗云:"歌场齐唱《四弦秋》,读曲词人尽白头。但是花前能对酒,弹章犹得比江州。"自注云:"都中一时竞演蒋铅山乐府,适潘红茶方伯以诗酒被劾,自滇南入都。"②其风靡京城曲坛之盛况由此可见一斑。

考察其盛演不衰之原因,陆萼庭以为,"这或许是北京为士大夫集中的都城,宦海升沉,人情冷暖,变幻莫测,正像《四弦秋》尾声所唱'普天下不得意的人儿泪同洒',因而容易引起共鸣吧"③。也正因为此,《四弦秋》的观赏人群集中于文人墨客这一特殊群体,更多地引起他们的感慨与赞赏,不时有诗文题咏。如晚清诗人黄燮清听歌者蝶云演《四弦秋·送客》一剧后,作有《梦横塘》词,其词云:"黛眉频翠,玉指弦冰,少年心事愁忆。感遇悲秋,借四柱、流泉幽抑。酒晕难留,梦痕无据,可怜今昔。看登场掩袂,忽忽心伤,伤心处、谁知得。　　风尘我亦天涯,叹韶华易换,素鬟催得。信美婵娟,空点染、楚词颜色。但秋水、江湖照影,芳草年年寄兰泽。九派浔阳,泪珠多少,到今朝犹滴。"④依然激起诗人强烈的情感共鸣,唏嘘感慨不已。

同治、光绪年间,《四弦秋》仍被京城各戏班争相搬演,成为各名角的拿手剧目。景和部名伶余紫云擅演花退红,以情韵取胜。《评花新谱》云:"景和余紫云,字研芬,淮阴人。年十五,隶四喜部。娉娉袅袅,锦瑟身材。当其叠湘裙、曳罗袖,横波乜视,窄步轻移,飘飘然如红蕖之出渌水。娴丝竹,尤善琵琶。其演《四弦秋》也,翠销红泣,韵自情来,正不徒江上余音,青衫泪湿矣。"⑤此外,《四弦秋》还被改编移植成京剧《琵琶行》,由名伶孙怡云、新艳秋演出。《续修四库全书总目提要》云:"其'送客'出,最称盛唱。"⑥时至今日,昆曲舞台上还偶有上演。

---

① 吴梅:《瞿安读曲记·四弦秋》,载王卫民编《吴梅戏曲论文集》,中国戏剧出版社 1983 年版,第 451 页。

② (清)周仪暐:《夫椒山馆诗集》卷三,清道光二十七年(1847)刻本。

③ 陆萼庭:《江春与扬州剧坛》,载《清代戏曲家丛考》,学林出版社 1995 年版,第 240 页。

④ (清)黄燮清:《梦横塘·听歌者蝶云演〈四弦秋·送客〉一剧》,载《倚晴楼诗余》卷四,清同治六年(1867)刻本。

⑤ (清)艺兰生:《评花新谱》,载张次溪编《清代燕都梨园史料》(上),中国戏剧出版社 1988 年版,第 462 页。

⑥ 《续修四库全书总目提要》集部,中华书局 1993 年版,第 287 页。

第五章　扬州曲家的戏曲理论贡献(上)

清中叶扬州曲坛演出的非凡盛况,既带来了传奇创作的繁盛,又推动了戏曲理论的发展。扬州曲坛荟萃了当时戏曲理论界的精英,他们大多具备坚实的学术根基,又有深厚的戏曲理论素养,因此其戏曲理论呈现出迥异于前人的学术品格,具有浓郁的地域特色。在戏曲创作实践的推动下,出现了引人注目的理论形态的拓展。蒋士铨倡导以史家笔墨作剧,带动了当时及之后的曲坛创作风气的转移。金兆燕、沈起凤等曲家对历史剧创作的"虚""实"关系的探讨,李斗对戏曲的特征和表导演艺术的论述,尤其是焦循对戏曲文化学的阐发,达到前所未有的广度和深度。

第一节　扬州曲家的戏曲理论著述

扬州曲家理论著述形态丰富多样,不拘一格,其中有专著、序跋、凡例、题诗、书信、评点等多种形式,精彩迭见。

一、专著

(一)《曲海目》

《曲海目》,又称《曲海总目》,黄文旸著,约成书于乾隆四十六年(1781),是中国戏曲史上第一部专门编纂的综合性戏曲目录。它按体裁、朝代划分成"元人杂剧""元人传奇""明人杂剧""国朝杂剧""明人传奇""国朝传奇"等六大类,先列有名氏作家作品,再列无名氏作家作品,共著录剧目1013种。《曲海目》盘点记录了截至乾隆中期元明清三代戏曲的存佚情况,颇具文献价值。

《曲海目》原书已佚,主要保存在李斗《扬州画舫录》卷五中,现存版本有:

1.清乾隆六十年(1795)自然庵藏本版初刻本;

2.《永报堂集》本;

3.清道光十九年(1839)自然庵刻本;

4.清同治重刻本；

5.《申报馆丛书》本；

6.1960 年中华书局汪北平、涂雨公校点本；

7.1984 年江苏广陵古籍刻印社周光培校点本；

8.2001 年山东友谊出版社周春东校注本；

9.2001 年学苑出版社王军校注本。

（二）《扬州画舫录》

《扬州画舫录》，李斗著，成书于乾隆六十年（1795）。本书系作者居扬期间，根据见闻积 30 多年时间写成。依《水经注》体例，以当时扬州城市区域的划分，分别记载了山川形胜、运河沿革、社会经济、文坛艺苑、园林寺观、文物古迹和民俗风情等。卷五"新城北录下"记录了乾隆时期扬州一郡的戏曲活动情况。其中叙录了扬州花雅两部的设置、班社组织与师承流派关系、梨园脚色体制，以及弋阳腔、罗罗腔、二黄调等地方剧种传入扬州和各剧种的流变情况，评述了花、雅两部名伶的生平事迹和表演艺术。还著录了戏曲场面规模、乐器名称和演奏方法、江湖行头的组合、衣箱戏具的名称等。是研究花雅之争的重要史料，向为治曲家瞩目。

《扬州画舫录》的版本，现存有：

1.清乾隆六十年（1795）自然庵藏本版初刻本；

2.《永报堂集》本；

3.清道光十九年（1839）自然庵刻本；

4.清同治重刻本；

5.《申报馆丛书》本；

6.1960 年中华书局汪北平、涂雨公校点本；

7.1984 年江苏广陵古籍刻印社周光培校点本；

8.2001 年山东友谊出版社周春东校注本；

9.2001 年学苑出版社王军校注本。

（三）《燕乐考原》

《燕乐考原》，凌廷堪著，成书于嘉庆九年（1804）。该书系作者研究隋唐燕乐乐律理论的来源及其宫调体系的戏曲音乐专著，共 6 卷。它初步厘清了燕乐的性质和来源；指出燕乐是不同于中国古乐的另一系统，故用传统之宫调理论来描述，会造成混乱；首次将自宋至元的燕乐曲子按宫调进行了仔细的梳理。

《燕乐考原》现存版本有：

1.《校礼堂文集》嘉庆刻本；

2.《粤雅堂丛书》本；

3.安徽丛书本；

4.民国二十六年(1937)商务印书馆出版排印本。

(四)《剧说》

《剧说》，焦循著，成书于嘉庆十年(1805)。该书广泛地搜集了自唐、宋以来散见于各种书籍里前人有关论曲、论剧之评述及各种曲话，夹以作者本人的考证和心得而成。全书共 6 卷。卷一论曲源本末，卷二、三、四杂考作者逸闻佚事、作品本事出处，卷五、六记载演剧逸事。引书达 166 种之多，其中有不少罕见的珍本，颇为治曲者重视。

《剧说》现存版本有：

1.焦氏手稿本；

2.《诵芬室丛刊》本；

3.《曲苑》本；

4.《重订曲苑》本；

5.《增补曲苑》本；

6.1957 年古典文学出版社《中国文学参考资料小丛书》本；

7.1968 年台北《中华古籍丛刊》本；

8.1968 年台北《国学基本丛书四百种》本；

9.1971 年台北《国学名著珍本汇刊》本；

10.1982 年中国戏剧出版社《中国古典戏曲论著集成》本；

11.《续修四库全书》集部 1758—1759；

12.2008 年广陵书社韦明铧点校本《焦循论曲三种》。

(五)《易余曲录》

《易余曲录》，焦循著，成书于嘉庆二十四年(1819)。作者研治易学之余，晚年整理而成读书笔记——《易余籥录》，其中论及古代戏曲史、戏曲作家、作品等约 20 则，主要集中于卷十五和卷十七。近代曲家任讷将它录出，独立成书，名《易余曲录》。

现存版本有：

1.木犀轩丛书本；

2.《丛书集成续编》卷二十九；

3.《新曲苑》第 21 种,1940 年中华书局排印本;

4.2008 年广陵书社韦明铧点校本《焦循论曲三种》。

(六)《花部农谭》

《花部农谭》,焦循著,成书于嘉庆二十四年(1819)。1 卷。该书对乾隆年间流行于扬州城乡的 10 部花部戏剧目的本事进行了考证,间予评论,并就花雅两部比较得失,指出花部戏别具动人的艺术魅力。

现存版本有:

1.焦氏手稿本;

2.《怀㔭杂俎》本;

3.《读曲丛刊》本;

4.《曲苑》本;

5.《增补曲苑》本;

6.1982 年中国戏剧出版社《中国古典戏曲论著集成》本;

7.《续修四库全书》集部 1759;

8.2004 年山东画报出版社邵明珍整理本;

9.2008 年广陵书社韦明铧点校本《焦循论曲三种》。

二、其他

(一)序跋、题词

1.蒋士铨《〈香祖楼〉自序》;

2.蒋士铨《〈珊瑚鞭〉序》;

3.金兆燕《〈三凤缘传奇〉题词》。

(二)凡例

1.金兆燕、卢见曾《〈旗亭记〉凡例》;

2.李斗《〈奇酸记〉凡例》;

3.李斗《〈岁星记〉凡例》。

(三)题诗

凌廷堪《论曲绝句三十二首》。

(四)书信

1.沈起凤《覆宫保曹竹虚札》;

2.凌廷堪《与程时斋论曲书》。

(五)评点

　　1.卢见曾《旗亭记》评点①；

　　2.李斗《岁星记》评点；

　　3.李斗《奇酸记》评点②；

　　4.仲振奎《琵琶侠》评点；

　　5.仲振奎《昙花梦》评点。

　　综上所述,扬州曲家的古典戏曲理论著述形态多样,内容丰富。其中,戏曲专著有 6 部,序跋有 2 种,题词 1 种,另外还有散见于凡例、题诗、书信、评点中的各种戏曲见解。这充分显示了扬州曲家群是一个有着深厚理论素养的曲家群体。

第二节　扬州曲家的戏曲本体论

　　戏曲来自民间,因此从诞生日起,其社会地位和价值功能就颇受争议。或讥其为不登大雅之堂的小道末技,无足轻重;或认为其有助于"经国大业"之补充,起风化育人的作用。这两种声音在封建士大夫中同时存在,即使在最开明的曲家身上也可以找出其矛盾性。就总体而言,伴随中国戏曲史的发展历程,小道末技说与戏曲风化论始终纠结着,难以判分。

　　元末明初高明在《琵琶记》中标举"不关风化体,纵好也枉然",戏曲风化论始肇其端,《伍伦全备记》作者以戏曲人物解说封建伦理道德,把它推向极致。此后,明清两代曲家对此皆有阐发,在曲坛掀起了一股陈腐之气。降至晚明,受王阳明心学思潮的冲击和汤显祖言情戏曲理论的影响,曲家纷纷标举"真情"旗帜,创作了大批言情作品,风化论受到了猛烈的冲击,但始终不绝如缕。比如,有感于戏曲长期沦落为"小道"之一体、曲体不尊的现实,曲家祁彪佳在《〈孟子塞五种曲〉序》中说:"特后世为曲者,多处于宣邪导淫,为正教者少,故学士大夫遂有讳曲而不道者。且其为辞也,可演之台上,不可

---

① 《旗亭记》评点者应为卢见曾,具体考证详见第二章第三节。

② 明光在《李斗戏曲创作与理论》(刊载于《扬州职业大学学报》2003 年第 3 期)一文中提出:"笔者认为,苎樵山长和防风馆客的身份不是剧作者的密友即为自托,否则不会如此口气、如此吹嘘,而防风馆客很有可能就是李斗。李斗参修盐法志,曾'卧病盐法志馆久矣',后有医生以'防风(药名)粥进之,得生,遂以(防风)颜馆中所居之室',因此其诗集亦名《防风馆诗》,自署防风馆客正是顺理成章之事。果如此,该剧评就是李斗的创作谈,也是研究李斗戏曲理论的极好资料,姑存疑。"

置之案头,故谭文家言有谓词不如诗,而曲不如词者。此皆不善为曲者之过,而非曲之咎也。"①换言之,他认为戏曲不被重视,不为人所尊的两大原因之一,是宣邪导淫,有俾风教者少,因此主张戏曲要彰举风化。

明清之际王朝更替带来的天翻地覆的社会变更,使得一些遗民曲家反思明中后期泛情思潮的弊端,道德回归的呼声越来越强烈,以李玉为首的苏州派曲家标举封建道德以图挽救江河日下的世风。不过,随着康乾盛世的到来,晚明士大夫偏嗜的以文人学士、儿女风情为描写对象的传奇作品又纷纷涌现,所谓"传奇十部九相思",流于对风花雪月、才子佳人传奇俗套的花样翻新。

扬州曲家大多秉持风人之旨的传统观念,对这一创作现象极为不满。朱夰在《玉尺楼》首出"提纲"中"世降人心堪痛悼,填词半是宣淫料。更有传奇传最躁。胡厮闹,满堂神鬼争喧跳"②云云,就是对当时弥漫曲坛的相思俗艳之风气,以及舞台上普遍存在的神鬼满堂现象,表示了痛心疾首的批判。焦循在比较花、雅两部之优劣后,指出雅部"其《琵琶》、《杀狗》、《邯郸梦》、《一捧雪》十数本外,多男女猥亵,如《西楼》、《红梨》之类,殊无足观";"盖《西厢》男女猥亵,为大雅所不欲观"③。清中叶扬州盐商竞尚奢利,纵情声色,世风浮靡,委实令扬州曲家们痛心不已,与此同时,"其事多忠孝节义,足以动人"的花部戏在民间的流行,客观上使得他们重新审视戏曲的功能价值,因此力矫流俗之弊,重倡风化论,对清中叶曲坛产生了极大的影响。

艺术趣味与爱好的相似,使扬州曲家对戏曲的价值取向趋同。以金兆燕、卢见曾和蒋士铨为例。《〈旗亭记〉凡例》云:"填词虽云末技,实能为古人重开生面,阐扬忠孝,义寓劝惩,乃为可贵。若夫以庐墓之中郎而蒙以弃亲之罪,是谓重诬古人。至于金闺弱女年未摽梅而怀春,以至于死,既葬又还魂焉。虽有黄绢幼妇之词,其能免于君子之讥乎?"④这段话明抑暗扬,在金兆燕、卢见曾看来,填词作曲虽是小道末技,难登大雅之堂,但若能阐扬古人忠孝节烈之事,意寓劝惩,那么就能使古人重新为人们认知。而《琵琶记》《牡丹亭》一则将古人事迹加以窜写,一写怀春少女为情而出生入死之事,虽然不乏绝妙词采,仍免不了为有识之士所讥讽。

---

① (明)祁彪佳:《〈孟子塞五种曲〉序》,载吴毓华编著《中国古代戏曲序跋集》,中国戏剧出版社1990年版,第290页。
② (清)朱夰:《玉尺楼》"提纲",清乾隆年间雅雨堂刻本。
③ (清)焦循:《花部农谭》,载《中国古典戏曲论著集成》(八),中国戏剧出版社1982年版,第225、231页。
④ (清)金兆燕、卢见曾:《〈旗亭记〉凡例》,载《旗亭记》卷首,清乾隆年间刻本。

扬州曲家中最具史官才识的蒋士铨则干脆明言传奇要"字存褒贬,意属劝惩"。乾隆四十三年(1778),他为友人胡业宏的传奇《珊瑚鞭》作序时指出:

> 原夫诗编乐府,事同古史之特书;曲变词家,声继遗音于协律。字存褒贬,凛直笔于阳秋;意属劝惩,等法言于象魏。矧文兼各体,综箴铭志传,互见剪裁;态合众情,极怒骂笑嬉,皆含美刺;羌抑郁与谁语,载笑载言;不得志者所为,或歌或哭。必待文章大手,乃能写万物之生;苟无仙佛灵光,难与拭千秋之鉴。第金元院本,陋习既多;而风月良家,名篇绝少。仅使参军、苍鹘,冒庸鄙之衣冠;艳豹孤狲,演淫邪之男女,遂令腐儒掉舌,斥文体为俳优;俗子效颦,扮戾家之把戏。岂但又词章之辱,实足伤楮墨之心巳。①

在蒋士铨看来,曲作为变体之一种,实自诗词转化而来,因此,与史书一样,戏曲寓皮里阳秋之义;且综合了箴、铭、志、传等诸多文体,其模拟搬演、嬉笑怒骂中皆含美刺功能。金元曲剧多为不在行之倡优所搬演,风月情多,英雄气少,村俗子弟又跟风而起,争相效颦,从而使得戏曲沦为体格卑微之俳优文体。这里他主要从"恶郑声之乱雅"的角度,对世俗化的金元杂剧以及儿女情多的明清传奇加以贬抑。

"安肯轻提南董笔,替人儿女写相思"②,蒋士铨针锋相对地提出了鲜明的创作主张,创制了一批教化气息甚浓的伦理剧。其流传至今的 16 种曲,主旨皆有关忠孝节烈思想,如《桂林霜》写清初广西巡抚马雄镇一家阖门尽节事;《冬青树》演南宋宰相文天祥为国尽忠事;《临川梦》则把晚明曲家汤显祖写成忠孝双全的封建完人;《一片石》《第二碑》《采樵图》三剧敷演明宁王妃娄氏的节烈事,以纪风化;《雪中人》则演清初铁丐吴六奇对查培继的知恩报恩事;《空谷香》《香祖楼》两剧皆记小妾贞烈事。在蒋士铨的影响下,乾隆年间曲坛"传奇十部九相思"之风涤荡殆尽,风气为之一变。吴梅对此甚为赞赏,以为"盖自藏园标下笔关风化之旨,而作者皆矜慎属稿,无青衿挑达之

---

① (清)蒋士铨:《〈珊瑚鞭〉序》,载隗芾、吴毓华编《古典戏曲美学资料集》,文化艺术出版社 1992 年版,第 364 页。

② (清)蒋士铨:《题〈愍烈记〉》,载《〈香祖楼〉自序》,《蒋士铨戏曲集》,周妙中点校,中华书局 1993 年版,第 541 页。

事，此是清代曲家之长处"①。这时期曲家大都以有助教化为创作准则，沈起凤、仲振履、焦循等皆是蒋士铨张帜之下的同调。

沈起凤虽然不循礼法、放诞任情，但在宣扬风化、拯救世风上不遗余力。其《谐铎》自嘲云："泥傀儡逢场作戏，也只与人同善。"②是以"有裨人心，无惭名教"③，"本恻怛慈悲之念，为嬉笑怒骂之文；借蛇神牛鬼之谈，寄警觉提撕之慨"④，从中可察其平生创作立意及主张。好友石蕴玉尝云："先生博极群书，若出其胸中所蓄蕴，作为文章，自可成一家之言。既不遇于时，则所有芬芳悱恻之言，一切寓诸乐府。俾世之观者可以感发善心，惩创逸志，虽谓其词有合乎兴观群怨之旨可也。"⑤考察沈氏现存戏曲作品，其现实寓意是不言而喻的。因此，沈起凤虽然没有明确标举风化的理论主张，但其传奇皆有俾风教，客观上产生了不错的艺术效果和社会反响。《谐铎》卷三"镜戏"按语云："犹记庚寅岁（乾隆三十五年，1770）养疴红芍山房，戏制《泥金带》传奇，为天下悍妇惩妒，演诸宋观察堂中。登场一唱，座中男子无不变色却走。盖悍妇之妒未惩，而懦夫之胆先落矣。"⑥从中可窥一斑。

仲振履长期出任地方官，深悉高台教化对民治的重要。作为封建官吏和正统文士，他本人亦主动承担道义。《（道光）泰州志》卷二十三记载："有前令某殁于官，遗二女已及笄，留滞不能归。振履养之如己女，经纪其父丧归，归二女于宦族。同官为之感涕。"⑦同样，他将广州别驾李亦珊妻蔡氏之死节事谱成传奇《双鸳祠》，搬演场上。首出标明"清时闺阁翻新样，崇大义擅名场"之创作宗旨，乃为"表扬节烈"之风化剧。因此仲振履可谓戏曲风化论的身体力行者。

在扬州曲家中，身为经学家的焦循不遗余力地鼓吹、褒扬风化。他在《剧说》中点评前人作品时，字里行间每每流露出对宣扬忠孝节义之风化剧的赞赏。卷四在引述《钗钏记》传奇本事后曰："此见《湖海搜奇》，乃《钗钏记》以阎为皇甫，以刘为韩，以许御史为李若水，转令本事姓氏不彰，每为之

---

① 吴梅：《中国戏曲概论》，载王卫民编《吴梅戏曲论文集》，中国戏剧出版社 1983 年版，第 185 页。

② （清）殷杰：《〈谐铎〉序》，载沈起凤《谐铎》，乔雨舟校点，人民文学出版社 2006 年版，第 191 页。

③ （清）韩藻：《〈谐铎〉序》，载沈起凤《谐铎》，乔雨舟校点，人民文学出版社 2006 年版，第 190 页。

④ （清）马惠：《〈谐铎〉跋》，载沈起凤《谐铎》，乔雨舟校点，人民文学出版社 2006 年版，第 194 页。

⑤ （清）石蕴玉：《〈沈氏四种传奇〉序》，载沈起凤《沈氏四种传奇》卷首，吴梅编《奢摩他室曲丛》，商务印书馆 1928 年版，第 2—3 页。

⑥ （清）沈起凤：《谐铎》卷三"镜戏"，乔雨舟校点，人民文学出版社 2006 年版，第 42 页。

⑦ （清）王有庆等修、陈世镕等纂：《（道光）泰州志》卷二十三"仕绩"，载《中国地方志集成·江苏府县志辑 50》，江苏古籍出版社 1991 年版，第 259 页。

憾。"①又如卷五云："冯梦龙删正之,序云:'奇如《灌园》,何可无传? 而传奇如世所传之《灌园》,则吾谓其无可传,且忧其终不传也。……自余加改窜,而忠、孝、志、节,种种具备,庶几有关风化而奇可传矣。'冯氏此言,可为传奇之式"②;"宫大用《范张鸡黍》第一折,乃一篇经史道德大论,抵多少宋人语录"③。显然其评价标准是从题材主旨入手。

对于那些节义未彰或者他认为彰举不尽的剧作,焦循甚至表露出要改作甚至续作的创作冲动。卷三云:"余尝阅《桯史》中望江二翁事,及《辍耕录》所载释怨结婚事,及此,思为三院本付之伶人,以宽鄙而敦厚。录二事于左,以待暇时获此愿也"④;"夏惺斋本此为《杏花村》,而以汪大受出生之罪为收场,亦传奇家之恒事也;乃于妇之节,转未克彰。予欲依此本事写之,而以其子作团圆收场,当更生雄快耳"⑤。正因为雅好闻忠孝节义之事,因此,他对"其事多忠孝节义"的花部戏宣称"乃余独好之"。

一代大儒焦循何以对正统士夫不愿齿及的戏曲青睐有加? 这要从他讲求阴阳平衡的哲学思想溯源。焦循曾经在给友人词集作跋时阐述自己对"情"的看法:

> 诗无性情,既亡之诗也。词无性情,既亡之词也。曲无性情,既亡之曲也。拾枯骨而被以文绣,张朽革而缋以丹青,且刺刺曰:吾恶夫人之有性情,但为此枯骨朽革,不亦灾怪矣乎?"三百篇"无非性情,所以可兴、可怨、可观、可群。至宋人始疑其淫奔也而删之,论词而欲舍《花间》《尊前》,不犹玉柏之徒欲举《桑中》《鹑奔》之篇,一举而去之乎? 有学究者,痛诋词不可作。余骇而问以故。曰:"专言情则道不足也。"余曰:"然则有道之士必不为词已乎?"曰:"然。"余因朗诵"碧云天,黄叶地"一首,而学究乃愀然背唾矣。余徐问曰:"范仲淹何人也?"曰:"有道之士也。"余乃告之曰:"此词正仲淹所作。"以刻本示之。呜乎,口不言钱者,其蕴利必深;口不言情者,其好色必甚。惟其能赋梅花,所以成广

---

① (清)焦循:《剧说》卷四,载《中国古典戏曲论著集成》(八),中国戏剧出版社 1982 年版,第 153 页。
② (清)焦循:《剧说》卷五,载《中国古典戏曲论著集成》(八),中国戏剧出版社 1982 年版,第 174—175 页。
③ (清)焦循:《剧说》卷五,载《中国古典戏曲论著集成》(八),中国戏剧出版社 1982 年版,第 176 页。
④ (清)焦循:《剧说》卷三,载《中国古典戏曲论著集成》(八),中国戏剧出版社 1982 年版,第 142 页。
⑤ (清)焦循:《剧说》卷三,载《中国古典戏曲论著集成》(八),中国戏剧出版社 1982 年版,第 145 页。

平之相业耳。①

这段话非常明确地肯定了"情"在文学创作中的合理性,以为是诗、词、曲乃至一切文艺创作的生命,即使是圣人删订过的《诗三百》,也无非是性情之作。他甚至以范仲淹的《苏幕遮》一词为例来"以子之矛,攻子之盾",堵那些道学家之口。他认为,那些徒有华丽的辞藻、精美的形式的文学作品,一旦离开了真性情,也只是一些空洞的、缺乏生命力的枯骨、朽革。因此若借词曲之道来发泄之,以情来贯串文学创作始终,就可以起到阴阳互补的作用,不仅不影响其诗文创作,而且通过正常情感的宣泄,还有助于成其大业,反之,若"口不言情者,其好色必甚",则于人于己皆不利。

对于戏曲之功能与本体等,扬州曲家也有着清醒的认识。凌廷堪的《论曲绝句三十二首》就有不少涉及。如其十四云:"博望烧屯葛亮才,隔江斗智玧筵开。至今委巷谈三国,都自元人曲子来。"②谓戏曲具有巨大的传播功能,百姓津津乐道的三国故事,都自元人戏曲中观演得来。其二云:"工尺须从律吕求,纤儿学语亦能讴。区区竹肉寻常事,认取昆仑万里流。"③他认为戏曲演唱系寻常之事,牙牙学语之里巷小儿皆能歌能唱,但是戏文中蕴含着丰富的宇宙人生哲理,却能在天南海北万古流传开来。这与汤显祖的《宜黄县戏神清源师庙记》中那段著名的论述"生天生地生鬼生神,极人物之万途,攒古今之千变"④有异曲同工之妙。他们确信戏曲艺术的力量和作用,无疑较同时代曲家的风化论高明许多,已具备了现代戏剧学的元素。

无论是焦循的"一代有一代之所胜"对戏曲地位的揄扬,还是凌廷堪的"区区竹肉寻常事,认取昆仑万里流",从中传出对戏曲功能的重视,都体现出他们作为一代大儒通豁的眼光,不为小道末技的世俗偏见所囿。他们对戏曲艺术的功能不再像以往曲家那样熟视无睹,或在肯定时闪烁其词,而是自觉明确地肯定其存在和价值。正如王国维所说:"三百年来,学者文人,大抵屏元剧不观。其见元剧者,无不加以倾倒。如焦理堂《易余籥录》之语,

---

① (清)焦循:《缫雅词》跋》,载《雕菰集》卷十八,《丛书集成初编》(2195),商务印书馆1935年版,第296页。

② (清)凌廷堪:《论曲绝句三十二首》之第十四首,载《校礼堂诗集》卷二,《续修四库全书》集部1480,上海古籍出版社2002年版,第23页。

③ (清)凌廷堪:《论曲绝句三十二首》之第二首,载《校礼堂诗集》卷二,《续修四库全书》集部148,上海古籍出版社2002年版,第23页。

④ (明)汤显祖:《宜黄县戏神清源师庙记》,载隗芾、吴毓华编《古典戏曲美学资料集》,文化艺术出版社1992年版,第126页。

可谓具眼矣。"①

清中叶扬州戏曲演出如火如荼的现实情境,无论在广袤乡野抑或官贾厅堂中,花、雅两部戏曲都上演着各自的精彩。然而与他地曲家相比,扬州曲家的戏曲观及创作心理的差别不大,换言之,没有表现出明显的地域差异性。在扬州这座艺术创作自由、道德禁锢薄弱的商业城市里,扬州曲家的戏曲观缘何受传统束缚如此之深?对此,笔者以为当从清中叶戏曲的发展境遇、扬州的社会现实等内外部条件入手考察。

考察扬州曲家彰举风化的原因,应当先从扬州独特的社会文化环境入手。如第一章所述,清中叶扬州盐商一掷千金的夸饰性消费及"扬气"做派,直接导致了人心不古、唯利是图的社会风气,令扬州曲家痛心疾首,自觉地以卫道者自居。他们多为儒学正统人士,虽然置身于扬州商业化环境中,浸淫其骨子中的依然是忠孝节义之类儒家正统思想。即使是功名未显,长期沦落市井之中,他们对正统思想仍然表露出虔诚的信仰,自觉地以辅俗化民为己任。以黄文旸为例,他困顿场屋,年过六旬仍未中乡试,生计维艰,因此嘉庆四年(1799)应阮元之荐举,北上阙里教授第七十三代衍圣公孔庆镕经文。友人孔宪圭在《〈扫垢山房诗钞〉序》中详细记载了这时期他们的交往情形:"数年中,圭与先生交最契。每清夜过访,挑灯闲话,月落参横,犹娓娓忘倦。谈忠孝则可歌可泣,谈奸佞则宜雷宜霆,即偶谈稗官野史、神鬼怪录,顷刻变幻千态万状,令人目眩神摇,几不自主。一言一语诙谐嘲笑,无不动人如此。"②虽然长期身处闾巷市井中,黄文旸仍"位卑未敢忘国",喜谈忠孝节烈之事,儒家诗教之影响可谓深入骨髓。如前所述,其他扬州曲家亦然。

康雍时期,随着清统治者对程朱理学的提倡,儒学复古主义思潮甚嚣尘上,影响渗透到整个文学创作领域,戏曲界也不例外。乾嘉时期,理学仍是垄断主流社会的哲学思潮,呈现出明显的实用倾向。正如马积高所指出,所谓理学的停滞、衰落,实际上只是理论上的停滞、衰落,其基本理论在社会上乃至学术思想上的影响,仍然是比较强大的。③ 同时扬州是乾嘉学者活动的大本营之一,更是扬州学派的发源地,乾嘉学术经世致用的理论主张深入人心。

戏曲向以"俚曲俗唱"被正统文人士夫视为小道末技,但明清两代不断

---

① 王国维:《宋元戏曲史》,华东师范大学出版社 1996 年版,第 120 页。
② (清)孔宪圭:《〈扫垢山房诗钞〉序》,载黄文旸《扫垢山房诗钞》卷首,《续修四库全书》集部 1459,上海古籍出版社 2002 年版,第 5 页。
③ 马积高:《清代学术思想的变迁与文学》,湖南人民出版社 2002 年版,第 77 页。

有曲家为之辨体正名。自明初朱元璋推举《琵琶记》如"布帛椒盐,为富贵家所不可无"之后,朱有燉、朱权两藩王以皇室贵胄之身份创作北曲,此后大批热心的文人士夫染指戏曲创作,跻身剧作家行列,清初甚至出现了"户户收拾起,家家不提防"的倾城狂热的景象,但正统士夫仍不齿为之。即使至清中叶,戏曲早已进入皇宫内院以及士夫厅堂氍毹,成为举国风靡的一种文化娱乐样式。但就总体而言,其社会地位仍然不高,在乾隆三十七年(1772)始开展的大规模的《四库全书》编纂活动中,"集部"文学类只收录诗文集,戏曲作家作品在摒而未录之列,是以王国维在《〈宋元戏曲史〉序》中感慨地说:"(元曲)为时既近,托体稍卑,故两朝史志与四库集部,均不著于录;后世儒硕,皆鄙弃不复道。"①不少正统文人士夫仍以小道末技歧视之,如凌廷堪年轻时醉心于词曲,就有好心的友人劝他"莫将橡似笔,顾曲误乖名"②,酷嗜戏曲的凌廷堪深深被触动,从此专心研习时文,走上了仕举之途。而被推许为"国朝曲家第一"的蒋士铨因"装师颖荐予入景山为内伶填词,或可受上知"③,毅然辞官南归,此后不仅将所填16种曲悉数收入《清容外集》中,而且在卷首自题"史院填词""聊将史笔写家门"④,其心迹可见一斑。

因此究其体格卑微,文人对待戏曲的态度始终是犹疑矛盾的。他们视戏曲为小道末技,即或真心推崇赞誉,仍要将之归附为正统诗文的附庸,极力寻找其同出一源的依据。有些扬州曲家一身出入学者和曲家之间,作为学者,他们力图使戏曲这种小道末技依附于儒学正统,因此戏曲的伦理教化意义在此际占了上风。焦循的"一代有一代之所胜"和"八股出于金元曲剧"这两大论断的提出,究其实质是推崇元曲,在当时无疑具有为戏曲"正名"的作用。具体将在后文展开探讨。置身于此种时代社会氛围中,深受儒家正统思想熏陶的扬州曲家自觉地认同和推崇元明以来的戏曲风化观,就是很可以理解的事了。

客观而言,早期曲家如高明等倡导戏曲风化论,其本意是为了"尊体",即提高戏曲的社会地位,发展至后来的曲家手中,其主观意图发生了变更。他们通过彰举戏曲的风化功能,试图为戏曲"定体",忽略了戏曲的本体,仅将之视为教化的工具,这就走向了一个极端。因此两者虽然初衷类似,但是

①　王国维:《〈宋元戏曲史〉序》,载《宋元戏曲史》,华东师范大学出版社1996年版,第1页。
②　(清)张其锦:《凌次仲先生年谱》,载《续修四库全书》集部1480,上海古籍出版社2002年版,第760页。
③　(清)蒋士铨:《清容居士行年录》,载《忠雅堂集校笺》,邵海清校,李梦生笺,上海古籍出版社1993年版,第2254—2255页。
④　蒋士铨:《空谷香》卷末收场诗,载《蒋士铨戏曲集》,周妙中点校,中华书局1993年版,第539页。

其结果意义截然不同。相较而言,作为深谙戏曲艺术特征的当行曲家,扬州曲家将戏曲的功能做了合乎情理的阐释,即以戏曲为风化之用而非其体,以艺术而非道德为本体,从而避免了片面化。

总之,扬州曲家戏曲风化论的价值不仅在于接过了传统文化的教化标尺,"厚人伦,美教化"的诗教传统,更体现在"有益名教"的统一标准下承认了戏曲的风化特性。其对戏曲风化观的自觉继承,一方面固然是为了挽救扬州江河日下的社会风气,另一方面是出于其内蕴的儒家济世拯民情怀,虽然也不免暴露出他们狭隘的世界观和生活观,但是察其行,观其果,笔者以为这同时也是他们对当时弥漫曲坛的相思艳情之风的反拨,因此具有一定的现实意义。事实上,他们也没有止步于技巧,而是追求道、艺、技三个层面的结合,追求动人的审美效果。他们打破了传统士大夫视戏曲为小道末技的偏见,极大地提高了戏曲的社会地位和价值功能,是对晚明以来曲坛盛行的追香逐艳的戏曲创作风气的一种反拨,对当时及后来的戏曲创作产生了深远的影响。

第三节　扬州曲家的戏曲发展史论

扬州曲家对中国古典戏曲发展史进行了较为全面的反思。其不同于同辈曲家甚至超越前后代曲家之处,在于他们更明确地以元曲为中国古典戏曲的典范,以这种审美特征的发展变迁轨迹为根本线索。这样,他们对待中国戏曲发展史的考察就避免了随意性,因而变得完整系统。

一、以元曲为典范

扬州曲家认为元曲是中国古典戏曲的典范,无人能够超越。凌廷堪、焦循等人都旗帜鲜明地提出了复古的理论主张。以下拟对其理论一一展开探讨。

(一)"取元人而法之,复古亦易为力"

凌廷堪的《与程时斋论曲书》,较为系统全面地勾勒了中国古典戏曲声腔的发展变迁过程,兹全文引录如下:

> 时斋足下:承示新曲,读之畅甚。窃谓杂剧,盖昉于金源。金章宗时有董解元者,始变诗余为北曲,取唐小说张生事撰弦索调数十段,其

体如盲女弹词之类,非今之杂剧与传奇也。且其调名,半属后人所无者。元兴,关汉卿更为杂剧,而马东篱、白仁甫、郑德辉、李直夫诸君继之,故有元百年,北曲之佳,偻指难数。然世所传杂剧,大率以四折为准,其最多则王实甫《西厢记》之二十折也。其书润色董本,亦颇可观。今为吴下妄人点窜,殆不堪寓目。

元之际也,又变为南曲,则有施君美之《拜月》,柯丹丘之《荆钗》,高东嘉之《琵琶》,始谓之为传奇。盖北曲以清空古质为主;而南曲为北曲之末流,虽曰意取缠绵,然亦不外乎清空古质也。

自明以来,家操楚调,户擅吴歈,南曲寝盛,而北曲微矣。虽然,北曲以微而存,南曲以盛而亡。何则?北曲自元人而后,绝少问津,间有作者,亦皆不甚逾闲,无黎丘野狐之惑人。有豪杰之士兴,取元人而法之,复古亦易为力。若夫南曲之多,不可胜计,握管者类皆文辞之士。彼之意以为,吾既能文辞矣,则于度曲何有?于是悍然下笔,漫然成编,或诩秾艳,或矜考据,谓之为诗也可,谓之为词也亦可,即谓之为文也亦无不可,独谓之为曲则不可。前明一代,仅存伉羊者,周宪王、陈秋碧及吾家初成数公耳。若临川,南曲佳者盖寡,《惊梦》《寻梦》等折,竟成跃冶之金。惟北曲豪放疏宕,及科诨立局,尚有元人意度。此外以盲语盲,递相祖述。至宜兴吴石渠出,创为小乘,而嘉兴李渔效之,江河日下,遂至破坏决裂,不可救药矣。

四百年来,中流砥柱,其稗畦之《长生殿》乎!足下爱稗畦守法之严,而惜其立意未善,乃反其事,以曹邺《梅妃传》谱入新声,为《一斛珠传奇》,而法律亦如稗畦,不废元人绳墨,诚斯道之功臣也。顷与酉亭同阅,终卷,满引而醉,不禁发其狂瞽,以供一噱,足下其亦以为知言否也?不宣。①

全文虽仅六百多字,却是一篇简要的戏曲发展史,从金诸宫调—北曲(元杂剧)—南曲(南戏)—传奇,将自金元以来至清中叶古典戏曲的源流、发展脉络梳理得十分清晰。虽然其中如南北曲之间演变的细微之处描述尚不够精确,但基本描摹出了古典戏曲发展演变的总体趋势,符合中国古典戏曲文体演进的实际。

---

① (清)凌廷堪:《与程时斋论曲书》,载《校礼堂文集》卷二十二,王文锦点校,中华书局 1998 年版,第192—193 页。

在这段论述中,可见凌廷堪偏嗜元曲,流露出明显的厚古薄今的倾向。他认为北曲(元杂剧)脱胎于金代的诸宫调,而创制《西厢记》的董解元是北曲的始祖。在他看来,元曲无疑是戏曲艺术的典范,有元百年,北曲之佳者偻指难数,关汉卿、马致远、郑德辉、李直夫等皆是佼佼者。元季北曲微变而为南曲,虽然南曲"意取缠绵",体格卑弱,但风格依然呈现出一致性——清空古质,因此尚未真正沦落为"末流"。

由于凌廷堪独尊元曲,南曲、传奇一律遭到了他的批评。无独有偶,其《论曲绝句三十二首》之二十六云:"前腔原不比么篇,南北谁教一样传?若把笙簧较弦索,东嘉词好竟徒然。"①与之可相参照。诗中所提"前腔"和"笙簧"代指南戏,"么篇"和"弦索"则指北杂剧,在凌廷堪看来,作为北曲的"末流",南曲即便有高则诚《琵琶记》这样的佳作,也是无法与北曲比拟的。然而,两相轩轾,南曲(戏文)比传奇又要高出一筹。

同时,凌廷堪对明清传奇的发展表示担忧,所谓"北曲以微而存,南曲以盛而亡"云云,他认为元曲虽然式微却依然存留,传奇兴盛反而面临消亡的境遇。之所以造成这种现象,是因为大批文辞之士"悍然下笔,漫然成编,或诩秾艳,或矜考据,谓之为诗也可,谓之为词也可,即谓之为文也亦无不可,独谓之为曲则不可"。换言之,乃是以创作诗文的思维方式和表现手法来编写传奇,完全忽略了戏曲的场上搬演特性。在传奇文学创作昌盛、名家辈出的有明三百年中,他推举的曲家仅仅朱有燉、陈铎、凌濛初等人,显然系从北曲着眼,其见解并不高明。朱有燉等人虽然在明初作了一些较有影响的杂剧,但并未能超越元杂剧的艺术高峰,其时北曲已成强弩之末。汤显祖的"临川四梦"中入他法眼的,也仅北曲及科诨立局,因尚有元人法度。其余则被他斥为"以盲语盲,递相祖述"。至明季吴炳出,李渔之后,传奇创作风气更是被斥为"江河日下,不可救药"。平心而论,凌廷堪所指出的确是传奇史上的一些事实。曲家不顾戏曲创作规律,施逞才情,或涂碧缋金,浓艳绮丽;或考据征实,穿凿附会。此类风习屡见不鲜,委实令一些有志于传奇创作的曲家痛心疾首,予以谴责。如明万历间人谢肇淛批评《浣纱》《青衫》《义乳》《孤儿》等传奇:"必事事考之正史,年月不合,姓氏不同,不敢作也。如此,则看史传足矣,何名为戏?"②晚明曲家屠隆抨击:"元人传奇,无论才致,即其语之当家,斯亦千秋之绝技乎!其后椎鄙小人,好作里音秽语,止以通俗取

---

① (清)凌廷堪:《论曲绝句三十二首》之第二十六首,载《校礼堂诗集》卷二,《续修四库全书》集部1480,上海古籍出版社 2002 年版,第 24 页。
② (明)谢肇淛:《五杂俎》卷十五,中华书局 1959 年版,第 447 页。

妍,闾巷悦之,雅士闻而欲呕。而后海内学士大夫则又剔取周秦、汉魏文赋中庄语,悉韵而为词,谱而为曲,谓之雅音。雅则雅矣,顾其语多痴笨,调非婉扬,靡中管弦,不谐宫羽,当筵发响,使人闷然索然,则安取雅?"①所指斥的正是这一传奇创作史中的浊流。

"取元人而法之,复古亦易为力",究其实质,凌廷堪的戏曲发展观中蕴含着强烈的复古意识,他以为元曲之后,南曲戏文、传奇这些戏曲文体样式体格代降,尤其当代的传奇创作风气已是江河日下,不可救药。而时人染指元曲者虽然不多,但创作都谨遵元曲规范,没有黎丘野狐之类迷惑人的假象。因此若以元曲为典范,重振戏曲并非不可能之事。

考察凌廷堪描摹的元明清三代戏曲演变的史实,不难发现,其发展观中具有消极内涵,以为"体以代变,格以代降",浸淫其骨子间的是强烈的崇道复古倾向。这在古人中是司空见惯的现象,因为在中国古代的艺术观念中,不同文体间体制、风格的指涉是有方向性的,基本原则是以古入近、以高行卑,即较古的体制、风格要素可行于后出文体,反之则不可。② 明人胡应麟云:"汉文、唐诗、宋词、元曲,虽愈趋愈下,要为各极其工。"③清初毛先舒云:"夫格以代降,体骛日新,宋元词曲,亦各一代之盛制。"④阐发的就是这个道理。

元季北曲变为南曲之说,自然不值辩驳。南曲与北曲本属不同的曲牌系统,源来有自。元杂剧与传奇作为不同时代的两种主要戏曲样式,无法做出高下之判。各以所长,相轻所短,持论就不可能公正全面,就不可能产生正确的文学批评。因此平心而论,凌廷堪的言辞是过激的。但联系清中叶传奇创作和演出事实,即若从戏曲场上搬演的角度入手,则其持论亦不无合理因素。昆曲的全本戏演出的时代已经成为明日黄花,流播舞台的是经典折子戏,在明清两代文人的染翰操觚下,传奇中蕴含的那种来自民间文艺的质朴鲜活的因子已近绝迹。凌廷堪的这番议论是有感而发的。降及近代,戏曲理论家王国维继承了凌廷堪的这一论调,他指出"北剧南戏,皆至元而大成。其发达,亦至元代而止",以为自元以后明清传奇为死文学,其戏曲史亦撰写至元代戛然而止。因此,当后学日本汉学家青木正儿向他请教时,他

---

① (明)屠隆:《〈玉合记〉叙》,载蔡毅编著《中国古典戏曲序跋汇编》,齐鲁书社 1989 年版,第 2743 页。
② 蒋寅:《中国古代文学通论(清代卷)》,辽宁人民出版社 2005 年版,第 345 页。
③ (明)胡应麟:《少室山房笔丛》卷四十一"庄岳委谭下",上海书店出版社 2001 年版,第 430 页。
④ (明)毛先舒:《诗辩坻》卷四,清康熙思古堂刻本。

直言"明以后无足取,元曲为活文学,明清之曲,死文学也"①。显然是过于推崇元曲所致。②

(二)"一代有一代之所胜"

不仅凌廷堪推尊元曲,扬州曲家也大多持此论。如李斗认为元杂剧可与唐诗、宋词相提并论,《履园丛话》卷十二云:"仪征李艾塘精于音律,谓元人唱曲,元气淋漓,直与唐诗、宋词相颉颃。"③这一论断到了焦循手上就集诸家之大成,其"一代有一代之所胜"说对现代中国文学史研究具有重要的学术意义,是 20 世纪最重要最有影响的文学史观。焦循以为,每一个朝代都有足以代表该朝代的最高成就之文学样式,元曲足以与楚骚、汉赋、唐诗、宋词等相提并论,自立门户。《易余籥录》卷十五详论之云:

> 商之诗,仅存颂,周则备风、雅、颂,载诸《三百篇》者,尚矣。而楚骚之体,则《三百篇》所无也,此屈、宋为周末大家。其韦元成父子以后之四言,则《三百篇》之余气游魂也。汉之赋为周、秦所无,故司马相如、杨雄、班固、张衡为四百年作者,而东方朔、刘向、王逸之骚,仍未脱周、楚之科白矣。其魏、晋以后之赋,则汉赋之余气游魂也。楚骚发源于《三百篇》,汉赋发源于周末。五言诗发源于汉之十九首及苏、李而建安,而后历晋、宋、齐、梁、周、隋,于此为盛。一变于晋之潘、陆,宋之颜、谢。易朴为雕,化奇作偶。然晋、宋以前,未知有声韵也,沈约卓然创始,指出四声。自时厥后,变蹈厉为和柔。宣城、水部冠冕齐梁,又开潘、陆、颜、谢所未有矣。齐、梁者,枢纽于古、律之间者也。至唐遂专以律传。杜甫、刘长卿、孟浩然、王维、李白、崔颢、白居易、李商隐等之五律、七律,六朝以前所未有也。若陈子昂、张九龄、韦应物之五言古诗,不出汉魏人之所范围。故论唐人诗,以七律、五律为先,七古、七绝次之。诗之境,至是尽矣。晚唐渐有词,兴于五代,而盛于宋,为唐以前所无。故论宋宜取其词,前则秦、柳、苏、晁,后则周、吴、姜、蒋,足与魏之曹、刘,唐之李、杜,相辉映焉。其诗人之有西昆、西江诸派,不过唐人之绪余,不足评其乖合矣。词之体,尽于南宋。而金元乃变为曲,关汉卿、乔梦符、马东篱、张小山等为一代巨手,乃谈者不取其曲,仍论其诗,失之矣。有

---

① [日]青木正儿:《中国近世戏曲史》,王古鲁译,中华书局 1954 年版,第 2 页。

② 王国维对元杂剧的文章推崇备至,其原因为:元曲以极自然之文字,极深邃之意境,写情状物俱沁人心脾,而描摹出个体在天地间一大悲剧。

③ (清)钱泳:《履园丛话》卷十二"艺能"之"度曲"条,张伟校,中华书局 2006 年版,第 331 页。

明二百七十年镂心刻骨于八股,如胡思泉、归熙父、金正希、章大力数十家,洵可继楚骚、汉赋、唐诗、宋词、元曲以立一门户。而李、何、王、李之流乃沾沾于诗,自命复古,殊可不必者矣。夫一代有一代之所胜,舍其所胜以就其所不胜,皆寄人篱下者耳。余尝欲自楚骚以下至明八股撰为一集,汉则专取其赋,魏晋六朝至隋则专录其五言诗,唐则专录其律诗,宋专录其词,元专录其曲,明专录其八股。一代还其一代之所胜。①

焦循将中国文学史上各时代的主要文学样式及代表作家进行了点评,大致描摹了中国古典文学的发展轨迹,不过其中亦有可商榷之处,如明录八股,忽略了有明一代蔚为大观的传奇小说及朝气蓬勃的民歌俚曲,显然更多从士大夫阶层的视野着眼。这也是这段论述引起后人争议最多的地方。至于其具体原因,笔者拟在后面一节展开详细探讨。

站在整个中国文学发展史的高度进行考察,焦循顺着传统的诗文为文学正统或主流的路子,溯源而下,阐述了自《诗经》《楚辞》至清乾嘉时期两千多年来的演变轨迹。他认为每个时代都有不同的文学样式,虽然形式随着时代、社会生活发生变化,但是依然存在着延续和发展演变的内在联系。因此,把这一系列问题作原则性概括后,焦循自然而然地得出了"一代有一代之所胜"的结论。

"一代有一代之所胜"的说法,较早可以追溯到元代。现存记载最早的当数罗宗信在《中原音韵序》中之说法:"世之共称唐诗、宋词、大元乐府,诚哉。"②将唐诗、宋词、元曲并举,无疑是此说最早的雏形。此后元明两朝虞集、钱允治、茅一相、沈宠绥、卓人月诸家皆沿袭之,并各有阐发:

> 一代之兴,必有一代之绝艺,足称于后世者。汉之文章、唐之律诗、宋之道学、国朝之今乐府,亦关于气数。音律之盛,其所谓杂剧者,虽曰本于梨园之戏,中间多以古史编成,包含讽谏,无中生有,有深意焉。是亦不失为美刺之一端也。③(孔齐《静斋至正直记》卷三引虞集语)

> 词者,诗之余也。曲又词之余也。……窃意汉人之文、晋人之字、唐人之诗、宋人之词、金元人之曲,各擅所能,各造其极,不相为用。纵

---

① (清)焦循:《易余籥录》卷十五,载《国学集要初编》(9),台湾文海出版社1967年版,第369页。

② (元)罗宗信:《〈中原音韵〉序》,载吴毓华编著《中国古代戏曲序跋集》,中国戏剧出版社1990年版,第12页。

③ (元)孔齐:《静斋至正直记》卷三,清末刻本。

学窥二酉，才擅三长，不能兼盛。……嗟乎，有一代之兴，必有一代之制。① （钱允治《〈类编笺释国朝诗余〉序》）

夫一代之兴，必生妙才；一代之才，必有绝艺：春秋之辞命，战国之纵横，以至汉之文、晋之字、唐之诗、宋之词、元之曲，是皆独擅其美而不得相兼，垂之千古而不可泯灭者。② （茅一相《题词评〈曲藻〉后》）

三百篇后变而为诗，诗变而为词，词变而为曲。诗盛于唐，词盛于宋，曲盛于元之北。③ （沈宠绥《弦索辨讹》）

我明诗让唐，词让宋，曲又让元，庶几吴歌、挂枝儿、罗江怨、打枣竿、银绞丝一类，为我明一绝耳。④ （陈宏绪《寒夜录》卷上引卓人月语）

类似说法并不鲜见，足见元明时人已经从文体表现机能的演进及文体资源的开掘来审视文学发达的可能性。这一论断之所以在此时期反复为人们所总结强调，乃是缘于文学体裁样式已经发展丰富完备，其间的递嬗演变规律引起了人们的思考。

关于文体演变和社会时代的关系，最早作探讨的当数刘勰。《文心雕龙·时序篇》云："故知文变染乎世情，兴废系乎时序，原始以要终，虽百世可知也。"⑤可谓这一学说的先声。以上诸家所说，其实是对中国文体演变说的具体演绎。只不过在具体细节上有所出入，比如虞集所云宋代之代表样式为道学，钱允治和茅一相皆认为书法乃晋代之代表样式，而卓人月将吴歌、挂枝儿、罗江怨、打枣竿、银绞丝等民歌俚曲列为有明一代之主要样式。

由于朴学思潮风靡全社会，乾嘉时期是一个复古之风大兴的时代，在清廷稽古右文的政策导引下，乾嘉士人自觉地对文学史上的文体代嬗现象进行反思。应该说，他们已经基本形成诗—词—曲这样的发展观念。如清初李渔就认为，"填词非末技，乃与史、传、诗、文同源而异派者也"⑥，因此推尊词曲。曲家石韫玉在为友人沈起凤的《沈氏四种传奇》作序时亦云："夫传奇

---

① （明）钱允治：《〈类编笺释国朝诗余〉序》，载《续修四库全书》集部1728，上海古籍出版社2002年版，第212页。
② （明）茅一相：《题词评〈曲藻〉后》，载吴毓华编著《中国古代戏曲序跋集》，中国戏剧出版社1990年版，第74页。
③ （清）李调元：《雨村曲话》卷上，载《中国古典戏曲论著集成》（八），中国戏剧出版社1982年版，第7—8页。
④ （明）陈宏绪：《寒夜录》，载《续修四库全书》子部1134，上海古籍出版社2002年版，第700页。
⑤ （梁）刘勰：《文心雕龙》卷九"时序第四十五"，詹锳义证，上海古籍出版社1999年版，第1713页。
⑥ （清）李渔：《闲情偶记》"词曲部"之"结构第一"，载《中国古典戏曲论著集成》（七），中国戏剧出版社1982年版，第8页。

虽小道,其所由来者远矣。盖古诗三百皆可被之管弦,乃一变而为楚人之
骚,再变而为汉人之乐府,三变而为唐人之诗,四变而为宋人之词,五变而为
金元人之曲,其体屡变而不穷,其实皆古诗之流也。……一切寓诸乐府,俾
世之观者,可以感发善心,惩创逸志,虽谓其词有合乎兴观群怨之旨可
也。"①当然,这样的论断自不免有抬高戏曲地位的用意,也是曲家为友人开
脱的褒词。

　　焦循在前人的基础上做了进一步的阐发,其理论总结、考察更趋系统完
善。"一代有一代之所胜"这一文学发展史观深入人心,直接影响了近代王
国维、胡适等学者。王国维在《宋元戏曲考·元剧之文章》中尝云:"焦氏谓
一代有一代之所胜,欲自楚骚以下,撰为一集,汉则专取其赋,魏晋六朝到
隋,则专录其五言诗,唐则专录其律诗,宋专录其词,元专录其曲。"之后王氏
对律诗与词分别为唐宋二代文学中之最佳作表示"尚属疑问",但是他以为
"若元之文学,则固未有尚于其曲者也",而元曲之佳处在自然,故谓其为"中
国最自然之文学,无不可也"。② 显然王国维深受焦循的文学发展史观的影
响,这一观点几乎是焦循原话的引用,其对元剧的激赏可谓有过之而无
不及。

　　焦循的"一代有一代之所胜"这一文体代嬗论曾经在学术界引起争议,
如钱钟书认为不过是拾元明人的唾余。③ 肯定者如刘奕以为焦循是第一个
从理论上说明文学演进根源的人。④ 冯乾认为,焦氏文学代胜论勾勒了中
国文学史上主要文体嬗变的历史轨迹,指出了文体嬗变的根本原因在于情
与文的离合,对于今天重新认识、重新撰写文学史,尤其有着重要的启发意
义。⑤ 王齐洲的评价较为公允,"这些想法大胆而新颖,应该说是超过了前
人的认识,因而他的文体代嬗观比前人更为完整和彻底",其局限在于太过
于关注文体形式,而忽略了文体内容。如以八股文为明代的代表性文体,而
看不到通俗小说的文学价值和社会影响,说明他仍然受传统思想的束缚,未
能在明人认识的基础上发展和提升。⑥ 对此,笔者以为,考察一种学说或思
想,应该从它所处的特定时代入手,焦循此论主要是针对当时曲坛中正音昆

① （清）石蕴玉:《〈沈氏四种传奇〉序》,载沈起凤《沈氏四种传奇》,吴梅编《奢摩他室曲丛》,商务印
　　书馆 1928 年版,第 2—3 页。
② 王国维:《宋元戏曲史》之十二"元剧之文章",华东师范大学出版社 1996 版,第 120—121 页。
③ 钱锺书:《谈艺录》,中华书局 1984 年版,第 352 页。
④ 刘奕:《焦循文学代胜说论析》,《四川大学学报(哲社版)》2007 年第 1 期。
⑤ 冯乾:《创体思维与通变意识》,《西北师大学报(社科版)》2008 年第 3 期。
⑥ 王齐洲:《"一代有一代之文学"文学史观的现代意义》,《文艺研究》2002 年第 6 期。

曲霸主地位旁落、花部戏后来者居上的现实情势有感而发,其侧重点在强调元曲的戏曲典范地位,所以从诗文源流上追溯为其正名,应该说有着强烈的现实精神。

(三)"八股出于金元之曲剧"说

与"一代有一代之所胜"这一文体代嬗论相关联并颇受后人非议的"明专取八股",无疑可与前说相佐证,焦循在《易余籥录》卷十七中提出了"八股出于金元之曲剧"说:

> 《云麓漫抄》云:唐之举人,先藉当世显人以姓名达之主司,然后以所业投献。逾数日又投,谓之"温卷"。如《幽怪录》传奇等皆是也。盖此等文备众体,可以见史才、诗笔、议论。至进士则多以诗为贽,今有唐诗数百种行于世者,是也。按此,则唐人小说乃用以为科举之媒,此金元曲剧之滥觞也。诗既变为词曲,遂以传奇小说谱而演之,是为乐府杂剧,又一变而为八股。舍小说而用经书,屏幽怪而谈理道,变曲牌而为排比。此文亦可备众体:史才、诗笔、议论。其破题、开讲,即引子也;提比、中比、后比,即曲之套数也;夹入领题、出题、段落,即宾白也。习之既久,忘其由来,莫不自诩为圣贤立言。不知敷衍描摹,亦仍优孟之衣冠;至摹写阳货、王驩、太宰司败之口吻,叙述庾斯抽矢、东郭乞余,曾何异传奇之局段邪?而庄老释氏之恉,文人藻缋之习,无不可入之,第借圣贤之口以出之耳。……八股出于金元之曲剧,曲剧本于唐人之小说传奇,而唐人之小说为士人求科第之温卷。缘迹而求,可知其本。①

在这段文字中,焦循引录《云麓漫抄》的记载,指出唐代以诗赋取士,士子们争以传奇(小说的前身)、诗歌干谒显要,达之有司的传闻,因而认为传奇成为戏曲的滥觞。随着时代风气的变更,诗一变为词曲,再变成乐府杂剧,至明朝以科举取士,遂又演变成八股文。并将元曲与八股从创作上进行类比,诸如引子、套数、宾白等,从而得出了"八股出于金元之曲剧"的结论。

八股文,又名制义、时文、时艺等,是明清两代科举考试的钦定文体,其盛行历时长达500多年。《明史·选举志》云:"科目者,沿唐、宋之旧而稍变其试士之法。专取四子书及《易》、《书》、《诗》、《春秋》、《礼记》五经命题试

---

① (清)焦循:《易余籥录》卷十七,载《国学集要初编》(9),台湾文海出版社1967年版,第384—385页。

士。……其文略仿宋经义,然代古人语气为之,体用排偶,谓之八股,通谓之制义。"①它综合了骈、散文等文学样式技巧之菁华,可谓诸文体之集大成者。日本学者横田辉俊以为八股文是由中国文学长久传统孕育出来的最高峰,是中国文章构造的极致。姑且不论今人对其成就评价如何,明清时期八股文处于强势地位,这是毋庸置疑的。② 同样,它对同时期处于弱势地位的小说、戏曲等文体及其理论的渗透是不可忽略的,明人于慎行尝云:"及其志业已酬,思以文采自见,而平时所沉酣濡截入骨已深,即欲极力模拟,而格固不出此矣。至于当官奉职,从事筐篚之间,亦惟其素所服习以资黼黻,而质固不出此矣。雅则俱雅,敷则俱敷,己亦不知,人亦不知矣。"③可知八股文的写作手法已经内化成文人作家写作时的思维结构模式和内在思维逻辑,其对士子的影响是深潜的、巨大的。有学者指出,明清时期八股制艺与戏曲创作的发展演进始终都胶合一处。这种文体间的相互渗透与移植,实质也是处于弱势的文体借助强势文体对自身的一种改造与提升,当然这种改造与提升,最终也导致了弱势文体自身的改变,"以时文为南曲"不限于辞藻语句,而且指结构,并进一步延伸至作家的思维方式、思维逻辑等心理层面。④

较早将八股文列为明代文学的代表,并与唐诗、宋词相提并论的是清康雍时人焦广期。其《答曹谔庭书》云:"李唐诗学,宋元沿其支流,渐以不振。而宋人之填词,元人之曲学、小说,小道可观,竟能与六籍同其不朽,明三百年诗道渐衰。仰睎宋人,未敢以季孟相许,而况于唐人乎? 其力能与唐人抵敌而无毫发让者,则有八股之文焉。"⑤他推尊八股文,以为有明三百年诗道衰微,唯此可与唐诗相媲美。

焦循重弹这一论调,但他将"一代有一代之所胜"的观点绝对化,谓八股

① (明)张廷玉等:《明史》卷七十"选举二",志四十六,载《二十五史》(10),上海古籍出版社 1986 年版,第 185 页。

② 蒋寅主张重新评估科举制度与文学的关系,他在《清代文学与科举》中提出:"到社会生活愈益复杂、史料愈益丰富的明清时代,比之科举制度本身,有关科举和文学之关系的研究,显得尤其缺乏。盖明清以来对八股文的鄙弃和抨击,已使这种文体及其写作难以进入当代的文学史叙述。这一看似顺理成章的结果,无意中竟伤害了文学史生态的完整——当八股文这一庞大的写作事实被文学史话语遮蔽时,明清时代笼罩在科举阴影下的文学生态也部分地被遮蔽了。这一缺陷影响到我们对明清文学的整体认识,因为明清两代的科举制度同样对文学创作产生了极大的影响,只不过不是像唐代那样激励了文学技巧的钻研、文学才能的磨炼,而是在某种程度上阻碍了八股文以外的文学修习。"蒋寅:《中国古代文学通论(清代卷)》,辽宁人民出版社 2005 年版,第 314 页。

③ (明)于慎行:《榖山笔麈》卷八,清康熙十六年(1677)补刻本。

④ 邱江宁:《八股文与中国传统文学的演进》,《社会科学辑刊》2007 年第 4 期。

⑤ (清)焦广期:《答曹谔庭书》,载《此木轩文集》卷六,清怀旧楼抄本。

文为有明一代之所胜,其过分推举显然有失偏颇,颇为后代学者所诟病。不过他对八股文确实是真心推举的,其《时文说一》云:"时文之意根于题,实于六艺、九流、诗赋之外,别具一格也。余尝谓学者所轻贱之技而实为造微之学者有三:曰弈;曰词曲;曰时文。"①嘉庆十一年(1806),他在写给友人赵味辛的信中说:"当世好循者辄以经学见许,而循之所嗜实在诗古文词而已。"②如果说,八股文是明代文学的代表还是沿袭了前人思路的话,那么,把明代的八股文看成是金元词曲演变的结果则是焦循的独家之见,由此可见他思想的特立独行。蒋星煜因此认为,"无论在焦循之前之后,乾嘉之际考据学家如此推崇八股文的是极少的"③。事实上,焦循这一主张在他的《时文说三》中亦有体现,其词云:"且时文之理法尽于明人。明人之于时文,犹唐之诗、宋之词、元之曲也。执成宏之朴质,隆万之机局,以尽时文,不异执陈子昂、孟襄阳、韦苏州以尽诗,执姜白石、张玉田以尽词,亦学究之见而已矣。"④

在"八股出于金元之曲剧"这段论述中,焦循将戏曲与八股文进行了类比。他指出,在题材选取上,八股文采用了儒家经典的内容,屏幽怪而谈理道;在形式结构上,变曲牌而为排比。所谓"破题开讲",相当于戏曲的"引子";"提比""中比""后比",与戏曲的"套数"相仿;"夹入领题""出题""段落",类似于戏曲中的宾白。文人士子们长期刻心镂骨地操习八股文,竟然忘其由来,纷纷自诩为圣贤立言。其实那一段敷衍描摹的情形,与优孟衣冠所为无异。《孟子》"齐人有一妻一妾"章和明孙仁孺的传奇《东郭记》无论内容和形式都差不多。其摹写阳货、王驩、太宰司败之口吻,叙述庾斯抽矢、东郭乞讨之故事,与传奇《东郭记》之情节关目相类。因此他认为庄老道家思想、佛释思想,文人藻缋之习,无不可以写入,只不过借圣贤之口来写出罢了。这样他就得出结论:诗、词、曲、小说、八股等不同文体在表现社会生活上具有一样的社会功能,同样能显示作者的"文才、诗笔、议论"。究其实质,并无高下之分。这在当时视戏曲为小道末技、以为"敝精神于无用"的社会情境中,确实是难能可贵的。

---

① (清)焦循:《时文说一》,载《雕菰集》卷十,《丛书集成初编》(2193),商务印书馆1935年版,第154—155页。
② (清)焦循:《丙寅手札·与赵味辛司马书》,载《里堂札记》(不分卷),手稿本,北京大学图书馆藏。
③ 蒋星煜:《从〈易余籥录〉探索焦循的戏曲理论》,载《中国戏曲史探微》,齐鲁书社1985年版,第107页。
④ (清)焦循:《时文说三》,载《雕菰集》卷十,《丛书集成初编》(2193),商务印书馆1935年版,第155页。

　　将戏曲与八股文类比，并非肇始于焦循，其说由来有自，最早可追溯至明人提出的"元以曲取士说"。沈宠绥《度曲须知》云："自元人以填词制科，而科设十二，命题惟是韵脚以及平平仄仄谱式。又隐厥牌名，俾举子以意揣合，而甫平配仄填满词章。折凡有曲，如试牍然。合式则标甲榜，否则外孙山矣。"①可谓言之凿凿，因此臧懋循《〈元曲选〉序》云："或谓元取士有填词科，若今帖括然。"②此后，沈德符、吴伟业等都接受了这一说法，究其实质，是强调杂剧创作的甘苦，抬高戏曲的地位。事实上八股文与传奇在代言叙事、结构章法、音韵声律等方面确实存在诸多相通之处，因此熟读戏曲经典成为明清两代不少曲家写好八股文的秘笈。不少曲家如汤显祖、吴伟业等往往两者兼擅。汤显祖是明代八股文大家，其八股文、传奇与诗赋有"昭代三异"之誉。汤显祖指导士子精读《牡丹亭》后再去写作八股文，可使笔具锋刃、墨生烟云、纸呈香泽。其《汤海若先生制艺》一卷曾是待考生广泛学习的范文习作。乾隆时人王昶标榜自己的举业得益于熟读《牡丹亭》，张祥河《关陇舆中偶忆编》中引述其原话云："举业得力于《牡丹亭》。凡遇皓首穷经者，必劝以读《牡丹亭》，自可命中。"③因此，"元以曲取士"说一度甚为风行。

　　当然，反对这一说法的也不乏其人。如李渔就反驳说："夫元实未尝以曲制举，是皆妄言妄听者耳。夫果如是，则三代以上未闻以作经举士，两汉之朝不见以编史制科，胡亦油然勃然，自为兴起，而莫之禁也。文运之气数验于此矣。"④不过，他极力拉拢八股文与戏曲两者的关系，借以抬高戏曲的地位。其《闲情偶记·词曲部》中运用八股文理论来阐述戏曲理论的事例比比皆是。金圣叹批点《西厢记》，就借用了八股文章法。明清之际，无论传奇创作抑或戏曲理论，八股文对其的渗透、影响是不容低估的。

　　事实上，八股文与戏曲之间的联系，在乾嘉时期已经成为不少人士之共识，钱咏《履园丛话》卷一二云："演戏如作时文，无一定格局，只须酷肖古圣贤人口气。假如项水心之何必读书，要象子路口气；蒋辰生之恝子路于季孙，要像公伯寮口气。形容要像，写得出，便为绝构，便是名班。"⑤所谓"酷肖古圣贤口气"，显系从两者之代言的叙事性特征入手。所不同的是，钱泳

---

① （明）沈宠绥：《度曲须知》卷上"曲运隆衰"条，载《四库全书存目丛书》集部426，齐鲁书社1997年版，第655页。

② （明）臧懋循：《〈元曲选〉序》，载《元曲选》卷首，文学古籍刊行社1955年版，第1页。

③ （清）张祥河：《关陇舆中偶忆编》(不分卷)，清刻本。

④ （清）李渔：《〈名词选胜〉序》，载吴毓华编著《中国古代戏曲序跋集》，中国戏剧出版社1990年版，第370页。

⑤ （清）钱泳：《履园丛话》卷十二"艺能"之"演戏"条，张伟校，中华书局2006年版，第332页。

是以作八股文来譬喻演戏,意在指导如何演戏,侧重点不同。

在前人基础上,焦循指出了八股文和元杂剧的代言体特征,即曲家和作家都要化身成笔下人物,模拟人物声口,代其立言。八股文是模拟圣人的口气来行文,即"代圣贤立言"。所立之言,则儒、释、道诸家思想皆可入之,只不过借圣贤之口说出罢了。八股文与戏曲在创作技法上确有互相借鉴、相似之处,但诚如蒋星煜所批评的那样,焦循在此采用了对号入座式的简单化的论证,这自然有欠公允,只能说明他对八股文的偏好。在八股文和戏曲之间架起相通的桥梁后,焦循进一步提出欲作好八股文,当遵照元曲之创作法则。类似的说法数见。如《剧说》卷一云:"元曲止正旦、正末唱,余不唱。其为正旦、正末者,必取义士、贞夫、忠臣、孝子,他宵小市井,不得而与之。余谓:时文入口气,代其人论说,实同于曲剧。而如《阳货》、《王驩》等口气之题,宜断作,不宜代其口气。吾见近人作此种题文,竟不啻身为孤装、邦老,甚至助为讪谤、口角,以逼肖为能,是当以元曲之格度为法。"①这里焦循阐述的是元杂剧的"一人主唱"创作法则,局限于四折套数的篇幅以内,元杂剧往往通本由旦、末主唱到底,别的角色不安排唱词,而且正旦、正末往往代表正面形象,即所谓忠孝节义之士。焦循认为八股文亦应遵守此法则,如《阳货》《王驩》之类的题目,应该按照五经中的章句旨意照作,而不能模拟其声口,以逼真肖人为佳。换言之,焦循认为这"代圣贤立言",首先是文章内容要体现儒家圣人的思想风范,用儒家观点来解说《四书》中的"义理";其次,"行文"要入口气,要模仿圣贤的口吻和揣摩古人的心理来进行写作。象阳货、王驩这样为圣贤不耻提及的宵小之人自然不值得仿其声口,代为立言。这与他主张以伦理教化主旨来决定戏曲本事的取舍改编是互为表里的。

焦循对八股文与戏曲这两种文体共性的抉发,赢得了友人凌廷堪的共识。钱泳《履园丛话》卷三云:"董思白云:'凡作时文,原是虚架子,如棚中傀儡,抽牵由人,无一定也。'余在汴梁识海州凌仲子进士(笔者按,指凌廷堪),仲子自言尝从江都黄文旸学为时艺,乃尽阅有明之文,洞彻底蕴。每语人曰:'时艺如词曲,无一定资格,今人则刺刺言时文者,终于此道未深。'与思翁之言相合。"②凌廷堪所谓"无一定资格"云云,与焦循论时文、古文之区别时所说"古文以意,时文以形"的意思是相通的。焦循《时文说二》云:"庸奇清浊、浅深华朴,均以形别之。古文以意,时文以形。舍意而论形,则无古

---

① (清)焦循:《剧说》卷一,载《中国古典戏曲论著集成》(八),中国戏剧出版社 1982 年版,第 96—97 页。

② (清)钱泳:《履园丛话》卷三"考索"之"时艺"条,张伟校,中华书局 2006 年版,第 84 页。

文。舍形而讲意,则无时文。故二者不可以相通。然则时文易工乎? 曰:惟以形,工之尤难。"[1]其意是时文以形取胜,其"意"亦即所谓"义理",是《四书》中孔、孟等圣贤所讲过的话,并非深奥不可理解。因此在义理上发挥的余地甚小,而重在说理的形式和角度上的创新;古文则以阐发义理为主,以意取胜。他从文体特征入手,说明八股文与古文的分疆划畛,两者在写作思路上判若泾渭,势若水火。

八股文集古今骈、散文的精华于一身,且明清两朝一直作为读书人进取之资,文人长年累月地揣摩修习,刻骨镂心系于此,深受八股文濡染的文人又是传奇的主要创作者,因此,传奇自诞生之日起便与它有着千丝万缕的联系。《伍伦全备记》作者的"以时文入南曲"曾招致后世曲家的诟评。扬州曲家黄文旸、焦循、凌廷堪等虽然仕途未显,但大多精通八股文。如黄文旸少负才名,早年师从"甘泉二王"之一、名儒王世锦,后又入梅花书院,师事桐城派古文家姚鼐,因而深谙八股文之三昧,"每学使按试,则首拔"。后学凌廷堪就是在他的勉励下开始习举子业,并得以尽阅有明之八股文,洞彻其旨蕴,之后于乾隆五十四年(1789)中式。因此,他们重拾明代曲家之余绪,以八股文来类比戏曲,在当时的社会情势下,客观上起到了抬高戏曲社会地位的作用。同时,在某种程度上,也暴露了斯时传奇创作已日趋僵化的弊端。诚如胡适所说:"这些八股文人完全不懂得戏剧的艺术和舞台的需要(直到明朝晚年的阮大铖和清朝初年的李渔一派,才稍稍懂得戏台的艺术)。他们之中,最上等的人才不过能讲究音乐歌唱,其余只配作八股而已,不过他们在那个传奇的风气里,也熬不过,忍不住,也学填几句词,做几首四六的说白,用八股的老套来写戏曲,于是产生了那无数绝不能全演的传奇戏文!"[2]

如上所述,根据从宏观到微观、从内部到外部的详细考察,扬州曲家得出了一致结论:元杂剧是中国古典戏曲的典范,无人能够超越,足以与唐诗宋词相提并举。这种对元曲的推崇具有确立典范的意义,归根结底是对"古"的崇尚。效法古代,崇尚传统,将之作为现世的理想与模仿、追崇的典范,这是一种人类的普遍寻根心理倾向的表现[3],是以在中国古代文学史上倡导复古运动的事例屡见不鲜。崇古意识成为明清曲家的一种自觉的心理认知,同时也体现为一种文人趣味。事实上明清两代文人曲家对元曲皆有

---

① (清)焦循:《时文说二》,载《雕菰集》卷十,《丛书集成初编》(2193),商务印书馆1935年版,第155页。

② 胡适:《〈缀白裘〉序》,载姜义华主编《胡适学术文集·中国文学史》,中华书局1998年版,第590页。

③ 杜桂萍:《清初杂剧研究》,人民文学出版社2005年版,第21页。

尊崇意识。肇始于明代前后七子倡导发起的文学复古思潮,其"文必秦汉,诗必盛唐,大历以后书勿读"的偏激口号,把复古视作终极目标。在这股强大的文学复古思潮的席卷下,明中叶曲坛崇古之风盛行,元曲作品得以大量刊印,《元曲选》《盛明杂剧》等的编纂就是例证。此外,由"汤沈之争"所引起的晚明曲家对本色、当行理论的热烈探讨,清初金圣叹、毛声山等人对《西厢记》《琵琶记》等元代戏曲作品的评点褒扬,清初吴伟业、王夫之等大家对南杂剧的染指,皆是元曲获得尊崇的存在方式。

清中叶扬州曲家如此旗帜鲜明地倡导元曲,这是戏曲史上值得瞩目的现象。考察其原因,笔者以为有以下三方面:

首先,这是对戏曲本体回归的召唤,同时也是对曲坛弥漫的传奇文辞化创作现象的反拨。从明清传奇史的演进历程来看,康乾时期昆曲演出虽然急管繁弦,盛极一时,传奇创作却千篇一律,生气索然。传奇作家畅意于自我情志的发抒,对于戏曲的场上搬演特性,他们几乎熟视无睹,传奇因此沦为传统文体之一种。在"南洪北孔"的影响下,曲家大都以创作传统诗文的思维方式和表现手法创作传奇,传奇出现诗文化倾向。以史作剧,以剧为史,成为传奇作家的自觉追求。① 因此,这一时期折子戏的演出蔚然成风,艺人专注于表演艺术的精益求精,虽亦有不少新剧目涌现,但往往或流于儿女相思之艳情,或追求情节的怪诞离奇,本色当行之曲并不多见。扬州曲家察觉了曲坛的风气变化,对戏曲创作中的这些现象提出了批评,其中态度最鲜明的要数凌廷堪,其批评尤为激切,直接斥之:"谓之为诗也可,谓之为词也亦可,即谓之为文亦无不可,独谓之为曲则不可。"②正因为这些"文辞之士"的"以盲语盲,递相祖述",曲坛创作风气便"江河日下,遂至破坏决裂,不可救药矣"。因此扬州曲家卢见曾、金兆燕、李斗、凌廷堪、焦循等力倡本色理论,主张以元曲为典范,倡导元人"清空古质"的艺术风格,以矫时人之弊。

其次,与当时扬州城乡发展得如火如荼的花雅竞胜情形有关。从宋元至清中叶,南戏、元杂剧——中国古典戏曲这两种艺术样式已经各自走完了孕育、发展、兴盛和衰落的历史过程。扎根于民间的全新艺术样式——花部戏在扬州获得了蓬勃的发展,相形之下,传唱了300多年的雅部昆曲流行的地盘在日益缩小,不可逆挽地滑落。花雅之争使当时的戏曲格局面临着新的汰洗。黄文旸、金兆燕、李斗、凌廷堪等扬州曲家都参加了乾隆四十六年

---

① 郭英德:《传奇艺术的诗文化》,载《明清传奇史》,江苏古籍出版社1999年版,第549页。

② (清)凌廷堪:《与程时斋论曲书》,载《校礼堂文集》卷二十二,王文锦点校,中华书局1998年版,第193页。

(1781)词曲删改局的校曲工作，他们全面盘点整理过中国古典戏曲资源，深悉雅部昆曲的弊病所在。花部戏曲禀赋质朴的俗文化因子，本质上与元曲相通，因此赢得他们的赞赏。而焦循目睹花部戏在民间的盛行，更是极力推崇元曲。在雅衰花盛这样的现实情势面前，扬州曲家们不免慨叹雅音之衰，因此，重倡古典戏曲审美理想，重整传奇创作的繁盛局面，恢复元曲的审美特征，成为当时他们能做的唯一选择。

再次，要归因于当时乾嘉朴学思潮的影响。如前所述，乾嘉学者普遍推崇汉儒的考证之学，信奉"凡古必真，凡汉皆好"的理念。这样，乾嘉学派不仅为当时的曲学建构提供了考证的方法，而且还为其曲学的建构提供了思想资源，汉儒复古的文学思想在乾嘉学者的运用下也逐渐地向曲学领域渗透。影响所及，戏曲领域也强化了追求经典的要义。乾嘉时期社会承平，文禁严厉，在中央王朝倡导的"尊儒""文治"政策统领下，学者埋头于故纸堆中，考据之风大盛，同时引发了以《四库全书》的编纂为代表的大规模的传统文化整理，在全国范围内的文化领域掀起了一场儒学复古运动。诗、词、曲、小说、散文、骈文等诸种文学样式因此中兴繁荣。这是文学史上诸文体集大成的一个时代。经过近五百年戏曲传统的沾溉，到了清中叶，传奇这种戏曲文体已经为众多文人所娴熟掌握，从历史学角度展开探讨、对古典戏曲的发展进行总结，已是时代赋予曲家的使命。在这样的时代、文化氛围影响下，从对文字的训诂和名物制度的考证，转而对戏曲学进行总结自然是学有余力的曲家焦循的题中应有之义。换言之，"一代有一代之所胜"这一学说最后在焦循手上总结发扬是顺理成章的事情。

总之，通过对中国古典戏曲发展史的全部反思，批判传奇创作中的文辞化倾向，力图恢复和保持元曲的"清空古质"的艺术风格，已经成为有清中叶扬州曲家的共识。

二、作家论

在"凡古必真"的乾嘉朴学思潮的影响下，在对中国古典戏曲史作了总体的溯源梳理以后，扬州曲家一方面以元曲为最高的艺术标准来规范自己的创作，另一方面也以之来评骘戏曲史上的大家，从中传达出他们的曲学宗尚及批评标准。

如对元曲家的推崇和赞许。《易余籥录》卷十五论元曲作家："而金元乃变为曲，关汉卿、乔梦符、马东篱、张小山等为一代巨手，乃谈者不取其曲，仍论其诗,失之矣。"①这里没有提及另一位元曲大家王实甫,显然焦循对他的评价是有所保留的。果然,《剧说》卷二论《西厢记》各种版本之间的流变渊源:"《西厢记》始于董解元,固矣;乃《武林旧事》杂剧中有《莺莺六么》,则在董解元之前。《录鬼簿》王实甫有《崔莺莺待月西厢记》,同时睢景臣有《莺莺牡丹记》。王实甫止有四卷,到草桥店梦莺莺而止,其后乃关汉卿所续(详见《曲藻》及《南濠诗话》)。李日华改实甫北曲为南曲,所谓《南西厢》,今梨园演唱者是也。王实甫全依董解元,惟董以敌贼下书者为法聪,实甫改为惠明。关所续亦依于董,惟董以张珙用法聪之谋,携莺奔于杜太守处;关所续则杜来普救寺也。"②在这里,《西厢记》的世代演变承传脉络清晰,并且指出了王《西厢》因袭董《西厢》的事实。《易余籥录》卷十七云:"王实甫《西厢记》,全蓝本于董解元。谈者未见董书,遂极口称道实甫耳。如《长亭送别》一折,董解元云:'莫道男儿心如铁,君不见满川红叶,尽是离人眼中血。'实甫则云:'晓来谁染霜林醉,总是离人泪。'泪与霜林,不及'血'字之贯矣。……前人比王实甫为词曲中思王、太白,实甫何敢当,当用以拟董解元。"③显然是极为推崇董解元。无独有偶,其好友凌廷堪对王《西厢》也颇有微词,《双调折桂令·读董解元〈西厢记〉》词云:"柳丝亭、换羽移宫。实甫何因,处处雷同。尺素缄愁,泥金报捷,佛殿奇逢。 论衡本、都非蔡邕。月蚀诗,活剥卢仝。举世推崇。妄别妍媸,误杀儿童。"④所谓"实甫何因,处处雷同",即指王《西厢》缺乏独创性,不满于王《西厢》对董《西厢》的剿袭守旧,并云举世推崇王实甫,这其实是张冠李戴,混淆了事实真相,贻害世人非浅,即"误杀儿童"的。因此,他认为,论及王《西厢》的成就时,不应该忽略前人董解元的功劳,"若为《西厢》寻粉本,莫忘醉走柳丝亭"⑤。又如,《论曲绝句三十二首》之九云:"二甫才名世并夸,自然兰谷擅风华。红牙按到《梧桐雨》,可是王家逊白家?"⑥其对王实甫、白朴这两位元曲名家的轩轾是显而易见的。

又如评议传奇曲家,"是曲上去、去上处皆合于古《琵琶记》'衷肠闷损',

---

① (清)焦循:《易余籥录》卷十五,载《国学集要初编》(9),台湾文海出版社1967年版,第369页。

② (清)焦循:《剧说》卷二,载《中国古典戏曲论著集成》(八),中国戏剧出版社1982年版,第105页。

③ (清)焦循:《易余籥录》卷二七,载《国学集要初编》(9),台湾文海出版社1967年版,第388页。

④ (清)凌廷堪:《梅边吹笛谱》之"补录",载《丛书集成初编》(2666),商务印书馆1935年版,第11页。

⑤ (清)凌廷堪:《论曲绝句三十二首》之第六首,载《校礼堂诗集》卷二,《续修四库全书》集部1480,上海古籍出版社2002年版,第23页。

⑥ (清)凌廷堪:《论曲绝句三十二首》之第九首,载《校礼堂诗集》卷二,《续修四库全书》集部1480,上海古籍出版社2002年版,第23页。

可法之至"(《奇酸记》第一折第二出"西门买毒");"此等引子皆《琵琶记》绝技,《白兔》《金锁》亦间有之"(《奇酸记》第一折第五出"卖奸买毒")。可见《琵琶记》是作为曲律之典范被扬州曲家推崇的。不过,他们也没有人云亦云,盲目崇信名家名作。如《琵琶记》《牡丹亭》这两部作品,金兆燕认为前者写蔡邕中举后弃亲,与史实不符,是为"重诬古人",后者写怀春少女为情而出入生死之间,有伤风化,因此,它们仍难免受有识之士讥嘲。尤其是后者的绝妙佳词,被凌廷堪讥为"跃冶之金",锤炼不够。"若临川,南曲佳者盖寡,《惊梦》《寻梦》等折,竟成跃冶之金。"平心而论,才气豪迈的汤显祖在《牡丹亭》中确有施逞才情,词语晦涩,文情过甚之嫌,且许多曲子不合声律,在当时就颇受讥评,因此遭到同时曲家改窜。

又如对于南杂剧作家徐渭,扬州曲家甚为推崇。《论曲绝句三十二首》之十八云:"《四声猿》后古音乖,接踵《还魂》复《紫钗》。一自青藤开别派,更谁乐府继诚斋?"①凌廷堪充分肯定了徐渭在《四声猿》中自我作祖的艺术创新精神,认为他开辟了艺术的新天地。此外,《奇酸记》眉批中也不时可见此类批语,如"此一折文长、坦庵能事尚嫌薄弱。作者亦不自信其到此地步也"(第四折第六出"孝成酸释");"昔者有客论《奇酸记》曰:元人北曲千古无二,后之来者东嘉、文长,似是而非。玉茗四种,《邯郸》《南柯》较可,《牡丹》《紫钗》体格卑弱。宗玉茗者几千万人,东塘、昉思为杰出,红友、笠翁相继武,亦可谓之极盛矣。而世独不知《坦庵六种》者,元人之后硕果仅存"(第二折第四出"侥幸秋千")。可见徐渭是扬州曲家创作时效仿的典范。

清初传奇名家洪昇、孔尚任素有"南洪北孔"之誉,但是扬州曲家并未盲目崇信,人云亦云,而是有着自己的看法。"下里纷纷竞品题,杨阿激楚付泥犁。元人妙处谁传得,只有晓人洪稗畦。"②凌廷堪认为元人的传统遭到了严重的践踏和破坏,只有洪昇才很好地继承了它。《与程时斋论曲书》在对自金元以来的古代戏曲史作一回顾和考察后,凌廷堪自然而然地得出了结论,"四百年来,中流砥柱,其稗畦之《长生殿》乎!"凌氏特别偏好洪昇,这固然是因为《长生殿》在结构、文辞上确属上乘之作,但其格律谨严,却是赢得凌氏激赏的最主要原因。其好友程枚《一斛珠》传奇以"法律亦如稗畦,不废元人绳墨",被誉为疗时俗之良药,"余以为近时度曲家未睹东篱、兰谷之面

---

① (清)凌廷堪:《论曲绝句三十二首》之第十八首,载《校礼堂诗集》卷二,《续修四库全书》集部1480,上海古籍出版社 2002 年版,第 23 页。

② (清)凌廷堪:《论曲绝句三十二首》之第三十二首,载《校礼堂诗集》卷二,《续修四库全书》集部1480,上海古籍出版社 2002 年版,第 24 页。

目,但希青藤、玉茗之瞋笑,折腰龋齿,自以为工。得时斋此剧药之,庶几其有疗乎!"①

无独有偶,焦循亦极为推崇洪昇,许为"近人曲家第一"。《剧说》卷四云:"稗畦居士洪昉思昇,仁和人,工词曲,撰《长生殿》杂剧,荟萃唐人诸说部中事及李、杜、元、白、温、李数家诗句,又刺取古今剧部中繁丽色段以润色之,遂为近人曲家第一。"②显然主要从情节和词采立论。又如李斗《奇酸记》眉批所云,"规仿昉思,恰便是收拾西门六房,点石成金,转觉蓝本词源已绝","全规昉思,其双声叠韵合伊异常"(第二折第六出"一十八滚"),则从关目改编和谨遵音律着眼。可见洪昇在他们心目中的地位确实非同一般。

不过,清初另一位传奇大家孔尚任就遭到他们的诟病。凌廷堪评骘前代曲家时,并不看好孔尚任。在《与程时斋论曲书》中,他没有提及孔尚任,所谓"或诃秾艳,或矜考据"云云,陆萼庭认为虽未点名,实指《桃花扇》而言;而《桃花扇》之所以未收入《曲海目》,"除了政治上的原因,这里似乎还有校曲者个人的好恶在起作用。明确地说,这位校曲者,就是凌廷堪"③。客观而言,《桃花扇》的不守乐律也招致了后人的诟病,如近代曲家吴梅深惜其不谐度声,"有佳词而无佳调"④。因此,康熙以后《桃花扇》很快便在舞台上销声匿迹,主要以案头文学的形式在戏曲史上留名。

而前代曲家徐石麒因与扬州籍曲家黄文旸、李斗、焦循等人甚有渊源,成为他们的曲学楷模。徐石麒(? —1675后),字又陵,号坦庵;一说名善,字长公。其先为浙之鄞县人,明初迁扬州。善画花卉,工诗词,兼制曲。《(嘉庆)重修扬州府志》卷五十三小传云:"石麒承父教,精研名理,好著书,尤精词曲,入白仁甫、关汉卿之室。"⑤明亡后绝意科举,隐居甘泉北湖,以著述自娱。著有《坦庵词曲六种》,除词集《瓮吟》、散曲集《忝香集》外,另四种曲为杂剧《买花钱》《大转轮》《浮西施》和《拈花笑》,今传世;另有传奇《珊瑚鞭》《九奇逢》《辟寒钗》《胭脂虎》四种,除《珊瑚鞭》外,皆散佚。

徐石麒家族词曲承传,其三子、女元瑞、侄元美各禀才艺,诗曲唱和。其女元瑞不仅擅长诗文,还通晓音律。史载徐石麒每成一曲,必与之切磋而

---

① (清)凌廷堪:《〈一斛珠传奇〉序》,载《校礼堂文集》卷二十八,王文锦点校,中华书局1998年版,第263页。

② (清)焦循:《剧说》卷四,载《中国古典戏曲论著集成》(八),中国戏剧出版社1982年版,第154页。

③ 陆萼庭:《曲家小记》之"凌廷堪",载《清代戏曲家丛考》,学林出版社1995年版,第213页。

④ 吴梅:《中国戏曲概论》,载王卫民编《吴梅戏曲论文集》,中国戏剧出版社1983年版,第177页。

⑤ (清)阿克当阿等纂:《(嘉庆)重修扬州府志》卷五十三"人物志八隐逸",载《中国地方志集成:江苏府县志辑41》,江苏古籍出版社1991年版,第226页。

定。黄文旸妻张因之母徐氏,系徐石麒曾孙女,李斗之女、焦循之妹又嫁入
黄家,因此黄文旸、李斗、焦循对徐石麒这位前辈曲家颇为推重。这种敬慕
之情在传奇《奇酸记》夹批中得到了淋漓尽致的表达,如第二折"内相呈身启
秘图"第四出"侥幸秋千"眉批云:

> 【蔷薇花】见于《王焕传奇》,说者以为大有元人北曲遗意,是作如此
> 等妙处不可枚举。如此尾声古今无两。昔者有客论《奇酸记》曰:元人
> 北曲千古无二,后之来者东嘉、文长,似是而非。玉茗四种,《邯郸》《南
> 柯》较可,《牡丹》《紫钗》体格卑弱。宗玉茗者几千万人,东塘、昉思为杰
> 出,红友、笠翁相继武,亦可谓之极盛矣。而世独不知《坦庵六种》者,元
> 人之后硕果仅存。《奇酸记》曲白专用原书,作者本意不过欲为传奇创
> 局。不知因难见巧,已得破参元人,在作者更不自知其已入元人之座
> 也。近日因评《奇酸记》,遂以此话质之楸枰老人,亦云信然。①

所谓"有客论"云云,按其论曲口吻,酷似凌廷堪,而"楸枰老人"应为黄文旸
(字秋平),又是李斗亲家翁。考察这段论述,无疑黄、凌、李三人认为元曲是
独一无二的曲学高峰,无人可以逾越,后来之曲家如高明、徐文长已是丧失
其主旨精神,似是而非,此后每况愈下。唯徐石麒之《坦庵六种》可列配飨元
曲之俦伍,《奇酸记》亦踵武元人。从这段批注中可见论者极为自负,完全以
元曲衣钵继承者居之。又如,"此一折文长、坦庵能事尚嫌薄弱。作者亦不
自信其到此地步也"(第四折第六出"孝成酸释")。其口气显然甚为自夸。
李斗等曲家将徐石麒与徐渭相提并论,自然是出于对徐石麒这位乡贤的景
仰回护之情,这种对地域曲学传统的体认,多少与桑梓之情相关联,有时难
免因此感情因素而有失公允。

焦循对徐石麒亦推崇备至,《北湖小志》中专门为这位里中前辈作传,谓
其"隐于词曲者也,其推论经史,探论道德,岂屯田、梦窗之流","当时邑中著
述之富,未有能过之者",赞叹其"尤精度曲,入白仁甫、关汉卿之室,郭士璟
谓其'感愤之怀,寄之诗赋;滑稽之致,寄之南北曲'。吾友凌廷堪工词曲,能
造于微,最称石麒,谓其合于元人本色"②,从中亦可知凌廷堪对徐石麒戏曲
之"元人本色"最为赞许。扬州曲家推崇元曲并非空穴来风,源头可追溯至

————————

① (清)李斗:《奇酸记》第二折"内相呈身启秘图"第四出"侥幸秋千"眉批,清乾隆六十年(1795)至
嘉庆刻本。
② (清)焦循:《北湖小志》卷三"徐坦庵传第九",孙叶锋点校,广陵书社 2003 年版,第 46 页。

此。焦循曾辑徐坦庵、罗然倩、范石湖三家词集为《北湖三家词钞》，"太学刻之，里中耆旧赖以传焉"①，对这位先贤极尽仰慕之情。

应该说，就戏曲成就而言，徐石麒充其量也就是二三流戏曲作家，然而在李、黄、焦、凌等曲家眼中，却是可与徐渭等大家相媲美，甚至远远超越汤显祖等人，李斗更是极尽夸耀之能事，将之描述成一位戏曲大家，即使治学崇尚求真精神的焦循、凌廷堪等经学家对此似乎也失去了准确的曲学评判标准，这显然是过誉了。

三、过崇元曲与扬州曲家戏曲史论的局限性

综上所述，扬州曲家对中国古典戏曲发展史进行了全面深入的考察。凌廷堪、焦循等以经史大家之身份染指戏曲，其用力之殷勤，爱好之热忱，委实令人钦佩。他们一方面将古典戏曲遗产进行了全盘的文献整理，另一方面又从理论上梳清了戏曲史的发展脉络，并做出了完整的描述，其探讨的触觉也伸展到了具体的曲家和作品的品评玩味，从而得出了以元曲为典范的结论，这样的结论当然具有一定的合理性，也富有现实意义。有些精辟的见解，至今仍为当代治曲者引用。

但扬州曲家的戏曲史论也有其局限性，这主要表现在他们过于推崇元曲，以之为曲学的最高典范。这是一种近乎盲目崇拜的推崇，在扬州曲家看来，古典戏曲的审美特征在元代已得到充分实现，后世无法企及和超越，因此认为自元曲之后，戏曲一代不如一代，呈衰微之势。如凌廷堪就说过："窃谓杂剧，盖昉于金源。金章宗时有董解元者，始变诗余为北曲。……元兴，关汉卿更为杂剧，而马东篱、白仁甫、郑德辉、李直夫诸君继之，故有元百年，北曲之佳，偻指难数。……元之际也，又变为南曲，则有施君美之《拜月》，柯丹丘之《荆钗》，高东嘉之《琵琶》，始谓之为传奇。盖北曲以清空古质为主；而南曲为北曲之末流，虽曰意取缠绵，然亦不外乎清空古质也。自明以来，家操楚调，户擅吴歈；南曲寖盛，而北曲微矣。虽然，北曲以微而存，南曲以盛而亡。何则？北曲自元人而后，绝少问津。……若夫南曲之多，不可胜计，握管者类皆文辞之士。……（汤显祖）惟北曲豪放疏宕，及科诨立局，尚有元人意度。此外，以盲语盲，递相祖述。至宜兴吴石渠出，创为小乘，而嘉

---

① （清）焦廷琥：《白茆草堂记》，载《北湖续志》卷三，阮先辑，孙叶锋点校，广陵书社 2003 年版，第34 页。

兴李渔效之,江河日下,遂至破坏决裂,不可救药矣。"①这样,就给人一种印象,似乎戏曲是越古越好,其发展趋势是一代不如一代,南曲总体成就不如北曲,传奇又不如南曲,发展至清初,更是每况愈下。这种食古不化的论调,既与中国古典戏曲发展的历史事实不相吻合,也与他们"一代有一代之所胜"的发展史观相矛盾。

应该说,任何一种文体,往往是起于俗而成于雅,雅因俗而大,俗因雅而精,在雅俗互动中,产生一种大雅大俗的经典。元杂剧正是文人文化和民间文化互融的产物,因此扬州曲家对元杂剧的普遍尊崇自是情理之中,这也是元剧诞生后数百年的曲学传统。客观地说,对于元曲,明清两代的文人曲家们普遍存有一种将其尊为典范的崇敬心理,在明清以来的审美风尚中虽然杂剧逐渐脱离了舞台,其本身也受传奇濡染影响,异化成一种新的样式——南杂剧,但是始终保持了具有典范意义的指导地位,因之"复元"成了数百年来戏曲创作和革新的主要口号和目标,其对明清传奇的影响是巨大的、无可估量的,但是,过于盲目地崇元、复元,这无疑走上了模拟、剿袭元曲的机械复古的老路。从总体倾向上看,扬州曲家们根据声腔发展变迁的轨迹,来考察中国古典戏曲诞生、发展、兴盛、衰落的历程,是颇具历史发展眼光的。然而上述论调无异对此作了自我否定,这又是他们过于推崇元曲所导致的必然结果。

过于推崇元曲,再加上对传奇的固有成见,因此其评价尺度就变得非常褊狭。体现在具体曲家的品评上,就显得有失偏颇。如评汤显祖,"若临川,南曲佳者盖寡,《惊梦》《寻梦》等折,竟成跃冶之金。惟北曲豪放疏宕,及科诨立局,尚有元人意度"②。在凌廷堪看来,传奇名家汤显祖可取的也就寥寥数支北曲而已。这样的评议自然不能令人信服,年辈稍晚的郭麐即说过:"近见凌仲子论词云,词以南宋为极,能继之者竹垞,至樊榭则更极其工,后来居上。北曲填词以关汉卿诸人为至,犹词家之有姜张,后之填词家如文长、粲花、笠翁皆非正宗。玉茗词坛飞将,然能合元人者,惟《牡丹亭·圆驾》一则。近人如洪昉思《长生殿》乃能直逼元人,其气韵迥与诸人不类。其言累数百,余不能尽记,且于此道无深解,不敢强为之说,然总觉玉茗之才,非

---

① (清)凌廷堪:《与程时斋论曲书》,载《校礼堂文集》卷二十二,王文锦点校,中华书局1998年版,第193页。

② (清)凌廷堪:《与程时斋论曲书》,载《校礼堂文集》卷二十二,王文锦点校,中华书局1998年版,第193页。

余子可及。"①杨懋建亦云:"凌仲子在扬州曲局修曲谱,观金元明人南北曲,论定别裁,于本朝独推洪昉思《长生殿》为第一,而明曲雅不喜玉茗堂,且谓四梦中以《牡丹亭》为最下,其中北曲尚有疏快之作,南曲多不入格,至于《惊梦》、《寻梦》诸出,世人所瓣香顶礼者,乃几如跃冶之金矣。余于曲学未涉藩篱,固未敢奉一先生之说遽定指归也。"②对南曲尤其是传奇评骘太苛,是其持论招致世人不满的主要原因之一。

扬州曲家戏曲史论的狭隘、僵化之弊,更突出地反映在他们对明以后特别是明末清初传奇的评论上。客观而论,明末清初是中国古典戏曲史上的黄金时期,名家辈出,佳作如林,创造了传奇史上的辉煌,树立起了第二座丰碑,堪与元曲媲美。然而,扬州曲家却缺乏这种辩证的眼光。他们在理论上,虽然也强调"一代有一代之所胜",但以元曲作参照,其审美评价便失去了令人信服的标准。即使是对某些作品有所肯定,也多是从"元人绳墨"着手。《剧说》卷五:"填词高手如陈大声、沈青门之属,俱南北散套,不作传奇;惟周宪王所作杂剧,名《诚斋乐府》,往往调入弦索,有金元风范"③;"前明一代,仅存饩羊者,周宪王、陈秋碧及吾家初成数公耳。……四百年来,中流砥柱,其稗畦之《长生殿》乎!"④凌廷堪、焦循所激赏的朱有燉、陈铎及凌濛初都是杂剧作家,在艺术成就上其实至多属二三流,显然其着眼点在体制和风范上紧步元人。对此明人已有评价,如沈泰评朱有燉《香囊怨》杂剧曰:"大约国初风致,仿佛元人手笔,犹初唐诸家,不失汉魏遗意。"⑤沈德符《顾曲杂言》亦云:"周宪王所作杂剧最多……至今行世,虽警拔稍逊古人,而调入弦索,稳协流丽,犹有金元风范。"⑥明前期杂剧观念对元代的沿承,主要表现在体制和艺术风范的蹴武元人。明前期的杂剧多以北曲四大套编成,采用一人主唱的表演方式,角色的穿插,题目正名及楔子的运用,皆按元剧通例,艺术风范与元人相去未远。唯一能入他法眼的洪昇,固然是因为《长生殿》在结构、文辞方面均为上乘之作,但是其曲调协律,音律精严,"不废元人绳墨",却是赢得凌氏激赏的最主要原因。

---

① (清)郭麐:《灵芬馆诗话》卷十一,载《续修四库全书》集部1705,上海古籍出版社2002年版,第412页。
② (清)杨懋建:《梦华琐簿》(不分卷),载《笔记小说大观》4编9册,台湾新兴书局有限公司1981年版,第6134—6135页。
③ (清)焦循:《剧说》卷五,载《中国古典戏曲论著集成》(八),中国戏剧出版社1982年版,第181页。
④ (清)凌廷堪:《与程时斋论曲书》,载《校礼堂文集》卷二十二,王文锦点校,中华书局1998年版,第193页。
⑤ (明)沈泰:《香囊怨》总批,载《盛明杂剧》二集,民国十四年(1925)诵芬室丛刊。
⑥ (明)沈德符:《顾曲杂言》(不分卷),清抄本。

与之相伴随的是,扬州曲家对所制传奇的自我评价过高,这也是他们偏爱元曲的另一种表现。他们既以元曲为评骘标准,势必以之为创作准绳,并因此夸饰自己,自视甚高也就不足为奇了。《旗亭记》中不时可见此类以元人自许的评论,如"清空如画,自是填词上乘";"小曲亦自清新,不入俗套";"轻清之笔如不经意,直得元人神髓,非但王家可儿句虚话入妙也"①。《奇酸记》批语中更是有大量以元人自诩甚至超越元人之辞,如"是作无一借韵,惟此曲'咸'字以隔句对,用全句借韵,是元派也"②;"元人北曲之妙在纯是北人声音,是书所用实字衬字,无一不是北人土语,故能步武元人"③;"凡白中集句、曲中五七字、流水对句,间用土语贯串,诗赞清空一气流走,元人未见有此"④;"以极淫亵语为规箴,古人无此能事"⑤;"如此尾声,古今无两";"《奇酸记》曲白专用原书,作者本意不过欲为传奇创局。不知因难见巧,已得破参元人,在作者更不自知其已入元人之座也"⑥;"《奇酸记》皆用原书北人土语,故不但南曲能媲美元人,至于北曲套数直造元人堂奥"⑦;"自有传奇以来,仅此片玉有一无二"⑧;"《奇酸》北曲侪伍元人,而每一发端,勾魂摄魄。每一务头,调叶宫商,每一出包括全书,无一剩义。自有传奇以来未见如此作手"⑨;"以文而论,《西厢》有顿宕而不质实,《琵琶》能质实而少顿宕。是出兼而有之。《琵琶》能貌似元人,是书能骨是元人。盖天分既高,取径亦胜也"⑩;"真是元人""元人嫡派""此一折文长、坦庵能事尚嫌薄弱。作者亦

---

① (清)卢见曾:《旗亭记》眉批,载金兆燕、卢见曾《旗亭记》,清乾隆年间雅雨堂刻本。
② (清)李斗:《奇酸记》"楔子"眉批,清乾隆六十年(1795)至嘉庆刻本。
③ (清)李斗:《奇酸记》第一折"梵僧现世修灵药"第一出"灵药现身"眉批,清乾隆六十年(1795)至嘉庆刻本。
④ (清)李斗:《奇酸记》第一折"梵僧现世修灵药"第二出"西门贾毒"眉批,清乾隆六十年(1795)至嘉庆刻本。
⑤ (清)李斗:《奇酸记》第一折"梵僧现世修灵药"第四出"玉楼酸赏"眉批,清乾隆六十年(1795)至嘉庆刻本。
⑥ (清)李斗:《奇酸记》第二折"内相呈身启秘图"第四出"侥幸秋千"眉批,清乾隆六十年(1795)至嘉庆刻本。
⑦ (清)李斗:《奇酸记》第二折"内相呈身启秘图"第五出"计捉情缢"眉批,清乾隆六十年(1795)至嘉庆刻本。
⑧ (清)李斗:《奇酸记》第三折"薛尼种子造奇方"第二出"边防旗谶"眉批,清乾隆六十年(1795)至嘉庆刻本。
⑨ (清)李斗:《奇酸记》第三折"薛尼种子造奇方"第四出"花魔勾孽"眉批,清乾隆六十年(1795)至嘉庆刻本。
⑩ (清)李斗:《奇酸记》第三折"薛尼种子造奇方"第五出"一觊亡身"眉批,清乾隆六十年(1795)至嘉庆刻本。

不自信其到此地步也"①;等等。程枚《一斛珠》因"法律亦如稗畦,不废元人绳墨",被好友凌廷堪誉为疗时剧之弊的典范。上述评论,便是从元曲审美特征着眼,遂步入误区,以致执迷不悟,难于自拔。扬州曲家这种根深蒂固的崇元复元心理定式,阻碍了戏曲观念的解放和戏曲创作的革新。

其实,任何一种戏曲形态都有其发生、发展、鼎盛、衰落的变迁过程,一旦失去了存在的时代意义,其社会价值就值得推敲了。元曲的审美趣味虽然贴近大众,但其四折一楔子的体制,决定了它在反映广阔的社会生活、丰富的表情达意上无法和动辄五六十出大容量的传奇相媲美。这也是元季它被南曲一举取代的重要原因。早于扬州曲家一百多年,明代曲论家沈宠绥就已指出,南词兴北曲衰,乃"气运使然",并在《度曲须知·曲运隆衰》中用发展的眼光阐释了这一文体嬗变现象。扬州曲家生活的有清中叶,元曲和传奇的黄金时期都已成为明日黄花,它们的衰落趋势是不以人的意志为转移的,任何人都无法力挽狂澜。扬州曲家的戏曲复古主张只是他们勾画的一幅美丽图景而已。

不过他们对元曲的过度推崇并非空谷足音,殊乏同调。元曲的当行本色,在明人看来,已经是一种可望而不可即的审美理想。如孟称舜就认为:"予谓元曲固不可及,其宾白妙处更不可及。如此剧与《赵氏孤儿》等白,直欲与太史公《史记》列传同工矣。盖曲体似诗似词,而白则可与小说、演义同观。"就连很有个性的陈洪绶,也说"今人所以不及古人者,其气味厚薄不同故也"②。这些都属于以古非今的典型事例,因为对元剧的崇拜弘扬而走向妄古非今的极端,将前人神圣化了。这一派过度"崇元"论调,究其实质是对简淡、天真、自然的朴素美的过度追求和极端肯定,也是对元曲黄金时代再现的一种向往和憧憬。其影响在后世仍然很大,在扬州曲家身上体现得尤其明显。

第四节 扬州曲家的戏曲创作论

经过元明两代曲家的戏曲创作实践和理论探索,清代戏曲理论进入了总结时期。有清中叶,传奇的黄金时期已经过去,作为一种成熟的、已发展

---

① (清)李斗:《奇酸记》第四折"禅师下山超掌业"第六出"孝成酸释"眉批,清乾隆六十年(1795)至嘉庆刻本。

② (明)陈洪绶:《花前一笑》第一折眉批,载《古今名剧合选》第八集,1958年《古本戏曲丛刊初集》影印本。

了上百年的戏曲艺术样式,传奇的艺术魅力日益被其自身暴露出的弊端所掩盖,生命力渐趋消歇。而活跃于民间的各地方戏却潜滋暗长,不断从传奇艺术中汲取养料,散发出勃郁的生机。在此种现实情势下,扬州曲家对戏曲创作中的虚实论、声律论、本色论等问题重新进行了探讨。

一、虚实论

在历史剧的创作过程中,剧作家往往会涉及对题材的真实与虚构的处理,也就是对历史事件的采纳与改写问题。明中后期,"寓言说"在曲坛甚为风靡,传奇作家大多主张创作时注重"虚实相生"或"贵虚"。如万历时人谢肇淛认为,"凡为小说及杂剧戏文,须是虚实相半,方为游戏三昧之笔"①。之后戏曲理论家王骥德在《曲律·杂论》中总结说:"剧戏之道,出之贵实而用之贵虚……以实而用实者易,以虚而用虚者难。"而且总结了历史剧对艺术真实的认识的变化。"古戏不论事实,亦不论理之有无可否,于古人事多损益缘饰为之,然尚存梗概。后稍就实,多本古史传杂说施丹垩,不欲脱空杜撰。迩始有捏造无影响之事以欺妇人、小儿者,然皆优人及里巷小人所为,大雅之士亦不屑也。"②即戏曲若以历史为题材,在保持史实"梗概",不"脱空杜撰"的前提下,"于古人事"可以"损益缘饰为之"。王氏描述的这三个阶段,表达了历史剧虚实结合的三种情况:一是虚实结合的古戏阶段;二是稍微就实的阶段;三是纯粹虚构的阶段。显然,王骥德是以虚实结合的古戏为典范的。胡应麟说:"凡传奇以戏文为称也,亡往而非戏。故其事欲谬悠而亡根也,其名欲颠倒而亡实也。反是而求其当焉,非戏也。"③吕天成说:"有意驾虚,不必与事实合。"④不少历史剧被剧作家借以表现他们的观念和情感,对史实和史事细节的遵从下降到次要地位。

明末清初受实学思潮的诱导,提倡求实的信史观在曲坛大为风行。尤其是《长生殿》《桃花扇》这两部彪炳史册的传奇作品面世后,强调事有所本,言必有据,力图以传奇为史传,以抬高传奇的"身价",成为这一时期传奇创作的普遍倾向。作剧多附考据本末,剧论耽于考证本事,都是这种倾向的鲜明表征。以史作剧,以剧为史,成为这一时期传奇作家的自觉追求。⑤ 两剧

---

① (明)谢肇淛:《五杂俎》,中华书局 1959 年版,第 447 页。
② (明)王骥德:《曲律》,载《中国古典戏曲论著集成》(四),中国戏剧出版社 1982 年版,第 209 页。
③ (明)胡应麟:《少室山房笔丛》卷四十一"庄岳委谭下",上海书店出版社 2001 年版,第 425 页。
④ (明)吕天成:《剧品》,载《中国古典戏曲论著集成》(六),中国戏剧出版社 1982 年版,第 210 页。
⑤ 郭英德:《明清传奇史》,江苏古籍出版社 1999 年版,第 552 页。

对当时及之后的曲坛产生了深远的影响,尤其《桃花扇》以史为本的创作主张和创作实践,堪称"曲史"的典范,开启了一代尚实之风。正如吴梅所说:"二家既出,于是词人各以征实为尚,不复为凿空之谈。所谓陋巷言怀,人人青紫,闲闺寄怨,字字桑濮者,此风几乎革尽,曲家中兴,断推洪、孔焉。""观其自述本末,及历记考据各条,语语可作信史。自有传奇以来,细按年月、确考时地者,实自东塘为始,传奇之尊,遂得与诗文同其声价矣。"①

扬州曲家对历史剧创作中的"虚实"问题,经历了一个从"求实"到"谬悠"的选择过程。在"南洪北孔"的影响下,流风所及,扬州曲家自觉地接受了两位先辈的理论主张,基本遵循了《长生殿》《桃花扇》两剧的创作原则及创作模式。在传奇创作过程中,他们大多创作态度严谨,在拈笔创作之初,往往先作传记,再谱之成曲,搬上舞台。如江周在创作《赤城缘》时,先叙事作记,播传一时,后再谱成戏曲。此剧命意布局,脱胎于戏曲大师汤显祖《邯郸》《南柯》二记及杨慎之《洞天玄记》。也有的在剧本前附上"本事考",郑重说明故事本诸"史"部或"说"部,如金兆燕、卢见曾在《旗亭记》前列《集异记》《全唐诗》《唐书》《通鉴纲目》中的相关历史事迹记载等。

蒋士铨以作史传文章的手法创作传奇,可谓清中叶曲家的典型。他历任武英殿纂修、续文献通考纂修、国史馆纂修等职,在其所有戏曲作品的封面上都标注"史院填词"的字样,剧中自序的题款也以"史笔""史官"自居。蒋士铨推崇董狐实录精神,以正直历史家南史、董狐等为典范,以作史的严肃态度来创作戏曲,创作了一大批征实尚史的历史剧。编写剧本时,他特别注重考订史实的真实性和准确性。如写《四弦秋》,以白居易《琵琶行》诗为纲,更杂引《唐书》元和九年、十年时政,及《香山年谱》《白香山诗后集自序》,排组成章。写《临川梦》,杂采各书及《玉茗集》中所载种种情事。有时甚至先根据史传写出人物传记,然后按传铺叙。如《临川梦》前附《玉茗先生传》,《雪中人》之前附《铁丐传》,《桂林霜》之前附《马文毅公传》,即是如此。以曲为史,以写史的态度写剧,这是蒋士铨剧作的一大特点。

"扬州八怪"之一罗聘曾经给蒋氏传奇《香祖楼》作序,在比较了《香祖楼》《空谷香》两剧的创作构思后,说:"昔人以填词为俳优之文,不复经意,作者独以古文法律行之。'搏兔用全力',君子于其言无所苟而已矣,不信然乎。"②明确指出蒋氏"以古文法律行之"的事实。无独有偶,《(同治)铅山县

---

① 吴梅:《中国戏曲概论》,载王卫民编《吴梅戏曲论文集》,中国戏剧出版社 1983 年版,第 177、181 页。

② (清)罗聘:《论文一则》,载蒋士铨《蒋士铨戏曲集》,周妙中点校,中华书局 1993 年版,第 549—550 页。

志》卷十五亦云："其写忠节事,运龙门纪传体于古乐府音节中,详明赅洽,仍自伸缩变化,则尤为独开生面,前无古人。"①可见,蒋士铨的以史传笔法作剧在当时已经形成共识,且影响甚大。所谓"运龙门纪传体",即采用了司马迁《史记》式的历史编纂方式来创作传奇作品。这种向史传叙事传统的复归和演化,其实是传奇文人化的一种极端表现。不过,在当时却赢得了曲家的激赏,杨恩寿《词余丛话》卷二云："《藏园九种》,为乾隆时一大著作,专以性灵为宗。具史官才、学、识之长,兼画家皱、瘦、透之妙,洋洋洒洒,笔无停机。……非卮西、笠翁所敢望其肩背,其诗之盛唐乎?"②在蒋氏的影响下,乾隆年间曲坛求实之风蔚然大兴,成为创作主流。③

但是,传奇创作毕竟不同于史家实录,过分尚实势必会湮没传奇自身的戏剧属性,最终使传奇沦为史学的附庸。同时剧作家的创作自由受到了较多的束缚。曲坛征实尚史之风愈演愈烈,至乾隆末年,一些有识见的扬州曲家洞若观火,对这种风气提出了严厉的批判。

凌廷堪可谓态度决绝者。《论曲绝句三十二首》是乾隆四十四年(1779)他客寓仪征时所作。虽然其时涉猎曲学未久,但眼光敏锐的凌廷堪对曲坛过于拘泥史实的创作之风气,进行了讥评。其十二云："仲宣忽作中郎婿,裴度曾为白相翁。若使硁硁征史传,元人格律逐飞蓬。"诗注云："元人杂剧事实多与史传乖迕,明其为戏也。后人不知,妄生穿凿,陋矣。"④唐代贤相裴度竟然在杂剧中成为白居易之弟的岳翁,显然其事是乖谬不实的,凌廷堪明确指出元杂剧中情节多所杜撰,与史实出入极大,后世人以史传考证之法去穿凿附会,这非常鄙陋可笑。

其十五云："是真是戏妄参详,撼树蚍蜉不自量。信否东都包待制,金牌智斩鲁斋郎。"诗注云："元人关目往往有极无理可笑者,盖其体例如此。近之作者乃以无隙可指为贵,于是弥缝愈工,去之愈远。"⑤更是明确宣言元杂

① (清)张廷珩纂、华祝三修:《(同治)铅山县志》卷十五"人物·儒林",载《中国地方志集成:江西府县志辑25》,江苏古籍出版社1996年版,第318页。

② (清)杨恩寿:《词余丛话》卷二,载《中国古典戏曲论著集成》(九),中国戏剧出版社1982年版,第251页。

③ 孙书磊在《曲史观:中国古典史剧文人创作的中心话语》(刊载于《求是学刊》2002年第4期)一文中指出,现存105种清代文人创作的历史题材传奇中,49为乾嘉时期作品;现存114种清代文人创作的历史题材杂剧中,45种为乾嘉时期的作品。

④ (清)凌廷堪:《论曲绝句三十二首》之第十二首,载《校礼堂诗集》卷二,《续修四库全书》集部1480,第23页。

⑤ (清)凌廷堪:《论曲绝句三十二首》之第十五首,载《校礼堂诗集》卷二,《续修四库全书》集部1480,第23页。

剧具有虚构的成分。凌廷堪认为,元人杂剧的情节关目与史实多有出入,甚至有颇谬情理、无理可笑之处,这是由其艺术虚拟性所决定的。而时人以历史乃至细节真实来要求传奇创作,势必会"弥缝愈工,去之愈远"。所谓"以无隙可指为贵""弥缝愈工,去之愈远"其实针对的是时人对《琵琶记》《西厢记》等元人作品的改窜及其评价现象。有的是"弥缝愈工",作戏曲细节上的调整;有的则是删改情节而向观念形态的封建伦理靠拢。如金圣叹对《西厢记》的批改,李渔对《琵琶记》的指责与改动。因此,凌廷堪对当时曲坛流行的"或诩秾艳""或矜考据"的风气极为不满。

事实上,早期的扬州曲家就在历史题材传奇中开始了"戏说"。《旗亭记》传奇叙写唐开元诗人王之涣与友人高适、王昌龄旗亭赌唱,乐伎谢双鬟慧眼识才,互订终身,在安史之乱中破贼立功,后王之涣考中状元,奉旨完婚事。本事出《集异记》,但全剧自旗亭赌唱以后,皆系曲家们虚构缘饰而成。"开场"【蝶恋花】曲云:"画壁风流争羡美,不遇娇娃,绝调谁知己。一曲凉州千载矣,才人几个能如此。   点笔休嫌多附会,恢复奇功,抹杀貔貅辈。决胜但凭谋定耳,留侯那戴盔兜子。"①所谓"点笔休嫌多附会",直接表明作者的创作态度,亦即为构成新戏,增添戏曲情趣,不妨在总体核实的历史故事中点缀生花妙笔。

金兆燕、卢见曾承认传奇的本质是"寓言",但认为在艺术虚构的过程中,人物性格、剧情发展要符合人情物理,不能过于突兀,因此袁于令的《西楼记》传奇便受到了他们的讥评。《〈旗亭记〉凡例》云:

> 有奇可传,乃为填词。虽不妨于傅会,最忌出情理之外。《西楼记》于撮合不来之时,突出一须长公杀无罪之妾,以劫人之妾而赠萍水之友以为妻。结构至此,不谓之苦海,得乎?②

传奇传"新奇可传"之事,戏曲自诞生之日起即为曲家所首肯,晚明时曲家一度曾发挥至极致,出现过于矜奇炫异、不顾整体艺术效果的不良倾向,陷入"生甫登场,即思易姓,且方出色,便要改装"③之"但要出奇,不顾文理"的"狠求奇怪"的创作怪圈。因此,金兆燕、卢见曾在承认传奇的虚拟特性的前提下,提出创作要符合人情物理。这其实已为曲家形成共识。清初李渔就

---

① (清)金兆燕、卢见曾:《旗亭记》第一出"开场",清乾隆年间雅雨堂刻本。
② (清)金兆燕、卢见曾:《〈旗亭记〉凡例》,载《旗亭记》卷首,清乾隆年间雅雨堂刻本。
③ (明)张岱:《答袁箨庵》,载《琅嬛文集》卷三,云告点校,岳麓书社 1985 年版,第 143 页。

明确提出:"凡作传奇,只当求于耳目之前,不当索诸闻见之外。"①所针对的就是明季曲坛弥漫的尚奇述怪之风。

程枚因不满《长生殿》之主旨立意,有意反其事行之,乃撰《一斛珠》传奇。剧叙唐明皇李隆基与梅妃江采蘋姻缘离合事,大致本唐曹邺《梅妃传》,记中杂取杜甫事附之,略据新旧《唐书》本传,然写杜甫驾前献赋,钦赐状元及第,军前参赞,与房琯合兵,大破安禄山军,授集贤院学士,迁同平章事,则传中所无,凭空撰出。其末出"珠圆"最后一支【北尾煞】唱道:"料得人心恨全补,证情缘一斛明珠。歌板中又添将新乐府。"其下场诗云:"空中楼阁现当场,铁树开花也不妨。不是一番寒彻骨,怎得梅花扑鼻香。惹得旁人话短长,含宫嚼徵认荒唐。闭门不管窗前月,一任梅花自主张。"②可见全为补恨而作,所谓"空中楼阁""铁树开花"云云,显然系有戏说成分。

那么,在历史剧创作的虚实问题上,如何处理好"艺术虚构"与"历史真实"两者间的关系呢?对此沈起凤认为,艺术创作可以虚构,但剧作家应把握好这两者之间的尺度。这一主张在他的《覆宫保曹竹虚札》中有着精辟的阐述。该札记蕴含了沈氏重要的曲学理论,至今尚未为曲界瞩目,现藏国家图书馆。兹全文抄录如下:

> 三月十七日,奉到钧帖一函,腐史全部。命北里之鄙人,传西楚之轶事。始则酹酒高歌,喜老重瞳再开生面;继则废书长叹,恨太史公尚少知心。盖当祖龙煽虐之辰,正群豜触藩之日。五阙将士,虎噬鲸吞;六国舆图,囊收席卷。不有拔山意气,盖世英豪,挫李由之师以遏其锋,破章邯之军以入其阻,则函谷之封永固,赤帝之剑空磨。是以亡秦者以楚为先,宜乎得天下者非羽莫属。乃七十战汗马徒劳,八千人虫沙尽化,卒之乌骓泣楚,宝鼎归刘。宜抱恨于天亡,真不关乎人事。而论者归咎于纵敌无谋,弃贤失计。不知释沛公以全大义,非掌中之玦无灵;纵复挽亚父以老军营,岂背上之疽不发。成败论人,贤者不免,良可慨也。或又以失诸侯之望,由于杀义帝之谋。试思鼎上而翁,烹犹未忍;朝中帝子,弑欲何为。必将灭楚后以失所凭依,召汉军以资其口实。人非至愚,断不出此。盖阴贼其主,俾辅孺子为乱臣;阳数其奸,以杀英流为义举。此固出陈平之奇计,而成汉帝之诡谋。嗟乎,一代英雄,千秋

---

① (清)李渔:《闲情偶寄》"词曲部"之"结构第一·戒荒唐",载《中国古典戏曲论著集成》(七),中国戏剧出版社1982年版,第19页。
② (清)程枚:《一斛珠》第四十出"珠圆",清乾隆五十九年(1794)刻本,上海图书馆藏。

冤狱，人且尽文其罪，天亦不竟其功。此愤世所以有哭庙之词，狂奴岂可无补天之曲。然而《千金记》里，听末路之悲歌；白马祠中，堕泥人之血泪。难浇块垒，转益牢愁。

来谕昉于会稽之游，终于巨鹿之战。庶几虞兮一曲，不唱军中；观者万人，尽环壁上。讳乌江渡之面目，表鸿门宴之雄风。此亦足快意一时，含眸千古者矣。顾述恨必根于正史，传奇兼采乎稗官。多铁板而少红牙，幺弦易急；有英雄而无儿女，煞鼓难圆。意欲引楚王孙以登场，识真主于牧羊队里；借虞美人以作楔，求女侠于博浪沙中。措词非出于兔园，按律尽谐乎菊部。要之，匹夫称帝，不过壮上将之义旗；小妇从军，聊以助营门之桴鼓。我非妄语，洒热血慰垓下游魂；君是知音，办冷眼看帐前歌舞。①

这一信函是沈起凤应宫保曹文埴之请，拟就西楚霸王项羽的事迹改编成传奇。按，曹文埴(1735—1798)，字近微，又字竹虚，号荠原，又号直庐、香山等。安徽歙县人。出身盐商家庭。乾隆二十五年(1760)进士，选庶吉士，授编修。历官至户部尚书。为《四库全书》总裁官之一。著有《石鼓砚斋文钞》二十卷、《石鼓砚斋诗钞》三十二卷、《直庐集》八卷、《石鼓砚斋试帖》二卷。乾隆五十年(1785)仲夏，因不满于《千金记》"乌江"一折中项羽的自刎身亡、英雄气尽，他赠以《史记》一部，请沈起凤重新将项羽事迹谱写成戏曲，要求"始于杀会稽守殷通，终于巨鹿之战"，而"杀冠军，弑义帝，困垓下"这些都未涉及，"盖欲存英雄面目也"。②

沈起凤认为项羽乃一代枭雄，不过楚汉之争这桩千秋冤案，后人并没有真正弄清，所以戏曲中虽多有演绎，但传世诸剧如《千金记》等皆未能淋漓尽致地抒发项羽的盖世英豪之气，即所谓"此愤世所以有哭庙之词，狂奴岂可无补天之由。然而《千金记》里，听末路之悲歌；白马祠中，堕泥人之血泪。难浇块垒，转益牢愁"，因而颇有重新作剧的必要。

曹文埴来函建议戏曲开端于项羽的会稽之游，以巨鹿之战而终结，将项羽这一时段的历史故事敷衍成曲，但沈起凤认为，题材若这样选取的话，虞姬的戏份就被剪除，"庶几虞兮一曲，不唱军中；观者万人，尽环壁上"，固然表现出了项羽雄霸天下的豪杰一面，令作剧者和观看者都很畅意，但是虞姬

---

① （清）沈起凤：《覆宫保曹竹虚札》，载《沈赟渔文稿》（不分卷），清末抄本。
② （清）沈起凤：《云龙会》卷首，清乾隆年间稿本，现存中国艺术研究院图书馆。

与项羽的儿女深情就无从表现,即所谓"多铁板而少红牙,幺弦易急;有英雄而无儿女,煞鼓难圆",这与传奇的"生旦家门"文体特征不相吻合。他认为,传奇创作不必尽拘泥于史实本身,不妨兼采稗史野乘传闻之言。也就是说,历史剧的基本史实(包括部分细节真实)要符合历史真实,剧作家本人同时可以进行合乎逻辑的艺术再加工。在项羽金戈铁马的军旅生涯中,虞美人的登场适足以体现英雄的儿女之情,为戏剧冲突的开展推波助澜。"顾述恨必根于正史,传奇兼采乎稗官",可以说是沈起凤的历史剧创作理论的集中体现。

沈起凤创作的这一剧本名《云龙会》,其舞台演出本现存中国艺术研究院图书馆。从其人物设置、艺术手法上看,确是在基本忠于《本纪》的基础上,从《西汉演义》、徐畹香的《蕉窗丛话》等说部笔记中汲取素材,予以合理的裁材与提炼,采用了移花接木、虚构引申等手法,对此剧进行了大胆的艺术创造。他在充分演绎项羽英勇事迹,及其与虞姬的爱情故事的同时,穿插了沧海公之女黎秀英义救楚怀王,最后两人结为眷属的故事,完整地塑造了项羽这一有血有肉的盖世英雄形象,及虞姬和黎秀英这两位英勇善战、性格迥异的巾帼英雄形象。① 该剧还存清同治十年(1871)怀宁曹氏处德堂改订本一册,为四喜班生角演员曹春山所持有,应该在舞台上演出过。

对历史剧创作中的虚实关系作理论总结的集大成者当数焦循。焦循身为经学家,自然受乾嘉考据求实学风的影响,在治曲上主张征实,其理论在《剧说》中颇多阐发。但是在传奇创作上的虚实关系上,他并不拘泥史实,提出了"谬悠"说。卷二论元杂剧《薛仁贵荣归故里》云:"杂剧言仁贵妻柳氏本庄农人,与史合;而士贵之冒功,则谬悠其说也。"②所谓"谬悠",就是艺术虚构的意思。该词最早见于《庄子·天下》:"以谬悠之说,荒唐之言,无端崖之辞,时恣纵而不傥,不以觭见之也。"③其意本指虚空悠远之言,用于文学创作,引申为虚构。较早将该词用于戏曲虚构的是明代胡应麟《庄岳委谭》:"凡传奇以戏文为称也,亡往而非戏也,故其事欲谬悠而亡根也……反是而求其当焉,非戏也。"④焦循在《剧说》中多次运用"谬悠"来揭示戏曲创作中的情节虚拟性,他认为杂剧的创作以塑造人物形象为主,与历史家们编年纪

---

① 具体可参见戴云、戴霞的《清代戏曲家沈起凤和他的剧作〈云龙会〉》(刊载于《文学遗产》2010 年第 4 期)一文。
② (清)焦循:《剧说》卷二,载《中国古典戏曲论著集成》(八),中国戏剧出版社 1982 年版,第 110 页。
③ 郭庆藩:《庄子集释》卷十下"天下第三十三",王孝鱼点校,中华书局 2004 年版,第 1098 页。
④ (明)胡应麟:《少室山房笔丛》卷四十一"庄岳委谭下",上海书店出版社 2001 年版,第 425 页。

事的严格遵循史实不同,有时可以"谬悠其说",即进行艺术想象虚构。

深受易学影响,焦循的世界观中有"权变"思想。其论剧主旨围绕忠孝节义进行,他认为若有益于彰显主人公之节义,则不必事皆符实。如《剧说》卷五云:"江东胜乐道人作《长命缕》传奇,演单符郎与邢春娘重逢故事,本宋王明清《摭青杂说》。但春娘已落倡家作妓,而传奇则有《怀贞》等出,此亦劝善维持风俗之一端,固不必其事之实耳。按《雨村曲话》:江夏崔拙圌应阶客东京时,亦本此事作《烟花债》传奇,盛行于时。"①《长命缕》传奇在对女主角邢春娘的细节处理上,虽然与史实记载不符,原本中落入倡家作妓,传奇中改作"怀贞"一出,此举有益于劝善教化,则不妨与史实有所出入。

不过,他同时提出,凡涉及忠孝节义之类题材处理时,应以尊重历史事实为主,不宜任意改写或翻案,以免谬误流传。因此,他批评徐渭的杂剧《雌木兰》有虚构史实的失误。焦循认为,木兰替父从军是数千年来民间广为传颂的历史故事,最早见于古乐府《木兰辞》,徐渭将之演绎为杂剧,并增加了木兰与王郎成亲的关目,这种做法并不可取。焦循进一步论证说,根据元人侯有造所作《孝烈将军祠像辨正记》,木兰返乡后,脱下戎服,恢复为女儿身,众人皆惊骇。天子闻之,欲将她纳入宫中为妃。在势力加迫下,木兰以死抗拒,因此被追谥为"孝烈"。卷五评《雌木兰》时提出,"此考辨精确,而所传木兰之烈,则未尝适人者;传奇虽多谬悠,然古忠、孝、节、烈之迹,则宜以信传之"②,对徐文长妄增"王郎成亲"之关目显然并不满意,从中可见焦循也是提倡信史观的。

其实考诸传奇史,焦循之信史观也有前人提出,清初戏曲理论家李渔在指出"传奇无实,大半皆寓言"的同时,承认历史剧一定要严格依据史籍之所载,所谓"若用往事为题,以一古人出名,则满场角色皆用古人,捏一姓名不得,其人所行之事,又必本于载籍,班班可考,创一事实不得。非用古人姓字为难,使与满场角色同时共事之为难也。非查古人事实为难,使与本等情由贯穿合一为难也。……所以必求可据,是谓实则实到底也",甚至配角也不能虚,"虚不似虚,实不成实,词家之丑态也,切忌犯之"③。孔尚任在《〈桃花扇〉凡例》中指出:"朝政得失,文人聚散,皆确考时地,全无假借。至于儿女

---

① (清)焦循:《剧说》卷五,载《中国古典戏曲论著集成》(八),中国戏剧出版社 1982 年版,第 195 页。
② (清)焦循:《剧说》卷五,载《中国古典戏曲论著集成》(八),中国戏剧出版社 1982 年版,第 192 页。
③ (清)李渔:《闲情偶记》卷一"词曲部"之"结构第一·审虚实",载《中国古典戏曲论著集成》(七),中国戏剧出版社 1982 年版,第 21 页。

钟情,宾客解嘲,虽稍有点染,亦非乌有子虚之比。"①联系"南洪北孔"在清代曲坛之影响,足见历史剧创作中的信史观念已为大众所奉行。

但焦循并非因循守旧之人,同时他主张文情波澜迭起,卷二云:"《洞天玄记》写形山道人收昆仑六贼事,所以阐明老氏之旨;《归元镜》写沈莲池为僧事,所以发挥禅氏之谈:于传奇中别一蹊径。"②卷四云:"《满床笏》,一名《十醋记》,合肥龚司寇门客作。中入龚节度十折,于本文无关,盖为横波出色煊染也。"③他赞赏艺术构思巧妙,卷五云:"郑西神,名瑜,有《汨罗江》、《黄鹤楼》、《滕王阁》三种。……《汨罗江》则以《离骚》经作曲,读原文一段,歌曲一段,立格甚奇,得未曾有。"④"立格甚齐",即别出心裁、别具心眼之意。他主张文不必过实,因此结局最佳者并非为传奇中习见的生旦当场团圆。以昭君故事为题材的四种戏曲中,他最赞赏陈玉阳的《昭君出塞》一折,以为"一本《西京杂记》,不言其死,亦不言其嫁,写至出玉门关即止,最为高妙"⑤。而尤侗所作《吊琵琶》,前三折全本东篱,末一折写蔡文姬祭青冢,弹《胡笳十八拍》以吊之,"虽为文人狡狯,而别致可观"⑥。

在创作非关涉忠孝节义主旨之历史剧时,焦循认为不妨立意新奇,大胆创新,因此他对一些翻案之作甚为赞赏,卷四云:"西堂又有《读离骚》《吊琵琶》《桃花源》《黑白卫》《李白登科记》五种。《李白登科记》:白状元,杜甫榜眼,孟浩然探花,立格最奇。"⑦尤侗之《李白登科记》(又名《清平调》)写唐代大诗人李白、杜甫、孟浩然分别中状元、榜眼和探花,实践了"我辈岂是蓬蒿人"的梦想,乃有意创格之作,一问世就受到王士祯、彭孙遹等文士的激赏,纷纷诗词题咏。焦循数十载场屋困顿,抑郁不得志,赞其"立格最奇",显然表达的是声气相通的赞赏和感叹,更多地倾向于剧作家主体情志的畅意抒发。

综上所述,在历史剧创作的"虚实"关系上,扬州曲家们的态度是宽容和通脱的,他们更多地倾向于剧作家的主观表现,追求的是主体情志的畅意抒发。因此,金兆燕、卢见曾在创作传奇《旗亭记》时,可以在基本史实的基础

① (清)孔尚任:《〈桃花扇〉凡例》,载《桃花扇》卷首,王季思、苏寰中、杨德平合注,人民文学出版社1994年版,第11页。
② (清)焦循:《剧说》卷二,载《中国古典戏曲论著集成》(八),中国戏剧出版社1982年版,第123页。
③ (清)焦循:《剧说》卷四,载《中国古典戏曲论著集成》(八),中国戏剧出版社1982年版,第157页。
④ (清)焦循:《剧说》卷五,载《中国古典戏曲论著集成》(八),中国戏剧出版社1982年版,第186页。
⑤ (清)焦循:《剧说》卷五,载《中国古典戏曲论著集成》(八),中国戏剧出版社1982年版,第190页。
⑥ (清)焦循:《剧说》卷五,载《中国古典戏曲论著集成》(八),中国戏剧出版社1982年版,第190页。
⑦ (清)焦循:《剧说》卷四,载《中国古典戏曲论著集成》(八),中国戏剧出版社1982年版,第172页。

上,加以大胆地想象发挥。"不惜歌者苦,但伤知音稀",用以抒发郁积心中的愤懑之情。梁廷枏《曲话》卷三论曰:"《旗亭记》作王之涣状元及第,语虽荒唐,亦快人心之论也。沈归愚尚书题词,云:'特为才人吐奇气,鹓鸰卑伏忽飞鶱。科名一准方千(干)例,地下何妨中状元。'"①显然颇为赞赏。程枚亦因《长生殿》立意未善,乃反其事,以曹邺《梅妃传》谱入新声,为《一斛珠传奇》,所以补恨。当历史事实和现实立意相抵触时,他们可以"谬悠其说",这与元杂剧作品中曲家主体性高扬的艺术精神是一脉相承的,也吻合戏曲艺术的"传奇皆是寓言"的本体属性。

二、声律论

康乾时期,随着大一统帝国的建成,清廷在思想文化领域进行了大规模的传统文化整理,"文治""复古"触及整个文化领域,戏曲界也不例外。乾隆六年(1741),清廷开律吕正义馆,历时三年后《新定九宫大成南北词宫谱》修定,从而以最权威的形式对曲体形制作了一个全面的规范。

扬州曲家谨遵曲律,以《新定九宫大成南北词宫谱》为圭臬,对流俗之舛误颇多更正,如《〈旗亭记〉凡例》对此有说明:"曲谱苦无善本,盖填词必有衬字,往往讹为正文,又转将正文讹为衬字,以致宫商舛误。近惟庄邸《新定大成谱》考订详该,悉依改正";"近日词曲往往但标牌名,不载宫调,不知有同一调名而移置别宫,即迥不相同者。……《大成谱》改为正曲,于北调则称祇曲,今并从之"②。

不过他们也没有盲目崇信,对当时奉为金科玉律的"九宫十三调"学说提出了不同的看法。如卢见曾认为,【针线箱】原来隶属【南吕啸余谱】,《九宫谱》也遵照此法则。曲家李渔在传奇《奈何天》中"媒欺"一出戏,也将它归入【南吕】,按之音节并无不协之处,但《大成谱》却将它改入【仙吕】之下,对此显然很难理解,因此仍旧归入【南吕】。又如,填北曲必用《中原音韵》,南曲则参用词韵《琵琶》《拜月》以及各名家本子,然《大成谱》"别之曰叶,亦如诗有叶字",其实诗中叶字,亦即古韵之正音耳。可谓多此一举,因为像"真不杂寒佳",收入佳麻词韵与诗韵,已有不同,何况于曲,至于先不杂覃庚、不杂侵,有开口、闭口之分,"即诗韵亦所不通时,流混讹乖字义矣"③。

李斗在《奇酸记》评点中对戏曲音韵亦有论述,并对《新定九宫大成南北

---

① (清)梁廷枏:《曲话》卷三,载《中国古典戏曲论著集成》(八),中国戏剧出版社1982年版,第268页。
② (清)金兆燕、卢见曾:《〈旗亭记〉凡例》,载《旗亭记》卷首,清乾隆年间雅雨堂刻本。
③ (清)金兆燕、卢见曾:《〈旗亭记〉凡例》,载《旗亭记》卷首,清乾隆年间雅雨堂刻本。

词宫谱》袭用前人成说提出了不同看法。《奇酸记》第四折"禅师下山超孽业"第四出"祭金杀敬"云：

> 元人北曲无杂南曲之例，自明末人以一南一北夹唱，已非古调，而拙工更于《紫钗记·阳关折柳》北曲中错谱南曲，去古更远。是出【南锁南枝】一套入【北新水令】中，实为时工所误，而不知者耳悦心赏，谓之"四油"，难与论曲矣。北曲无两人互唱之理，南曲无一人独唱之理，盖以音相配偶，天籁固应如是。后人不知元法，北曲或不互唱，而南曲每以独唱为工，去古远矣。《九宫》妄议去、上二声，每引成曲立为定格，谓必如此乃为合律。不知元人只守十字诀，盖三仄分去上，两平变阴阳，此元人所以为曲圣也。①

李斗认为元人北曲中不存在"南北合套"的现象，自明季开始出现这种南北音律混淆的现象，汤显祖《紫钗记·阳关》中将南曲谱入北曲，离开古意更远。这是时俗曲师等伧辈之误，却反而赢得不熟悉音律的人士之赞赏，这简直难以与之论曲。李斗以这种元曲古法来要求昆腔，委实有些胶柱鼓瑟。事实上昆山腔发展至后期出现的南北合套在曲牌声情的表现上，起到极大的丰富作用。不过，他所说的元杂剧"一人主唱"现象，南曲"每以独唱为工"，即一人主唱一出戏，"去古远矣"，这显然也是一种对元曲的固守姿态，事实上，一人主唱在昆曲中屡见不鲜，而且往往便于生角、旦角淋漓尽致地抒发大段情感，起到丰富人物内心世界的作用。同时，他对当时钦定的《新定九宫大成南北词宫谱》"妄议"去、上二声，每引成曲立为定格的做法也不以为然。所谓元人守十字诀"三仄分去上，两平变阴阳"云云，实即周德清《中原音韵》中提倡的"入派三声"，"平分阴阳"。周德清将北曲的平仄使用规律归纳成："夫声分平、仄者，谓无入声，以入声派入平、上、去三声也。"②这是符合当时以北方语言为基础的共同语——"中原之音"的实际的，但是在南曲的平仄运用上，他认为"《广韵》……且以开口陌以至德以登五韵，闭口缉以侵至乏以凡九韵，逐一字调平上去入，必须极力念之，悉如今之搬演南宋戏文唱念声腔"，"（沈）约之韵，乃闽浙之音……南宋都杭，吴兴与切邻，

---

① （清）李斗：《奇酸记》第四折"禅师下山超孽业"第四出"祭金杀敬"眉批，清乾隆六十年（1795）至嘉庆刻本。

② （元）周德清：《中原音韵·起例》，载《中原音韵》卷上，《景印文渊阁〈四库全书〉》第1496册，台湾商务印书馆1984年版，第661页。

故其戏文如《乐昌分镜》等类,唱念呼吸,皆如约韵"①,指出南曲戏文以闽浙之音为基础,戏文声调与诗词相通,分为平上去入四声。踵武其后者如晚明曲论家王骥德,在分析四声之声情不同后,他指出"故均一仄也,上自为上,去自为去,独入声可出入互用。北音重浊,故北曲无入声,转派入平、上、去三声,而南曲不然"②。此后沈璟、毛先舒、李渔、徐大椿等皆有阐发,其中李渔在《闲情偶记·词曲部·音律第三》中所列"拗句难好""慎用上声""少填入韵"诸则中,探讨的便是南曲的平仄问题,其基本主张是南曲有平仄之分。明代曲论家在对"平分阴阳"的态度上分为两派,一派是少数派,以沈璟为代表,主张遵循《中原音韵》的准则,只在平声中区分阴字与阳字;另一派即多数派,如孙镤、王骥德,主张通过演唱实践来检验"宜阴用阳、宜阳用阴之故"③。《新定九宫大成南北词宫谱》由宗室庄亲王允禄总纂,周祥钰、邹金生编辑,是一部集南北曲大成的曲谱,吴梅认为"自此书出,而词山曲海汇为大观,以视明代诸家,不啻爝火之与日月矣"④。在南曲的平仄、阴阳问题上,该曲谱基本沿袭了前面诸家之说,李斗所谓其"妄议去、上二声"云云,其实表明了他的曲律主张是以元曲为规范,并奉元人为"曲圣",这自然不免反映出他的因循守旧,与前面"以元曲相倡导"一节所论如出一辙。

扬州曲家不但谨守音律,而且有着精深的造诣。他们大多精通音韵之学,如凌廷堪、程枚等,其中成就最高的当数朱夰,其《倚声杂记》和《宫调谱》八十卷虽然已经佚失,但从同时人沈大成的序记可以想见其卓异的音韵成果。

而凌廷堪对戏曲音律有其独特的认识。在《水仙子·闻新曲作》词中:"歌残【越调】【斗鹌鹑】,又唱【黄钟】【点绛唇】。北科南介无人问,是谁家新院本,早庚青,走入真文。宫调几曾辨,务头全未论,吴语难分。"⑤表达了他对时人不守音律、宫调务头未辨的现象的极为不满。在《论曲绝句三十二首》中,凌廷堪也涉及了戏曲音韵的藻评。试辨析之。

在第一首中他即开章明义地批评了当时雅乐、俗乐鱼龙混淆、瓦釜黄钟齐鸣的现象:"三分损益孰能明?瓦釜黄钟久乱听。岂特希人知大雅,可怜

① (元)周德清:《中原音韵·正语作词起例》,载《中原音韵》卷下,《景印文渊阁〈四库全书〉》第1496册,台湾商务印书馆1984年版,第687页。
② (明)王骥德:《曲律》,载《中国古典戏曲论著集成》(四),中国戏剧出版社1982年版,第105页。
③ 赵山林:《中国戏剧学通论》,安徽教育出版社1995年版,第532页。
④ 吴梅:《〈九宫大成南北词谱〉叙》,载王卫民编《吴梅戏曲论文集》,中国戏剧出版社1983年版,第474页。
⑤ (清)凌廷堪:《水仙子·闻新曲作》,载《梅边吹笛谱》之"补录",《丛书集成初编》(2666),商务印书馆1935年版,第12页。

俗乐已飘零。"其诗注云:"《唐志》所称俗乐二十八调,今只【仙吕】等六宫、【大石】等十一调而已。"①指出当时的音韵研究已经瓦釜黄钟齐鸣,混乱不堪,渐失其真,惋惜俗乐二十八调已经飘零,仅余十一调而已。第二首则正面表达了他对戏曲音律的看法:"工尺需从律吕求,纤儿学语亦能讴。区区竹肉寻常事,认取昆仑万里流。"②指出戏曲音乐创作与一般歌曲演唱的意义截然不同,必须认真学习和严格遵循律吕作曲,如同认取巍巍昆仑是万里长江之源头一样,才能源源不断地发展和继承博大精深的戏曲音乐。

　　凌廷堪特别推崇周德清的《中原音韵》,对它进行了高度评价。其七云:"清如玉笛远横秋,一月孤明论务头。不独律严兼韵胜,可人鸳被冷堆愁。"③句中的"清如玉笛远横秋",出自朱权《太和正音谱》之评语——"周德清之词,如玉笛横秋";"可人鸳被冷堆愁",乃出自周德清【中吕·阳春曲】《别情》句中之"鸳被冷堆愁"。又如评《西厢记》【麻郎儿】曲云"殊不知前辈止于全篇中务头上使,以别精粗,如众星中显一月之孤明也"。综合词意,凌廷堪对周氏《中原音韵》之谨守音律、以韵致取胜极为赞赏。但是宋人陈彭年、邱雍等在隋代刘臻与陆法言、颜之推等撰的《切韵》系统的韵书基础上增订而成《广韵》,周德清误将此书当作沈休文之《四声韵谱》,凌廷堪对此提出了批评。第二十九首云:"五声清浊杳难分,去上阴阳考辨勤。韵是刘臻当日订,周郎错怨沈休文。"④指出周德清错将刘臻之"五声清浊杳难分"之错责怪在沈约身上,显系张冠李戴之误。

　　第三十首云:"一卷《中原》韵最明,入声元自隶三声。扣槃扪籥知何限,忘却当年本作平。"⑤指出周德清在《中原音韵》中已明确无误地指出"入派三声",然而还有人"扣槃扪籥",一知半解、以偏概全地对它进行误读。第三十一首云:"'先纤''近禁'音原异,误处毫厘千里差。漫说无人辨开闭,'车

———————————

① （清）凌廷堪:《论曲绝句三十二首》之第一首,载《校礼堂诗集》卷二,《续修四库全书》集部 1480,上海古籍出版社 2002 年版,第 23 页。
② （清）凌廷堪:《论曲绝句三十二首》之第二首,载《校礼堂诗集》卷二,《续修四库全书》集部 1480,上海古籍出版社 2002 年版,第 23 页。
③ （清）凌廷堪:《论曲绝句三十二首》之第七首,载《校礼堂诗集》卷二,《续修四库全书》集部 1480,上海古籍出版社 2002 年版,第 23 页。
④ （清）凌廷堪:《论曲绝句三十二首》之第二十九首,载《校礼堂诗集》卷二,《续修四库全书》集部 1480,上海古籍出版社 2002 年版,第 24 页。
⑤ （清）凌廷堪:《论曲绝句三十二首》之第三十首,载《校礼堂诗集》卷二,《续修四库全书》集部 1480,上海古籍出版社 2002 年版,第 24 页。

遮'久已混'家麻'。"①指出当时普遍存在着"先纤""近禁""车遮""家麻"等开口呼、闭口呼不辨的现象,以致差之毫厘,谬以千里,造成一些字的音韵相互混淆。

综上所述,可见扬州曲家对当时曲坛音韵混乱的现象极为不满,主张奉元曲为圭臬,力矫流俗之弊。这也是他们倡导元曲的一个重要方面。同时,他们对戏曲创作中的文辞化现象痛加指斥,重倡本色理论,掀起了新一轮的探讨热潮。

三、本色论

"曲与诗原是两肠",晚明曲论家王骥德就指出曲与诗是两种不同类型的文学样式,有着不同的文学特征。明人标举的本色与元曲的根本精神和特有风貌已大相径庭,与明中期戏曲中尚存的元曲遗风亦已相去甚远。因此,发展到清中叶,本色内涵更是发生了显著的变化,尤其是大批文士的"悍然下笔",使得诗词曲之间语言风范不再判然可分。扬州曲家对此种现象作了批评。

凌廷堪愤然提出"试将杂剧标新异,莫作诗词一例看"。他认为戏曲作为一种独立的文体样式,应有其自身的语言风格,因此,"语言辞气辨须真,比似诗篇别样新",戏曲语言终究以合本色、当行为好。《论曲绝句三十二首》中对此有不少论述。如第二十五首云:"半窗明月五更风,天宝香词句浪工。底事五言佳绝处,不教移向晚唐中。"②前两句指王伯成《天宝遗事诸宫调》中的"半窗千里月,一枕五更风"。作为五言诗句,颇有晚唐诗风味,但没有体现曲的特色。因此,他颇为赞赏元杂剧作家康进之的《李逵负荆》曲词的本色,第二十四首云:"拈出进之金作句,风前抖擞黑精神。"③"金作句"云云,指黑旋风李逵负荆时所唱【端正好】一曲,其中有"抖擞着黑精神,扎撒开黄髭须"之句,激赏的显然是该曲中自然溢出的真性情。梁辰鱼的《浣纱记》因过分追求文辞的骈偶华丽,就被他讥为"事必求真文必丽,误将剪采当春

---

① (清)凌廷堪:《论曲绝句三十二首》之第三十一首,载《校礼堂诗集》卷二,《续修四库全书》集部1480,上海古籍出版社 2002 年版,第 24 页。

② (清)凌廷堪:《论曲绝句三十二首》之第二十五首,载《校礼堂诗集》卷二,《续修四库全书》集部1480,上海古籍出版社 2002 年版,第 24 页。

③ (清)凌廷堪:《论曲绝句三十二首》之第二十四首,载《校礼堂诗集》卷二,《续修四库全书》集部1480,上海古籍出版社 2002 年版,第 24 页。

花"①。其言下之意是,其词采没有春花那般天然清新,充满生机,而是貌似绚烂夺目、实则没有生气的剪纸。

焦循亦是扬州曲家中持本色当行论的中坚人物。《剧说》虽辑录前人著述中有关戏曲资料而成,但焦循个人见解迭见,其中提及本色当行就有不少处。如卷三云:"今所演《双熊梦》剧,杂见稗官小说,而况青天实本于此;宾白词曲,俱极当行,一名《十五贯》"②;"余尝憾元人曲不及东方曼倩事,或有之而不传也。明杨升庵有《割肉遗细君》一折,又茅孝若撰'辟戟谏董偃'事,皆本正史演之。唯笨庵孙原文《饿方朔》四出,以西王母为主宰,以司马迁、卜式、李陵、终军、李夫人等申入,悲歌慷慨之气,寓于俳谐戏幻之中,最为本色"③。卷五云:"郑庭玉作《后庭花》杂剧,只是本色处不可及。沈宁庵演为《桃符》,排场、宾白、用意,逊郑远矣"④;"《绣襦记》中《鹅毛雪》一折,皆乞儿家常口头语,镕铸浑成,不见斧凿痕迹,可与古诗《孔雀东南飞》、《唧唧复唧唧》并驱。沈宁庵谓此为元人笔,非郑若虚所能办也。然元人《郑元和》杂剧无此曲"⑤。从上述焦循对"本色"一词的阐述和应用,可大致看出其本色论的多种内涵,本色有时指戏曲语言朴质自然,有时又指戏曲排场、情节编织的自然合理及舞台表演艺术的自然清新等。在戏曲语言风格上,焦循总体倾向通俗浅显,浑朴自然,合乎戏曲人物的个性和声口,即"语肖其人",抒发作家的真性情。

扬州曲家的本色论在继承了前代曲学成就的基础上,又着意追踪元曲精神,可以说是面对传奇创作衰微、花部戏曲勃兴的复杂状况,他们在戏曲批评领域做出的一种反拨。

第五节　扬州曲家的戏曲考据学成果

梁启超在考察中国诗乐之变迁与戏曲发展之关系时,曾对学术与乐剧的关系有所阐述:"及夫前明数百年间,朝廷以是为奖励,士夫以是为风尚,其浸润人心者已久。清代学术虽生反动,而学风已成,士夫与乐剧分途,不

---

① (清)凌廷堪:《论曲绝句三十二首》之第十六首,载《校礼堂诗集》卷二,《续修四库全书》集部1480,上海古籍出版社 2002 年版,第 23 页。
② (清)焦循:《剧说》卷三,载《中国古典戏曲论著集成》(八),中国戏剧出版社 1982 年版,第 128 页。
③ (清)焦循:《剧说》卷三,载《中国古典戏曲论著集成》(八),中国戏剧出版社 1982 年版,第 142 页。
④ (清)焦循:《剧说》卷五,载《中国古典戏曲论著集成》(八),中国戏剧出版社 1982 年版,第 176 页。
⑤ (清)焦循:《剧说》卷五,载《中国古典戏曲论著集成》(八),中国戏剧出版社 1982 年版,第 182 页。

相杂厕，俨然成为一种社会制裁力，莫之敢犯，是此学所以衰落之原因二也。与宋学代兴者，为考据笺注之学，而其学又干燥无味，与乐剧适成比例。高才之士，皆趋甲途，则乙途自无复问津者，是此学所以衰落之原因三也。"①在传统曲学萧索之际，扬州曲家却似异军突起，融乾嘉考据精神入曲学研究，另辟蹊径，开拓了戏曲历史学这一新领域。

扬州曲家所处的扬州郡城，优裕的经济条件、宽松的社会环境以及两淮盐商的资金赞助，两淮盐政官员的倡导和提携，给士子学者们提供了安心向学的支持，扬州学派应运而生。扬州学者崇实黜虚，主张在广泛收集资料的基础上进行归纳研究，不墨守成规，敢于创新，其注重实征的学术旨趣、沉实坚毅的文化品格，影响所及，渗入了扬州曲家的戏曲理论领域。

扬州曲家群中不少人是学养深厚的乾嘉学者，集曲家与学者于一身，如凌廷堪、焦循淹贯群书，博通经史，是扬州学派的重要代表，在清代学术史上占有重要的地位。有些本身兼擅经史考据之学，如黄文旸、李斗等。而卢见曾、蒋士铨、金兆燕、程枚等与扬州学派都有种种密切的联系。因此，扬州学术对扬州曲学的渗透，在经历了融合、消解的过程之后，学术研究提倡的严谨、规范精神濡染到了曲学中，从而使扬州曲家的曲学理论具备了学术品格，直接催生了三部戏曲文献著述：黄文旸的《曲海目》、焦循的《曲考》《剧说》。除《曲考》已佚外，另两种今皆存，对后世影响甚巨。扬州曲家的这三部专著是乾嘉时期戏曲考据学的重要成果。

一、戏曲史上第一部综合性戏剧目录——《曲海目》

黄文旸的《曲海目》，亦称《曲海总目》，学界曾一度将其与《曲海总目提要》混为一谈。其实，后者系乾隆前人所著，与黄氏之书同名异实。②该书已佚，因李斗《扬州画舫录》卷五记载而得以保存。其自序云："乾隆辛丑间，奉旨修改古今词曲。予受盐使者聘，得与修改之列，兼总校苏州织造进呈词曲，因得尽阅古今杂剧传奇。阅一年，事竣，追忆其盛，拟将古今作者各撮其关目大概，勒成一书。既成，为总目一卷，以记其人之姓氏。然作是事者多自隐其名，而妄作者又多伪托名流以欺世。且其时代先后，尤难考核。即此

① 梁启超：《中国诗乐之变迁与戏曲发展之关系·跋》，载吴毓华编著《中国古代戏曲序跋集》，中国戏剧出版社1990年版，第623页。
② 杜海军《〈曲海总目〉有别本——论〈重订曲海总目〉非对〈扬州画舫录〉载〈曲海目〉的重订》（刊载于《典籍与文化》1993年第1期）一文从内证入手，多方面证实了两者为不同版本，黄文旸《曲海目》具有不可替代的文献价值。

总目之成,已非易事矣。"①

《曲海目》是中国戏曲史上最早专门编纂的一部综合性戏曲目录,共收录 1113 种金元明清的作家作品,计分以下 6 大类:"元人杂剧",下列"马致远等有名氏作家作品、无名氏作品"两类;"元人传奇",收录"《董西厢》《王西厢》"两种,下附"《伏虎绦》";"明人杂剧",分"孟称舜等有名氏作家作品、无名氏作品"两类;"国朝杂剧"收录"尤侗等有名氏作家作品";"明人传奇",分"高则诚等有名氏作家作品、无名氏作品"两类;"国朝传奇",分"吴伟业等有名氏作家作品、无名氏作品"两类。

值得注意的是黄文旸对同时代或时代略早于己的扬州曲家作品的著录。"国朝传奇"下收录了 9 种,即"《玉剑缘》,江都李本宣作""《旗亭记》《玉尺楼》二种,德州卢见曾作""《香祖楼》《雪中人》《临川梦》《桂林霜》《冬青树》《空谷香》六种,蒋士铨作",其中纳入本文研讨范围的有 7 种;"国朝杂剧"中收录 3 种,即"《四弦秋》《一片石》《忉利天》三种,蒋士铨作"。蒋氏九种曲中,唯有《香祖楼》《雪中人》《临川梦》《四弦秋》4 种是本文考察对象。

上述作品中,编剧时间最晚的是蒋士铨的《冬青树》,作于乾隆四十六年(1781)八月。斯时扬州词曲删改局名义上已撤去,可知扬州词曲局集中审校的不仅是金元明以迄清初的戏曲作品,还囊括了乾隆年间的作家作品,其涉及面较广泛,而黄文旸的《曲海目》忠实地记录了当时所校词曲。其中值得注意的是《旗亭记》《玉尺楼》两种曲,均归于卢见曾名下。②《旗亭记》的作者金兆燕是黄文旸的好友,也是扬州词曲删改局的参加者,其中著作具体情形想来也应熟稔,竟归之于卢氏名下,可见当时人们已对此习以为常,连金兆燕本人也并不反对。作为最早著录《旗亭记》《玉尺楼》这两种传奇的戏曲目录,黄氏的记载一直影响了后来曲论家的著录,如焦循《曲考》、王国维《曲录》等。

作为考据家,黄文旸的创作态度是严谨的,并非如时人所说的"黄文旸的《曲海目》实则是查禁戏曲的副产品,他的编排则是为了今后的便于查检

---

① (清)黄文旸:《〈曲海目〉序》,载李斗《扬州画舫录》卷五"新城北录下",汪北平、涂雨公点校,中华书局 2004 年版,第 111 页。

② 这两种曲的著述权问题,杨飞在《乾嘉时期扬州剧坛研究》一文中认为:"至于将《旗亭记》和《玉尺楼》归于卢见曾名下,剥夺了金兆燕和朱夰的著作权,并不是'然作是事者多自隐其名,而妄作者又多伪托名流以欺世,且其时代先后,尤难考核'几句免责的话就能交代的。由于要审订剧曲,在短时期内阅读大量的剧作,无暇顾及其余则是情理之中,'即此总目之成,已非易事'倒是较为客观。"杨飞:《乾嘉时期扬州剧坛研究》,华东师范大学博士学位论文,2007 年,第 171 页。按,黄文旸与金兆燕是相交甚厚的好友,且两人均参加了乾隆四十六年(1781)扬州词曲删改局的校曲工作,似不应存在剥夺其著作权的问题。

而已,在黄文旸本人而言,也未将其视为有意识的创作"①。《曲海目》较全面地反映了乾隆中期金元明清戏曲的存佚情况,给人们提供了检阅戏曲作品的方便。它基本梳理了中国戏曲史的发展演变过程,是古典戏曲较为全面而有序的一次记录,其分类法直接影响了近代曲论家王国维的《曲录》。因此,它具有较高的学术价值,在戏曲目录学甚至戏曲史中都占有重要的地位。

二、《曲考》

焦循《曲考》的佚失情况,包括其著述权问题,学界至今尚众说纷纭。王国维尝云:"焦里堂先生(循)《曲考》一书,见于《扬州画舫录》,闻其手稿为日本辻君武雄所得。遗书索观后,知焦氏后人自邵伯携书至扬州,中途舟覆,死三人,而稿亦失。里堂先生于此事用力颇深,一旦湮没,深可扼腕。"②他以为《曲考》是焦循的一部重要的戏曲著作。对于《曲考》,目前学界主要有三种意见:一是认为《曲考》乃《剧说》的初稿本,李斗《扬州画舫录》卷五中所载之《曲考》是辑录本。此论的提出者是刘致中。其《〈曲考〉即〈剧说〉考》③一文自 20 世纪 80 年代提出后,在学界引起了争议。第二种认为《曲考》不是焦循的著作,与《剧说》无涉。刘孔伏以《曲考》和《剧说》记述相关材料时并不一致为依据,提出《曲考》非《剧说》,《剧说》是根据无名氏的《曲考》重订改编而成的。④ 第三种则认为《曲考》乃焦循的一部独立论著,为撰写《剧说》作准备。以杜海军为代表。⑤ 对此,笔者赞同第三种说法。《曲考》的规模应大于黄文旸《曲海目》,其增益部分剧目在李斗《扬州画舫录》中已有摘录。李、焦、黄三人有姻亲关系,亦师亦友,在曲学上多有交流,因此当扬州词曲删改局总校黄文旸将所校词曲汇辑成总目后,曲学后辈焦循在此基础上增益而成《曲考》一书,深悉内情的李斗将之记载入《扬州画舫录》中,这是完全可以推想的。因此,虽然《曲考》已佚,但根据李斗的记载,当可复原。它与《曲海目》一样,是中国戏曲史上一部重要的戏曲目录。

---

① 杨飞:《乾嘉时期扬州剧坛研究》,华东师范大学博士学位论文,2007 年,第 171 页。

② 王国维:《王国维戏曲论文集》,中国戏剧出版社 1957 年版,第 280 页。

③ 刘文(刊载于《文学遗产》1981 年第 4 期)认为《曲考》是《剧说》的初稿本,其依据:一是焦循之子焦廷琥《先府君事略》中所开列的焦循著述目录名单中没有《曲考》;二是支丰宜、姚燮、王国维等诸家关于《曲考》的著录不可靠。

④ 刘孔伏:《〈曲考〉非〈剧说〉辨析》,《云南民族学院学报(哲社版)》1989 年第 2 期。

⑤ 杜海军:《〈曲考〉不是〈剧说〉》,《殷都学刊》2001 年第 4 期。

三、《剧说》

焦循卷前自序云:"乾隆壬子冬月,于书肆破书中得一帙,杂录前人论曲、论剧之语,引辑详博,而无次序。嘉庆乙丑,养病家居,经史苦不能读,因取前帙,参以旧闻,凡论宫调、音律者不录,名之以《剧说》云。"①姑且不论是说之真假,《剧说》辑录 166 种论曲、论剧之语而成,并在引论过程中颇多曲家个人阐发,在某种程度上代表了焦循的曲学观。

《剧说》卷一论曲源本末,卷二、三、四杂考作者轶闻逸事、作品本事出处以及剧坛掌故,卷五、六记载演剧逸事。焦循将前人曲话辑录后大体按这一体类编排,内容虽驳杂不精,时有附会,但焦循作为乾嘉学者,考据中其缜密的治学精神也贯彻到了曲评中,《剧说》中此类考据比比皆是。往往在罗致前人诸家曲论后,焦循随之提出自己的批评,引录后所加之按语闪烁着他的真知灼见,包括对戏曲本色论、历史剧创作中的虚实关系以及戏曲演出的社会效果等的探讨。其用法主要体现在:

(一)对戏曲来源及梨园演出风习的考证。这既涉及对院本、戏文、杂剧等发展演变的宏观性考察,也有对梨园演出风习的细微考证。如考证戏曲的源起,"《教坊记》又云:'大面出北齐兰陵王长恭——性胆勇而貌妇人,自嫌不足以威敌,乃刻木为假面,临阵著之,因为此戏。亦入歌曲。'按:今净称'大面',其以粉、墨、丹、黄涂于面以代刻木而有是称耶?然戏中亦间用假面。"②北齐兰陵王才武而貌美,为壮军威,常戴着狰狞假面对敌,具备了虚拟的成分,因此后世有人以之为戏曲的萌芽。由假面至戏曲中的净、丑角的脸谱,材质虽然发生变化,但其中寓有的虚拟假想性则同一,焦循自然地推论出两者的渊源关系。又如"点戏"一词的由来:"《教坊记》云:'凡欲出戏,所司先进曲名。上以墨点者,即舞;不点者,即否,谓之"进点"。'按:今演戏,伶人呈戏目于尊客,以墨选之,曰'点戏',仍古之遗称。"③焦循先引《教坊记》之记载,指出以墨点曲的由来,再联系当时伶人演戏时亦有戏单供宾客挑选的事实,两相对照,揭示了其间的自然演变,令人信服。

(二)对戏曲故事本事来源的考证。古典戏曲剧目繁多,创作题材也纷繁复杂,大量的戏曲作品从历代典籍、民间传说、文人逸事及说部小说中取材,或从前代戏曲中汲取丰富的艺术营养。某些富有传奇色彩的题材,更是

---

① （清）焦循:《剧说》卷首,载《中国古典戏曲论著集成》(八),中国戏剧出版社 1982 年版,第 81 页。
② （清）焦循:《剧说》卷一,载《中国古典戏曲论著集成》(八),中国戏剧出版社 1982 年版,第 82 页。
③ （清）焦循:《剧说》卷一,载《中国古典戏曲论著集成》(八),中国戏剧出版社 1982 年版,第 82 页。

曲家津津乐道的话题,不惜多次加以演绎,因此给厘清戏曲本事来源及考察其与史实的关系带来了较大难度。焦循在《剧说》中考证了不少剧作的本事,如《雪中人》本事、《伏虎韬》本事、《钓金龟》本事、《表忠记》本事等,其考据往往旁征博引,表现出这位经学家的博学多才。

(三)对剧作各种版本的考证。对于那些传奇色彩浓郁的戏曲题材,文人曲家表现出独特的兴趣,他们往往从特定的情境出发,在前人基础上对它们重新加以演绎。如崔张西厢记,从董解元版,王实甫、关汉卿版,至李日华的《南西厢》,查伊璜的《续西厢》,碧蕉轩主人的《不了缘》,明人盱江韵客的《续西厢升仙记》,其题材嬗变情况在焦循笔下一一道来,如数家珍,同时也详论其改编得失优劣,充分体现了焦循对戏曲的博识和喜爱。如查伊璜的《续西厢》在关汉卿《西厢记》基础上,增加了崔夫人欲以红娘配郑恒,红娘不许而欲自缢之情节,焦循评曰:“事皆蛇足,曲亦村拙,远不及汉卿矣。”碧蕉轩主人之《不了缘》杂剧,续《西厢记》而作,增加崔已嫁郑恒,张生落魄归来,复寻萧寺访莺莺,不可复见,焦循对此甚为赞许,评曰:“情词凄楚,意境苍凉,胜于查氏所续远甚,董、关而外,固不可少此别调也。”明人盱江韵客之《续西厢升仙记》杂剧写红娘成佛,而写莺莺之妒;郑恒诉于阴官,鬼使擒莺、红来救之,焦循评曰:“意在惩淫、劝善,但词意未能雅妙耳。”①

(四)对戏曲术语和某些戏曲曲词的考证。焦循对自宋元以来的戏曲术语进行了考察,如“砌末”“爨孤姐酸”及生旦净丑末等脚色考。卷一引录《武林旧事》中所列“官本杂剧段数”及爨孤姐酸各色擅演名目后,焦循作了以下类推:“考元人剧中,其题目、正名有云‘还牢末’者,则正末当场也;有云‘货郎旦’者,则正旦当场也。……孤,谓‘官’;酸,谓‘秀士’。凡称‘酸’,谓正末扮秀才当场也。至有云‘酸孤旦’者,则三色当场;有云‘双旦降黄龙’者,则两旦当场;云‘旦判孤’,云‘老孤遣旦’,皆可类推。”②有些湮没不彰者,经他考证后,恢复了本真面貌。如释“赚”、释“务头”、释“回施”等。此外,如考察某些曲词的出处,如卷二云:“《天香楼偶得》云:‘兀剌赤,元人掌车马者之称。故《拜月》有云:‘兀剌赤,兀剌门外等多时。’《山居新语》云:‘中途有酒车百余,乘其回车之兀剌赤,多无御寒之衣。’此掌车马者称兀剌赤之证。”③卷五云:“乔梦符《两世姻缘》曲中云:‘俺主人酒杯赚煞春风凹。’从唐人‘酒

① (清)焦循:《剧说》卷二,载《中国古典戏曲论著集成》(八),中国戏剧出版社1982年版,第105页。
② (清)焦循:《剧说》卷一,载《中国古典戏曲论著集成》(八),中国戏剧出版社1982年版,第93页。
③ (清)焦循:《剧说》卷二,载《中国古典戏曲论著集成》(八),中国戏剧出版社1982年版,第113页。

凹叠心'翻出。"①在在体现了焦循的博识。

焦循《剧说》虽然尚停留于一种零碎驳杂的考证阶段,是吉光片羽、不成系统的,尚未完全提升到理论的层面,但其意义是重大的,正如有学者指出,"其启动的这一学术方向却产生了至为深刻的影响,从清末乃至当代,历史学的研究已成为曲学新生的主流"②。它顺应了时代潮流,当传奇这种戏曲样式趋于凝固静止的状态时,揭示其真实、立体、动态的过去便是时代赋予曲论家的使命。

以焦循为代表的扬州曲家对古典戏曲作了大量的文献史料考证和梳理工作,同时也开辟了曲学研究中的一个新领域。随着对曲学研究的深入,《剧说》越来越为现代治曲者所瞩目,"客观上为我们展现了一部可资参考的古代戏曲文化史,其潜涵的历史学曲学研究途径,则为日后更加系统的戏曲文化史研究提供了有益的启示"③。

由于戏曲来自民间,先天地带有草根性,因此形成以来不断地有曲家为它辩诬正名,更遑论对其进行系统的理论研究。近代学者王国维依然将戏曲视为文学的范畴,即把宋、元戏剧以至此前的古剧当作"文学"的一分子去研究和考察;因而他所构建的是文学意义、范畴上的"宋元戏曲史",而非戏剧意义、范畴上的"戏曲文学史"。从某种意义上说,其主导思维方式是文学思维而非戏剧思维。戏曲学学科建设直至20世纪20年代末才开始确立,由吴梅引入大学讲堂。

扬州曲家的理论贡献,固然如上所述,在前人基础上作了拾遗补阙、开拓探讨的工作,但是笔者以为,其最足以引起重视的是,他们开始有了戏曲学科意识的萌芽,无论是从创作理论到实践,还是作文化学意义上的探讨,都显示出他们的超前性。事实上,他们已经意识到:所谓戏曲是一种超越剧本、超越演出、超越剧场的宏大社会文化形态。

---

① (清)焦循:《剧说》卷五,载《中国古典戏曲论著集成》(八),中国戏剧出版社1982年版,第176页。

② 李昌集:《中国古代曲学史》,华东师范大学出版社1997年版,第703页。

③ 李昌集:《中国古代曲学史》,华东师范大学出版社1997年版,第698页。

第六章　扬州曲家的戏曲理论贡献(下)

清中叶扬州花部戏曲诸腔杂陈,发展势头迅猛;雅部昆曲繁盛,但演出渐囿于士夫厅堂一隅。置身于这一特定的文化境遇中,扬州曲家的戏曲观念呈现出开放性和封闭性的多元对应与多层互渗。面对花部戏曲——这些新生脆弱却生命力旺盛的草根剧种,扬州曲家表现出了热情呵护的姿态。一代经学大师焦循宣称"乃余独好之"①,似乎先知先觉地告诉世人:一个崭新的戏曲时代正在到来。有些曲家虽没有提出明确和系统的理论主张,但从其戏曲创作及诗文集中透露出的点点信息来看,清楚地表明了立场和观点。在理论研究领域,扬州曲家敏锐地捕捉到花雅变革时期的剧坛脉动,及时调整研究对象,从以雅部为中心转向了对花部戏理论的总结,并取得了一些开创性成果。

李斗的《扬州画舫录》浓墨重彩地描绘了乾隆年间扬州花部戏演出的红火景象,"是乾嘉时期戏曲理论转型的肇始之作,对花部戏曲的实录性描述,体现出花雅两部的争胜融合"②。焦循的《花部农谭》篇幅虽短,却被誉为"花部戏曲的赞歌","在对于民间戏曲的热情讴歌与深入总结上,为世罕见,堪与明代徐渭《南词叙录》并称双璧"③。本章旨在通过对扬州曲家与花部戏关系之考察,着重探讨其花部戏曲理论贡献。

第一节　扬州曲家与花部戏

一、扬州曲家与花部戏关系之考察

中国戏曲史上有过三次重要的转折时期,即元末明初元杂剧和南戏的双峰并峙时期、晚明杂剧和传奇的此消彼长时期、清中叶传奇和花部戏的竞胜时期。其中第三次影响最大,戏曲史上的花雅之争主要发生在此时期。

① (清)焦循:《花部农谭》(不分卷),载《中国古典戏曲论著集成》(八),中国戏剧出版社 1982 年版,第 225 页。
② 杨飞:《乾嘉时期扬州剧坛研究》,华东师范大学博士学位论文,2007 年,第 151 页。
③ 颜全毅:《清代京剧文学史》,北京出版社 2005 年版,第 77 页。

花雅之争这一概念内涵现代学者已多有探讨，基本形成共识。"花"代指的是花部戏（即地方戏），"雅"则是昆曲。作为传统的曲牌联缀体和新兴的板式变化体之间的一次较量，它直接影响了近世戏曲格局的形成。

花雅争胜，肇始于明中叶，从正式兴起的明崇祯末年算起，到清同光年间花部戏彻底胜出，其间经过了三个回合的争斗。花雅之争并不是匀速发展的，它大致经历过三个阶段：（1）明后期至清康熙中叶的昆、弋（京）并峙；（2）乾隆中叶的京、秦之争；（3）乾隆末年徽班进京，花部戏彻底胜出。关于第一、三两个阶段，即明后期到清前期昆曲与弋阳腔相争相持的现象和乾隆末年徽班进京促成近代京剧诞生的经过，学者们已作过比较充分的探讨，唯对其间发生的京、秦之争重视不够。实际上，在花雅之争的大背景下，还出现过京腔与秦腔之争。乾隆早期，北京的戏曲舞台上虽大体维持着昆曲与弋阳腔（京腔）并峙的局面，但无论在上流社会还是底层民众中间，昆曲的势头都已不能与弋阳腔（京腔）相比，弋阳腔（京腔）已成为最流行的剧种，出现了"六大名班，九门轮转"的现象。因此，乾隆中期的京、秦争胜，是花雅之争过程中乃至整个中国戏曲史上不容忽略的一个重要环节。清中叶戏班荟萃的扬州无疑是最能反映其间变化的南方戏曲活动中心。

如第一章所述，从"苏班名戏聚维扬"到"到处笙箫，尽唱魏三之句"，从昆山腔名伶的"千金一唱在扬州"到秦腔红伶魏长生"唱戏一出，赠以千金"，扬州曲坛风尚的这一显著变化表明，乾嘉之际昆腔的曲坛盟主地位已经受到新兴的草根剧种——花部戏曲严峻的挑战。在这场为时长久的较量中，草根的力量无疑更为强大，花部戏在扬州红红火火上演，表现得异常蓬勃。在这场花雅竞胜中，扬州曲家表现出迥然不同的态度。

扬州曲家对花部戏的态度是一个动态变化的过程。虽然由于资料匮乏、个人学养等因素制约，笔者无法清晰地描摹出具体的情状，但主体轨迹仍历历可见。

乾隆初期，花部戏已经蔚然勃兴，流行于扬州城乡。乾隆五年（1740）扬州士人董伟业的《扬州竹枝词》云："丰乐朝元又永和，乱弹班戏看人多。就中花面孙呆子，一曲传神《借老婆》。"①丰乐、朝元、永和是当时最有名的三个乱弹戏班，而绰号"孙呆子"的丑角领衔的《借老婆》无疑是一出为观众耳熟能详的乱弹戏，从中透露出乱弹戏班颇受百姓喜爱的信息。不过其时主

---

① （清）董伟业：《扬州竹枝词》，载雷梦水等编《中华竹枝词》（二），北京古籍出版社 1997 年版，第1317 页。

要流行于城乡市井细民中间,士大夫厅堂红氍毹上未见搬演记载。相反,"苏班名戏聚维扬""扬州曲部魁江南""扬州乐府聚风华"之类诗句倒在文人诗文集里屡见不鲜,说明弥漫扬州曲坛的是昆曲雅乐。考察活跃于乾隆初期的扬州曲家朱夰、金兆燕、卢见曾、李本宣等,未发现有受花部戏曲影响的迹象,其传奇创作遵循的是传统路子,即才子佳人模式的花样翻新,剧作思想主旨仍是情理合一,与清初传奇如出一辙。其略有创新之处表现为体制上篇幅趋短,注重舞台实践。这在第四章中已有过考察,兹不赘言。在强大的传统势力笼罩下,他们仍心驰神醉于文人雅士的书卷墨香,剧作流露出清醇雅正的审美情趣,花部戏尚未入他们的法眼,在其诗文集抑或传奇创作中均未涉及。此后在花部戏风靡扬州城乡的事实面前,中后期的扬州曲家表现出迥然不同的态度。

其实乾隆初年,随着花部戏的蓬勃发展,全社会的戏曲审美思潮发生了剧烈的变化。杨静亭在《都门纪略》中说:"我朝开国伊始,都人尽尚高腔。延及乾隆年,六大名班,九门轮转,称极盛焉。"[1]京师昆曲的曲坛盟主显然已为高腔所取代。乾隆九年(1744),徐孝常在《〈梦中缘传奇〉序》中云:"长安梨园称盛,管弦相应,远近不绝,子弟装饰备极靡丽,台榭辉煌。观者叠股倚肩,饮食若吸鲸填壑,而所好惟秦声罗弋,厌听吴骚,闻歌昆曲,辄哄然散去。"[2]与之可相佐证。潜滋于民间的花部戏曲汇聚成浩荡声势,对雅部昆曲构成了有力的挑战。这样的现实情势,不少扬州曲家已经清醒地认识到。乾隆十六年(1751),蒋士铨就在杂剧《昇平瑞》中借傀儡班戏子之口说出:"昆腔、汉腔、弋阳、乱弹、广东摸鱼歌、山东姑娘腔、山西嗑戏、河南锣戏,连福建的乌腔都会唱。江湖十八本,本本皆全。"[3]又在第三出"宾戏"中,借剧中人之口对各种声腔进行了评论:"昆腔唧唧哝哝,可厌。高腔又过于吵闹,就是梆子腔唱唱,倒也文雅明白。"又极力赞美花部戏,"妙极,这样的戏班端的赛过昆班"[4]。应该说,蒋士铨已经意识到昆曲语言晦涩难懂,行腔繁缛,令人生厌;而新兴剧种梆子腔等则语言显豁通畅,形式活泼多样,生机益然。

① (清)杨静亭:《〈词场门〉序》,载《都门纪略》,沈云龙主编《近代中国史料丛刊》第72辑(总第716号),台湾文海出版社1966年版,第349页。

② (清)徐孝常:《〈梦中缘传奇〉序》,载吴毓华编著《中国古代戏曲论著序跋集》,中国戏剧出版社1990年版,第542页。

③ (清)蒋士铨:《昇平瑞》第二出"斋议",载《蒋士铨戏曲集》,周妙中点校,中华书局1993年版,第763页。

④ (清)蒋士铨:《昇平瑞》第三出"宾戏",载《蒋士铨戏曲集》,周妙中点校,中华书局1993年版,第768、771页。

因此他在传奇创作中对花部戏的某些元素直接予以吸收和利用。其传奇采用了不少标明为"梆子腔""高腔""弋阳腔"等地方戏曲声腔的曲调，而梆子戏《女八仙》、僮偗戏《刘三妹》也被完整地移入。试以后者为例说明。

传奇《雪中人》是乾隆三十八年(1773)腊月蒋士铨任安定书院山长时所创作。据其自序云，他与友人钱百泉雪日围炉倾谈时，偶然聊及清初铁丐吴六奇事，言笑甚欢，因在钱氏的敦促下，花了8天时间完成。该剧生动形象地演绎了清初铁丐吴六奇知恩报恩的感人事迹。第十三出"赏石"，叙吴六奇剿抚群蛮后，擢授两广水陆提督，为酬知遇之恩，将卷入冤案的恩人查培继接至署中，并命家乐演戏。在此蒋士铨完整地插入了《刘三妹》这出僮偗戏，试看剧中如此描写：

　　（净）俺岭南有偗僮蛮歌，倒也别致，若不嫌鄙俚，着他们演来，以博先生一笑。（生）问俗采风，藉资闻见。既有新声，即求相示。（净）吩咐演《刘三妹》。（末传话介）（旦仙装上）郎种合欢花，侬种合欢菜。菜好为郎餐，花好为郎戴。小仙刘三妹，新兴人也。生于唐时，年方十二，淹通经史，妙解音律。游戏得道，往来溪峒间，与诸蛮操土音作歌唱和。后来得遇白鹤秀才，遂为夫妇，成仙而去。今诸蛮跳月成亲，祀我二人为歌仙。你看秀才乘鹤来也。（小生仙装乘鹤唱上）

　　【蛮歌】思想妹，蝴蝶思想也为花。蝴蝶思花不思草，我思情妹不思家。（下鹤介）三妹，你看月淡风和，和你听蛮子们儿女踏歌去。（携手行介）（旦唱）妹相思，不作风流到几时。只见风吹花落地，不见风吹花上枝。（立高处介）（小旦头顶横一箭，以发上缠垂下，戴各花。身穿长黑裙，上画白粉花水纹。胸背间垂铃钱数串。唱上）谁说山高不种田，谁说路远不偷莲。高山种田吃白米，路远偷莲花正鲜。俺曲江偗女，今日唱歌择配，你听一个哥哥唱得来也。（杂扮男偗首裹花帕，穿彩衣，赤脚，腰刀挂弩，耳垂大银环。唱上）娘在一峰也无远，弟在一岸也无遥。两岸火烟相对出，独隔青龙水一条。（相搂介）（女）俺爱煞你也！（杂）俺爱煞你也！（女唱）妹同庚，同弟一年一月生。同弟一年一个月，大门同出路同行。（男唱）思娘猛，行路思娘睡思娘。行路思娘留半路，睡也思娘留半床。（负女下）（贴穿白布桶裙，自腰拖地，裙上画五色花额耸一髻，上插大钗，钗上挂铜环。耳坠垂肩。两颊上画五色花卉，手持花扁担一条。唱上）妹金龙，日夜思想路难通。寄歌又没亲人送，寄书又怕人开封。俺黎女是也。（杂祖胸赤足，头挽一髻，上直竖雄鸡毛一根，横插牛骨簪。两边插金银钗。身穿短衣及腰,手持藤弓竹箭。唱上)**妹娇娥,怜兄一个莫怜多。劝娘莫学鲤鱼子,那河又过别条河。**(相见笑介)(贴唱)**妹相思,妹有真心弟也知。蜘蛛结网三江口,水推不断是真丝。**(杂唱)**妹珍珠,偷莲在世要同居。妹有真心兄有意,结成东海一双鱼。**(负贴下)(旦)仙郎,你看他们一个个成双作对去也。(小生)便是。(合唱)**虫儿蚁儿都成配偶,各自风情各自有。俊的俊来丑的丑,蠢蠢痴痴不丢手。怎如我两个石人紧紧的搂。**(相抱下)①

剧中演绎的这段大胆而热烈的刘三妹对歌戏中戏,无疑是僮傜戏的原始形态。从装扮上看,男傜头裹花帕,穿彩衣,赤脚,腰刀挂弩,耳垂大银环;贴穿自腰拖地的白布桶裙,裙上画五色花,额耸一髻,头上插大钗,钗上挂铜环,耳坠垂肩,两颊上画五色花卉,显然具有浓郁的民俗风情,而对歌的方式与如今瑶族和黎族的"跳月""对歌"习俗极为相近。形式上载歌载舞,舞台样式既新颖别致,也与剧情很熨帖,因此给全剧增色不少。在文人戏曲中,这样把俚俗而地道的少数民族歌舞直接在昆曲舞台上呈现是罕见的。蒋星煜对此极为赞赏,"蒋士铨把当时认为是所谓蛮歌的《刘三姐》作为昆曲中的插曲,在形式上是十分大胆的尝试,虽然他在其他作品中过于考究格律,比较保守,但在这一点上,却是有革新精神的"②。

作为清代文人曲家的翘楚,蒋士铨对花部戏的借鉴和吸收着实令人惊奇。其实,考察蒋士铨的戏曲思想和理论主张,不难发现,这与他客寓江春康山草堂期间尽情观摩花部戏这段生活有关。两淮商总江春是乾隆年间扬州的戏曲活动家魁首,所蓄春台、德音两戏班,仅供家宴,岁需三万金。其家中常常搬演曲剧三四部,同日分享馆宴客,觥筹交错之际,主宾可以各取所需,点看心仪的优伶表演。为迎銮供奉之需,江春征聘四方名旦,如苏州杨八官、安庆郝天秀之类色艺俱优的伶人组建成春台班,专门演出花部戏。据《扬州画舫录》卷五记载:乾隆五十二年(1787),被逐出京师的秦腔当红艺人魏长生南下至扬州,投奔江春,"演戏一出,赠以千金"。蒋士铨与江春交情深厚,因此创作中满足甚至迎合主人欣赏口味亦在所难免。《雪中人》创作于这一时期,蒋士铨吸纳花部戏自在情理之中。

这时期亦有少数扬州曲家既清醒地认识到了雅部昆曲的不足,又遮遮

---

① (清)蒋士铨:《雪中人》第十三出"赏石",载《蒋士铨戏曲集》,周妙中点校,中华书局 1993 年版,第 329—330 页。

② 蒋星煜:《两百年前的刘三姐》,载《以戏代药》,广东人民出版社 1980 年版,第 136 页。

掩掩，流露出言不由衷的矛盾心态。沈起凤就是一个值得深入研究的曲家个案。《谐铎》卷十二云："自西蜀韦三儿（笔者按，即魏长生）来吴，淫声妖态，阑入歌台，乱弹部靡然效之，而昆班子弟，亦有倍师而学者，以至渐染骨髓，几如康昆仑学琵琶，本领既杂，兼带邪声，必十年不近乐器，然后可教。"①沈起凤将秦腔红伶魏长生的表演讥讽为"淫音妖态"，并描述了其至苏后带来的"恶劣"影响，梨园界不仅乱弹艺人群起效仿，连昆班子弟也背师偷学，"必十年不近乐器，然后可教"之句，显得对魏氏秦腔的"荼毒"艺术痛心疾首，极为仇视。

　　然而耐人寻味的是，沈起凤在传奇创作中又积极向花部戏靠拢。如前所述，《沈氏四种传奇》是为了迎合市民而创作的富有世俗情趣的戏曲作品，充满浓郁的地方戏气息。四种曲中净丑戏成分大大增加，呈现出南戏早期的"三小戏"格局，即以小丑、小生、小旦为主要脚色。有时他在剧中直接标明用地方戏腔调演唱。《报恩猿》第十五出"逐伙"中，赵小二疑店伙计李狗儿与妻子郑玉奴有染，乃将他逐出。李狗儿上场时，舞台指示标注："丑随意唱西调一、二句诨上。""西调"是梆子腔的别称。戏中反映出花部戏在昆曲老家苏州极受欢迎的事实。如赵小二指责李狗儿时所唱：

　　　　【驻云飞】**浪语胡诌，终日秦腔更楚讴。**（丑）唱唱曲子，也勿关得唔啥事。（净）**唱得风情透，引得春心逗。**（丑）我引子啥人了。（净）嗏，何用苦追求，出乖露丑。（丑）那间要哪哼介。（净）**红袖当炉，莫醉文君酒。**唔替我请便罢，劝你**收拾丝纶别下钩。**②

所谓"秦腔""楚讴"云云，指的是秦腔等地方戏声腔，苏州城里一个店伙计终日口中吟唱，这自然不难想见秦腔等在苏州已经极为风靡，甚至深入人心。沈起凤有时则直接在剧中采用了小曲曲调名。第十二出"贱诱"中，赵小二妻郑玉奴原是扬州名妓，店伙计李狗儿系苏州小唱出身，因借弹唱为由相勾引，唱了四支小曲。试举其一：

　　　　【剪靛花】姐见郎来笑盈盈，一面的琵琶手内擎。把弦索儿调匀，快些儿唱革奴听。情郎推说病缠身，姐姐的娇嗔戏打人。只得勉强应承，

---

① （清）沈起凤：《谐铎》卷十二"南部"，乔雨舟校点，人民文学出版社 2006 年版，第 176 页。
② （清）沈起凤：《报恩缘》第十五出"逐伙"，载《沈氏四种传奇》，吴梅编《奢摩他室曲丛》，商务印书馆 1928 年版，第 73 页。

不觉的咳嗽连声。姐儿听好心疼,夺住琵琶停一停。冤家你免得劳神,
元来是怕打情真。①

【剪靛花】这类小曲入戏,赋予了剧作浓郁的生活气息。此外,如前所述,在
语言上沈氏四种曲也有意朝通俗化的方向努力,通篇白多曲少。这些皆是
沈起凤向地方戏学习借鉴的鲜明表征。

沈起凤在雅俗之间徘徊的这种矛盾心态,在同时代不少文人曲家身上
也存在,其背后潜藏着他们对儒家文化的情感皈依。沈起凤出身于苏州一
个诗礼簪缨的家族,其周遭亲友皆为仕途荣显之传统士大夫,因此功名之心
甚炽,对金榜题名之类的封建科举道路充满了幻想。他多才多艺,湛深经
术,却"才优于命,遇塞于名",六应礼部试皆不中,加以妻室张灵早逝,因此
滑稽调谑,放诞不羁,谐俗成为其性格的另一面。戏曲创作正是沈起凤发抒
自己怀才不售的愤懑的一种宣泄方式,是以其戏曲作品中既有潦倒文人白
日梦幻式的追求,又谐谑调笑、玩世不恭,甚至流露出恶俗的一面。

沈起凤虽然有别于意气风发的传统文人形象,与混迹世俗大众之元曲
家更相似,但他骨子里毕竟是个信奉儒家正统思想的文人,其内心深处并没
有泯灭儒家的道德标准与是非观念,也没有放弃对儒家思想的道德准则的
守望。因此他可以"适度"地欣赏戏曲、小说等通俗文艺,甚至染指创作并将
之士大夫化,其文言短篇小说《谐铎》就是鲜明的例证。为了调和这种矛盾,
沈起凤在审美追求上崇尚雅俗共赏甚或变俗为雅。但一旦魏长生及其秦腔
艺术危及其固守的道德底线时,他就奋起攻击,捍卫自己信奉的儒家道德准
则。因此颇具戏剧性的是,面对花部戏,沈起凤言行不一,呈现出扑朔迷离
的迹象。值得注意的是,晚年身为教谕的他对自己年轻时放浪形骸的生活
深表忏悔,自烧曲作以名志。他对戏曲的态度发生了急剧的变化。这也是
他对风靡全社会的花部戏之反感如此强烈的原因所在。

不过,蒋士铨、沈起凤等文人曲家既无法漠视花部戏广受民众欢迎的社
会现实,也不愿传奇这种既能挥洒才情又已娴熟驾驭的艺术样式在自己手
中消亡。比较昆曲与花部戏的优劣后,他们认识到昆曲典雅繁缛、节奏舒缓
已成为观众锐减的主要原因。因此,传奇创作中,他们主动从花部土音中吸
纳养分,诸如:活跃舞台气氛,改变传统的生旦格局,增加净、丑等角色戏份;

---

① (清)沈起凤:《报恩缘》第十二出"贱诱",载《沈氏四种传奇》,吴梅编《奢摩他室曲丛》,商务印书
馆1928年版,第39页。

在剧中穿插滑稽幽默的场景和情节,同时辅以必要的武打与杂技。他们在传奇的题材、体制形式等诸多方面作了较深入的探索,特别是绍祖元曲,案头和演出相结合,创作了一批风靡大江南北的戏曲作品。然而究其实质,仍是传统文化因袭和延续的结果。

乾隆中后期,基于扬州花部诸腔会集、本地乱弹流行城乡的事实,两淮盐务例蓄花雅两部以迎驾,鄙俚村俗的花部戏曲堂而皇之地进入了宸赏之列。乾隆五十二年(1787),秦腔当红艺人魏长生南下扬州,一时引起轰动。《扬州画舫录》卷五记载:"(魏长生)尝泛舟湖上,一时闻风,妓舸尽出,画桨相击,溪水乱香。长生举止自若,意态苍凉。"①可见魏长生魅力四射,成为被追捧、迷恋和推崇的偶像,具有现代意义上的明星效应。而春台班复采魏长生之秦腔,并京腔中之尤者,成为扬州梨园戏班中的佼佼者。这是扬州乱弹发展至鼎盛的标志。乾隆五十五年(1790),以高朗亭为首的徽班艺人自扬州启程晋京,开启了京剧的新时代。嘉庆三年(1798),清廷明文下令禁止苏州戏班演出梆子、弦索诸腔,足以说明花部戏曲在当时造成的声势:

> 乃近日倡有乱弹、梆子、弦索、秦腔等戏,声音既属浮靡,其所扮演者,非狭邪媟亵,即怪诞悖乱之事,于风俗人心殊有关系。此等腔调虽起自秦、皖,而各处辗转流传,竞相仿效。即苏州、扬州向习昆腔,近有厌旧喜新,皆以乱弹等腔为新奇可喜,转将素习昆腔抛弃。流风日下,不可不严行禁止。嗣后除昆、弋两腔仍照旧准其演唱,其外乱弹、梆子、弦索、秦腔等戏,概不准再行唱演。②

昆曲老家尚且如此,其他地方更可以想见,因此在乾嘉之际这场愈演愈烈的花雅竞胜中,花部戏显然已经占了上风。

对于这些鄙俚无文的花部戏,扬州曲家流露出赞赏之情。乾隆五十四年(1789),凌廷堪、焦循、黄文旸在南京雨花台观看花部戏,凌廷堪有《高阳台商调·同黄秋平焦里堂雨花台观剧》词记之。其词云:

> 慷慨秦歌,婆娑楚舞,神前击筑弹筝。尚有遗规,胜他吴下新声。无端委巷谈今古,混是非、底用讥评。郁蓝生、杂剧流传,体例分明。

---

① (清)李斗:《扬州画舫录》卷五"新城北录下",汪北平、涂雨公点校,中华书局 2004 年版,第 132 页。
② 《翼宿神祠碑记》,载江苏省博物馆编《江苏省明清以来碑刻资料选集》,生活·读书·新知三联书店 1959 年版,第 295—296 页。

挺斋不作东篱去,算青藤玉茗,风气初更。辗转相师,可怜伪体争鸣。何人礼失求诸野,怅碧天、无限遥情。暮云轻,曲散人归,月上高城。①

词中表达了凌、黄、焦三人对花部戏的共同看法:花部戏延续了元曲的艺术精神。所谓"尚有遗规,胜他吴下新声",意即花部戏在绍祖元曲精神上远远胜过昆腔。王章涛认为"该词所阐发的见解极可能是三人的通识,他们对这场迎神戏的演出极为欣赏,以为其表演尚能遵循遗规,保存杂剧传统,自有超过'吴下新声'之处"②,其言下之意是他们观赏的是一出迎神戏。笔者以为,凌、黄、焦观赏的当是一出花部戏,"秦歌""楚舞"云云,再联系李斗《扬州画舫录》中之说法,"若郡城演唱,皆重昆腔,谓之堂戏。本地乱弹只行之祷祀,谓之台戏"③云云,可知该时期花部戏多于扬州祭神活动中搬演。因此,这出迎神戏当是花部戏。

扬州曲家不仅爱好花部戏,还热情赞扬花部戏艺人之高超技艺,并为之作了理论总结。李斗在《扬州画舫录》中把扬州火热的花雅竞胜情形记录下来,留下了弥足珍贵的花部戏史料。经学家兼曲论家焦循高度首肯花部戏,并宣称"乃予独好之"。其《花部农谭》是一部地方戏曲理论专著,在中国戏曲史上有着重要的地位。第二、三节将展开深入探讨。

综上所述,清中叶扬州曲家对花部戏态度的冷热不同,透露出戏曲演进的内在趋势。乾隆早期扬州曲家朱夰、金兆燕、卢见曾、李本宣等,在传统审美心理定式作用下,花部戏尚未入他们的法眼,其诗文集抑或传奇创作中都未涉及。至乾隆中后期,随着花部戏曲的蓬勃发展,蒋士铨、沈起凤等曲家主动地从"土音"中吸纳养分,融入传奇创作。尤其耐人寻味的是,沈起凤将魏长生的秦腔表演讥为"淫音妖态",所作传奇中却充斥浓郁的花部戏气息,其态度极为暧昧。乾嘉之际,焦循、李斗、凌廷堪、黄文旸等人则以热情的姿态爱护并赞美花部戏,为之做出理论总结。扬州曲家在花雅竞胜中的这些不同表现无疑值得我们思索,他们大多为深受儒家传统文化熏陶的文士,特重戏曲的风化功能,何以会对花部戏这些乡土气息浓郁的土音表现出极大的兴趣?以下将展开具体的探讨。

---

① (清)凌廷堪:《高阳台商调·同黄秋平焦里堂雨花台观剧》,载《梅边吹笛谱》(二),《丛书集成初编》(2666),商务印书馆 1935 年版,第 66 页。

② 王章涛:《凌廷堪传》,广陵书社 2007 年版,第 61 页。

③ (清)李斗:《扬州画舫录》卷五"新城北录下",汪北平、涂雨公点校,中华书局 2004 年版,第 130 页。

二、扬州曲家花部戏曲理论探因

考察了扬州曲家与花部戏之关系后,笔者发现,扬州曲家虽然与以考据征实为号召的扬州学派甚有渊源,但考证经史仅是其精神活动的一个方面。他们照样好谈狐说鬼之事,热情从事市井文艺创作,因此端严与谐趣杂然并存。由此类情实足以观性行,知癖好。扬州曲家的知识结构和价值取向中,好奇尚异与求实尚真这两方面合而为一。这其实是受当时扬州士林中雅俗合流的风气影响所致。

因此,深受市井文化熏染的扬州曲家,对发展势头迅猛的花部戏表现出了极大的关注。花部戏赋有的质朴鲜活的俗文化因子,让他们感受到元曲传统的再次回归。出于对元曲高峰地位的敬仰和追慕,他们激赏并追求元曲的创作风格和精神品格,并以此自诩。如果说,蒋士铨、沈起凤等曲家尤其是后者对花部戏的态度尚欲盖弥彰的话,那么焦循、李斗、凌廷堪等曲家对此则提出旗帜鲜明的观点。

如第五章所述,扬州曲家具有独特的艺术嗜好——偏好元曲,缘于其主旨多涉忠孝节义,与风化攸关,且曲词本色当行,因此,当鼓吹元曲艺术精神回归的他们在花部戏中找到相似点时,就情不自禁地表现出喜好。进一步考察他们的言行,具体可归因于以下三方面:

首先,花部戏"戏文亦间用元人百种",在题材上与元曲多所假借,崇尚艺术虚构,戏剧性很强,"多与史实乖迕""明其为戏"的艺术精神是相通的。过于穿凿史实、考核细节真实,清初以来传奇创作中盛行的这一考据之风,素来为扬州曲家反感,受到了他们激烈的批判。因此,当花部戏"生吞《八义记》"等与史实颇相乖谬时,他们并不以为忤,表现出了宽容、赞美的姿态,如焦循充分肯定《清风亭》之"雷殛"所产生的艺术效果,"明日演《清风亭》,其始无不切齿,既而无不大快。铙鼓既歇,相视肃然,阒有戏色;归而称说,浃旬未已。彼谓花部不及昆腔者,鄙夫之见也"①。而百姓之观昆曲《双珠天打》,同样是"雷殛"的故事情节,却视之漠然,反响极一般。扬州曲家不满晚明以来曲坛中弥漫的"传奇十部九相思"的创作风气,主张"字存褒贬,义寓劝惩",编写了不少忠孝节义题材的戏。花部戏的主旨精神与元曲是相通的,而且远远超越昆腔,正如凌廷堪所说,"尚有遗规,胜他吴下新声"。

---

① (清)焦循:《花部农谭》(不分卷),载《中国古典戏曲论著集成》(八),中国戏剧出版社 1982 年版,第 229 页。

其次，花部戏曲文俚质，"虽妇孺亦能解"。许道承评《缀白裘外集》中的花部剧目，"有时以鄙俚之俗情，入当场之科白；一上氍毹，即堪捧腹。此殆如东坡相对正襟捉肘，正尔昏昏欲睡，忽得一诙谐讪笑之人，为我持羯鼓解酲，其快当何如哉"①，这与元曲亦颇相类似。元曲曲词之本色当行历来是传奇曲家学习的典范，虽然其内涵在不同的历史时期曲家们有着各自的阐释。发展至清初，对于戏曲的场上搬演特性，曲家们已经形成共识。李渔《闲情偶记》卷一云："诗文之词采贵典雅而贱粗俗，宜蕴藉而忌分别。词曲不然，话则本之街谈巷议，事则取其直说明言。"②其后文人曲家却将传奇视作诗词之一体，扬州曲家对此极为不满，凌廷堪就愤然提出"莫作诗词一例看"。

再次，花部戏音调慷慨激昂，与昆曲之婉转流利迥然不同。吴音繁缛，关于其腔，明人多有论述："调用水磨，拍捱冷板，声则平上去入之婉协，字则头腹尾音之毕匀，功深熔琢，气无烟火，启口轻圆，收音纯细"③；"较海盐又为清柔而婉折，一字之长，延至数息"④。昆曲这种舒缓清丽的声情特点，对不识字或识字不多的下层民众来说，无疑存在着审美趣味与观赏时间上的双重障碍。花部戏进入城市后，经过整合梳理，洗脱了原先的粗糙简陋之气，很快为市井细民所喜闻乐见。在那个市民文艺需求高涨的年代，昆曲这一规范整饬的高雅艺术不敌下里巴人的花部戏，几个回合之后就败下阵来，亦是情理之中的事。清中叶，昆曲在士大夫阶层中渐渐失去了市场，有些扬州曲家明言不喜昆曲缠绵婉转之音，焦循就自云："不惯温柔久断痴，红牙敲处亦相思。筵前多是悲歌客，只唱秋风易水辞。"⑤因此，苦于昆曲行腔之繁缛，扬州曲家就作了诸多改革，诸如篇幅趋短、用曲精简、宾白增加等。

以上所述，仅从元曲与花部戏之相同点着眼，若欲深层次发掘其原因，还须从清中叶扬州的社会风尚、乾嘉朴学思潮及扬州曲家的主体因素这些方面探求。

清中叶扬州是花雅竞胜、诸腔并奏的艺术大舞台，酷爱民间文艺的扬州

---

① (清)许道承：《〈缀白裘〉十一集序》，载吴毓华编著《中国古代戏曲序跋集》，中国戏剧出版社1990年版，第505页。

② 李渔：《闲情偶记》卷一"词曲部"之"词采第二"，载《中国古典戏曲论著集成》(七)，中国戏剧出版社1982年版，第22页。

③ (明)沈宠绥：《度曲须知》上卷"曲运隆衰"条，载《四库全书存目丛书》集部426，齐鲁书社1997年版，第656页。

④ (明)顾起元：《客座赘语》卷九，载《续修四库全书》子部1260，上海古籍出版社2002年版，第258页。

⑤ (清)焦循：《听曲》，载《雕菰集》卷五，《丛书集成初编》(2192)，商务印书馆1935年版，第69页。

曲家自然为这一争奇斗妍的现象所吸引。虽置身于清中叶扬州这一富贵繁华地,但扬州曲家大多出身寒素,与下层民众联系密切,深知百姓的喜怒哀乐,与其声息相通。他们对秦腔红伶魏长生、说书艺人叶霜林等的艺术的褒扬,与士大夫的"狎伶"式欣赏迥然不同。在拯世济民抱负上未能一展身手的扬州曲家与民间艺人之间,已经消弭了那道不可逾越的鸿沟。乾嘉之际,扬州的花部戏曲发展得如火如荼,花雅竞争消长的这种文化现象对扬州曲家的审美趣味及创作心态产生极大的影响。

这主要表现在,他们对新兴的民间文艺表现出由衷的爱好。扬州曲家推尊元曲,对词曲的价值有着独特的认知,具体体现为对戏曲风化功能的重视。清中叶扬州盐商追求现世享乐与奢侈浮华的"扬气"做派,直接带动了人心不古、江河日下的社会风气,令扬州曲家痛心疾首。他们深受儒学思想熏染,对正统思想表露出虔诚的信仰,自觉地以辅民化俗为己任。因此花部戏曲在扬州城乡的流行,促使他们重新审视戏曲的价值功能,从而极力鼓吹戏曲要风化劝世。显然他们已认识到:传奇儿女情多,风云气少,柔靡流丽的格调无疑是雅部昆曲的先天不足,而花部戏慷慨激昂,令人血脉偾张,契合了普通民众的欣赏习惯。乾嘉之际,虽值升平盛世,但衰败的迹象亦已开始表露出来,人情世态发生着激烈的变化,昆曲依然缠绵婉转,仿佛不谙世事的小女子,难免陷入遭大众冷落的境遇。

此外,焦循、凌廷堪、李斗、黄文旸等扬州曲家能够卓有远见地激赏花部戏,还与其学者身份密切相关。他们或为扬州学派成员,或为深受其影响的外围人员①,治学主张崇实黜虚,经世致用,具融合会通之研究精神;因而博学多才,经学、史学、文学、艺术等领域均广泛涉猎,且卓有成就。他们在治学上力求"博通",追求"变通",表现出不受羁绊的创新精神。斯时花部戏已如雨后春笋般勃兴,其内蕴的审美趣味与下层民众息息相关,昆曲则日渐曲高和寡,脱离民众现实生活。从艺术生命及反映时代精神看,两者高下立判。因此,焦循、凌廷堪、李斗、黄文旸等扬州曲家赞赏其时并不为大多数文人士夫所看好的花部戏,这正是他们力主"博通"的治学精神使然。这已然站在时代的前列。

为此,基于花部戏红火的原因考索,焦循、凌廷堪、李斗、黄文旸等扬州曲家得出的结论是,花部戏秉承了元杂剧的艺术精神。焦循《花部农谭》云:

---

① 扬州学派的外围人员指李斗、黄文旸,他们与焦循、凌廷堪、阮元、黄承吉等扬州学者交往密切,本人也研治经史。

"花部原本于元剧,其事多忠、孝、节、义,足以动人;其词直质,虽妇孺亦能解;其音慷慨,血气为之动荡。"①《剧说》卷一云:"近安庆'帮子腔'剧中,有桃花女与周公斗法、沉香太子劈山救母等剧,皆本元人。"②李斗亦云扬州本地乱弹"至城外邵伯、宜陵、马家桥、僧道桥、月来集、陈家集人,自集成班,戏文亦间用元人百种,而音节服饰极俚,谓之草台戏。此又土班之甚者也"③。显然他们皆推崇花部戏,以为元曲之嗣响。花部戏与元杂剧之间的类似因袭,成为他们激赏花部戏的重要理论支撑。赵兴勤在考察清代花部戏与昆曲的异同后,认为"崛起于民间的花部,正是以真挚自然的本来面目,展示于乡野之歌场,与明清之时趋于典雅的传奇、杂剧相比,其娱人功能明显得到强化,所承袭的正是元剧之特色"④。杨飞在《乾嘉时期扬州剧坛研究》中也指出:"清人的戏曲评价特别推崇元人的创作精神,无论是在艺术形式,还是艺术精神均是如此。这种批评倾向,便与花部戏曲所表现的疾恶如仇、淳朴本色的艺术精神达到了一种惊人的巧合,成为花部艺术发扬的一种间接的理论支撑。"⑤这对扬州曲家来说同样适用,洵为至论。因此,在花部戏这种俚俗质朴、朝气蓬勃的土音面前,焦循、凌廷堪、李斗、黄文旸等扬州曲家没有因循守旧,像传统士夫那样鄙夷之,而抱以宽容、喜爱的态度,表现出超越时人的卓识。

戏曲史上的这场花雅之争,究其实质是雅俗之间的又一次审美较量,它涉及文化层面的问题。戏曲来自民间,因了俗文艺的滋养,它得以繁荣壮大;文人群体的加盟既使它迅速提升了自我的文化品位,红牙唱板得以跻身士大夫厅堂氍毹中,同时也束缚了它的生命力——那种来自市井文艺的原始因子所赋予的质朴鲜活的生命力。

中国古典文学的平民化过程,或者文体的民主化过程,是由俗趋雅、抑俗扬雅的演绎历程。用胡适的话来说:"文学史上有一个逃不了的公式。文学的新方式都是出于民间的。久而久之,文人学士受了民间文学的影响,采用这种新体裁来做他们的文艺作品。文人的参加自有他的好处:浅薄的内容变丰富了,幼稚的技术变高明了,平凡的意境变高超了。但文人把这种新体裁学到手之后,劣等的文人便来模仿;模仿的结果,往往学得了形式上的

---

① (清)焦循:《花部农谭》(不分卷),载《中国古典戏曲论著集成》(八),中国戏剧出版社 1982 年版,第 225 页。
② (清)焦循:《剧说》卷一,载《中国古典戏曲论著集成》(八),中国戏剧出版社 1982 年版,第 95 页。
③ (清)李斗:《扬州画舫录》卷五"新城北录下",汪北平、涂雨公点校,中华书局 2004 年版,第 130 页。
④ 赵兴勤:《清代散见戏曲史料研究》,复旦大学出版社 2018 年版,第 256 页。
⑤ 杨飞:《乾嘉时期扬州剧坛研究》,华东师范大学博士学位论文,2007 年,第 147 页。

技术,而丢掉了创作的精神。天才堕落而为匠手,创作堕落而为机械。生气剥丧完了,只剩下一点小技巧,一堆烂书袋,一堆烂调子！于是这种文学方式的命运便完结了,文学的生命又须另向民间去寻找新方向发展了。"①戏曲亦然,虽然它来自乡野民间,厥品卑微,但杂剧、南戏等样式皆经历过由民间兴起,再经文人提高审美品位,却流行终结于书斋案头的命运。因此花部戏取代昆山腔是历史的必然,任何人都无法挽救昆曲的衰落。

花部戏是最能够真实、自然地反映世俗民众的现实生活和思想情感的艺术样式,扬州曲家在求真、尚情的理论主张推动下,敏锐地发现了雅部昆曲的弊病所在——脱离现实生活,缺少时代气息,因此欲从花部戏中汲取艺术养分以纠其偏。与此同时,他们也意识到了昆山腔的衰落与花部戏的兴起将是不可避免之事。事实也证明了他们的预见是正确的。

扬州曲家的花部戏曲观,正是在传统观念与时代思潮合力的作用下向前推进的结果。乾嘉之后,花部戏逐渐为文人士夫所接受,应该说与这种观念有一定的关系。这种嬗变意义重大,现代学者从哲学层面上做出了诠释,王标在《城市知识分子的社会形态》一书中这样论述:"'雅部'所使用的吴语,'花部'所使用的方言(吴语其实也是一种方言),也可以成为一种争夺各自价值体系正统性的特定资本。扬州出身的汪中、阮元等对扬州学术特点的自觉强调,焦循对使用方言演唱的地方戏曲的重新发现,都可以看成是扬州地域学者作为后起群体,在羽翼逐渐丰满之后,有意识地参预争夺知识场域内发言权威的行为。"②是论允当。

综上所述,扬州曲家秉承正统的人生观和传统的价值观,但与下层民众声息相通,因此尊重其审美趣味,首肯花部戏艺术成就,这无疑顺应了中国古典戏曲的发展潮流。花部戏取代昆山腔是历史的必然,任何人都无法挽救昆曲的衰落——扬州曲家显然已经清醒地意识到这一艺术发展规律,而预见到优胜劣汰的必然性。但他们毕竟隶属于乾嘉时代的士人群体,与生俱来的文人雅趣,决定了其对花部戏曲的激赏是有保留的。是以他们虽有感于雅部昆曲不振的事实,痛心疾首地呼吁昆曲要变革,却无法对昆曲大胆予以新变。在执守古法、以旧律新的保守势力面前,他们虽然可以在传奇创作中借鉴吸引花部戏因子,也可以品评激赏花部戏,为之作理论总结,但是,

---

① 胡适:《〈词选〉自序》,载姜义华主编《胡适学术文集·中国文学史》,中华书局 1998 年版,第 471 页。

② 王标:《城市知识分子的社会形态》,上海三联书店 2008 年版,第 70 页。

始终未能跨出重要的一步。因此,在清中叶花部戏的兴盛为昆曲的变革提供契机时,他们仍无法力挽狂澜,拯救昆曲衰落的命运。

第二节 《扬州画舫录》中的花部戏理论

《扬州画舫录》是一部影响广泛的记载扬州风土人情的笔记体著作。李斗"考索于志乘碑版,咨询于故老通人,采访于舟人市贾",历时 30 年写成。该书以地为经、人物记事为纬,详细记载了扬州的山水园林、亭台楼阁、市井风情,上之贤士大夫流风余韵,下之琐细猥亵之事、诙谐俚俗之谈,皆登而记之,"其体制在雅俗之间,洵为深合古书体例者",因而被阮元誉为"史家与小说家所以相通"①的著作。

作为游离于传统与世俗之间的边缘文人,李斗自云"幼失学,疏于经史",却多才多艺,精棋艺,擅书画,通晓工匠营造法式,喜交游,显然追求的是一种随性发展、潇洒自如的人生境界。由此李斗承载的传统道德负荷较少,得以全身心地投入对世俗文化的鼓吹中。清中叶扬州是花雅竞胜、诸腔并奏的艺术大舞台,酷爱戏曲的李斗自然为这一争奇斗妍的景象所吸引。《扬州画舫录》卷五"新城北录下"中,他以行家之笔描写了扬州花部戏曲的兴盛景象,勾勒了当时花、雅两部竞胜的情形。具体而言,涉及花部戏三方面的理论内容。

其一,清晰地描述了扬州花部戏演出及地方声腔剧种的发展流变情况。他用简洁的笔调描摹了扬州花部戏曲逐渐繁盛起来的过程。乾隆年间起先流行于城内的是本地乱弹,亦称"土班",系郡城内本地人组成。同时城外也活跃着很多土班,亦称"草台戏",系城外之邵伯、宜陵、马家桥、僧道桥、月来集、陈家集等组成。李斗认为其比郡城土班更土,"戏文亦间用元人百种,而音节服饰极俚"②,但是从内容看较为推崇,以为系元曲之嗣响。这些扬州土著剧种显然是昆曲的有力补充。又写到外来地方声腔的发展情形:

> 若郡城演唱,皆重昆腔,谓之堂戏。本地乱弹只行之祷祀,谓之台戏。迨五月昆腔散班,乱弹不散,谓之火班。后句容有以梆子腔来者,

---

① (清)阮元:《〈扬州画舫录〉序》,载李斗《扬州画舫录》卷首,汪北平、涂雨公点校,中华书局 2004 年版,第 6 页。

② (清)李斗:《扬州画舫录》卷五"新城北录下",汪北平、涂雨公点校,中华书局 2004 年版,第 130 页。

安庆有以二黄调来者,弋阳有以高腔来者,湖广有以罗罗腔来者,始行之城外四乡,继或于暑月入城,谓之赶火班。①

这段记载颇为戏曲史家重视,它记载了乱弹诸腔向扬州集聚的情形。说明其时花部戏地位还很低下,原先只限于城外祭祀等仪式,偶尔进城演出,也只能到五月昆班歇夏时,趁舞台演出的空当入城。其后随着戏曲形势如火如荼的发展,外地戏班也纷至沓来。从这段记载中可见乱弹班子于四乡串演和入城竞演的情况。说明扬州已经成为诸腔竞技的大舞台。梆子腔、二黄调、高腔、罗罗腔等各地方戏在此广为流传,遍地开花,极大地丰富了扬州的戏曲生态环境。

更难能可贵的是,李斗写到了各种地方戏声腔的融合过程。如言本地乱弹对外来乱弹的融合。起初安庆二黄调戏班色艺最优,风光盖过本地乱弹,因此"间有聘之入班者"。又如言乾隆年间著名徽班三庆班的由来。京腔本以宜庆、萃庆、集庆为上,"自四川魏长生以秦腔入京师,色艺盖于宜庆、萃庆、集庆之上,于是京腔效之,京秦不分。迨长生还四川,高朗亭入京师,以安庆花部合京、秦两腔,名其班曰'三庆',而曩之宜庆、萃庆、集庆遂湮没不彰"②。说明花部戏善于吸收与融合,其演出方式灵活多样,因此受到各地民众的喜爱,这是花部戏蓬勃发展而昆曲衰落的原因。本地乱弹至两淮商总江春始集大成。卷五云:"郡城自江鹤亭征本地乱弹,名春台,为外江班。不能自立门户,乃征聘四方名旦,如苏州杨八官、安庆郝天秀之类。而杨、郝复采长生之秦腔并京腔中之尤者,如'滚楼'、'抱孩子'、'卖饽饽'、'送枕头'之类,于是春台班合京秦二腔矣。"③李斗对乾隆年间著名的三庆班和春台班中京、秦合流情况的这一考察和记载,为我们了解其时花部戏曲的勃兴及花雅竞争情形提供了弥足珍贵的戏曲史料。

其二,考察了花部戏的脚色体制。如云:"凡花部脚色,以旦、丑、跳虫为重,武小生、大花面次之。若外末不分门,统谓之男脚色。老旦、正旦不分门,统谓之女脚色。……本地乱弹以旦为正色,丑为间色。正色必联间色为侣,谓之搭伙。跳虫又丑中最贵者也,以头委地翘首跳道及锤铜之属。"④从

---

① (清)李斗:《扬州画舫录》卷五"新城北录下",汪北平、涂雨公点校,中华书局2004年版,第130页。
② (清)李斗:《扬州画舫录》卷五"新城北录下",汪北平、涂雨公点校,中华书局2004年版,第131页。
③ (清)李斗:《扬州画舫录》卷五"新城北录下",汪北平、涂雨公点校,中华书局2004年版,第131页。
④ (清)李斗:《扬州画舫录》卷五"新城北录下",汪北平、涂雨公点校,中华书局2004年版,第132—133页。

以上记录可知,当时扬州花部戏班的演出重视旦角与丑角,与南戏早期的"三小戏"形态极为相似。在脚色行当划分上还比较粗糙,仅以男、女脚色来统领。丑角所扮脚色众多,所谓"拙妇呆男、商贾刁赖"之类,不过表演艺术已经极为高超,尤其以科诨见长,其"楚咻齐语,令人绝倒"。演员刘八之技艺出神入化,成为小丑之绝技。从中也透露出,花部题材多以反映市井百姓生活为主,演出中颇多滑稽调笑类表演及杂技的穿插,比较注意戏曲演出的娱乐性,因此极受下层民众喜欢。

其三,对花部戏演员的高超技艺作了点评。《扬州画舫录》卷五提及花部艺人 21 人,其中 9 人得到其极大的肯定。李斗着墨不多,往往寥寥数语就将花部戏艺人的传神技艺点染出。言春台班小丑、京师名伶刘八演技之妙,"如演《广举》一出,岭外举子赴礼部试,中途遇一腐儒,同宿旅店,为群妓所诱。始则演论理学,以举人自负;继则为声色所惑,衣巾尽为骗去,曲尽迂态。又有《毛把总到任》一出,为把总以守讯之功,开府作副将。当其见经略,为畏缩状;临兵丁,作傲倨状;见属兵升总兵,作欣羡状、妒状、愧耻状;自得开府,作谢恩感激状;归晤同僚,作满足状;述前事,作劳苦状;教兵丁枪箭,作发怒状;揖让时,作失仪状;闻经略呼,作惊愕错落状,曲曲如绘"①,并认为其技艺已失传,竟成《广陵散》矣。其用笔既简洁,又传神。又如,言熊肥子演《大夫小妻打门吃醋》,曲尽闺房儿女之态;郝天秀柔媚动人,得魏三儿之神,人以"坑死人"呼之;谢寿子扮花鼓妇,音节凄婉,令人神醉。可谓惜墨如金,将其演技特长逐一描摹出,为我们了解乾隆年间花部戏艺人及其技艺提供了重要的资料。

其描写也透露出花部戏诸腔合奏的信息,如:"樊大晔其目而善飞眼,演《思凡》一出,始则昆腔,继则梆子、罗罗、弋阳、二黄,无腔不备,议者谓之'戏妖'";"陆三官花鼓得传,而熟于京、秦两腔"②。可见为吸引观众,当时的花部戏演员已经杂糅乱弹诸腔,文武昆乱不挡,以致有"戏妖"之称。《思凡》是昆曲的一出经典折子戏,其中竟糅合昆腔、梆子、罗罗、弋阳、二黄等诸多声腔,自然可以想见扬州梨园风气之开放、包容,说明当时来自各地的乱弹演员可以相互搭班演戏,因此得以观摩学习,互竞技艺,同时反映了花部戏诸声腔间还不是壁垒分明,尚未形成相对完整的艺术形式,而是处于广泛向昆山腔和民间艺术吸取营养,向新的形式演进、变化的过程中。这也是其艺术

---

① (清)李斗:《扬州画舫录》卷五"新城北录下",汪北平、涂雨公点校,中华书局 2004 年版,第 133 页。
② (清)李斗:《扬州画舫录》卷五"新城北录下",汪北平、涂雨公点校,中华书局 2004 年版,第 131 页。

生命力强的关键所在。

李斗在描写过程中也较为客观,如言魏长生"尝泛舟湖上,一时闻风,妓舸尽出,画桨相击,溪水乱香。长生举止自若,意态苍凉"①,遣词用语之际,对这位被逐出京师的秦腔名伶并无鄙夷,相反却对其在扬州激起的风靡之情形极其赞赏。又如肯定艺人之善行,言春台班二面刘歪毛弃艺为僧后,"赤足被袈裟,敲云板,高声念'南无药师琉璃光如来佛'。得钱则转施丐者,或放生"②。李斗在肯定花部诸腔的独特韵致时,还比较了花、雅两部的风格韵致,客观地指出"然各囿于土音乡谈,故乱弹致远不及昆腔"。李斗游历甚广,因此对各地梨园班社较关注,认为京师梨园科诨都用官话,丑脚"以京腔为最"。尤其是刘八的小丑绝技,他甚为赞赏。

绾结而言,李斗的人生观较为豁达、开明,具有进步的平民意识和思想倾向,比较关注底层艺人的生活遭际。这与他出身平民,与社会各色人等皆有接触,比较了解社会密切相关。李斗对花部戏演员能以客观甚至不乏赞赏的目光看待,因此其评价较为公允。他对花部戏艺人的褒扬,基于对艺人人格和艺术的尊重,与士大夫的"狎伶"式欣赏迥然不同,因此其记载不仅清晰地勾勒了当时花雅争胜的态势,而且具有珍贵的戏曲史料价值,至今仍是戏曲史家研治花雅之争的重要资料。

第三节　焦循的《花部农谭》

焦循是乾嘉时期一位博学多才的学者,为学反对"执一",主张兼容并蓄。穷经之暇,旁及九流之书,自云"每得一书,必识其颠末。或朋友之书,无虑经史子集,即小说词曲,亦必读之至再。心有所契,则手录之。如是者三十年"③,因此焦循博览群书,潜心钻研,经史、历算、声韵、训诂、戏曲之学无所不通,尤精于易经、算术等。其著述宏富,多达数百卷,有"通儒"之誉。焦循以经学家身份染指戏曲,为花部戏曲作理论总结,其《花部农谭》在戏曲史上占据重要的地位,颇受后人好评。近代学者梁启超甚为赞赏,认为"以经生研究戏曲者,首推焦里堂"④。

---

① (清)李斗:《扬州画舫录》卷五"新城北录下",汪北平、涂雨公点校,中华书局2004年版,第132页。
② (清)李斗:《扬州画舫录》卷五"新城北录下",汪北平、涂雨公点校,中华书局2004年版,第133页。
③ (清)阮元:《通儒扬州焦君传》,载焦循《雕菰集》卷首,《丛书集成初编》(2191),商务印书馆1935年版,第5页。
④ 梁启超:《中国近三百年学术史》,东方出版社1996年版,第440页。

一、焦循的花部戏情缘

乾嘉学者热爱、涉猎花部戏的并不多,焦循可谓佼佼者。生长在扬州城郊甘泉县北湖的焦循,自幼与花部戏有着不解之缘。他的童年时期(18世纪六七十年代)正是花部戏曲在扬州城乡蓬勃兴起、蔚成风气之时。他年幼时耳濡目染,特别喜欢这些喧腾鄙俚的地方声腔。由于多次应试受挫,中举后焦循壮年便筑雕菰楼,隐居乡里,以著述自娱,足迹10余年不入城市。其消遣余事是携老妻、幼孙观看花部戏。据其子廷琥《先府君事略》记载:"湖村二八月间,赛神演剧,铙鼓喧闹,府君每携诸孙观之,或乘驾小舟,或扶杖徐步,群坐柳荫豆棚之间。花部演唱,村人每就府君询问故事,府君略为解说,莫不鼓掌解颐。"[1]他自己也多次在《剧说》中提及,"今村中演剧,有《清风亭·认子》,为张继保忘义父之恩为雷殛"[2];"村中演剧,每演包待制勘双钉事,一名《钓金龟》"[3]。其《观村剧》诗云:"桑柘阴浓闹鼓笛,是非身后属谁家。人人都道团圆好,看到团圆月已斜。太平身世许清闲,况是疏慵鬓已斑。为笑罗洪先不达,状元中后始归山。是日演此剧。"[4]生动地描绘了农闲时节父老乡亲看完戏后对戏曲故事津津乐道的景象。因此,焦循深入了解花部戏,观赏之余乐意为乡民作解说,《花部农谭》就是这一解说的结晶。

焦循尝以村人观剧来比喻自己幼年读《易》的情形。《易广记》卷二云:"童时读《易》,阅之不下十数过,愈读愈不知经义之所在,亦不知所说之何谓。譬之村人观剧,不知何以红面与黑面厮杀,旁一村人指而说之,侈陈《三国志演义》,核之于剧,非关张也;旁又一人曰,此戏也,但看其情节,不必知其为何如人。然则看剧终日,不啻坐云雾中。此等说《易》之书,真村人说剧耳。"[5]由此可见,这位朴学大师受戏曲熏染之深。因为村人观剧为幼时司空见惯,所以他随手拈来作为旁证譬喻之。这显然与他幼年看戏的生活经验积累有关,自然地运用到了治学札记中。从中可察知,戏曲已在焦循的日常生活和治学生涯中占据了重要的位置,对这位朴学家的影响是不言而喻的。

焦循喜爱花部戏曲,还可见于他对秦腔名伶魏长生的态度。乾隆五十

---

① (清)焦廷琥:《先府君事略》,清嘉庆道光(1796—1850)刻本。
② (清)焦循:《剧说》卷二,载《中国古典戏曲论著集成》(八),中国戏剧出版社1982年版,第124页。
③ (清)焦循:《剧说》卷四,载《中国古典戏曲论著集成》(八),中国戏剧出版社1982年版,第152页。
④ (清)焦循:《观村剧》,载《雕菰集》卷五,《丛书集成初编》(2191),商务印书馆1935年版,第78页。
⑤ (清)焦循:《易广记》卷二,清嘉庆道光(1796—1850)刻本。

二年(1787),魏长生南下扬州,与焦循有一面之缘。嘉庆七年(1802)春,焦循赴京应试,目睹 53 岁的魏长生犹厕身优伶伍、卒后囊无余钱安葬的悲惨境遇,专门作《哀魏三》诗唏嘘感慨。"君不见魏三儿当年照耀长安道,此日风吹墓头草。"①回想魏氏少年意气风发及夜送巨金的豪举,焦循表示了对韶华易逝、人才凋零的叹惜。这也反映了焦循对艺人持有同情、尊重的态度。

　　焦循对花部戏情有独钟可归结为多方面的原因。除第一节已论述外,究其主体原因,笔者以为与其独特的学术经历攸关。张舜徽《清代扬州学记》在总结焦循多方面学术成就时,以为"一方面,固然由于他的学问很博通,知识范围很广;更重要的,在于他的识见卓越,通方而不偏蔽;规模宏阔,汇纳而不局隘"②,因此推许其为乾嘉学者中的杰出的第一流人物。焦循博闻强记,识力超凡,读书必探其根源,因此具有超越时人的卓识和丰硕的学术成就。这当追溯自其深厚的家学渊源。

　　甘泉焦氏三代传易,其曾祖父源、祖父镜、父葱精研易学,世传王方魏之易学。因受家学熏陶,焦循幼年好易,且终生不废易学,造诣精深。《雕菰楼易学三书》是其重要的学术成果。易学以为太极分阴、阳两仪,其理论核心是阴、阳二极相生相长、互补互动。受此启发,焦循认为学术思想领域同样存在阴、阳二极,"人禀阴阳之气以生也,性情中必有柔委之气以寓之,有时感发,每不可遏。有词曲之途分泻之,则使清劲之气长流存于诗古文。且经学须深思冥会,或至抑塞沉困,机不可转,诗词足以怡其情而转豁其枢机,则有益于经学不浅。古人一室潜修,不废啸歌,其旨深微,非得阴阳之理未足与知也"③。也就是说,人禀受阴、阳二气而生,是阴阳两端之矛盾统一体,性情中寓阴柔之气,若通过词曲之道分泄之,则可使清劲之气留存,有利于诗、古文的创作;人们研治经学时需深思冥会,有时会出现文思枯涩、抑塞困顿的情况,而诗词能陶冶人之性情,使人茅塞顿开,文思通畅。这里焦循将词曲视为阴气一端,而将经学、诗文等传统意义上的正统文学视为阳气一端,讲求阴阳平衡,因此词曲是这对矛盾体中必不可少的一方。他又引朱熹等古人作例证,说明其诗词创作、经学研究并行不悖,是深得阴阳平衡之奥妙的。由此焦循对词曲价值有着独特的领悟,这直接影响到他的戏曲观,因此在观摩花部戏之余,热心从事戏曲创作。焦循性格潜实,思想通脱,既专

---

①　(清)焦循:《哀魏三》,载《里堂诗集》卷六,清抄本,上海图书馆藏。
②　张舜徽:《清代扬州学记》,广陵书社 2004 年版,第 124 页。
③　(清)焦循:《易余籥录》卷十七,载《国学集要初编》(9),台湾文海出版社 1967 年版,第 383 页。

精一艺,又不囿于一艺一事,且从事一艺,即知一艺之所胜。

焦循论学既坚持情之旁通,也主张义之时变。其哲学观中寓有"时行""变通"的思想,亦来自于易学。《易传》云:"变通者,趋时者也。能变通,即为时行。时行者,元亨利贞也。"由此焦循得出感悟,"能变通则可久,可久则无大过,不可久则至大过。所以不可久而至于大过,由于不能变通"①。他力求"博通",追求"变通",所以表现出更多的创新,显露出不受羁绊的精神。这也是焦循讲求均衡、阴阳平衡观的哲学思想的体现。

如前所述,嘉庆年间戏曲界出现了一种新气象,崛起于民间的花部戏蓬勃发展,表现出旺盛的生命力,其内蕴的审美趣味与下层民众息息相关,昆曲则日渐脱离现实生活,开始趋于衰微。从艺术生命及反映时代精神看,显然两者高下立判。焦循对当时并不为大多数士夫所看好的花部戏倡言"乃余独好之",这一艺术见解在花部戏尚未为主流社会所完全接纳的嘉庆年间确实难能可贵,自然难免出格、越轨之嫌,既表现出焦循的慧眼独具,也体现出他对民间戏曲的由衷喜爱。但在现代学者看来,焦循已然站在时代的前列,由此得到了他们的赞赏,"从某种层面讲,焦循甚至比徐渭更具理论识见。徐渭是顺应南戏的兴盛潮流发而为文的,当时南戏对元剧的取代,已经成为众口皆碑的历史事实。但当焦循作序时,'梨园共尚吴音。花部者,其曲文俚质,共称为乱弹者是也',传统的杂剧、传奇的雅部势力在理论思考和黜陟上仍占有统治地位"②。《花部农谭》就是焦循为花部戏做出的理论总结,也是其超越时人的艺术前瞻性体现。

二、《花部农谭》

《花部农谭》作于嘉庆二十四年(1819)。其时花部戏已经风靡扬州城乡,几成席卷之势。唯其故事鄙俚不经,与史实多有出入,容易误导文化程度不高的百姓,因此焦循在观摩了大量花部戏的基础上,以经学家考据之手法来做钩沉考订。书中不乏对戏剧故事与史实细节的细致考证,精彩之处不胜枚举,叶长海以为《花部农谭》与《剧说》都是戏剧考据学的杰出代表作。③ 不过,笔者以为《花部农谭》并未简单地停留于为地方戏剧目考证本事来源,其中不乏富有真知灼见的论评。

焦循在《花部农谭》中着重论述了 10 个花部戏剧目:《铁邱坟》(一名《打

---

① (清)焦循:《时行图第三》,载《易图略》,清光绪十四年(1888)刻本。
② 廖奔、刘彦君:《中国戏曲发展史》(四),山西教育出版社 2000 年版,第 423 页。
③ 叶长海:《中国戏剧学史稿》,中国戏剧出版社 2005 年版,第 466 页。

金冠》)、《龙凤阁》、《两狼山》(又名《李陵碑》)、《清风亭》、《王英下山》、《红逼宫》、《赛琵琶》、《义儿恩》、《双富贵》、《紫荆树》。其中涉及艺术虚构、艺术效果、艺术典型的塑造与悲剧价值等的探讨,流露出赞美与肯定花部戏的鲜明倾向。

如论《铁邱坟》剧,焦循云"《观画》一出,竟生吞《八义记》",但细究其故,则"妙味无穷",比昆曲《八义记》高出许多,有非《八义记》所能及者,以为"作此戏者,假《八义记》而谬悠之,以嬉笑怒骂于勋耳"。姑且不论其思想认识是否准确,焦循据此斥责《八义记》"直抄袭太史公,不且板拙无聊乎"①,谓《八义记》拘泥于司马迁《史记》之记载,因此流于呆滞平板,显然他更为看重的是《铁邱坟》运用的艺术虚构。如第五章所述,焦循主张历史剧创作要从形象塑造出发,有别于历史家记录史实之严谨作风,在此他又用"谬悠"一词予以重申。花部戏艺人为增强戏曲的感人艺术力量及趣味性往往凭空想象,并加以发挥,因此与史实不符之处甚多,《〈缀白裘〉十一集序》云:"事不必皆有征,人不必尽可考,有时以鄙俚之俗情,入当场之科白;一上氍毹,即堪捧腹。"②可与之相佐证。无疑,焦循对此持赞赏认可的态度。

不过,他又主张历史剧的虚构应建立在历史真实的基础上。比如,对活跃在花部戏舞台上的司马师这一形象,焦循就表示不满。根据历史记载,"师在正始间与泰初、平叔并称名士,则其风流元谧,可想见矣"。然而花部戏中把他处理成一个反面人物,"而子元则花部中大净为之,粉墨青红,纵横于面,雄冠剑佩,跋扈指斥于天子之前,居然高洋、尔朱荣一流,所谓'几能成务'之风,莫之或识矣"。显然,焦循对这一被丑化的形象甚为可惜,不过他随即笔锋一转,"《晋书·景帝纪》称子元'饶有风采,沈毅多大略',设令准此而以生、末为之,幅巾鹤氅,白面疏髭,谁复信为司马师乎?"③因为民间扮演已约定俗成,所以还是要尊重艺术欣赏习惯,否则就破坏了这个人物形象。从这段记载中可以看出,焦循对历史人物的塑造,亦即历史真实与艺术真实之间的关系,持有明确的态度。他认为历史剧可以虚构,但涉及正史有传的人物时,就要考虑到其历史真实性,也就是说这种艺术虚构是建立在尊重历史事实基础上的。这与他在《剧说》中的立论主张是一致的。

---

① (清)焦循:《花部农谭》(不分卷),载《中国古典戏曲论著集成》(八),中国戏剧出版社1982年版,第226页。

② (清)许道承:《〈缀白裘〉十一集序》,载吴毓华编著《中国古代戏曲序跋集》,中国戏剧出版社1990年版,第505页。

③ (清)焦循:《花部农谭》(不分卷),载《中国古典戏曲论著集成》(八),中国戏剧出版社1982年版,第229—230页。

在所评花部戏剧目中,焦循最为推崇的是《清风亭》和《赛琵琶》,尤其肯定其艺术独创性和震撼人心的艺术效果。比如,同样是"雷殛"戏,花部戏《清风亭》与昆剧《双珠》《西楼》相比较,他认为《双珠》中营长李克成谋奸营卒之妇,虽致其以死明志,但其终得神助,父子夫妇后俱团聚,因此李克成委实不必遭雷殛;而《西楼记》中赵不将只是以口笔之嫌构隙于叔夜之父,其言"非不谠正",因此遭雷殛乃是多余之举,后二者无论从情理还是戏剧效果上看都不及前者。焦循还以自己幼时观剧的真实体验作佐证,"余忆幼时随先子观村剧,前一日演《双珠天打》,观者视之漠然。明日演《清风亭》,其始无不切齿,既而无不大快。铙鼓既歇,相视肃然,罔有戏色;归而称说,浃旬未已。彼谓花部不及昆腔者,鄙夫之见也",因此,他从心底推崇《清风亭》的艺术处理,"郁恨而死,淋漓演出,改自缢为雷殛,以悚懦观,真巨手也"①,喜爱之情溢于言表。

花部戏虽鄙俚无文,但其间贯串着淋漓真气,生动感人,焦循对此颇为赞赏。论《赛琵琶》时,他将"女审"与《西厢记》的"拷红"相较,"说者谓:《西厢·拷红》一出,红责老夫人为大快,然未有快于《赛琵琶·女审》一出者也。盖《西厢》男女猥亵,为大雅所不欲观;此剧自三官堂以上,不啻坐凄风苦雨中,咀茶啮蘖,郁抑而气不得申,忽聆此快,真久病顿苏,奇痒得搔,心融意畅,莫可名言,《琵琶记》无此也"②。显然,他以为"女审"中情感发抒更痛快淋漓,其艺术力量更动人,甚至连"南戏之祖"《琵琶记》也望尘莫及,因此谓"赛琵琶"确实是实至名归。这一艺术见解在花部戏尚未为主流社会所完全接纳的嘉庆年间确实难能可贵,表现出焦循对民间戏曲的由衷喜爱。类似的观点数见,如云《双富贵》之蓝季子赤身行乞、叫化于街一场戏,"观之令人痛哭"③。可见焦循为花部戏的艺术魅力深深折服。

对于人物性格刻画,《花部农谭》虽涉及不多,但很精彩。如论《赛琵琶》,"然观此剧者,须于其极可恶处,看他原有悔心。名优演此,不难摹其薄情,全在摹其追悔。当面诟王相、昏夜谋杀子女,未尝不自恨失足。计无可

---

① (清)焦循:《花部农谭》(不分卷),载《中国古典戏曲论著集成》(八),中国戏剧出版社 1982 年版,第 228—229 页。

② (清)焦循:《花部农谭》(不分卷),载《中国古典戏曲论著集成》(八),中国戏剧出版社 1982 年版,第 231 页。

③ (清)焦循:《花部农谭》(不分卷),载《中国古典戏曲论著集成》(八),中国戏剧出版社 1982 年版,第 231 页。

出,一时之错,遂为终身之咎,真是古寺晨钟,发人深省"①。焦循主张刻画人物性格的二重性,即使像陈世美这样卑鄙、阴险的小人,也要显示出他瞬间的良心发现,追悔自遣,方才真实可信,从而产生强烈的艺术效果。其中也涉及艺术典型的处理与塑造问题。如论《两狼山》时,焦循着重核实了史实与戏剧情节的真实性。考诸史书,他认为杨业父子并死于难,"其端由于王侁忌功不救",但"为此戏者,直并将侁洗去,使罪专归于美,与史笔相表里焉"。这样的处理方式,自然有其合理之处,当时潘美为督师者,亦是真正陷害杨业父子者,"盖美陷业而委其罪于侁,史如其所委者书尔;而特于杨业口中书出'奸臣'二字,美之为奸臣,实以此互见之,有《春秋》之严焉"②,因此花部戏如此处理,方能显出"潘之害贤,寇之嫉恶",也才能使观者感到"淋漓慷慨,毫发毕露"。

在《花部农谭》中,身为经学家的焦循不乏对戏曲本事来源的考证,甚至有影射索隐之嫌。如论《铁邱坟》时,云戏中言薛交而不言徐敬业,系"假《八义记》而谬悠之,以嬉笑怒骂于勋耳"③。又如《龙凤阁》中"击宫门"一出,"即隐移宫事也",以为"李娘娘,即选侍也;杨波即杨涟,涟之为波,其意最明;徐量即是徐养谅"④。这类分析显然带有考据学色彩。

绾结而言,焦循尊重下层民众审美趣味,首肯花部艺术成就,顺应了中国古典戏曲发展的潮流。《花部农谭》体现了焦循"一代有一代之所胜"的文学发展史观。联系其创作的时代背景,花部戏虽然发展势头迅猛,但官方政府一度下令禁演,士夫文人对之鄙夷不屑,因此地方戏曲史料极其匮乏。《花部农谭》一卷篇幅,仅四千字,既具有民间地方戏曲的珍贵文献资料价值,也是一部富于真知灼见的优秀剧评。随着当代曲学研究的深入,它日益为现代学者所瞩目,并颇获赞誉,如:"极大地拓展了戏曲研究的新领域","填补了对花部研究的一个理论空白"⑤;"也是一部具有划时代意义的振聋

---

① (清)焦循:《花部农谭》(不分卷),载《中国古典戏曲论著集成》(八),中国戏剧出版社 1982 年版,第 231 页。

② (清)焦循:《花部农谭》(不分卷),载《中国古典戏曲论著集成》(八),中国戏剧出版社 1982 年版,第 227 页。

③ (清)焦循:《花部农谭》(不分卷),载《中国古典戏曲论著集成》(八),中国戏剧出版社 1982 年版,第 226 页。

④ (清)焦循:《花部农谭》(不分卷),载《中国古典戏曲论著集成》(八),中国戏剧出版社 1982 年版,第 226 页。

⑤ 叶长海:《中国戏剧学史稿》,中国戏剧出版社 2005 年版,第 459 页。

发聩之作"①;"这样独到的见解,在当时的文化阵营中,有空谷足音之感"②。确实,《花部农谭》对开启花部戏曲理论研究有"筚路蓝缕,以启山林"之功,其学术史意义不容抹杀。

---

① 赵航:《扬州学派概论》,广陵书社 2003 年版,第 138 页。
② 颜全毅:《清代京剧文学史》,北京出版社 2005 年版,第 78 页。

结　论

　　扬州曲家是一个以戏曲理论见长的具有鲜明地域特色的曲家群体,它是清中叶曲坛剧烈变革中的一批戏曲家缩影,其身世遭际、文化心态与戏曲创作及理论,无不透视出封建末世的衰变对当时曲坛意识形态与思想脉络的影响,因此具有重要的历史认识价值。

　　由于扬州是清中叶花雅竞奏的大舞台,笔者着重考察了扬州曲家对花部戏的态度。如前所述,因高宗六次南巡带来戏曲繁盛的契机,扬州盐商争蓄花雅两部接驾供奉,于是京腔、秦腔、弋阳腔、梆子腔、罗罗腔、二黄调等乱弹班挤上了厅堂红氍毹。秦腔红伶魏长生至扬后更是引起了曲坛骚动和梨园宗风变更。在这样的曲学氛围中,沈起凤一方面抨击花部戏"淫声妖态,阑入歌台",慨叹大雅之道衰落;另一方面却又在传奇创作中摄入地方戏的养分。如此心口不一,言不由衷,可谓那个特定历史时代的传统士大夫的矛盾典型。开明如蒋士铨等部分扬州曲家,则在传奇创作中吸纳了花部戏元素。沈起凤、蒋士铨等人对地方戏曲的态度,实为花部戏兴起并渐为文人接受之兆。

　　乾嘉之际,目睹花部戏曲的蓬勃发展态势,焦循、李斗、黄文旸、凌廷堪等认为花部戏与元曲主旨精神相通,因此盛赞之并做出理论总结。李斗的《扬州画舫录》生动地记录了乾隆年间扬州城乡花部戏发展的盛况,描摹并赞扬了花部戏艺人的高超技艺。至嘉庆末,焦循面对扬州乡村上演得红火热闹的花部戏,在比较花、雅两部优劣之余,大声宣告"乃余独好之",并以热情的笔触撰写了第一部花部戏理论著述——《花部农谭》。

　　然而扬州曲家毕竟是生活在特定历史时代的人群,他们不可能对昆曲大胆予以新变。在执守古法、以旧律新的保守势力面前,他们对花部戏这些新兴的地方戏曲声腔表现出了浓厚的兴趣:或品评看戏,投之以赞许的目光;或大声赞美,为之作理论总结;或在创作实践中予以润物细无声的借鉴或吸收。但是,扬州曲家始终未能跨出重要的一步,因此在清中叶花部戏的兴盛再次为昆曲的变革提供契机时,他们听凭昆曲悄无声息地走上了末路。

　　扬州曲家其生也晚,昆山腔的黄金时期已经过去,"渐渐的露出了那下世的光景来"。纵然楼台金粉、满院笙箫,也难掩衰颓萧瑟的气象,昆曲开始趋向消歇,低回婉转的声腔中裹挟着几丝不那么和谐的慷慨激昂的土音。虽然是时衰运消,生辰不偶,扬州曲家依然凭着他们的才识和努力,做出了诸多贡献,在传奇史上留下了浓重的一抹。

清中叶,昆曲原创力已日渐衰微,艺术独立性与创造精神被削弱,传奇作家的创作才情与个性精神濒临剪灭诛绝,传奇与社会生活渐渐隔膜起来。离开了鲜活的生活源泉,即使大家如蒋士铨也无法创作出堪与《长生殿》《桃花扇》等皇皇巨著相媲美的作品。可以说,文人曲家创作平庸且数量锐减,主体意识的萎缩、隐遁,艺术创造精神的缺失,这些都直接导致了清中叶后以演剧为中心的舞台格局的形成。扬州曲家多才多艺,且热爱传奇艺术,如前所述,他们在传奇的题材、体制形式等诸多方面作了较深入的探索,特别是他们绍祖元曲,案头和演出相结合,创作了一批风靡大江南北的戏曲作品。《旗亭记》《玉尺楼》《四弦秋》《红楼梦传奇》等在当时广为传唱。然而究其实质,仍是传统文化因袭和延续的结果。

大厦将倾,独木难支,传奇创作的滑坡已势不可挽。可以说,扬州曲家的作品为日薄西山的昆山腔唱响了一曲骊歌。花部戏的兴起,预示着一个戏曲新时代的到来,同时宣告着三百年来“四方歌者皆宗吴门”的传奇时代的结束。任何一种文艺样式只能代表一个时代的辉煌,这一点,他们中的不少有识之士皆已意识到。无论是李斗的元曲“直与唐诗、宋词相颉颃”,焦循的“一代有一代之所胜”,还是凌廷堪的“区区竹肉寻常事,认取昆仑万里流”,都表现出了有进化色彩的朴素文艺发展史观,这在当时尤其难能可贵。

昆曲衰微与花部戏蓬勃发展这一事实,促使扬州曲家深入探讨戏曲艺术规律。第一,他们从自己所处的时代、社会出发,对中国古典戏曲史进行了较为全面的反思,考察了中国古典戏曲声腔发展演变的轨迹;并重新探讨戏曲的本体和功能等问题,在前人基础上对文学史演进规律作了反思,提出“一代有一代之所胜”说,倡导以元曲为戏曲审美典范。第二,他们自觉地接过传统文论的教化标尺,高举戏曲风化论的旗帜,其初衷是抬高戏曲的社会地位,结果却掀起了一股教化剧的创作热潮,从而引领了乾嘉时代的戏曲创作风尚。第三,在“虚”“实”关系的探讨中,他们对历史剧的创作经验多有阐发。从蒋士铨的以史家笔墨创作传奇,到凌廷堪对弥漫曲坛的考据风气的不满,沈起凤的“传奇兼采乎稗官”,焦循的“谬悠”说,显然他们的理论主张经历了不同的发展阶段。就总体而言,他们对“虚实”关系的态度是通脱和宽容的,更多倾向于剧作家主体情志的自由、畅意抒发,与其所推崇的高扬主体性的元曲精神是一脉相承的。第四,他们自觉承担起盘点戏曲遗产的重任,对传统曲论作了最后的总结。《曲海目》《剧说》《花部农谭》是中国戏曲史上的重要理论著述。因此,扬州曲家在中国戏曲史上起着承前启后的作用。扬州曲家追求元人本色的精神,及其"一代有一代之所胜"的戏曲史意识对近代以及现代戏曲影响深远。近代曲家王国维、吴梅、卢前等承其余绪,高度总结了古典戏曲理论。

元杂剧的艺术成就,后世无与伦比,但由于理论的滞后性与元朝历史的短暂,其理论总结由明清两代曲家才完成。晚明王骥德的《曲律》、李渔《闲情偶记》可谓曲学集大成之作。在此基础上,想要再出新已经很难,但扬州曲家独辟蹊径,将考据精神融于曲学研究,开辟了戏曲理论新领域。

乾嘉朴学思潮的兴起,给戏曲理论注入了新的血液,使之具备了新的活力与近代意识之色彩。作为乾嘉朴学思潮的重要渊薮之一,扬州学派是在丰厚的扬州历史文化孕育下结出的坚实果实。扬州开放包容的文化气象,使得学术与曲学交相濡染。扬州学人与扬州曲家亦师亦友,焦循、凌廷堪等集曲家、学者于一身,共同促进了学术研讨与戏曲创作的互动,这一互动又积极而有效地推进了扬州曲家的曲学建构。扬州曲家的戏曲创作和理论建树体现出坚实的朴学特色和鲜明的地域特色。其成就斐然的曲学理论,成为我国优秀文化的重要组成部分。

不过,考据学方法的介入,导致传统曲学沦为经史之一体,戏曲因此成为伦理学说的教化工具,日益书斋化。文人传奇作家沉醉于书斋的孤芳自赏,灵动鲜活的演出因此束之高阁,文学精神渐渐向传统中滞后的一端靠拢,晚明文学中孕育的近世因子被扼杀。因此,扬州曲家不仅曲学成就沦为传统经史研究之附庸,而且自身也被历史的尘埃所湮没。笔者以为,造成这种现象的原因是多方面的。

其一,扬州曲家没有强烈的社团意识,没有提出鲜明的曲学主张,缺乏振臂一呼,天下云集的领袖人物,充其量,它始终只是一个因地域因素而结成的曲家群体(尤其是依托某些知名幕府,具有临时性的特点)。考察文学史上声势浩大的文学运动,如中唐韩愈、柳宗元倡导的古文运动,北宋梅尧臣、欧阳修提倡的诗文复古运动,明代前后七子倡导的文学复古运动,其共同点是有文学领袖的倡导,在当时社会上席卷起一股声势浩大的文学思潮,几乎左右当时整个文坛。扬州曲家如卢见曾虽是实际上的东南文坛盟主,聚集了东南乃至全国最优秀的文人墨客,"虹桥雅集"造成的声势极其浩大,但以诗文酬唱为主,曲学方面影响不大。

其二，扬州曲家许多人其他方面的成就超过了曲学成就，以致其曲学成就湮没不彰。扬州学派"三巨头"之焦循、凌廷堪，声名皆被其丰硕的经学成就所掩，他如沈起凤的小说，蒋士铨的诗歌，李斗的《扬州画舫录》，情况大率如此。他们在当时多为落拓士人，固守正统的儒家价值观，戏曲创作及评论往往是潦倒不得意时所为，因此散漫而不自收拾，其作品存世不多。

其三，当一种文学样式失去了时代意义后，亦即失去了其民间基础，与民众的需求背道而驰时，其存在的意义包括从事者的"不朽"价值就值得推敲了，正如廖可斌师在《明代文学复古运动研究》所说："中国的先贤们常将'事功'与'文章'进行比较，认为前者转瞬即逝，后者则千古不朽。曹丕在《典论·论文》中所说的'盖文章经国之大业，不朽之盛事'云云，便不断地为世人所引述。许多仁人志士投身艰苦的文学艺术事业，都把这一信念当作自己的精神支柱。然而事实证明，文学家及其作品，并没有获得历史淘汰的豁免权。只有那些恰应文学艺术发展的辉煌时代的召唤而生，或致力于某些具有灿烂前景的文学艺术样式，并取得了相应成就的骄子们，才能在人类文学艺术史上占有一席之地。而那些正逢整个文学艺术的发展处于停滞、衰落、倒退或过渡期登上文坛，或将毕生精力倾注于某些已成黄昏夕阳的文学艺术样式的人们，尽管往往进行过异常艰难的探索，付出了同样甚至更多的劳动，其建树却既比不上前人，也逊色于来者。"[①]扬州曲家情形亦如此，他们处在花部戏曲勃兴、雅部昆曲衰微的这一特定历史时期，为挽救昆曲的颓势，进行了种种艰辛的探索，但是其收效甚微，影响仍然异常的寂寥。

扬州曲家在花雅之争中的表现，对当下的我们很有启发。在经济全球化、娱乐多样化的现代社会中，戏曲的尴尬生存境遇，无疑与清中叶花雅之争格局中的昆曲极为相似。当我们困惑于文艺发展与经济发展严重失衡，戏曲这类"过时"的艺术样式究竟何去何从时，扬州曲家的戏曲创作实践与理论著述活动，无疑具有鲜明的参照及警示意义。笔者以为，许多文艺样式往往要经历从民间走向社会上层的过程，一旦时过境迁，失去了其主流地位，就会边缘化乃至消亡，这是无法回避的艺术规律。当一种艺术样式发展成熟，达到了巅峰状态以后，它再要出新出彩，获得进一步的提高，就难以为继了。中国戏曲史的演进历程表明，此类艺术样式往往面临两种可能：一是借鉴吸收其他艺术的长处，注入鲜活的元素，丰富自身的艺术表现力，甚或大胆予以变革，衍生成崭新的艺术样式，但仍延续其原有的艺术生命力；二

---

① 廖可斌：《明代文学复古运动研究》"引言"，上海古籍出版社 1994 年版，第 1 页。

是故步自封，抱残守缺，任其自然发展、消退，乃至销声匿迹。因此，戏曲若要永葆艺术青春，就要推陈出新，与时俱进，不断顺应时代的潮流，满足民众的需求。

参考文献

一、原始资料

(一)戏曲类

(清)程枚.一斛珠[M].刻本.[出版地不详]:[出版者不详],1794(清乾隆五十九年).

(清)江周.赤城缘传奇[M]//王文章.傅惜华藏古典戏曲珍本丛刊(六一).北京:学苑出版社,2010.

(清)蒋士铨.蒋士铨戏曲集[M].周妙中,点校.北京:中华书局,1993.

(清)焦循.花部农谭[M]//中国戏曲研究院.中国古典戏曲论著集成(八).北京:中国戏剧出版社,1982.

(清)焦循.剧说[M]//中国戏曲研究院.中国古典戏曲论著集成(八).北京:中国戏剧出版社,1982.

(清)金兆燕.婴儿幻[M].清抄本.

(清)金兆燕,卢见曾.旗亭记[M].刻本.扬州:雅雨堂,1736—1795(清乾隆年间).

(清)孔尚任.桃花扇[M].王季思,苏寰中,杨德平,合注.北京:人民文学出版社,1994.

(清)李本宣.玉剑缘[M].刻本.[出版地不详]:[出版者不详],1736—1911.

(清)李斗.奇酸记[M].刻本.[出版地不详]:[出版者不详],1795—1820(清乾隆六十年至嘉庆年间).

(清)李斗.岁星记[M].刻本.[出版地不详]:[出版者不详],1795—1820(清乾隆六十年至嘉庆年间).

(清)李调元.雨村曲话[M]//中国戏曲研究院.中国古典戏曲论著集成(八).北京:中国戏剧出版社,1982.

(清)梁廷楠.曲话[M]//中国戏曲研究院.中国古典戏曲论著集成(八).北京:中国戏剧出版社,1982.

(清)凌廷堪.燕乐考原[M]//安徽丛书编审会.安徽丛书:第四期.上

海:安徽丛书编印处,1935.

(明)吕天成.曲品[M]//中国戏曲研究院.中国古典戏曲论著集成(六).北京:中国戏剧出版社,1982.

(清)平步青.小栖霞说稗[M]//中国戏曲研究院.中国古典戏曲论著集成(九).北京:中国戏剧出版社,1982.

(明)沈宠绥.弦索辨讹[M]//四库全书存目丛书编纂委员会.四库全书存目丛书:集部426.济南:齐鲁书社,1997.

(明)沈宠绥.度曲须知[M]//四库全书存目丛书编纂委员会.四库全书存目丛书:集部426.济南:齐鲁书社,1997.

(清)沈起凤.沈氏四种传奇[M]//吴梅.奢摩他室曲丛.上海:商务印书馆,1928.

(清)沈起凤.谐铎[M].乔雨舟,校点.北京:人民文学出版社,2006.

(清)沈起凤.云龙会[M].清乾隆年间(1736—1795)稿本,中国艺术研究院图书馆藏.

(明)王骥德.曲律[M]//中国戏曲研究院.中国古典戏曲论著集成(四).北京:中国戏剧出版社,1982.

(明)徐渭.南词叙录[M]//中国戏曲研究院.中国古典戏曲论著集成(三).北京:中国戏剧出版社,1982.

(清)杨恩寿.词余丛话[M]//中国戏曲研究院.中国古典戏曲论著集成(九).北京:中国戏剧出版社,1982.

(清)杨恩寿.续词余丛话[M]//中国戏曲研究院.中国古典戏曲论著集成(九).北京:中国戏剧出版社,1982.

(清)姚燮.今乐考证[M]//《续修四库全书》编纂委员会.续修四库全书:集部1759.上海:上海古籍出版社,2002.

(清)仲振奎.红楼梦传奇[M].刻本.泰州:绿云红雨山房,1819(清嘉庆二十四年).

(清)仲振奎.怜春阁[M].清末抄本.

(清)仲振履.双鸳祠[M].清末排印本.

(清)仲振履.双鸳祠[M].刻本.广州:[出版者不详],1819(清嘉庆二十四年).

(清)朱齐.玉尺楼[M].刻本.扬州:雅雨堂,1736—1795(清乾隆年间).

(二)总集、别集类

(清)程晋芳.勉行堂诗集[M]//《续修四库全书》编纂委员会.续修四库

全书:集部 1433.上海:上海古籍出版社,2002.

（清）黄承吉.梦陔堂诗集[M].刻本.[出版地不详]:[出版者不详],1832（清道光十二年）.

（清）黄承吉.梦陔堂文集[M].铅印本.北京:燕京大学图书馆,1939.

（清）黄文旸.扫垢山房诗钞[M]//《续修四库全书》编纂委员会.续修四库全书:集部 1459.上海:上海古籍出版社,2002.

（清）黄锡麒.蔗根集[M].刊本.扬州:清美堂,1836（清道光十六年）.

（清）黄燮清.倚晴楼诗余[M].刻本.[出版地不详]:[出版者不详],1867（清同治六年）.

（清）黄振.瘦石稿[M].刻本.如皋:寄生草堂,1767（清乾隆三十二年）.

（清）蒋士铨.忠雅堂集笺校[M].邵海清,校.李梦生,笺.上海:上海古籍出版社,1993.

（清）焦循.雕菰集[M]//王云五,等编.丛书集成初编:2191—2196.上海:商务印书馆,1935.

（清）焦循.里堂诗集[M].手抄本,上海图书馆藏.

（清）焦循.里堂文稿[M].清稿本,上海图书馆藏.

（清）焦循.仲轩词[M]//王云五,等编.丛书集成续编:209.上海:商务印书馆,1935.

（清）金农.冬心先生集[M]//《续修四库全书》编纂委员会.续修四库全书:集部 1424.上海:上海古籍出版社,2002.

（清）金兆燕.棕亭词钞[M].刻本.[出版地不详]:赠云轩,1836（清道光十六年）.

（清）金兆燕.棕亭古体文钞[M]//《续修四库全书》编纂委员会.续修四库全书:集部 1442.上海:上海古籍出版社,2002.

（清）金兆燕.棕亭骈体文钞[M]//《续修四库全书》编纂委员会.续修四库全书:集部 1442.上海:上海古籍出版社,2002.

（清）金兆燕.棕亭诗钞[M]//《续修四库全书》编纂委员会.续修四库全书:集部 1442.上海:上海古籍出版社,2002.

（清）孔尚任.孔尚任全集辑校注评[M].徐振贵,主编.济南:齐鲁书社,2004.

（清）李斗.永报堂集[M].刻本.[出版地不详]:[出版者不详],1795—1820（清乾隆六十年至嘉庆年间）.

（清）李周南.洗桐轩诗集[M].刻本.[出版地不详]:[出版者不详],

1796—1820(清嘉庆年间).

(清)厉鹗.樊榭山房集[M].刻本.[出版地不详]:[出版者不详],1736—1795(清乾隆年间).

(清)凌廷堪.校礼堂诗集[M]//《续修四库全书》编纂委员会.续修四库全书:集部1480.上海:上海古籍出版社,2002.

(清)凌廷堪.校礼堂文集[M].王文锦,点校.北京:中华书局,1998.

(清)凌廷堪.梅边吹笛谱[M]//王云五,等编.丛书集成初编:2665—2666.上海:商务印书馆,1935.

(清)卢见曾.雅雨堂文集[M]//《续修四库全书》编纂委员会.续修四库全书:集部1423.上海:上海古籍出版社,2002.

(清)彭兆荪.小谟觞馆诗集[M]//《续修四库全书》编纂委员会.续修四库全书:集部1492.上海:上海古籍出版社,2002.

(明)钱允治.类编笺释国朝诗余[M]//《续修四库全书》编纂委员会.续修四库全书:集部1728.上海:上海古籍出版社,2002.

(清)阮元.研经室集[M].北京:中华书局,2006.

(清)阮元.淮海英灵集[M]//王云五,等编.丛书集成初编:1794—1804.上海:商务印书馆,1935.

(清)沈起凤.红心词[M].刻本.[出版地不详]:[出版者不详],1736—1911.

(清)沈起凤.蕡渔杂著[M].清咸丰元年(1851)抄本.

(清)沈起凤.沈蕡渔文稿[M].清末抄本.

(清)沈起元.敬亭文稿[M]//四库未收书辑刊编纂委员会.四库未收书辑刊:8辑26册.北京:北京出版社,1997.

(清)沈善宝.名媛诗话[M]//《续修四库全书》编纂委员会.续修四库全书:集部1706.上海:上海古籍出版社,2002.

(清)石蕴玉.独学庐全稿[M]//《续修四库全书》编纂委员会.续修四库全书:集部1466.上海:上海古籍出版社,2002.

(清)王昶.春融堂集[M]//《续修四库全书》编纂委员会.续修四库全书:集部1437—1438.上海:上海古籍出版社,2002.

(清)王昶.国朝词综[M]//《续修四库全书》编纂委员会.续修四库全书:集部1731.上海:上海古籍出版社,2002.

(清)王昶.湖海诗传[M]//《续修四库全书》编纂委员会.续修四库全书:集部1625—1626.上海:上海古籍出版社,2002.

（清）王昶. 蒲褐山房诗话［M］. 清稿本.

（清）王嵩高. 小楼诗集［M］. 刻本. ［出版地不详］：［出版者不详］，1836
（清道光十六年）.

（清）王豫，阮亨. 淮海英灵集续集［M］//《续修四库全书》编纂委员会.
续修四库全书：集部1682. 上海：上海古籍出版社，2002.

（清）吴敬梓. 文木山房集［M］. 铅印本. ［出版地不详］：［出版者不
详］，1931.

（清）薛寿. 学诂斋文集［M］//徐绍棨. 广雅书局丛书：37. 刻本. 广州：广
雅书局，1889（清光绪十五年）.

（清）姚鼐. 惜抱轩诗文集［M］. 刘季高，标校. 上海：上海古籍出版
社，2008.

（清）伊秉绶. 留春堂诗钞［M］//《编修四库全书》编纂委员会. 续修四库
全书：集部1475. 上海：上海古籍出版社，2002.

（清）袁枚. 小仓山房诗文集［M］. 周本淳，标校. 上海：上海古籍出版
社，2009.

（清）张因. 绿秋书屋诗钞［M］. 刻本. ［出版地不详］：蔡氏琅嬛别馆，
1844（清道光二十四年）.

（清）赵翼. 瓯北集［M］. 李光颖，曹光甫，标点. 上海：上海古籍出版
社，1997.

（清）郑燮. 郑板桥文集［M］. 成都：巴蜀书社，1997.

（清）仲鹤庆. 迨暇集［M］. 刻本. 兴宁：仲振履，1811（清嘉庆十六年）.

（清）仲素. 茗叟诗草［M］. 刻本. 兴宁：仲振履，1811（清嘉庆十六年）.

（清）仲振奎. 绿云红雨山房文钞外集［M］. 手抄本，泰州市图书馆藏.

（清）仲振奎. 云涧诗钞［M］. 刻本. 兴宁：仲振履，1811（清嘉庆十六年）.

（清）周仪暐. 夫椒山馆诗集［M］. 刻本. 宣城：李文瀚，1847（清道光二十
七年）.

（三）史籍、笔记类

（清）戴延年. 秋灯丛话［M］//杨复吉. 昭代丛书续编：戊集. 刻本. 吴江：
沈氏世楷堂，1833（清道光十三年）.

（清）戴延年. 抟沙录［M］//沈懋德. 昭代丛书：癸集萃编. 刻本. 吴江：沈
氏世楷堂，1844（清道光二十四年）.

（清）戴震. 孟子字义疏证［M］. 何文光，整理. 北京：中华书局，1961.

（清）高晋. 南巡盛典［M］. 台北：台湾文海出版社，1971.

（明）顾起元.客座赘语［M］//《续修四库全书》编纂委员会.续修四库全书:子部 1260.上海:上海古籍出版社,2002.

（清）管庭芬.花近楼丛书序跋记［M］.上海:国学扶轮社,1911(清宣统三年).

（清）郭麐.灵芬馆诗话［M］//《续修四库全书》编纂委员会.续修四库全书:集部 1705.上海:上海古籍出版社,2002.

（清）黄钧宰.金壶浪墨［M］//《续修四库全书》编纂委员会.续修四库全书:子部 1183.上海:上海古籍出版社,2002.

（清）焦廷琥.先府君事略［M］.刻本.［出版地不详］:［出版者不详］,1796—1850(清嘉庆、道光年间).

（清）焦循.北湖小志［M］.孙叶锋,点校.扬州:广陵书社,2003.

（清）焦循.邗记［M］.扬州:广陵书社,2003.

（清）焦循.理堂日记［M］.手抄本,上海图书馆藏.

（清）焦循.里堂札记［M］.手稿本,北京大学图书馆藏.

（清）焦循.易广记［M］.刻本.［出版地不详］:［出版者不详］,1796—1850(清嘉庆、道光年间).

（清）焦循.易通释［M］//焦氏遗书.印本.上海:翁氏受古书店,1929.

（清）焦循.易图略［M］.刻本.［出版地不详］:［出版者不详］,1888(清光绪十四年).

（清）焦循.易余籥录［M］//国学集要初编:9.台北:台湾文海出版社,1967.

（清）金安清.水窗春呓［M］.北京:中华书局,1984.

（清）金埴.不下带编［M］.北京:中华书局,1982.

（清）李斗.扬州画舫录［M］.汪北平,涂雨公,点校.北京:中华书局,2004.

（清）李斗.扬州画舫录［M］.周春东,注.济南:山东友谊出版社,2001.

（清）李渔.闲情偶记［M］//中国戏曲研究院.中国古典戏曲论著集成(七).北京:中国戏剧出版社,1982.

（清）平步青.霞外捃屑［M］.上海:上海古籍出版社,1982.

（清）钱泳.履园丛话［M］.北京:中华书局,2006.

（清）清代实录馆.清实录［M］.北京:中华书局,1986.

（清）阮亨.瀛舟笔谈［M］.刻本.［出版地不详］:［出版者不详］,1820(清嘉庆二十五年).

（清）阮先.北湖续志［M］.孙叶锋,点校.扬州:广陵书社,2003.

（清）阮元.广陵诗事［M］//王云五,等编.丛书集成初编:2605.上海:商务印书馆,1935.

（清）汪启淑.飞鸿堂印人传［M］//冯兆年.翠琅玕馆丛书.刻本.广州:冯氏,1916.

王钟翰.清史列传［M］.北京:中华书局,1987.

（清）萧奭.永宪录［M］//沈云龙.近代中国史料丛刊:第七十一辑704.台北:台湾文海出版社,1971.

（明）谢肇淛.五杂俎［M］.北京:中华书局,1959.

（清）徐珂.清稗类钞［M］.北京:中华书局,1984.

（清）徐谦芳.扬州风土记略［M］.南京:江苏古籍出版社,2002.

（清）杨静亭.都门纪略［M］//沈云龙.近代中国史料丛刊:第七十二辑716.台北:台湾文海出版社,1971.

（清）杨懋建.梦华琐簿［M］//历代学人.笔记小说大观:4编9册.台北:台湾新兴书局有限公司,1981.

（清）易宗夔.新世说［M］.上海:上海古籍书店,1982.

（清）袁枚.随园诗话［M］.北京:人民文学出版社,1982.

（清）张廷玉,等.明史［M］.上海:上海古籍出版社,1986.

（清）赵尔巽,等.清史稿［M］.上海:上海古籍出版社,1986.

（清）赵翼.檐曝杂记［M］.北京:中华书局,1982.

（清）仲振履.作吏九规［M］.刻本.［出版地不详］:［出版者不详］,1818（清嘉庆二十三年）.

（四）方志、谍谱类:

（清）阿克当阿.（嘉庆）重修扬州府志［M］.姚文田,江藩,等纂//江苏古籍出版社.中国地方志集成江苏府县志辑41.南京:江苏古籍出版社,1991.

（清）全德.全德遵旨查演戏曲本折［R］.清人奏折杂抄,国家图书馆藏.

（清）萨载.萨载奏查办《喜逢春》传奇板片折［R］.清人奏折杂抄,国家图书馆藏.

（清）石国柱,楼文钊.歙县志［M］.许承尧,等纂.刊本.［出版地不详］:［出版者不详］,1937.

（清）王定安,等.（重修）两淮盐法志［M］//《续修四库全书》编纂委员会.续修四库全书:史部845.上海:上海古籍出版社,2002.

（清）王逢源.（光绪）江都县续志［M］.李保泰,修//江苏古籍出版社.中国地方志集成:江苏府县志辑 67.南京:江苏古籍出版社,1991.

(清)王有庆,等.(道光)泰州志[M].陈世镕,等纂//江苏古籍出版社.中国地方志集成:江苏府县志辑 50.南京:江苏古籍出版社,1991.

(清)五格,黄湘.(乾隆)江都县志[M].程梦星,等纂.重刻本.[出版地不详]:刘汝贤,1881(清光绪七年).

(清)徐成敂.(光绪)增修甘泉县志[M].陈浩恩,等纂.刻本.[出版地不详]:[出版者不详],1886(清光绪十二年).

(清)尹会一.(雍正)扬州府志[M].程梦星,纂//江苏古籍出版社.中国地方志集成:江苏府县志辑 42.南京:江苏古籍出版社,1991.

(清)方濬颐.(同治)续纂扬州府志[M].晏端书,等纂//江苏古籍出版社.中国地方志集成:江苏府县志辑 42.南京:江苏古籍出版社,1991.

(清)张其锦.凌次仲先生年谱[M]//《续修四库全书》编纂委员会.续修四库全书:集部 1480.上海:上海古籍出版社,2002.

张其濬.(民国)全椒县志[M].江克让,纂.刊本.[出版地不详]:[出版者不详],1920.

(清)张廷珩.(同治)铅山县志[M].华祝三,纂//江苏古籍出版社.中国地方志集成:江西府县志辑 25.南京:江苏古籍出版社,1996.

二、研究专著(含译著)

阿英.红楼梦戏曲集[M].北京:中华书局,1978.

蔡毅.中国古典戏曲序跋汇编[M].济南:齐鲁书社,1989.

陈居渊.清代朴学与中国文学[M].南昌:百花洲文艺出版社,2000.

陈祖武,朱彤窗.乾嘉学派研究[M].石家庄:河北人民出版社,2005.

戴健.清初至中叶扬州娱乐文化与文学[M].北京:社会科学文献出版社,2008.

邓长风.明清戏曲家考略[M].上海:上海古籍出版社,1994.

邓长风.明清戏曲家考略续编[M].上海:上海古籍出版社,1997.

邓长风.明清戏曲家考略三编[M].上海:上海古籍出版社,1999.

邓之诚.中华二千年史[M].北京:中华书局,1983.

董康.曲海总目提要[M].北京:人民文学出版社,1959.

范春义.焦循戏剧学研究[M].南京:凤凰出版社,2012.

方盛良.清代扬州徽商与东南地区文学艺术研究[M].北京:人民文学出版社,2008.

傅惜华.清代杂剧全目[M].北京:人民文学出版社,1981.

高翔.近代的初曙:18世纪中国观念变迁与社会发展[M].北京:社会科学文献出版社,2000.

郭英德.明清传奇史[M].南京:江苏古籍出版社,1999.

郭英德.明清传奇戏曲文体研究[M].北京:商务印书馆,2004.

郭英德.明清传奇综录[M].石家庄:河北教育出版社,1997.

郭英德.明清文人传奇研究[M].北京:北京师范大学出版社,1992.

黄爱平.朴学与清代社会[M].石家庄:河北人民出版社,2003.

胡忌,刘致中.昆剧发展史[M].北京:中国戏剧出版社,1989.

江苏省博物馆.江苏省明清以来碑刻资料选集[M].北京:生活·读书·新知三联书店,1959.

《江苏戏曲志》编辑委员会.江苏戏曲志·扬州卷[M].南京:江苏文艺出版社,1997.

蒋星煜.中国戏曲史探微[M].济南:齐鲁书社,1985.

蒋星煜.以戏代药[M].广州:广东人民出版社,1980.

柯玲.民俗视野中的清代扬州俗文学[M].上海:上海社会科学院出版社,2006.

隗芾,吴毓华.古典戏曲美学资料集[M].北京:文化艺术出版社,1992.

雷梦水,潘超,孙忠铨,等.中华竹枝词[M].北京:北京古籍出版社,1997.

李昌集.中国古代曲学史[M].上海:华东师范大学出版社,1997.

李明军.文统与政统之间:康雍乾时期的文化政策和文化精神[M].济南:齐鲁书社,2008.

李详.药裹慵谈[M].南京:江苏古籍出版社,2000.

梁启超.清代学术概论[M].上海:上海古籍出版社,2005.

梁启超.中国近三百年学术史[M].北京:东方出版社,1996.

林叶青.清中叶戏曲家散论[M].南京:江苏古籍出版社,2002.

刘建臻.焦循著作新证[M].北京:社会科学文献出版社,2005.

刘瑾辉.焦循评传[M].扬州:广陵书社,2005.

刘水云.明清家乐研究[M].上海:上海古籍出版社,2005.

刘玉才.清代书院与学术变迁研究[M].北京:北京大学出版社,2008.

卢前.卢前曲学四种[M].北京:中华书局,2006.

陆萼庭.昆剧演出史稿[M].上海:上海教育出版社,2006.

陆萼庭.清代戏曲家丛考[M].北京:学林出版社,1995.

陆萼庭.清代戏曲与昆剧[M].北京:中华书局,2014.

马积高.清代学术思想的变迁与文学[M].长沙:湖南人民出版社,2002.

梅尔清.清初扬州文化[M].上海:复旦大学出版社,2004.

明光.扬州戏剧文化史论[M].北京:社会科学文献出版社,2008.

明光.清代扬州盐商的诗酒风流[M].北京:社会科学文献出版社,2014.

南京师范大学古文献整理研究所.江苏艺文志:扬州卷[M].南京:江苏人民出版社,1995.

齐森华.曲论探胜[M].上海:华东师范大学出版社,1985.

祁龙威,林庆彰.清代扬州学术研究[M].台北:台湾学生书局,2001.

[日]青木正儿.中国近世戏曲史[M].王古鲁,译.北京:中华书局,1958.

任讷.新曲苑[M].上海:中华书局,1940.

尚小明.学人游幕与清代学术[M].北京:社会科学文献出版社,1999.

上饶师专中文系历代作家研究室.蒋士铨研究资料集[M].南昌:江西人民出版社,1985.

孙楷第.戏曲小说书录解题[M].北京:人民文学出版社,1990.

谭帆,陆炜.中国古典戏剧理论史[M].上海:华东师范大学出版社,2005.

谭坤.晚明越中曲家群体研究[M].上海:上海三联书店,2005.

汪超宏.明清浙籍曲家考[M].杭州:浙江大学出版社,2009.

王国维.宋元戏曲史[M].上海:华东师范大学出版社,1996.

王国维.王国维戏曲论文集[M].北京:中国戏剧出版社,1957.

王鸿.中国戏曲志·江苏卷[M].北京:中国 ISBN 中心,1992.

王俊义,黄爱平.清代学术与文化[M].沈阳:辽宁教育出版社,1993.

王利器.元明清三代禁毁小说戏曲史料[M].上海:上海古籍出版社,1981.

王卫民.吴梅戏曲论文集[M].北京:中国戏剧出版社,1983.

王章涛.凌廷堪传[M].扬州:广陵书社,2007.

王振忠.明清徽商与淮扬社会变迁[M].北京:生活·读书·新知三联书店,1996.

韦明铧.两淮盐商[M].福州:福建人民出版社,1999.

韦明铧.维扬优伶[M].福州:福建人民出版社,1999.

吴克岐.忏玉楼丛书提要[M].北京:北京图书馆出版社,2002.

吴毓华.中国古代戏曲序跋集[M].北京:中国戏剧出版社,1990.

熊澄宇.蒋士铨剧作研究[M].北京:中国戏剧出版社,1988.

徐国华.蒋士铨研究[M].上海:上海古籍出版社,2010.

严敦易.元明清戏曲论集[M].郑州:中州书画社,1982.

叶长海.中国戏剧学史稿[M].北京:中国戏剧出版社,2005.

余英时.士与中国文化[M].上海:上海人民出版社,1987.

张次溪.清代燕都梨园史料[M].北京:中国戏剧出版社,1991.

张慧剑.明清江苏文人年表[M].上海:上海古籍出版社,2008.

张舜徽.清代扬州学记[M].扬州:广陵书社,2004.

张晓兰.清代经学与戏曲[M].上海:上海古籍出版社,2014.

张玉奇.蒋士铨研究论文集[M].南昌:江西人民出版社,1989.

张智.中国风土志丛刻[M].扬州:广陵书社,2003.

赵昌智.扬州文化通论[M].扬州:广陵书社,2011.

赵航.扬州学派概论[M].扬州:广陵书社,2003.

赵景深,张增元.方志著录元明清曲家传略[M].北京:中华书局,1987.

赵所生,薛正兴.中国历代书院志[M].南京:江苏教育出版社,1995.

赵兴勤.清代散见戏曲史料研究[M].上海:复旦大学出版社,2018.

支伟成.清代朴学大师列传[M].长沙:岳麓书社,1986.

周妙中.清代戏曲史[M].郑州:中州古籍出版社,1987.

周贻白.周贻白戏剧论文选[M].长沙:湖南人民出版社,1982.

朱家溍,丁汝芹.清代内廷演剧始末考[M].北京:故宫出版社,2014.

庄一拂.古典戏曲存目汇考[M].上海:上海古籍出版社,1982.

三、主要论文

才志华.关于沈起凤生平的两个问题[J].呼伦贝尔学院学报,2005(6):
51-52,56.

陈方.沈起凤的戏曲创作[J].中山大学研究生学刊:社科版,2001(1):
66-72.

陈军."一代有一代之文学"观与戏曲身份认同[J].云南师范大学学报:
哲社版,2005(6):97-101.

陈维昭.李斗《奇酸记》与清代中后期的戏曲流变[J].暨南学报:哲社版,2013(3):81-88.

戴云,戴霞.清代戏曲家沈起凤和他的剧作《云龙会》[J].文学遗产,2010(4):367-381.

杜桂萍.从"临川四梦"到《临川梦》——汤显祖与蒋士铨的精神映照和戏曲追求[J].文学遗产,2016(4):14-30.

杜桂萍.论蒋士铨与乾嘉时期戏曲家的交往[J].社会科学辑刊,2011(6):219-226.

杜桂萍.序跋题词与蒋士铨的戏曲创作[J].文艺理论研究,2011(6):81-88.

杜海军.《曲考》不是《剧说》[J].殷都学刊,2001(4):76-80.

樊美筠.中国古代文化的雅俗之争及其启示[J].学术月刊,1997(5):17-22.

范丽敏.戏曲史上的花、雅问题述评[J].学术月刊,2005(6):29-32.

冯乾.创体思维与通变意识[J].西北师大学报:社科版,2008(3):33-37.

龚鹏程.乾隆年间的鬼狐怪谈[J].中华文史论丛,2007(2):151-180.

黄强.八股文与明清戏曲[J].文学遗产,1990(2):100-108.

黄强.乾隆庚子扬州设局删改曲剧始末[J].扬州师范学院学报:社科版,1987(3):170-172.

蒋寅.一代有一代之文学——关于文学繁荣问题的思考[J].文学遗产,1994(5):11-17.

李胜利.金兆燕研究[D].福州:福建师范大学,2013.

李在超.论《奇酸记》的批评话语与主体意识[J].西南石油大学学报:社科版,2017(3):71-76.

刘孔伏.《曲考》非《剧说》辨析[J].云南民族学院学报:哲社版,1989(2):88-90.

刘墨.乾嘉时期的学术赞助[J].徐州师范大学学报:哲社版,2005(2):24-30.

刘奕.焦循文学代胜说浅析[J].四川大学学报:哲社版,2007(6):73-78.

刘致中.《曲考》即《剧说》考[J].文学遗产,1981(4):36-42.

陆萼庭.读《曲海总目提要》札记[J].文学遗产,2003(1):75-82.

骆兵.论凌廷堪的戏曲理论[J].艺术百家,2007(3):28-31.

马丽敏.清代中后期经学家的戏曲观——以焦循与俞樾为中心[J].北方论丛,2010(1):29-32.

钱成.仲振奎及其"红楼第一戏"研究[D].扬州:扬州大学,2007.

邱江宁.八股文"技法"与明清戏曲小说艺术[J].文艺研究,2009(5):82-91.

邱江宁.八股文与中国传统文学的演进[J].社会科学辑刊,2007(4):197-201.

孙书磊.曲史观:中国古典史剧文人创作的中心话语[J].求是学刊,2002(4):97-102.

孙书磊.《扬州画舫录》作者李斗的行旅活动与文学创作[J].南京师范大学文学院学报,2013(1):82-87.

孙书磊.《扬州画舫录》作者李斗早年行实系年考[C]//南京大学戏剧影视研究所.南大戏剧论丛(第9辑).南京:南京大学出版社,2013:76-84.

王瑷玲.泥傀偏逢场作戏,也只与人同善——论沈起凤《红心词客四种》中之文人主体与社会视野[J].文化遗产,2009(2):1-18.

王宁.18世纪扬州花、雅演剧考论[J].苏州科技学院学报:社科版,2006(2):82-87.

王齐洲.雅俗观念的演进与文学形态的发展[J].中国社会科学,2005(3):151-164.

王齐洲."一代有一代之文学"文学史观的现代意义[J].文艺研究,2002(6):50-58.

王伟康.论焦循对王国维戏剧研究的影响[J].扬州大学学报:社科版,2005(6):43-48.

王伟康.论《剧说》[J].扬州大学学报:社科版,1997(6):46-50.

王伟康.焦循《曲考》初探[C]//赵昌智主编.扬州文化研究论丛(第16辑).扬州:广陵书社,2015:158-169.

王伟康.焦循与《花部农谭》[J].扬州师院学报:社科版,1994(6):129-134.

王章涛.扬州学派边缘人物与扬州学派研究——黄文旸对阮元、焦循、凌廷堪的影响[C].赵昌智主编.扬州文化研究论丛(第1辑).扬州:广陵书社,2008:76-81.

韦明铧.论扬州八怪与戏剧曲艺之关系[J].扬州师院学报:社科版,

1992(3):172-175.

翁敏华.论清代地方戏的崛起对中国戏曲的振兴作用[J].上海师范大学学报:社科版,1996(3):28-32.

吴书荫.书《清乾隆间扬州官修戏曲考》后[C]//中国艺术研究院戏曲研究所,《戏曲研究》编辑部.戏曲研究(第28辑).北京:文化艺术出版社,1988:245-248.

吴新雷.四大徽班与扬州[J].艺术百家,1991(2):40-46.

相晓燕.黄文旸交游考述[C]//《中华戏曲》编辑部.中华戏曲(第50辑).北京:文化艺术出版社,2015:180-192.

相晓燕.黄文旸年谱[J].常熟理工学院学报,2017,31(1):112-119.

相晓燕.黄文旸生平行实考述[J].西南交通大学学报:社科版,2014,15(5):35-39.

相晓燕.论凌廷堪曲学思想中的复古倾向——以《与程时斋论曲书》为中心的考察[C]//《中华戏曲》编辑部.中华戏曲(第48辑).北京:文化艺术出版社,2014:65-76.

相晓燕.论清中叶扬州曲家群的"崇元"倾向[J].戏剧艺术,2015(1):84-91.

相晓燕.《旗亭记》作者考辨[J].西南交通大学学报:社科版,2012,13(1):47-50.

相晓燕.乾嘉学派与清中叶曲学——以扬州为中心的考察[J].浙江社会科学,2011(9):118-123.

相晓燕.清代戏曲目录学家黄文旸生平事迹考[J].文化艺术研究,2011(4):144-149.

相晓燕.清中叶扬州曲家的戏曲创作论[C]//赵昌智.扬州文化研究论丛(第20辑).扬州:广陵书社,2017:81-92.

相晓燕.清中叶扬州曲家的花部戏曲观[J].浙江艺术职业学院学报,2014,12(1):36-42.

相晓燕.骚情史笔 杂剧杰构——《四弦秋》解读[J].云南艺术学院学报,2015(3):63-67.

相晓燕.雅俗之间的徘徊——花雅之争中的沈起凤[J].吉林艺术学院学报,2016(4):48-52.

解玉峰,何萃.论"花部"之勃兴[J].戏剧艺术,2008(1):31-41.

徐海梅.论清代曲家凌廷堪的戏曲思想[J].齐鲁学刊,2016(4):

123-127.

　　徐雁平.扬州的两个幕府与两个书院[J].南京晓庄学院学报,2007(4):105-112.

　　许隽超.金兆燕卒年补考[J].戏曲艺术,2007(2):56-58.

　　严迪昌.往事惊心叫断鸿——扬州马氏小玲珑山馆与雍、乾之际广陵文学集群[J].文学遗产,2002(4):105-118.

　　杨飞.乾嘉时期扬州剧坛研究[D].上海:华东师范大学,2007.

　　俞为民.凌廷堪对曲律的考证及其曲论[J].戏曲艺术,2013,34(4):1-6.

　　袁行云.清乾隆间扬州官修戏曲考[C]//中国艺术研究院戏曲研究所,《戏曲研究》编辑部.戏曲研究(第28辑),北京:文化艺术出版社,1988:225-244.

　　张勇风.雅俗之变的重要个案——花雅之争透析[J].重庆邮电大学学报:社科版,2008(1):83-89.

　　周勋初.文学"一代有一代之所胜"说的重要历史意义[J].文学遗产,2000(1):21-32.

　　朱惠国.论焦循阴阳平衡的词学观[J].文艺理论研究,2006(3):117-121.

　　朱秋华.认取昆仑万里流——凌廷堪和他的《论曲绝句》[J].艺术百家,1993(2):46-48.

　　郑志良.论乾隆时期扬州盐商与昆曲的发展[J].北京大学学报:哲社版,2003(6):99-107.

　　郑志良.《儒林外史》的人物原型及其意义——以蘧公孙、赵雪斋为中心[J].中国文化研究,2017,春之卷:2-10.

　　朱宗宙.明清时期扬州盐商与文人雅集[J].盐业史研究,2001(2):37-40.

　　朱宗宙.清代扬州盐商与戏曲[J].盐业史研究,1999(2):44-48.

　　邹琳.金兆燕《旗亭记》与乾隆时期扬州文学的职业化[J].东岳论丛,2018(4):142-149.

附录　清中叶扬州曲家活动年表

清高宗乾隆元年　丙辰　1736

五月,江西巡抚俞兆岳奏禁演淫戏以厚风俗,得旨准行。(《大清高宗纯皇帝圣训》卷二百六十一"厚风俗一")

正月十六日,黄文旸在甘泉出生。

卢见曾自颍州知州调任两淮盐运使。

金兆燕随父金榘客嘉定,前后二年。

蒋士铨 12 岁。母钟氏督课历三载,乃得卒读六籍三传之书。

清高宗乾隆二年　丁巳　1737

卢见曾在两淮盐运使任,被控植党营私落职。山东高凤翰被诬控党附卢见曾,被逮陷狱,旋得释。

清高宗乾隆三年　戊午　1738

清廷下旨严禁淫词小说。(《学政全书》卷七"书坊禁例")

全祖望客扬州,为马曰琯、马曰璐昆仲作《丛书楼记》。

清高宗乾隆四年　己未　1739

吴敬梓客仪征。

冬,袁枚恩假归娶,途经扬州,初识盐商江春。(《小仓山房续文集》卷三十一《诰封光禄大夫奉宸苑卿、布政使江公墓志铭》)

清高宗乾隆五年　庚申　1740

甘泉董伟业作《扬州竹枝词》99 首,箴扬州社会恶俗,为士绅所嫉,诉之官,旋被拘受笞。郑燮为之作序。其中对扬州全城尚曲的现象有所讥评:

> 章句语儒转见疏,梨园一曲重璠玙。为裁子弟缠头锦,不买儿孙满腹书。
> 娇歌连像动人心,流水高山没赏音。寄语生儿工傅粉,不须古调学弹琴。

又云:"丰乐朝元又永和,乱弹班戏看人多。就中花面孙呆子,一曲传神《借老婆》。"提及当时最有名的三个乱弹戏班丰乐、朝元、永和,及绰号"孙呆子"的丑角领衔的一出《借老婆》,透露出乱弹戏班颇受百姓喜爱的信息。

卢见曾以前案发,自扬州遣戍伊犁。

《儒林外史》作者吴敬梓为李本宣《玉剑缘》传奇作序。

清高宗乾隆六年 辛酉 1741

高宗命撰《九宫大成南北词宫谱》,京城成立律吕正义馆,庄亲王允禄总理其事,常熟周祥钰,苏州徐兴华、朱廷镠等参与编纂工作。娄县张照为高宗撰制宫廷御用剧曲。周祥钰参与编制宫廷大戏《忠义璇图》。

李本宣为吴敬梓《文木山房集》作序,称许吴氏之作品皆有感而发,未肯染指游戏笔墨。

金兆燕随父金榘客扬州,前后三年。自云:"自弱冠奔走四方,识天下之诗人甚多。"(《棕亭古文钞》卷五《〈曹忍庵诗钞〉序》)

沈起凤出生。

清高宗乾隆七年 壬戌 1742

蒋士铨读山西王氏藏书,是年始读少陵、昌黎、太白、东坡各家诗集。

清高宗乾隆八年 癸亥 1743

厉鹗,全祖望,马曰琯、马曰璐兄弟,闵华等在扬州举行陶潜诗会。

卢见曾从伊犁戍所放还。

蒋士铨焚所读李义山诗,改读少陵、昌黎二家。

清高宗乾隆九年 甲子 1744

京师昆曲的曲坛盟主地位已为高腔所取代。徐孝常为张坚《梦中缘》传奇作序,云:"长安梨园称盛,管弦相应,远近不绝,子弟装饰备极靡丽,台榭辉煌。观者叠股倚肩,饮食若吸鲸填壑,而所好惟秦声罗弋,厌听吴骚,闻歌昆曲,辄哄然散去。"(徐孝常《〈梦中缘传奇〉序》)

朱齐因屡试不售,开始放浪形骸,畅意词曲。

金兆燕应乡试,在闱中"往"字号题壁。40年后,门人史望之见题诗录归。

蒋士铨从父游山西泽州,此年游太行山后南还。诗集编年始于是年。

清高宗乾隆十年 乙丑 1745

冬，金榘任休宁县学训导，金兆燕随任。一时交游者有曹震亭、郑松莲、吴松原、吴二匏、方集三、方东来等人。

蒋士铨自省城南昌泛家波阳。

清高宗乾隆十一年 丙寅 1746

《九宫大成南北词宫谱》撰成。

厉鹗《宋诗纪略》一百卷刊行，题为马曰璐同辑。

正月，蒋士铨返南昌。四月应童子试，督学金德瑛取为第一，随使车历抚州、建昌、赣州、南安、瑞州，凡六郡。冬，复受知于江西布政司彭家屏。

卢见曾《塞外集》刊行。

江周生。

清高宗乾隆十二年 丁卯 1747

蒋士铨随金德瑛使车历南康、九江、临江、袁州四郡。八月，应乡试，名列第十八。十一月，北上。除夕，抵扬州。

金兆燕举于乡。

清高宗乾隆十三年 戊辰 1748

马曰璐、厉鹗等辑刊《焦山纪游集》。

蒋士铨在京会试受挫。八月，与九江榷使唐英同舟南还，相对 60 日，诗歌酬答无虚晷，并为唐英《三元报》《芦花絮》两杂剧作序。

金兆燕在京应会试下第。一时交游甚众，"九衢联袂之友，如云如虹"，金兆燕"壮年盛气，凌轹其间"。（《棕亭古文钞》卷九《〈戴纯浦诗集〉跋》）省父金榘于休宁署中。岳父卒于济南，由新安富春取道杭州至京口，奔丧归里。

清高宗乾隆十四年 己巳 1749

金兆燕就芜湖馆，旋入太平使院幕。吴綮死，以《溪上草堂集》留以付金兆燕，因藏之行箧。

蒋士铨于京作《鸣机夜课图》。

李斗生。

仲振奎生。

程枚生。

清高宗乾隆十五年　庚午　1750

金兆燕、李葂、吴烺等同馆当涂学馆。

蒋士铨由彭家屏荐为南昌县志协裁。

清高宗乾隆十六年　辛未　1751

二月,乾隆首次南巡。两淮商总江春接驾献戏。盐商徐尚志首倡征选苏州昆伶,组成昆班,即扬州昆戏七大内班之首"老徐班"。

厉鹗居马曰琯家,以散曲相酬答。为杭州地方官制迎銮新曲《百灵效瑞》。

春,蒋士铨任事南昌志局。于南昌城外访得明宁王妃娄氏墓,立碑志之,作杂剧《一片石》纪其事。为皇太后祝寿,撰《康衢乐》《忉利天》《长生箓》《昇平瑞》杂剧四种,合称《西江祝嘏》。是年游西湖、平山堂、大明湖等地。在杂剧《昇平瑞》中借傀儡班戏子之口说:"昆腔、汉腔、弋阳、乱弹、广东摸鱼歌、山东姑娘腔、山西嗑戏、河南锣戏,连福建的乌腔都会唱。江湖十八本,本本皆全。"第三出"宾戏"中,借剧中人之口对各种声腔进行了评论:"昆腔唧唧哝哝,可厌。高腔又过于吵闹,就是梆子腔唱唱,倒也文雅明白。"又极力赞美花部戏,"妙极,这样的戏班端的赛过昆班"。

金兆燕授徒松萝山中。

应苏州巡抚庄其恭之聘,朱乔客苏州,编写《迎銮新曲》,一时为之纸贵,名噪大江南北。

清高宗乾隆十七年　壬申　1752

金兆燕三应会试,仍落第。初冬,返里。

蒋士铨自波阳移家南昌。六月,北上应礼部恩科试。九月,榜发下第。读董榕《芝龛记》传奇,题词数章。过青州,留山东学使金德瑛幕中。

仲鹤庆中万寿恩科解元。

清高宗乾隆十八年　癸酉　1753

卢见曾再次莅扬,任两淮盐运使。

金兆燕至休宁省父金榘,游落石台,后入楚,金榘作纪事长歌。过九江晤榷使唐英,作琵琶亭诗。初冬,至京与吴烺、钱大昕作软脚会。

蒋士铨在山东学使金德瑛幕,登山观海,极唱酬之雅。金德瑛改官太常,年底随之入京。

清高宗乾隆十九年　甲戌　1754

三月会试,蒋士铨落第。闱中与赵翼订交。四月,考取内阁中书,乞假南归。二过扬州,感"维扬风俗之坏已不可救药",归舟中作《空谷香》传奇,借瘟神之口,鞭笞之。读《忠州愍烈记》传奇,题词四首。

金兆燕四应会试,仍落第。作词《百字令·赠蒋心余》《前调·心余得前作即依韵为答,再以此阕酬之》赠蒋士铨。六月,至家,父金榘已自休宁致仕归里。八月,冒暑至扬,与吴敬梓寓所相近,朝夕过从。十月,吴敬梓死,年54。卢见曾助敛,旅梓送归南京。金兆燕作《甲戌仲冬送吴文木先生旅梓于扬州城外登舟归金陵》诗。年底返里。

卢见曾在扬延惠栋校阅所收旧籍,备刻《雅雨堂丛书》。

仲鹤庆中进士。

清高宗乾隆二十年　乙亥　1755

三月三日,卢见曾首次修禊红桥。黄慎、仲鹤庆等在汪之珩文园雅集。

金兆燕先后在芜湖、苏州两地作客。寓苏时,以《棕亭小草》稿本谒呈沈德潜,德潜年已83,称许其诗才不让张鹏翀。登虎丘,过山塘,"见群少年联臂而嬉,有曳淡碧衫者,风致嫣然。数顾之,流盼再三,穿柳阴而去"。(《棕亭古文钞》卷三《定郎小传》)"曳淡碧衫者"即次年在扬州结交之昆班伶人徐双喜。四月,始得入石门之幕。

是年前后,王昶和金兆燕同在扬州安定书院负笈求学。

蒋士铨以假居南昌。

马曰琯卒,年68。

清高宗乾隆二十一年　丙子　1756

金兆燕客仪征,交方元鹿(竹楼)。二月三日,与程廷祚、黄慎、郑燮、王文治、李御等9人在扬州雅集,郑燮画九畹兰花以贻程廷祚。三月,卢见曾以所刻李蔇遗集寄金兆燕。秋,游杭州,闻云林寺僧诵卢见曾诗句,因渡江至扬州投谒,即卢见曾所谓"假馆真州,问诗于余"也。是年,结识昆班伶人徐双喜。

蒋士铨中进士。九月,举家北上。过扬州,舵楼失火,几焚死。十一月,入翰林院,作《岁暮行》长诗诉贫。

卢见曾编刻《雅雨堂丛书》。王昶客卢见曾幕。

叶英弃学籍,改习评话。

清高宗乾隆二十二年　丁丑　1757

二月初九至十二日,乾隆第二次南巡,驻跸扬州。两淮盐务衙门征召维扬广德太平班御前承应。该班准备了昆曲 18 出,由 80 名优伶演出。有《星聚》《仙集》《九鼎》《献瑞》等新编的仙佛麟凤戏,也有《南西厢·长亭》《牡丹亭·劝农》等传统折子戏。两淮商总江春在安排这次迎銮承应戏中有功,召对称旨,被授为正三品奉宸苑卿职衔。(江春诗《丁丑仲春恭迎圣驾南巡,驻跸金山,奏对称旨,圣心悦豫。蒙亲解御佩金丝荷包面赐小臣,洵异数也,恭纪》)

蒋士铨会试名列十三;殿试得二甲十二名;朝考,钦取第一,改庶吉士。

三月三日,卢见曾发起虹桥修禊,赋诗四章,和修禊韵者先后达 7000 余人,编次得诗 300 余卷,声势浩大。七月十五夜,卢见曾邀集文人曲家们泛舟红桥,灯船箫鼓,极一时之盛。小伶一部,手把荷花歌《赤壁》两赋。(王嵩高《小楼诗集》卷八《中元夜湖舫感怀》)

惠栋和戴震于卢见曾幕府中相识并订交。戴震为卢见曾纂《金山志》。

八月二十日,凌廷堪出生于海州之板场浦。

清高宗乾隆二十三年　戊寅　1758

春,金兆燕入卢见曾幕,居于盐运使署之西园中,谱写《旗亭记》传奇。

卢见曾在扬刻所辑《国朝山左诗钞》60 卷。

王昶客卢见曾幕,观《桃花扇》《长生殿》《西厢记》《红梨记》四剧,作《观剧六绝》。(《述庵集》卷六《观剧六绝》)

王文治就学于安定书院,生徒有鲍雅堂、王少陵、严冬友等人。《随园诗话》卷五记当时文坛之盛况云:"乾隆戊寅,卢雅雨转运扬州,一时名士,趋之如云。其时刘映榆侍讲掌教书院,生徒则王梦楼、金棕亭、鲍雅堂、王少陵、严冬友诸人,俱极东南之选。闻余到,各捐饩廪延饮于小全园。不数年,尽入青云矣。"

清高宗乾隆二十四年　己卯　1759

《旗亭记》刊刻,卢见曾作序,交付梨园教师点校曲律,并搬上舞台。袁枚作诗《寄卢雅雨观察》题咏之。

黄文旸参加秋试,与崇明何忠相、丹阳彭澧等在南京结秦晋大会。

仲夏,江春水南花墅并蒂芍药开,卢见曾为之题诗。江春作和诗《己卯仲夏奉和卢雅雨都转题水南花墅并蒂芍药原韵四首》。

蒋士铨居京,不谐于俗,赋诗见志,作《杂诗》等。

秋,袁枚在扬州盐商洪徵治家观看《桃花扇》,作《赠扬州洪建侯秀才》诗。(《小仓山房诗文集》卷三十二)

清高宗乾隆二十五年　庚辰　1760

蒋士铨散馆考取第一,授职编修,充武英殿纂修官。作《京师乐府词十六首》,其中《象声》《唱档子》《戏旦》《戏园》等首描写北京梨园风俗。

黄文旸与好友张丹崖、戴润分咏松竹梅,订岁寒之盟。彼此书生意气,挥斥方遒。是年成婚。夫人张因 20 岁。成婚日,业师王世锦作《双美行》,吴并山作《柳絮篇》和书一册相赠。

夏,江春水南花墅复开并蒂芍药 12 枝,邀两淮盐运使卢见曾观赏。

清高宗乾隆二十六年　辛巳　1761

朱夰遇戴延年于苏州蒋秋崖有谷堂中,遂与定交。《旗亭记》传播至苏州。朱夰乘醉意对其"大加涂抹"。朱夰应卢见曾聘至扬,夏秋之交的一月余时间里,谱成《玉尺楼》。卢见曾为之刊刻,并令梨园搬演。演出后引起轰动,在扬州广为传唱。

沈大成序朱夰《倚声杂说》。(《学稿斋文集》卷六《〈倚声杂说〉序》)

卢见曾以罪被黜。

清高宗乾隆二十七年　壬午　1762

二月十三至十五日,乾隆第三次南巡至扬州,驻跸天宁寺行宫。御前承应的昆班有盐商供奉的"七大内班":老徐班、黄班、张班、汪班、程班、洪班和两淮商总江春创办的德音班。

卢见曾告老归德州,程晋芳作诗《奉送运使卢雅雨先生告归即次留别原韵》奉送,提及《旗亭记》的创作和演出。(《勉行堂诗集》卷十一)

八月,蒋士铨充顺天乡试同考官。充《续文献通考》纂修官。

黄文旸在南京参加乡试,大病一场,濒死,未入考场而归。

清高宗乾隆二十八年　癸未　1763

正月十三日,蒋士铨于琉璃厂得顾贞观、顾彩等旧题史可法遗像及手书卷子、吟诗题跋以藏之。拟辞官南归,作《归舟安稳图记》。

二月初三日,焦循生。

清高宗乾隆二十九年　甲申　1764

经玩花主人初选,苏州钱德苍增辑的戏曲剧本选集《缀白裘》由苏州宝仁堂开始刻印,至乾隆三十九年(1774)编印完成,共 12 集 48 卷,收入常演昆剧剧目 400 余出,高腔、乱弹腔、梆子腔、四平调等剧目 50 余出。

蒋士铨拒景山昇平署编剧事,南归。程晋芳为之题《归舟安稳图》。蒋士铨应袁枚之邀,侨寓金陵。《卜居》诗有"半窗红雪一楼诗"句,因命楼曰红雪楼。赴扬见吴烺,作"江湖行脚山林脸,都是燕台旧酒人"诗。

李斗开始收集资料,撰写《扬州画舫录》。

清高宗乾隆三十年　乙酉　1765

二月十五至十九日,乾隆第四次南巡,驻跸扬州,淮扬地区 30 多家盐务总商迎銮献戏,在迎恩亭新河两岸搭台,演出花雅两部文武各戏。

金兆燕作《程绵庄先生〈莲花岛传奇〉序》,自述剧稿为卢见曾窜改的情形。

蒋士铨移家侨寓南京十庙。三月,奉母返南昌。

清高宗乾隆三十一年　丙戌　1766

二月,蒋士铨自南昌买舟泛宅还南京。应浙江巡抚熊学鹏之聘,赴绍兴主讲蕺山书院。十一月,还南京省亲。

金兆燕中进士。

十二月十九日,时值苏轼 700 岁诞辰,江春悬苏轼像于扬州小山僧之寒香馆,一时文人学士钱陈群、曹仁虎、蒋士铨、金农、陈衣章、郑燮、黄裕、戴震、沈立、吴烺、金兆燕等赋诗。

清高宗乾隆三十二年　丁亥　1767

春,蒋士铨奉母赴绍兴主讲蕺山书院。

清高宗乾隆三十三年　戊子　1768

正月,蒋士铨赴杭州主讲崇文书院。67 日后还戢山书院。题郑燮画兰。秋后还南京。

春,金兆燕任扬州府学教授,与闵华、沈大成等在晴绮轩作冬会。

凌廷堪在海州,读郑氏塾中,为程枚所知。

仲鹤庆在四川任知县,仲振奎随任,作《云栈赋》《蜀江赋》等文。

卢见曾以两淮盐运使旧案发,被逮下狱死,年 79。

清高宗乾隆三十四年　己丑　1769

凌廷堪在海州习贾。

清高宗乾隆三十五年　庚寅　1770

正月,蒋士铨往杭州会晤袁枚。归戢山书院后贻书潘观察,请修萧山富家池海防。十月,与赵翼作诗唱和。

金兆燕题罗聘《鬼趣图》,与程晋芳、沈大成、侍朝等会,程晋芳作《竹西访桂歌》。

沈起凤养疴红芍山房,制《泥金带》传奇,并搬演。(《谐铎》卷三"镜戏")

清高宗乾隆三十六年　辛卯　1771

二月,张三礼为《空谷香》传奇作序。夏,蒋士铨在绍兴戢山书院著《桂林霜》24 出,采清初马雄镇合家殉难事入曲。立秋日,在杭州与曲家王文治听王、范二盲女弹词。张三礼撰《〈桂林霜〉序》。

歙县方成培至扬,此后寓扬达 10 年之久。观看老徐班演出《雷峰塔》,因此剧"辞鄙调讹",便重新创作,"较原本曲改其十之九,宾白改十之七",遣词命意,极为经营,更定为新本《雷峰塔》。十月,完稿,由吴凤山点校行之。(《〈雷峰塔传奇〉自序》)

清高宗乾隆三十七年　壬辰　1772

《四库全书》开始编纂活动。

三月,蒋士铨应两淮盐运使郑大进之聘,主讲安定书院,并浮家扬州。三月三日,与曲家王文治(梦楼)、卢文弨(矶渔)、金兆燕、袁鉴(春圃)、鲁赞元(白埠)等宴集瘦西湖上,泛舟至平山堂。

九月,江春邀请一时名流袁春圃、金兆燕及蒋士铨等宴集于秋声之馆。

秋意萧瑟，主宾欢宴，觥筹交错之际，江春偶尔言及白居易《琵琶行》诗意被改纂，所编传奇如《青衫记》庸劣可鄙，诸人因而敦请蒋士铨重新创作。蒋士铨应嘱，五日而成《四弦秋》杂剧，写白居易《琵琶行》诗意。

朱孝纯以诗送仲鹤庆罢川职还。

清高宗乾隆三十八年　癸巳　1773

清廷诏设四库全书馆，下令全国范围内大规模地献书、征书。纪昀、刘纶等奉命主持修纂工作。邵晋涵、曾燠、戴震、姚鼐、金兆燕、翁方纲等先后入馆，分任编校工作。

五月，《四弦秋》杂剧在江春秋声馆演出。袁枚赋诗《扬州秋声馆即事寄江鹤亭方伯兼简汪献西》。金兆燕赋诗《康山宴集次袁简斋太史韵八首》，赠旦角惠郎。

夏，王文治为《四弦秋》题词。

腊月，蒋士铨八日撰成《雪中人》传奇及《铁丐传》，写清初吴六奇事。乞罗聘画屏，有诗。

清高宗乾隆三十九年　甲午　1774

各地方督抚多于省城设有书局，拣员专司校核。如有违碍之处，即粘签送至官署，由督抚会同司道"详晰酌定，然后汇折奏缴"。

苏州钱德苍编选完成《缀白裘》，是书12编(集)48集(卷)全部付梓。

三月，蒋士铨在安定书院撰《香祖楼》传奇32出。罗聘为之题序。寒食节，蒋士铨谱《临川梦》传奇20出。是年将在京时所得史可法画像及家书托同年彭元瑞转呈高宗。高宗下令将原卷交两淮盐政，敕建史公祠及御书楼。扬州兴建史可法祠，蒋士铨献出所藏史可法画像，泐之祠壁。扬州知府谢启昆作《明阁部史公墓祠记》。

李斗开始游历。

清高宗乾隆四十年　乙未　1775

十月，高宗谕令江宁清笑生《喜逢春》传奇为不法书籍，严饬地方官毁板销毁。

正月，蒋士铨母钟氏卒于扬州，年70。六月，蒋士铨奉母枢归南昌。

凌廷堪受知于吴恒宣，在海州协助吴恒宣编纂《云台山志》，并从之受戏曲韵律之学。斯时方始留心南北曲之学。

清高宗乾隆四十一年　丙申　1776

程枚始作《一斛珠》传奇。凌廷堪与之时共商榷。

秋，蒋士铨作《第二碑》杂剧六出，写娄妃墓事。

清高宗乾隆四十二年　丁酉　1777

蒋士铨为罗聘作《卖牛图歌》。居家南昌，葺藏园，作《藏园二十四咏》。

应两淮盐运使朱孝纯之命，黄文旸前往桐城敦请姚鼐主讲扬州梅花书院。入梅花书院，师事姚鼐。作诗《呈梦谷夫子》，心香瓣之。

金兆燕前往高邮，李斗赠诗《送金棕亭广文往高邮》。

李斗至海州，登云台山、朐山等，为海州友人张尧峰作诗《海州题张尧峰诗兼寄凌仲子》，挂念凌廷堪。

清高宗乾隆四十三年　戊戌　1778

江宁布政使刊《违碍书籍目录》，其中列为应销毁的戏曲剧本有：杨忠裕的《奇服斋杂剧》、徐渭的《徐文长集》（内有《四声猿杂剧》）、海来道人的《鸳鸯绦传奇》、清笑生的《喜逢春传奇》、金堡的《偏行堂杂剧》、徐述夔的《五色石传奇》、三吴居士的《广爱书传奇》、方成培的《双泉记传奇》等。

因高宗南巡时提及蒋士铨之名，彭元瑞叠书促其入京。六月，蒋士铨买舟携子知廉、知让北上，过扬州会朱孝纯，为其蜀中所画大狮子作诗。在江春康山草堂，观看了自制的《四弦秋》、尤侗的《吊琵琶》、杨潮观的《寇莱公思亲罢宴》《穷阮籍醉骂财神》《贺兰山谪仙赠带》等剧，作《康山草堂观剧》诗。至京后，序曲家胡业宏所著《珊瑚鞭》传奇。

凌廷堪游朐山，寻秦东门遗址，作《秦东门铭》。

仲振奎旅楚，著《楚南日记》。

清高宗乾隆四十四年　己亥　1779

蒋士铨、洪亮吉、黄景仁、程晋芳、张埙、翁方纲、吴锡麒在京结都门诗社。秋，蒋知节中乡试第十三名。

金兆燕序仪征方元鹿词。金兆燕在马氏小玲珑山馆初见凌廷堪，即为其才气倾倒，视为旷代奇才。此后两人开始了密切的交往。

沈起凤客寓两淮盐政幕府，编写《报恩缘》传奇。（沈起凤《谐铎》卷十二"卜将军庙灵签"）。

凌廷堪馆仪征，交朱赟、闵华。作《论曲绝句三十二首》。

五月,江苏学政刘墉督学至扬州,以习经义勉励焦循,将之托付给府学教授金兆燕。初应童子试的焦循在初试中即被取为附学生。(焦循《〈感大人赋〉序》)

清高宗乾隆四十五年　庚子　1780

高宗七十寿辰,海内同庆。魏长生、陈银官以秦腔风行京城。(《燕兰小谱》)

二月,高宗第五次南巡至扬州。扬州盐政和苏州织造所献迎銮大戏均为沈起凤编写。

十一月十一日,高宗正式下旨于苏、扬删改戏曲。十一月二十日,两淮盐政伊龄阿已在扬州设立曲局,审查古今剧曲。十二月二十二日,得沈起凤相助,全德上奏已查缴了九种应销毁之戏曲。

金兆燕在京任国子监博士,兼四库馆缮书处分校官,分任校对之事。与蒋士铨、罗聘、张埙、汪启淑等会翁方纲家,观元人《飞鸣食宿图》。跋吴锡麒《竹西歌吹》。

李斗居京,与金兆燕交往频繁,互有诗词酬唱。金兆燕作《次李艾塘赠仆诗韵四首》。冬,李斗返扬。

夏,蒋士铨京察列一等。高宗南巡,蒋知让在江宁行在所应召试,钦取第一,赏给举人。

张因40岁生日,黄文旸作《净因四十初度赠四律索和》《净因和前韵见示,叠韵答之》,颇为友人传颂,和者数十人。

焦循入学安定书院。

清高宗乾隆四十六年　辛丑　1781

二月,图明阿接替伊龄阿任两淮盐政,并主持扬州词曲删改局校曲事。聘请甘泉黄文旸、江宁李经为总校,歙县凌廷堪、海州程枚、江宁李绂等为分校,审查修改金元明以来杂剧传奇剧本共1013种。五月底,词曲局撤去。

二月,凌廷堪自歙返扬,受聘校曲。夏,借阅黄文旸《通史发凡》,作《书黄氏〈通史发凡〉后》。

沈起凤受苏州织造全德之聘,在苏州查勘戏曲700余种,审查情况分批报送扬州词曲删改局。

春,金兆燕自京返扬州,作《〈三凤缘传奇〉题词》。参加扬州词曲删改局校曲事。冬,作《婴儿幻》传奇并序。见歌者居纻山、小史李秋枝寓阁中,遂名阁曰"缬秋"。

蒋士铨充国史馆纂修官,专修《开国方略》14 卷。五月,自选《藏园诗钞》定本,凡 10 卷。八月初,撰《冬青树》传奇 38 出,写文天祥事;八月十五日,撰成《采樵图》12 出,写娄妃事;九月初九日,撰成《采石矶》8 出,写李白事。十一月二十八日,保送御史引见,名列第四,奉旨记名以御史补用。

仲鹤庆至江西,掌教白鹿书院。

清高宗乾隆四十七年　壬寅　1782

《四库全书》告成,高宗命缮三部,分藏扬州、镇江、杭州。

扬州重宁寺建成,殿前筑有大戏台,官商士民每年祝厘,在此台演花、雅两部大戏。

秋,魏长生以演剧媟亵被禁。

二月二十日,李本宣八十寿辰,方云濬作诗《题乘槎图为李丈蘐门八十寿》。

黄文旸作《曲海》20 卷。应甘泉县令陈太初之聘,与邵晋涵一起修纂《甘泉县志》。

凌廷堪作《谢金棕亭博士惠鲥鱼蒸饼启》。在扬州结识阮元,作赋以大鹏自喻,而以希有鸟许元。九月,以金兆燕劝入都,为四库全书馆员私人助手,并纳贽翁方纲门下习时文。应北闱试,不售,回板浦。

蒋士铨右体痹废,以左手书写。晤会李调元于北京顺城门之抚临馆。作《论诗杂咏》30 首,评杨铁崖等 30 人。

仲鹤庆编《迨暇集》14 卷。

清高宗乾隆四十八年　癸卯　1783

蒋士铨因病辞官,买舟南归。

清高宗乾隆四十九年　甲辰　1784

二月,高宗第六次南巡,驻跸扬州。扬州盐使聘请名班供奉演剧,高宗观金德辉班演出,甚喜,询问班名,盐使奏"江南本无此班,此集腋成裘也"。后班成不散,因名"集成班"。沈起凤应两淮盐政全德聘作迎銮新曲。

二月,凌廷堪落第南归至扬州,有感于金兆燕招饮慰藉,即席作《甲辰二月至扬州金棕亭先生招饮兼赠二律即席次韵》诗。春,在扬娶华孺人。与汪中、江藩等定交,汪中示以己所服膺 16 人姓氏,称为海内通人。

蒋士铨病废家居,右半体枯,左手作字。三月,袁枚到南昌藏园过访。蒋士铨追陪欢饮,临别嘱其为藏园诗作序。是年蒋士铨作六十《抒怀》诗。

赵翼主讲安定书院。

清高宗乾隆五十年　乙巳　1785

北京禁演秦腔,令改昆、弋两腔。

江淮大旱,淮河以北流民载道。仲振奎就所见作《赤旱行》。

二月二十四日,蒋士铨卒于南昌藏园,年61。

凌廷堪在京,入国子监学。

十二月十九日,赵翼与江春、谢溶生等观看郝金生演梆子腔,题诗《冬至前三日未堂司寇招同鹤亭方伯春农中翰奉陪金圃少宰夜宴即事二首》。(《瓯北集》卷二十九)

清高宗乾隆五十一年　丙午　1786

是年扬州大饥,有贫友来投,张因分衣食与之。黄文旸家甚贫。与张因诗词唱酬,安贫乐道。

焦循作《荒年杂诗》,反映此年淮扬大灾荒,农民饿死郊原,无人过问,遗体为鹰犬搜食殆尽。

凌廷堪再应京兆试不第,返板浦。是科阮元中进士。

仲振奎作《卍字阑传奇》。

清高宗乾隆五十二年　丁未　1787

秦腔名伶魏长生南下扬州,投奔江春,"演戏一出,赠以千金"。安定书院山长赵翼在江春家观看魏长生演剧。焦循在扬州市中见魏长生。魏长生至苏州演出,吴中"乱弹部靡然效之,而昆班子弟亦有倍师而学者"。(沈起凤《谐铎》卷十二"南部")

一月,沈起凤《才人福》传奇在开封毕沅署中上演,孙星衍、洪亮吉、杨蓉裳等文人酬和,极一时之盛。(《杨蓉裳先生年谱》)

五月,凌廷堪游幕南昌。与蒋士铨子知廉、知节交。访藏园,怀先贤。

五月五日,金兆燕应黄文旸之请,为张因《绿秋书屋吟稿》作序。

清高宗乾隆五十三年　戊申　1788

仲振奎游河朔毕,经南京还。

沈起凤以举人官安徽祁门教谕。

清高宗乾隆五十四年　己酉　1789

黄文旸与友人凌廷堪、焦循在南京参加万寿恩科江南乡试；试毕泛舟莫愁湖，观剧雨花台；是科又落第。凌廷堪中式第一百四名。

叶英为焦循说靖康南渡故事，声泪俱下。

江春卒，年 69。

清高宗乾隆五十五年　庚戌　1790

高宗八十寿辰，宫中排演《升平宝筏》。浙江盐务官员承办高宗八十寿辰祝嘏事务，总督伍拉纳命征余老四所掌徽班入京。该班主要艺人有高朗亭。八月，为庆贺高宗八旬寿辰，时在扬州演出的三庆班晋京献艺。《扬州画舫录》卷五称，"高朗亭入京师，以安庆花部合京、秦两腔，名其班曰三庆"。

四月，石蕴玉中庚戌科状元。凌廷堪中进士，例授知县，自请改教授职，铨选宁国府教授；会阮元于扬州，作《后大鹏遇希有鸟赋》，彼此钦慕不已，结下深厚的情谊。

沈起凤在祁门谱《千金笑》传奇。

清高宗乾隆五十六年　辛亥　1791

小说《红楼梦》刊刻行世，很快在全社会风靡开来。

凌廷堪就管斡贞漕署聘，赴淮安。复赴清江浦，就谢启昆聘。

金兆燕卒，年 73。

清高宗乾隆五十七年　壬子　1792

九月，仲振奎客京，阅小说《红楼梦》，编写"葬花"一出。旅任城，作《登任城太白楼诗》。谱《火齐环传奇》。

黄文旸在南京参加乡试，不第。与乡里后辈黄承吉、李钟泗谒见授业恩师、钟山书院山长姚鼐。

沈起凤在祁门教谕任，刻《谐铎》12 卷。

冬，焦循于书肆破书中得前人论曲论剧杂录 1 帙，后据以成《剧说》。

清高宗乾隆五十八年　癸丑　1793

曾燠由员外郎超授两淮盐运使。公事之暇，于榷署中专辟题襟馆，"昼接宾友,夜染篇翰"。黄文旸之入曾燠幕府当在此年至嘉庆四年之间。

是年夏,集秀扬部(昆乱合班)进京演出。

凌廷堪入京,与江藩会,共谈算学;冬,还板浦。程枚写定《一斛珠》,稿凡八易,以定本相示,嘱凌廷堪为之作序。(凌廷堪《〈一斛珠传奇〉序》)

清高宗乾隆五十九年　甲寅　1794

四月初六,江藩设宴相招,与黄文旸、汪蔚云、李斗、刘嵩岚等聚会。后黄文旸作诗《赠刘嵩岚》回忆聚会情形。

程枚《一斛珠》刊刻。

凌廷堪赴杭,客谢启昆臬署。

清高宗乾隆六十年　乙卯　1795

李斗《扬州画舫录》写成。

焦循客寓阮元山东学使署中,著《山左诗钞》一卷。

凌廷堪赴任宁国府教授职。

清仁宗嘉庆元年　丙辰　1796

七月初九,焦循携子廷琥自杭州返回扬州看病,与李斗同至黄文旸家中,约李振翁为廷琥诊治;初十,黄文旸同焦循、李斗请医生赵仰为廷琥诊治;十一日,李斗、焦循至黄文旸家中雄谈。

李斗赴浙江学政幕,随阮元按试嘉兴、湖州等地。往苏,刻《扬州画舫录》等。十月十四日,焦循在杭州作《吴山第一楼》诗,其中有"文章自信成名手,骨相何疑兆状头",注云:"江补僧、李艾堂并善珞琭子法,推竹塘禄命当中状元。"(焦循《理堂日记》)

仲振奎客扬州司马李春舟幕府,得读逍遥子序本《后红楼梦》,动意合前后二书故事编作戏曲。

焦循在阮元浙江学使幕,作《浙江诗钞》一卷。

赵翼寓扬观剧,作《计五官歌》。

清仁宗嘉庆二年　丁巳　1797

仲振奎作《懊情侬传奇》。秋,病剧,百余日始能扶杖起,始作《红楼梦传奇》。

六月,叶英死,年65。

清仁宗嘉庆三年　戊午　1798

清廷明文下令禁止苏州戏班演出梆子、弦索诸腔。(《翼宿神祠碑记》)

早春,仲振奎以"红豆村樵"名,谱成《红楼梦传奇》。又谱《怜春阁》《看花缘传奇》《牟尼恨传奇》等。曾燠、詹肇堂、蒋知让等题词。

黄文旸参加乡试不第。在南京与友人王豫、焦循等雅集于快园小西湖,举行塔影园大会,赋诗者百余人。黄承吉中是科江南省乡试解元。秋,阮元辑录《淮海英灵集》成。黄文旸与李斗、焦循、江藩等友人参与征诗。(王豫、阮亨辑《淮海英灵集续集》)

汪剑潭在扬州晤琵琶名手朱葵江,追忆在江春宅观《四弦秋》的情景。

清仁宗嘉庆四年　己未　1799

端午,应阮元荐举,黄文旸北上阙里,教授阮元妻舅、第七十三代衍圣公孔庆镕经文。黄河舟中料理旧稿,感怀姚鼐、曾燠两"知己",作《黄河舟中料理诗文旧稿,奉怀姚姬传、曾宾谷两先生》。(《扫垢山房诗钞》卷五)作诗《予友李艾塘有〈春日扬州〉诗云"城里杨花城外柳,春风吹过小东门",予极赏其神韵。舟中见绿柳弥望,作断句寄李,兼怀扬州诸故人》,怀李斗及在扬诸友人。夏,在阙里。谒至圣林庙、颜子庙、舞雩台,观纯皇帝钦颁姬周礼器10种、吴道子画鲁司寇像、端木子手植楷、阙里孔氏所藏先世衣冠、元世祖御容、明太祖御容并所颁铁冠图,作诗纪之。

李斗在扬州邀请友人看戏,自己登场扮演,黄承吉作有纪事诗《艾塘招同人观剧,忽乘兴自演侑客,即席戏作》。(《梦陔堂诗集》卷四)

仲振奎《红楼梦传奇》刊刻,为绿云红雨山房刊本,题"吴州红豆村樵填词"。

沈起凤调任全椒县学教谕,作《贤侯恕》乐府刺地方官得咎。

清仁宗嘉庆五年　庚申　1800

五月初五,凌廷堪作《〈梅边吹笛谱〉序》。

春,黄文旸在阙里,选辑制艺文旧稿。在孔府见孔尚任旧藏汉尺,作《建初铜尺歌》,以长序考其事。张因六十寿辰之际,黄文旸作《寄寿净因》诗四首寄归。张因和长子黄金皆有和诗,姻亲焦循爱而刻之,一时传播四方,友朋纷纷投赠佳篇,得诗近三百首,次原韵者35人,形成一时盛事。冬至日,返家,作《冬至日返里,入新居,题壁》。拟于明春再至曲阜。

焦循游浙。

清仁宗嘉庆六年　辛酉　1801

春，黄文旸再游阙里，与孔府诗人孔广根、孔季衡、孔季镇、孔小荃等交游，饱览阙里藏书。作《微波榭借书歌》，追述早年读书情形："浮沉忆昔寄穷乡，无书可借心茫茫。老巫村妪相慰悦，盲词野史来盈箱。脂胭灵怪银字儿，狡童佚女写回肠。提刀赶棒铁骑儿，士马发迹数兴亡。我亦孜孜看不厌，爱其结撰超庸常。"（《扫垢山房诗钞》卷一〇）

焦循自浙返里。秋，应乡试，中式。入都谒座师英和。英和曰："吾知子之字曰'里堂'，江南老名士，屈久矣。"（《清史稿》卷四八二"儒林传三"）

江周侨寓扬州，撰成《赤城缘》传奇。黄文旸为之题词。

沈起凤解全椒教谕职。

清仁宗嘉庆七年　壬戌　1802

二月，第七十三代衍圣公孔庆镕之父孔宪增为黄文旸《扫垢山房诗钞》作序，并出资付梓。八月，阮元为《扫垢山房诗钞》作序，高度评价黄文旸的文学、学术成就。十月十六日，孔宪堃为《扫垢山房诗钞》作序。

春，仲振奎《红楼梦传奇》在淮阴上演。许兆桂《〈绛蘅秋〉序》云："吾友仲云涧于衙斋暇日曾谱之，传其奇。壬戌春，则淮阴使者已命小部按拍于红氍上矣。"

春，焦循赴京应试，目睹 53 岁的魏长生厕身优伶伍、卒后囊无余钱安葬的悲惨境遇，作《哀魏三》诗唏嘘感慨。落第后，返归甘泉，于黄钰桥构雕菰楼，一意著书。

扬州北门街周姥并子妇三人同时死义，邑人哀之，私相称曰"节孝"，李斗因事感怀作《周氏节孝诗》。

沈起凤以选人客死京都，年 62。

清仁宗嘉庆八年　癸亥　1803

《扫垢山房诗钞》在曲阜刊行。十月十日，应浙江巡抚阮元之邀，黄文旸偕妻张因赴杭州作西湖之游。阮元于节署中特辟客馆，礼遇之，并赋诗赠之。张因与阮元妻孔璐华诗词唱和。

李斗与孙星衍相聚于秦敦年寓所，"而艾塘持螯十数斤，精神意气视畴昔加胜"。（孙星衍《〈永报堂诗集〉序》）冬，应东园主人、江春嗣子江振鸿之请，李斗创作完成《岁星记》传奇。

清仁宗嘉庆九年　甲子　1804

正月,《岁星记》传奇上演于扬州东园。李斗观后作诗《东园观剧》。

黄文旸寓杭州阮元节署。

《燕乐考原》成书。七月十五日,凌廷堪作自序。

清仁宗嘉庆十年　乙丑　1805

正月十六日,黄文旸在杭州阮元节署,阮元以所藏古铜爵为之寿。二月,在杭州与阮亨等人复修皋亭之禊,作诗《同人皋亭看桃花作》。编辑张因诗集《绿秋书屋诗钞》,并作序。张因诗集在阮元夫妇资助下付梓。(张因《绿秋书屋诗钞》卷首黄文旸序)十月,黄文旸夫妇从杭州返回甘泉,居天心墩扫垢山下。张因绘《扫垢山房联吟图》,阮元、李斗等有题咏。

焦循辞礼部试,编成《剧说》6卷。为李斗《岁星记》传奇作序。

清仁宗嘉庆十一年　丙寅　1806

凌廷堪主宣城敬亭书院讲席。

六月十一日,孙星衍为李斗《永报堂诗集》作序。

阮元为李斗《永报堂诗集》作序。

清仁宗嘉庆十二年　丁卯　1807

一月,安定书院山长洪梧为李斗《永报堂诗集》作序。

凌廷堪返歙,主讲紫阳书院。

黄文旸为友人戴润《宝廉堂诗钞》作序。季冬,张因卒,年67。

仲振奎辑成《仲氏女史遗草》诗集,收录其姑莲庆(号碧香)的《碧香女史遗草》,大妹振宜(字绮泉,号芗云)《绮泉女史遗草》,二妹振宣(字瑶泉,号芝云)的《瑶泉女史遗草》,妻赵笺霞(字书云)的《辟尘轩诗钞》及弟妹(振献之妻洪湘兰,字畹云)的《绮云阁遗草》各1卷。

清仁宗嘉庆十三年　戊辰　1808

扬州出现仿照京城和苏州戏馆改造旧园林和酒肆而成的戏馆。始有同乐、丰乐、阳春三家戏园,每园可容观众少则500,多则千余,坐号票价,每人100文。

仲振履中进士。至广东恩平任知县。经赣入粤,作《度梅岭诗》。

秋,凌廷堪客杭,馆阮元节署。冬,归歙。

焦循著《北湖小志》6 卷。

清仁宗嘉庆十四年　己巳　1809

二月，黄文旸与好友凌廷堪等人相会于杭州阮元节署，"诸君往来晤集，旧雨新知，颇有友朋之乐"。（张其锦《凌次仲先生年谱》）与张镠在凌寒竹馆会面。返归甘泉，与同里孝子吴涣论诗，相互唱酬，并为其《枕流阁诗钞》作序。

夏，凌廷堪归歙。卒，年 53。

吴门上演金兆燕、卢见曾《旗亭记》，增灯戏，范来宗作纪事诗。（《洽园诗稿》一九）

清仁宗嘉庆十五年　庚午　1810

仲振履与浙江缪艮相会于广州，缪艮录仲氏套曲《羊城候补曲》。

清仁宗嘉庆十六年　辛未　1811

仲振奎、仲振履兄弟与《剑人缘》传奇作者汤贻汾在粤会面。

程枚发书与人，述凌廷堪幼年事。

仲振奎卒，年 63。《绿云红雨山房诗钞》刊刻。

清仁宗嘉庆十七年　壬申　1812

仲振履作《作吏九规》自序。

清仁宗嘉庆十八年　癸酉　1813

黄承吉在甘泉，作《半九书塾八咏》，酬和焦循。

清仁宗嘉庆十九年　甲戌　1814

焦循著《里堂道听录》50 卷。

清仁宗嘉庆二十年　乙亥　1815

焦循辑《扬州足征录》27 卷。

清仁宗嘉庆二十一年　丙子　1816

仲振履官南溪同知，分司海防，作《海天一览图》。

清仁宗嘉庆二十二年　丁丑　1817

仲振履创作《冰绡帕》传奇。

李斗卒,年 68。

清仁宗嘉庆二十三年　戊寅　1818

仲振履《作吏九规》刊刻。

清仁宗嘉庆二十四年　己卯　1819

六月,焦循作《花部农谭》1 卷,专门论述花部戏。《易余籥录》成书,其中论及古代戏曲史、戏曲作家、作品等约 20 则,主要集中于卷十五和卷十七。

仲振履为张宝《泛槎图》作题词。

清仁宗嘉庆二十五年　庚辰　1820

仲振履在粤创作传奇《双鸳祠》,由绮春班上演。

七月二十七日,焦循卒,年 58。

（按:本年表综合了清代史籍及当代学者们的研究成果,不一一列出来源。）

后 记

十年磨一剑。

这部书稿的前身是我的博士论文。2010年的春夏之交，出于对学生习作的宽容和鼓励，校内外评审专家一致给予了它好评，我顺利地通过了浙江大学古代文学专业的博士论文答辩。

衷心感谢我的导师廖可斌教授。答辩前一年廖师已调往北京大学中文系任教，但他一直与我邮件往来，交流论文修改事宜，大至框架结构的调整，小至标点符号的修改。廖师敏锐犀利的思辨力，开阔宏博的学术视野，严谨务实的治学态度，悲天悯人的人文关怀，无不给我以深刻的影响。当然，我也非常感谢博士论文的评审专家们：五位不知名的校外评审专家，汪超宏、孙敏强等校内预答辩专家，答辩委员会主席束景南教授，答辩委员崔富章、林家骊、楼含松、周明初等教授。他们在首肯我的博士论文的同时，都提出了宝贵的修改意见。

这些年工作之余，我在博士论文的基础上进行了拓展研究，取得了一些成果。其中"乾嘉学派与清代戏曲"和"花雅之争中的乾嘉文人曲家研究"先后在2012年和2015年被浙江省哲学社会科学规划办立项，并顺利结题。近20篇论文发表在《浙江社会科学》《戏剧艺术》《中华戏曲》《文化艺术研究》《浙江艺术职业学院学报》《云南艺术学院学报》《吉林艺术学院学报》《扬州文化研究论丛》等学术期刊上。此次修改，吸纳了相关的研究成果。

感谢浙江省哲学社会科学规划办将它列为2019年度后期资助项目。没有它的资助，这部书稿也许还会尘封下去。感谢三位省社科匿名评审专家提出宝贵的意见，使我下决心对书稿再次作了修改。受时间、学力等因素制约，此次修改后书稿依然存在诸多不足之处，有待继续打磨。虽剑刃尚未锋利，但书稿基本保留了当年答辩时的样貌，这也算是对自己读博生涯的一个念想吧！

感谢责编胡畔老师为书稿出版付出的辛勤劳动。

岁月静好，感谢我的家人，感谢所有帮助过我的人。

相晓燕

2020年1月8日于杭州西溪谷

图书在版编目(CIP)数据

清中叶扬州曲家群体研究/ 相晓燕著 . —杭州：
浙江大学出版社，2020.5
ISBN 978-7-308-20108-7

Ⅰ.①清… Ⅱ.①相… Ⅲ.①戏曲家－人物研究－扬
州－清代 Ⅳ.①K825.78

中国版本图书馆 CIP 数据核字(2020)第 051008 号

清中叶扬州曲家群体研究

相晓燕 著

责任编辑	胡 畔(llpp_lp@163.com)	
责任校对	赵 珏	
封面设计	周 灵	
出版发行	浙江大学出版社	
	(杭州市天目山路 148 号　邮政编码 310007)	
	(网址:http://www.zjupress.com)	
排　版	浙江时代出版服务有限公司	
印　刷	杭州钱江彩色印务有限公司	
开　本	710mm×1000mm　1/16	
印　张	19.25	
字　数	340 千	
版 印 次	2020 年 5 月第 1 版　2020 年 5 月第 1 次印刷	
书　号	ISBN 978-7-308-20108-7	
定　价	68.00 元